Wilhelm Pastré

Technische Analyse zum Nachschlagen

Kapitalmarktanalyse Dipl.-Ing. W. Pastré
Frankenstraße 312
45133 Essen
Telefon 0201 / 422 977

ISBN 3-9804911-0-2

Die Deutsche Bibliothek - CIP-Einheitsaufnahme

Dipl.-Ing. Pastré, Wilhelm
Technische Analyse zum Nachschlagen
Essen:
Kapitalmarktanalyse
Dipl.-Ing. W. Pastré
ISBN 3-9804911-0-2

Bei der Zusammenstellung von Texten und Abbildungen in diesem Buch wurde mit größter Sorgfalt vorgegangen. Trotzdem können Fehler nicht vollständig ausgeschlossen werden. Verlag, Herausgeber und Autor können für fehlerhafte Angaben und deren Folgen weder eine juristische Verantwortung noch irgendeine Haftung übernehmen. Für Verbesserungsvorschläge und Hinweise auf Fehler sind Verlag und Autor dankbar.

Essen 1996 - ISBN 3-9804911-0-2
Kapitalmarktanalyse
Dipl.-Ing. W. Pastré
Frankenstraße 312
D-45133 Essen

Inhaltsverzeichnis

Einleitung

Wie man die Börse analysieren kann

An den Börsen wird sehr viel Geld verdient - und verloren. Deshalb befassen sich seit jeher viele Leute mit Methoden die Entwicklung der Börse zu analysieren, denn es lohnt sich.
Im Laufe der Jahre haben sich zwei Hauptrichtungen herausgestellt, die Fundamentalanalyse und die technische Analyse.

Die Fundamentalanalyse untersucht den Zustand der Aktiengesellschaften auf ihren inneren Wert.
Das macht der "Fundamentalist" anhand der Geschäftsberichte sowie aller erreichbaren Nachrichten über das Unternehmen und sein Umfeld.
Als wichtige fundamentale Faktoren sind unter anderem zu nennen:

- Produktspektrum
- Konkurrenzlage
- Konjunktur
- Zinsen
- Währungskursentwicklung
- politische Maßnahmen national (Steuern, Subventionen)
- politische Maßnahmen international (Zölle, protektionistische Maßnahmen)
- kriegerische Auseinandersetzungen
- Streiks
- Unglücksfälle

In den letzten Jahren sind die internationalen Verflechtungen so intensiv geworden, daß praktisch keine Börse sich unabhängig von den anderen entwickeln kann. Der letzte Börsenkrach hat drastisch gezeigt, mit welcher Geschwindigkeit sich der Feuerball eines Börsenbrandes um die Welt verbreitet. An dieser Entwicklung ist aber auch eindeutig zu sehen, daß die Fundamentalanalyse keine verläßliche Kursprognose ermöglicht. Wie ist es zu erklären, daß über Nacht alle Unternehmen so drastisch entwertet werden, obwohl sich fundamental nichts geändert hat?

Wie soll ein Investor mit der Fülle von Informationen fertig werden, die täglich auf den Nachrichtenmarkt kommen, wenn es den Analysten bis heute nicht gelungen ist die Ursachen für der 1929-er oder den 1987-er Börsenkrach herauszufinden?

Diese Vielzahl der Einflußfaktoren wirkt sich in einer Größe aus - im Börsenkurs. Wer also den Börsenkurs beobachtet, erfaßt die Auswirkung aller dieser Einflußfaktoren, die er einzeln und im Zusammenwirken nicht beurteilen kann.
Dies ist die Hauptthese der zweiten Methode der Börsenanalyse. Man nennt sie

die Technische Analyse.

Die Technische Analyse

Der Begriff "technisch" hat sich für die Analysemethode eingebürgert, die die Entwicklung der Börsenkurse untersucht, um daraus auf die künftige Entwicklung schließen zu können.

Sie unterscheidet zwei sich ergänzende Methoden der Analyse

1. Die charttechnische Analyse. Sie untersucht den Kurs- und Umsatzverlauf mit Hilfe von typischen Mustern, die im wesentlichen Beginn, Fortsetzung und Ende von Trends erkennen lassen..
2. Die markttechnische Analyse. Sie verwendet Indikatoren zur Prognose künftiger Entwicklungen. Dabei werden Indikatoren über die Struktur der Wirtschaft (fundamentale Indikatoren), des Kapitalmarkts (monetäre Indikatoren), der internen Struktur der Börsengeschäfte (markttechnische Indikatoren), dem Verhalten der Marktteilnehmer (Stimmungsindikatoren) und rechnerische Indikatoren (aus den Computerprogrammen) verwendet.

Ich habe versucht alle wichtigen Aspekte der Technischen Analyse in eine kurze, verständliche Form zu bringen, die sich zum Nachschlagen eignet. Dazu sind verschiedene Aspekte und Indikatoren jeweils in eine vergleichbare Form und Beschreibung gefaßt worden, die eine bequeme Handhabung und vergleichbare Betrachtung ermöglichen sollen.

Im ersten Teil des Buchs wird die Charttechnische Analyse kurz erläutert und ihre wichtigen Formationen dargestellt.
Im zweiten Teil sind alle wichtigen Markttechnischen Indikatoren in alphabetischer Folge und
im dritten Teil alle wesentlichen Technischen Indikatoren erläutert, die heute in den üblichen Analyseprogrammen verwendet werden.
Alle Darstellungen sind so knapp gehalten, wie das bei der notwendigen Verständlichkeit möglich ist.

Zu einem vollständigen Angebot gehört es auch, daß die beschriebenen Analysemöglichkeiten auch eingesetzt werden können. Aktienkurse, Aktienindices und Warenterminkurse sind inzwischen leicht zu beschaffen. Die im Kapitel II dargestellten Indikatoren sind aber nicht Jedermann zugänglich. Deshalb bietet der Autor diese Indikatoren mit langen historischen Reihen laufend aktualisiert als

Markt- und Konjunkturindikatoren

für eine Fülle von Ländern an. Sie werden über kooperierend Datenbanken bereitgestellt.

Ich hoffe, daß dieses Buch dazu beiträgt Ihren Erfolg an der Börse zu erhöhen oder zu stabilisieren.

Januar 1996 Wilhelm Pastré

I. Technische Analyse

Inhaltsverzeichnis Kapitel I

Technische Analyse

Die Technische Analyse kennt zwei wesentliche Verfahren, die einander ergänzen

1. Die Charttechnische Analyse

Die Charttechnische Analyse konzentriert sich auf die Untersuchung der Preis- (Kurs) Entwicklung. Die Preise / Kurse werden dazu in „Charts" aufgezeichnet. Das ist der Verlauf der Preise / Kurse über der Zeit. Aus der Verwendung dieser Werkzeuge, der Charts resultiert der Name für die Art der Analyse.
Sie nutzt die grundlegende Erfahrung, daß sich Preise in Trends bewegen. Solche Trends entstehen durch Angebot und Nachfrage. Solange die Nachfrage das Angebot übersteigt, werden die Preis tendenziell steigen. Wenn das Angebot überwiegt, haben die Preise fallende Tendenz. Sind Angebot und Nachfrage ausgewogen, werden die Preise stabil bleiben.
Ein Trend bleibt jeweils so lange erhalten bis sich das Verhältnis von Angebot zu Nachfrage grundlegend ändert.

Hauptziel der Chartanalyse ist zu erkennen

- Wann entsteht ein neuer Trend?
- Wie lange besteht der Trend fort?
- Wann endet der Trend?
- Wann beginnt ein neuer Trend?

Mit Hilfe wiederkehrender Verhaltensweisen der Marktteilnehmer, die sich als Muster (Formation) aus dem Chart herauslesen lassen, erkennt der Chartist jeweils diese wichtigen Situationen der Kursentwicklung.

Die Formationen sind empirisch erkannt worden, bieten deshalb keine mathematisch faßbare Sicherheit für die Richtigkeit der Erkenntnisse. Sie haben aber eine hohe Wahrscheinlichkeit für richtige Ergebnisse. Bei richtiger Anwendung verbessert die Chartanalyse das Anlageergebnis ganz entscheidend.
Charttechnische Analysen sind nicht ganz frei von einer gewissen Subjektivität im Erkennen und Deuten von Situationen. Es ist deshalb sinnvoll bei kritischen Entscheidungen das Analyseergebnis mit anderen Analysten zu diskutieren.

Im Wesen dieser Analyse mittels Formationen liegt es, daß die Trendumkehr erst dann mit Sicherheit festgestellt werden kann, wenn sie vollendet ist. Die Signale der Chartanalyse sind demgemäß oft ziemlich spät.
Um diesem Mangel abzuhelfen ist es nützlich die zweite Methode der Analyse hinzuzuziehen,

2. Die markttechnische Analyse

Die Markttechnische Analyse versucht mit Hilfe von Indikatoren Veränderungen des Untersuchungsobjekts zu erkennen bevor die Auswirkungen auf die Preise / Kurse haben. Die Signale dieser Analysemethode kommen also früher als die der Charttechnischen Analyse. Insofern ergänzen sich beide Methoden ganz vorzüglich.

Die Markttechnische Analyse kennt verschieden Arten von Indikatoren, die unterschiedliche Aspekte vermitteln. Sie werden im einzelnen in den Kapiteln II und III dieses Buchs erläutert, sollen aber hier in der Funktion vorgestellt werden:

I. Markttechnische Indikatoren

1. Fundamentale Indikatoren
2. Monetäre Indikatoren
3. Stimmungsindikatoren

Markttechnische Indikatoren vermitteln ein Bild über den Zustand des Markts, in dem das Untersuchungsobjekt gehandelt wird.

Fundamentale Indikatoren zeigen den Zustand des „Fundaments". Das sind unter anderem: Bruttoinlandsprodukt, Industrieproduktion, Arbeitsmarktzahlen, private und industrielle Teuerung, Auftragseingänge und Ähnliches.

Monetäre Indikatoren kennzeichnen die Größe und Preise der Geldversorgung des Markts und der Börse wie Geldmengen, Zinsen, Zinsstrukturen etc.

Stimmungsindikatoren stellen in meßbaren, vergleichbaren zahlen die Stimmung der Wirtschaft und der Börse dar. Dazu gehören unter anderem: Konjunkturbaroemeter, Konsumbarometer, Konsumentenvertrauen, konjunkturelle Frühindikatoren aber auch Indikatoren für die Stimmung an der Börse: Optimistenzahlen für verschiedene Teilmärkte, Leerverkaufszahlen der unterschiedlichen Marktteilnehmer.
Alle diese Indikatoren sind mit langen historischen Reihen erforderlich, damit sinnvolle Vergleiche über lange Zeiträume möglich sind. Sie sind laufend aktualisiert als „Markt- und Konjunkturindikatoren" für eine Vielzahl von Märkten und Ländern beim Autor und angeschlossenen Datenbanken erhältlich.

II. Technische Indikatoren

Technische Indikatoren sind Ergebnis mathematischer Analysen, die in Computerprogrammen mit der Preis- und Umsatzentwicklung angestellt werden Sie sind Teil der Analyseprogramme, die es zu kaufen gibt.

Einsatz von Indikatoren
Leider gibt es für keine Börse **den** Indikator, den Stein der Weisen. Er würde die Funktion der Börse aufheben, wenn es ihn gäbe, denn wer würde gegen seine Aussage handeln? Es ist deshalb unabdingbar, daß Sie bei Ihren Analysen immer ein gewisses Spektrum von Indikatoren zu Rate ziehen, die sie für wichtig halten. Verlassen Sie sich nie auf einen einzigen Indikator. Sie können allerdings alle Ihre Aspekte zu einem einzigen Indikator aufsummieren, der Ihre persönlichen Prioritäten zusammenfaßt.

Charttechnische Analyse

Die grundlegenden Untersuchungen hierzu stammen aus den 30-er Jahren. Sie wurden nach den damaligen Börsenkrach in den USA entwickelt. Sie haben bewiesen, daß sich die Börsenkurse nicht zufällig entwickeln - eine bis dahin weit verbreitete Ansicht - sondern, daß es gewisse Regelmäßigkeiten und Muster gibt, die zu erfassen und zu nutzen sind.

Die „Chartisten" ,so nennt man die Anwender der Chartanalyse gehen von der Grundfunktion der Börse aus: sie ist ein Markt. Hier bilden sich die Kurse (Preise) nach Angebot und Nachfrage.

Bei jedem Börsengeschäft treffen sich ein Käufer, der bereit ist einen bestimmten Preis zu zahlen und ein Verkäufer, der bereit ist zu diesem Preis seine Anteile zu verkaufen. Der innere Wert sowie alle anderen Randumstände sind in diesen einen Punkt zusammengekommen.

Die Panik im Herbst 1987 hat gezeigt, wie schnell sich die Preisvorstellungen ändern können, ohne daß sich der innere Wert eines Unternehmens oder seine geschäftlichen Aussichten erkennbar geändert hätten.

Es ist also sinnlos aus statistischen Zahlen des Unternehmens auf den Börsenkurs schließen zu wollen. Ohnehin sind die Zahlen veraltet, wenn sie veröffentlicht werden. Für den normalen Börsenteilnehmer sind aber nur veröffentlichte Zahlen erreichbar. Und wir sind normale Börsenteilnehmer.

Also, der Preis - sprich Börsenkurs - ist der Maßstab. Hier treffen sich Angebot und Nachfrage. Aus der Kursentwicklung kann man sehen, ob Angebot oder Nachfrage vorherrscht oder Gleichgewicht besteht.

Die Chartanalyse der Kurse schafft Klarheit über die Marksituation.

Ein Phänomen kommt dabei zu Hilfe:

"Börsenkurse entwickeln sich in Trends."

Diese Trends bleiben so lange erhalten, bis sich die Marktverhältnisse (Angebot und Nachfrage) ändern.

- Überwiegt die Nachfrage, steigen die Kurse tendenziell an.
- Überwiegt das Angebot, haben die Kurse fallende Tendenz.
- Sind Angebot und Nachfrage ausgeglichen, bleiben die Kurse auf gleichem Niveau.

Die Trends haben unterschiedlich lange Dauer. Man unterscheidet:

- kurzfristige Trends, sie dauern Tage bis wenige Wochen.
- mittelfristige Trends mit Dauer von einigen Wochen bis wenigen Monaten
- langfristige Trends über mehrere Monate bis mehr als ein Jahr.

Sie erinnern sich an die Anstieg der Börsenkurse von 1982 bis 1987 - ein Aufwärtstrend; oder der Anstieg des Dollar von 1,78 DM (1978) auf 3,45 DM (1985) und seinen anschließenden Fall auf 1,56 DM (Anfang 1988) - ein Aufwärtstrend mit nachfolgendem Abwärtstrend (Langfristtrend).

Die Chartanalyse hilft Beginn und Ende solcher Trends zu erkennen, damit man entsprechend an der Börse kaufen und verkaufen kann.

Die Chartanalyse zeigt, daß gewisse Formationen der Börsenkurse den Trend bestätigen oder eine Änderung erwarten lassen.

Diese Formationen - wie die Ergebnisse der gesamten Chartanalyse - bedeuten keine absolut sichere Kursprognose aber sie lassen eine wahrscheinliche weitere Kursentwicklung erkennen.

Dabei ist es völlig unerheblich welches Unternehmen sich hinter dem Börsenkurs verbirgt. Die Gewinnmöglichkeiten sind allein aus der Kursentwicklung erkennbar. Das enthebt uns von der Notwendigkeit alle nur erreichbaren Informationen zu sammeln, die Andere doch möglicherweise schneller bekommen als wir.

Charts

Die Charts sind das Werkzeug für die Chartanalyse, darum nennt man die Nutzer dieser Analysemethode auch "Chartisten". Charts sind graphische Darstellungen des Kursverlaufs, der zu analysieren ist.

Hier sollen zunächst die verschiedenen Formen von Charts vorgestellt und erläutert werden.

Balkenchart

Balkencharts können für beliebige Zeiträume verwendet werden. Die häufigste Darstellung ist der Tages-Balkenchart, also ein Balken je Tag. Es ist aber auch sinnvoll und üblich einen Balken je Woche, Monat, Jahr, Stunde oder Minute zu verwenden.
Der Balkenchart stellt den Kursverlauf über den gesamten Handelszeitraum (Tag, Woche, Monat, Stunde) dar.

Die Darstellung ist wie folgt üblich:

- Der Balken ist die Verbindung von Höchstkurs und den Tiefstkurs des gewählten Zeitraums.
- Der Eröffnungskurs ist eine Markierung des Balkens nach links
- Der Schlußkurs ist eine Markierung des Balkens nach rechts.

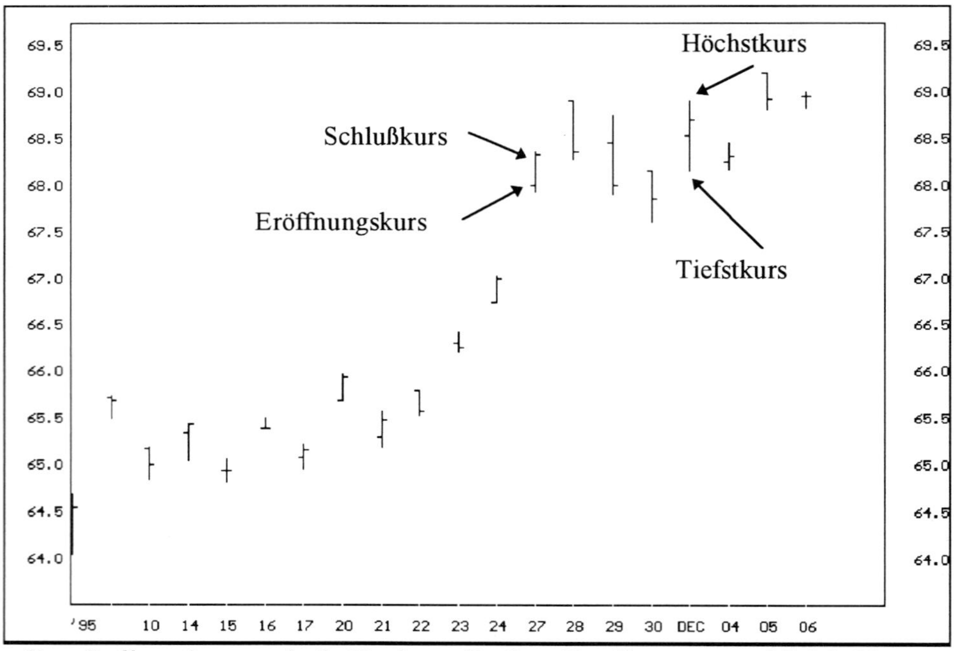

Der Balkenchart enthält Höchst-, Tiefst-, Eröffnungs- und Schlußkurs.

Aussagefähigkeit:

Durch den hohen Informationsinhalt ist der Balkenchart eine beliebte Art der Darstellung. Er ist zusammen mit den Ümsätzen auch die Basis für die Berechnungen in Computerprogrammen.

Beispiel

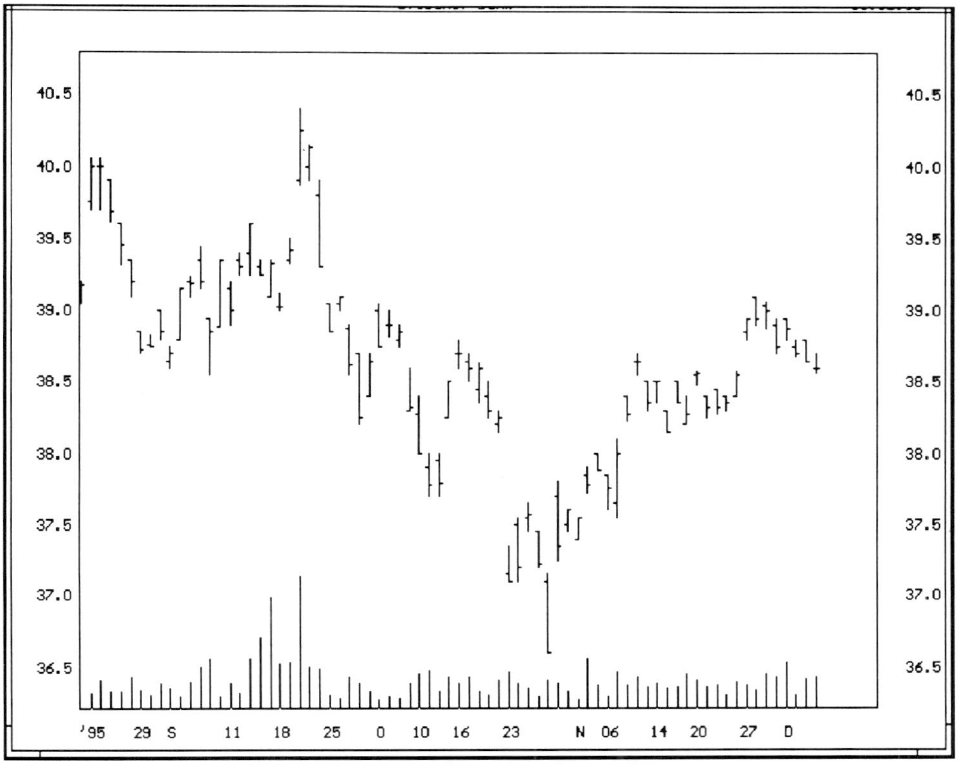

Balkenchart Dresdner Bank mit Umsätzen

Interpretation

Das Beispiel zeigt einen Balkenchart der Dresdner Bank Aktie mit Umsätzen. Die Umsätze sind durch entsprechend hohe Balken am Fuß des Charts dargestellt.

Das Beispiel veranschaulicht die ganze Fülle der Interpretationsmöglichkeiten, die im Balkenchart liegen.

Man kann erkennen, zu welchem Kurs der Tag eröffnet, und beendet wurde, in welcher Relation zur gesamten Tagesentwicklung diese Kurse liegen und vieles mehr. Das ermöglicht eine Einschätzung über den Verlauf des Tages. War er sehr volatil oder eher stabil? Hat er am oberen Ende der Tagesspanne geschlossen oder unten? Liegt der Schlußkurs über der Eröffnung oder darunter? Alle diese Relationen sind ablesbar und lassen Schlüsse auf den Tagesverlauf und die mögliche Zukunft zu.

Der tiefste Balken zeigt zum Beispiel einen Tag mit äußerst gefährlichem und negativem Tagesverlauf:

Die Börse eröffnete noch über den tiefsten Kursen von 3 und 4 Tagen zuvor, ließ also noch Hoffnung auf eine Besserung zu. Im Verlauf wurden diese Tiefstkurse unterschritten, was einen negativen Impuls bedeutete, weil diese Unterstützung versagt hatte. Darauf wurde offensichtlich heftig verkauft - ein regelrechter Ausverkauf. Die Kurse endeten auf dem Tagestief, was eine sehr negative Perspektive für den folgenden Tag bedeutete. Als aber der nächste Tag deutlich höher eröffnete, war klar, daß durch den Ausverkauf des Vortags der Markt bereinigt war. Ein neuer Aufschwung konnte beginnen. Alle diese Informationen enthält der Balkenchart.

Candlestick Chart

Candlestick-Charts (Candlestick = Kerzenleuchter) können für beliebige Zeiträume verwendet werden. Die häufigste Darstellung ist der Tageschart, also ein Candlestick (eine Kerze) je Tag. Es ist aber auch sinnvoll und üblich einen Candlestick je Woche, Monat, Jahr, Stunde oder Minute zu verwenden.

Der Candlestickchart stellt den Kursverlauf über den gesamten Handelszeitraum (Tag, Woche, Monat, Stunde) dar.

Die Candlestick-Technik kommt aus Japan, wo sie lange Tradition besitzt. Deshalb haben die speziellen Formationen, die man mit dieser Technik kennt, japanische Namen.

Die Darstellung ist wie folgt:

- Der Candlestick ist die Verbindung von Höchstkurs und den Tiefstkurs des gewählten Zeitraums.
- Liegt der Eröffnungskurs unter dem Schlußkurs, ist die Spanne zwischen Eröffnungskurs und Schlußkurs schwarz ausgefüllt (eine schwarze Kerze).
- Liegt der Candlestick über dem Schlußkurs, ist der Zwischenraum zwischen Eröffnungskurs und Schlußkurs eine weiße Kerze.
- Die darüber hinausgehende Spanne des Tages wird nur als Linie (Docht) dargestellt.

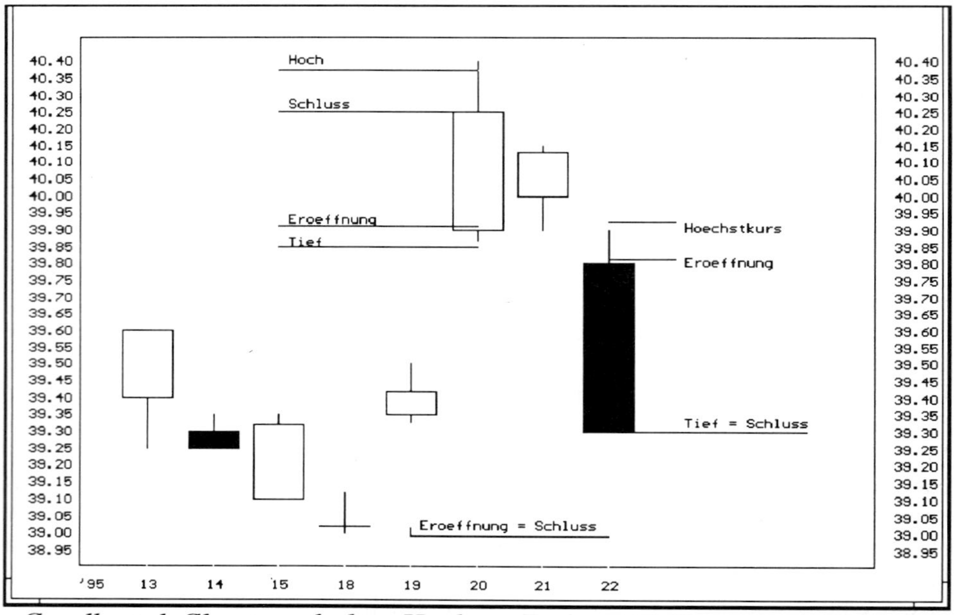

Candlestick Charts enthalten Höchst-, Tiefst-, Eröffnungs-, Schlußkurs

Aussagefähigkeit:

Durch den hohen Informationsinhalt ist der Candlestick Chart sehr aussagekräftig. Er wird aber bei uns (noch) nicht stark angewendet.

Die spezielle Interpretation der Candlesticks mit kennt viele einzelne Formationen mit eigenen Namen, die zusätzliche Interpretation ermöglicht. In der vollen Breite mit diesen speziellen Formationen angewendet geht sie über die Anschaulichkeit der Balkencharts hinaus.

Beispiel

Candlestick Chart Dresdner Bank mit Umsätzen

Interpretation

Das Beispiel zeigt einen Candlestick Chart der Dresdner Bank Aktie mit Umsätzen. Die Umsätze sind durch entsprechend hohe Balken am Fuß des Charts dargestellt.
Das Beispiel veranschaulicht die ganze Fülle der Interpretationsmöglichkeiten, die im Candlestick Chart liegen.
Man kann erkennen, zu welchem Kurs der Tag eröffnet, und beendet wurde, in welcher Relation zur gesamten Tagesentwicklung diese Kurse liegen und vieles mehr. Das ermöglicht eine Einschätzung über den Verlauf des Tages. War er sehr volatil oder eher stabil? Hat er am oberen Ende der Tagesspanne geschlossen oder unten? Liegt der Schlußkurs über der Eröffnung oder darunter? Alle diese Relationen sind ablesbar und lassen Schlüsse auf den Tagesverlauf und die mögliche Zukunft zu.
Der tiefste Balken zeigt zum Beispiel einen Tag mit äußerst gefährlichem und negativem Tagesverlauf:
Die Börse eröffnete noch über den tiefsten Kursen von 3 und 4 Tagen zuvor, ließ also noch Hoffnung auf eine Besserung zu. Im Verlauf wurden diese Tiefstkurse unterschritten, was einen negativen Impuls bedeutete, weil diese Unterstützung versagt hatte. Darauf wurde offensichtlich heftig verkauft - ein regelrechter Ausverkauf. Die Kurse endeten auf dem Tagestief, was eine sehr negative Perspektive für den folgenden Tag bedeutete. Als aber der nächste Tag deutlich höher eröffnete, war klar, daß durch den Ausverkauf des Vortags der Markt bereinigt war. Ein neuer Aufschwung konnte beginnen. Alle diese Informationen enthält der Candlestick Chart.

Equivolume Chart

Die Equivolume Charts wurden von Richard Arms entwickelt und vorgestellt. Sie entsprechen etwa einem Balkenchart, dessen Balkenbreite vom Umsatz (Volumen) bestimmt wird.

Der einzelne Balken einer Periode wird wie folgt dargestellt:

- Die Höhe ist die Verbindung von Höchstkurs und Tiefstkurs der Periode.
- Die Breite ist durch den normierten Umsatz bestimmt. Der normierte Umsatz ist der Umsatz der Periode dividiert durch den Umsatz des gesamten dargestellten Charts.

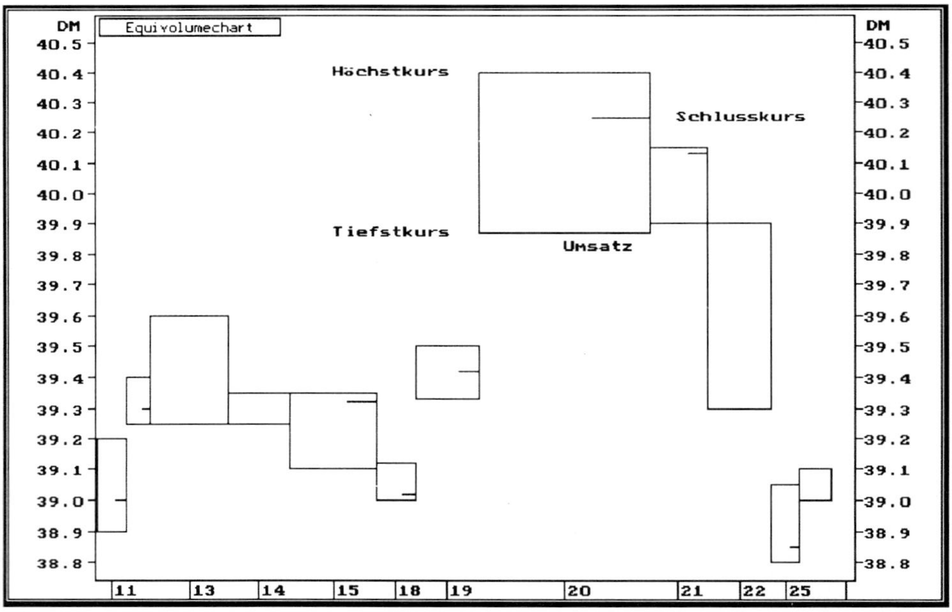

Aussagefähigkeit:

Equivolume Charts unterscheiden sich insofern wesentlich von den sonstigen Charts, als sie den Umsatz an die Stelle der Zeitachse setzen. Dies ist vom Autor der Equivolume Charts beabsichtigt. Er ist der Ansicht, daß die Anzahl der gehandelten Stücke den Markt bestimmt, nicht die Zeit. Das ist sicher nicht falsch. Es erfordert schon wegen der andersartigen Darstellung eine besondere Analyse, die sich von der normalen Chartanalyse unterscheidet.

Beispiel

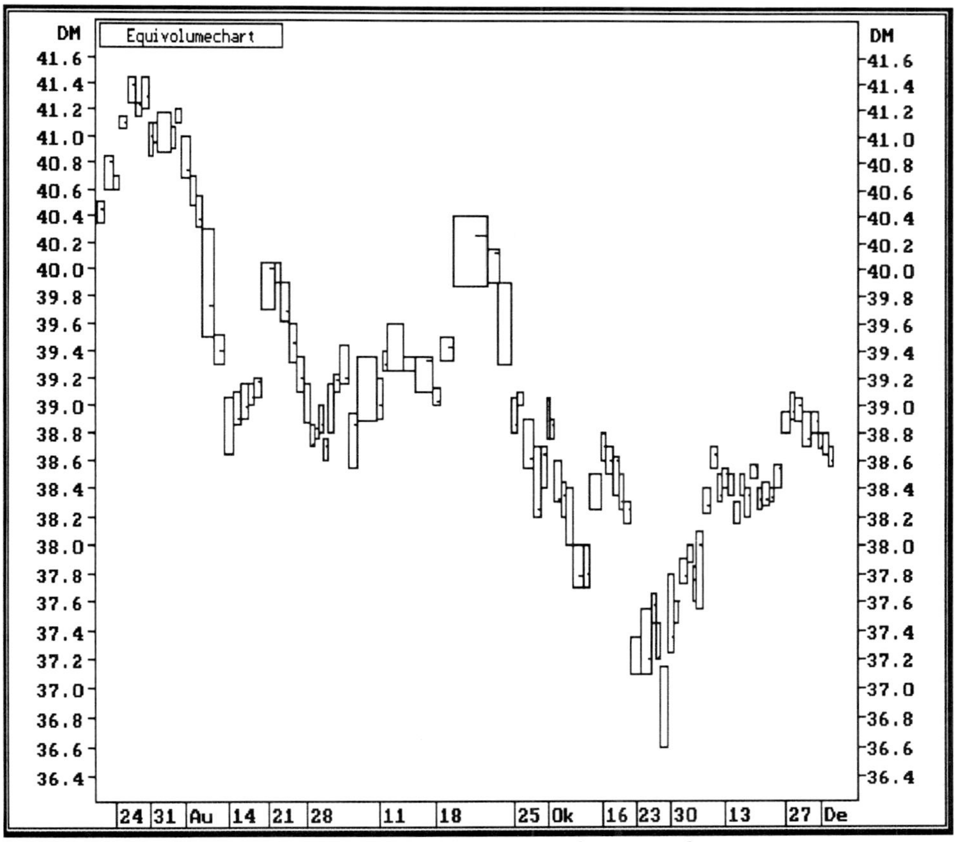

Equivolume Chart Dresdner Bank

Interpretation

Die Größe eines jeden Equivolume Balkens stellt ein Bild von Angebot und Nachfrage während er Periode dar. Breite, relativ kurze Balken sind typisch für Gipfelpunkte. Auch große Umsätze bringen keinen weiteren Kursfortschritt. Während der weiteren, normalen Kursentwicklung sind die Balken eher kurz und schmal.
Je größer das Volumen am Gipfel oder am Boden einer Kursentwicklung, desto größer ist die zu erwartende anschließende Kursfluktuation. Equivolume Charts stellen ein direktes Maß her für die Umsatzgröße bei einer Boden- oder Gipfelbildung.

Für die genaueren Studien der Analyse von Equivolume Charts ist das Buch „Volume Cycles in Stock Markets“ von Richard Arms zu empfehlen (Equis International, Salt Lake City, USA).

Linienchart

Liniencharts sind die einfachste Form der Kursverlaufs Darstellung. Für jede Periode (Tag, Woche, Monat) wird ein Kurs dargestellt. Er wird mit dem entsprechenden Kurs der vorigen Periode durch eine Linie verbunden. Typischerweise stellt man den Kassakurs oder der Schlußkurs dar.

Das ergibt eine einfach verständliche und übersichtliche Darstellung. Das macht die Stärke und Beliebtheit dieser Chartdarstellung aus.

Dadurch, daß man lediglich einen Kurs je Periode darstellt, ist natürlich der Informationsgehalt geringer als bei anderen Darstellungsformen.

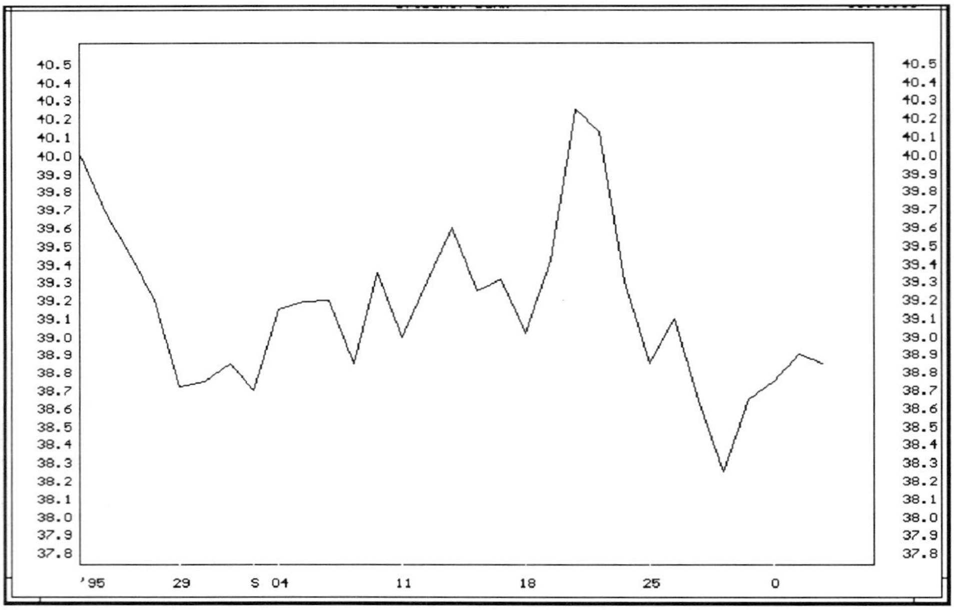

Aussagefähigkeit:

Dadurch, daß man lediglich einen Kurs je Periode darstellt, ist der Informationsgehalt geringer als bei anderen Darstellungsformen.

Beispielsweise enthält der Balkenchart zusätzlich die Spanne der Preisfluktuation und den Eröffnungskurs. Die auch aus der Lage dieser Kurse zueinander möglichen Einschätzungen sind dem Linienchart nicht zu entnehmen.

Beispiel

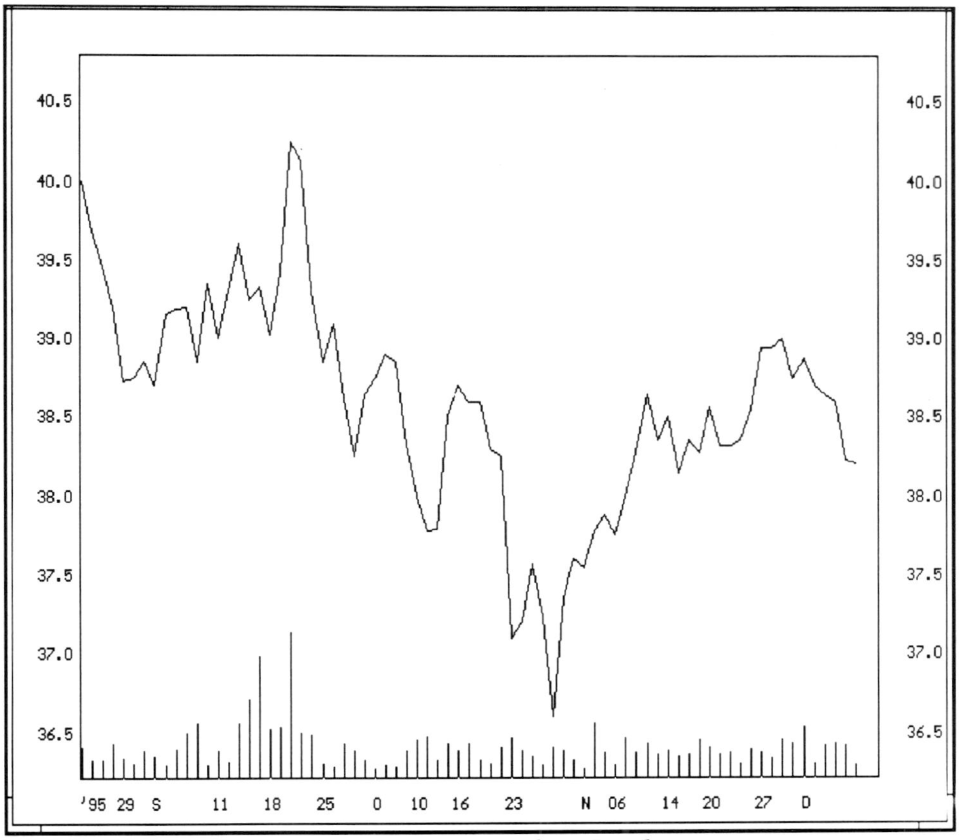

Linienchart Dresdner Bank

Interpretation

Das Beispiel zeigt einen Linienchart der Dresdner Bank Aktie mit Umsätzen. Die Umsätze sind durch entsprechend hohe Balken am Fuß des Charts dargestellt.

Das Beispiel veranschaulicht die beschränkten Informationsinhalte des Liniencharts im Vergleich zum Balkenchart, Candlestick Chart und Equivolume Chart.

Vergleichen Sie die Interpretationsmöglichkeiten desselben Aktienkurses über dieselbe Zeit unter der Beschreibung dieser Chartformen.

Die vereinfachte Darstellungsform bietet aber auch den Vorteil, daß sie übersichtlicher ist als die anderen Chart-Arten.

Im obigen Linienchart fällt eher als in den anderen Darstellungen die Chartformation ins Auge. So erkennt man sehr leicht. Daß mit dem Überschreiten von DM 37,80 ein deutlicher Widerstand gebrochen ist. Dadurch ist eine Umkehr des Abwärtstrends im Linken Teil des Charts signalisiert. Das Signal fällt im Linienchart deutlicher auf als beispielsweise im Balkenchart. Es liegt allerdings erheblich später als die im Balkenchart schon am Tag nach dem Tiefstkurs erkennbare Trendumkehr (siehe Interpretation Balkenchart).

Point & Figure Chart

Point & Figure Charts sind die älteste Form der Chartdarstellung. Sie wurde schon vor langer Zeit an der Warenbörsen benutzt. Sie wurde mit Kreide auf große Tafeln geschrieben, sollte für alle Marktteilnehmer gut lesbar und eindeutig und flexibel sein. Sie sollte einen Überblick über das Marktgeschehen geben. Diese Bedingungen werden erfüllt.

Point & Figure Charts werden wie folgt konstruiert:

- Bei steigenden Kursen werden Kreuze gezeichnet
- Bei fallenden Kursen werden Nullen gezeichnet.
- Es werden nur Änderungen gezeichnet, wenn der Kurs sich um eine volle Einheit verändert hat.
- Verändert sich der Kurs nicht oder weniger als eine volle Einheit, bleibt der Chart unverändert.
- Ein Wechsel vom Zeichnen steigender (x) zu fallenden (o) Kursen und umgekehrt findet nur statt, wenn die Kurse sich mindesten um 3 Einheiten in die neue Richtung bewegt haben. (Drei Punkte Umkehr Chart).

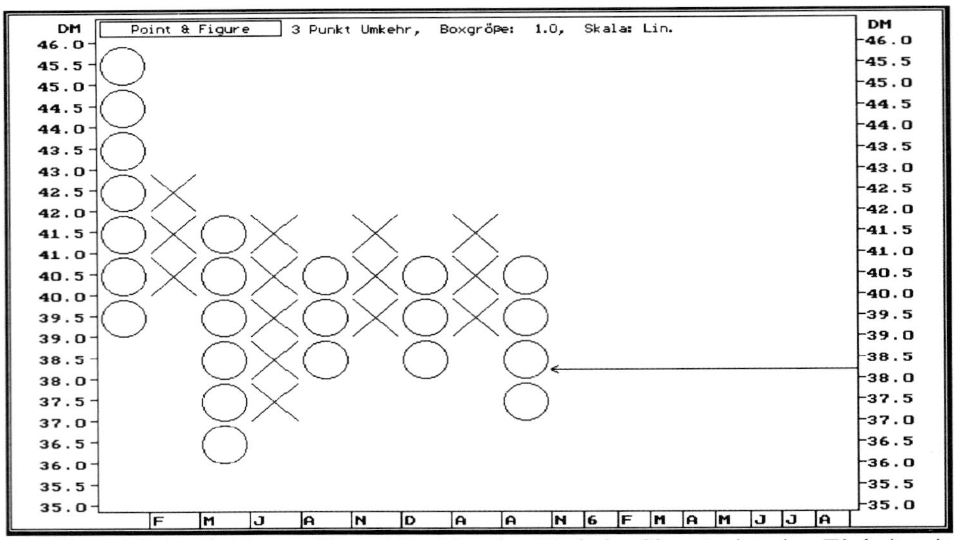

Bei diesem Point & Figure Chart (Drei Punkte Umkehr Chart) ist eine Einheit mit 0,5 DM gewählt. Dadurch werden Änderungen von weniger als 0,5 DM im Chart unterdrückt. Ein Wechsel der Kolonne von x zu o und umgekehrt findet nur statt, wenn sich der Kurs um mindestens 3 Einheiten. = 1,5 DM in die neue Richtung bewegt hat . Die Zeitachse ist durch den Computer künstlich hinzugefügt.

Aussagefähigkeit:

- Point & Figure Charts haben denselben Informationsgehalt wie Liniencharts, ihnen fehlt jedoch die Zeitachse (Wenn sich der Kurs nicht ändert, bleibt der P&F Chart unverändert).
- Sie werden nach denselben Regeln der Chartanalyse analysiert wie Linien- und Balkencharts.
- Sie haben als Vorteil:

1. Gute Übersichtlichkeit.

2. Wenig Aufwand bei der manuellen Erstellung.
3. Durch Wahl grober oder feiner Einheiten sehr flexibel.

Viele Analysten führen die Charts der wichtigsten Größen per Hand als P&F Chart. Das ist wenig Aufwand, konfrontiert aber täglich mit der Marktentwicklung.

Beispiel

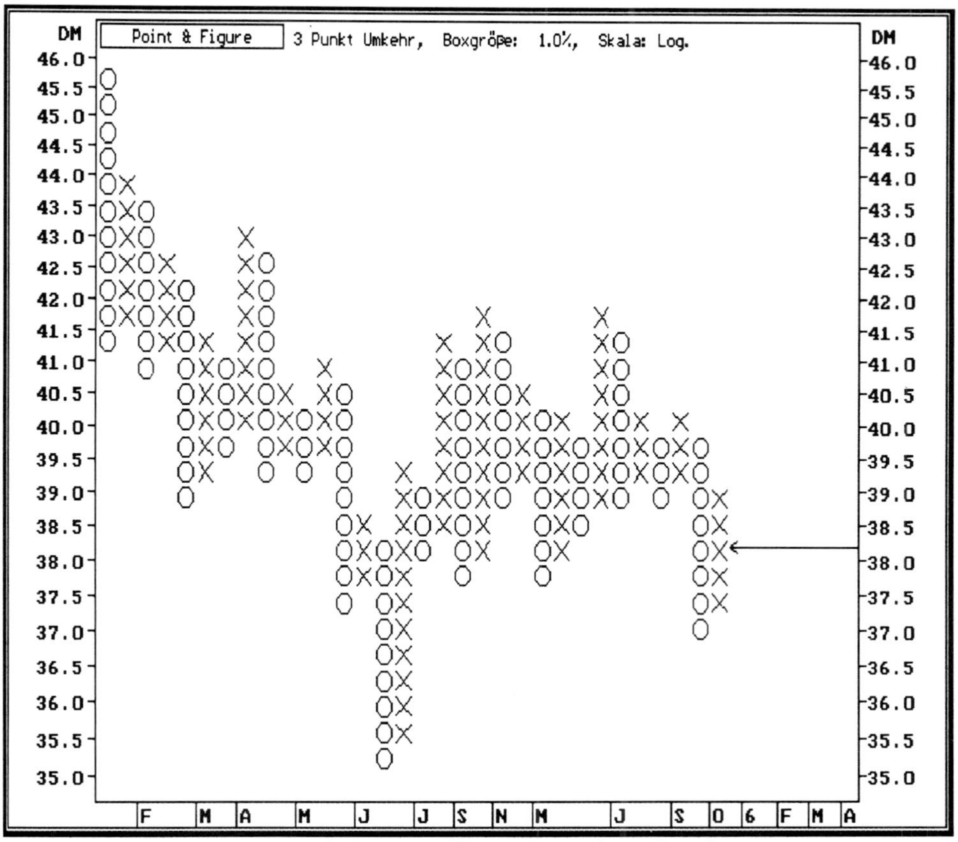

Point & Figure Chart Dresdner Bank

Interpretation

Die Darstellung ist gewöhnungsbedürftig, verschafft aber bei einiger Übung sofort den wichtigen Überblick. Der Pfeil zeigt den aktuellen Kurs an, der sonst nicht direkt ablesbar wäre.

Die Unterstützungen und Widerstände fallen sofort ins Auge. Die Unterdrückung kleiner Kursbewegungen von weniger als einer Einheit (0,5 DM) ist eine Filterwirkung, die den Blick auf das Wesentliche lenkt. Dies und die große Flexibilität durch Wahl der Einheitengröße sind der größte Vorteil der Point & Figure Darstellung. Sie ermöglicht beispielsweise durch Wahl einer groben Einheit die Darstellung einer wichtigen Größe über viele Jahre auf einem DIN A4 - Blatt. Dabei fallen wesentliche Entwicklungen - und nur diese - sofort auf.

Trends

In der Einleitung haben Sie schon erfahren, daß sich die Preisbildung an den Börsen nach Angebot und Nachfrage richtet. Für die Analyse solcher Preisbildung ist ein besonderes Phänomen wichtig. Auf dieser erstaunlichen Erfahrung beruht im wesentlichen die gesamte technische Analyse:

Börsenkurse bewegen sich in Trends.

Solange die Nachfrage überwiegt, haben die Kurse einen steigenden Trend, solange das Angebot überwiegt haben sie fallenden Trend. Sind Angebot und Nachfrage ausgeglichen, bewegen sich die Kurse seitwärts.
Ein Trend bleibt jeweils so lange erhalten bis sich Wesentliches am Verhältnis von Angebot zu Nachfrage ändert.

Abwärtstrend

Solange das Angebot die Nachfrage übersteigt, bewegen sich die Kurse in einem Abwärtstrend.

Dieser Trend verläuft allerdings im Normalfall nicht linear und stetig. Es handelt sich vielmehr um eine oft unsichere, von Gegenbewegungen unterbrochene generelle Tendenz in fallender Richtung.

Es gilt mit Hilfe der Chartanalyse herauszuarbeiten:

- Welches ist der Haupttrend
- Wann endet er
- Wann beginnt ein neuer Trend

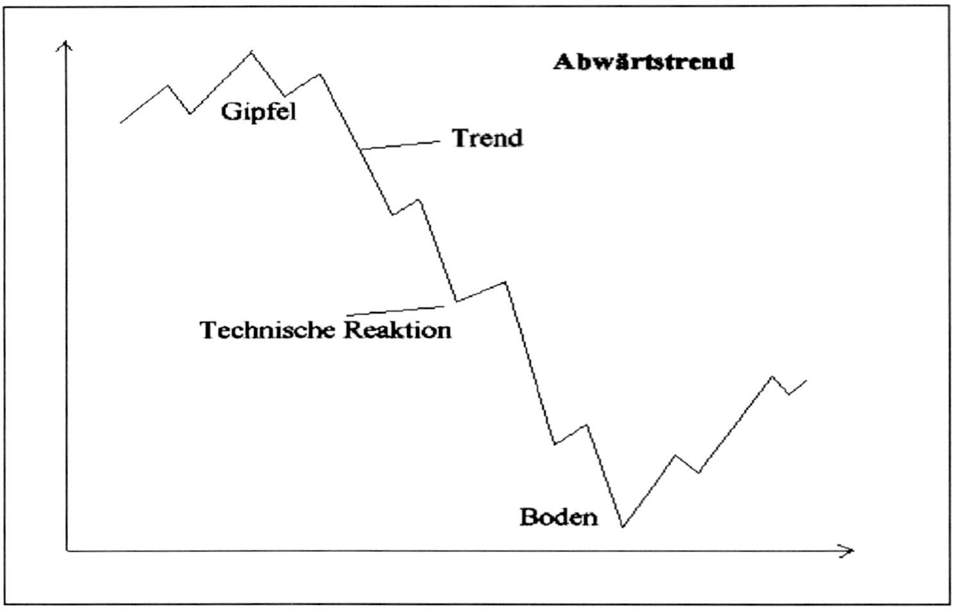

Prinzip des Abwärtstrends

Die Chartanalyse bietet Hilfsmittel, die es ermöglichen

- Den Haupttrend zu erkennen,
- Beginn und Ende des Haupttrends zu erkennen,
- Eine Technische Reaktion von einer Trendwende zu unterscheiden.

Die Methoden der Chartanalyse beruhen auf Empirischen Erfahrungen. Sie bieten keine mathematische Sicherheit aber eine hohe Wahrscheinlichkeit für das Eintreffen der erwarteten Analyse-Ergebnisse.

Die Charttechnik kann eine Trendwende dann feststellen, wenn sie bereits vollzogen ist.

Mit Hilfe von Indikatoren will man die Trendumkehr erkennen bevor sie vollendet ist. Das bedeutet zusätzliches Gewinnpotential.

Beispiel

Abwärtstrend bei der Dresdner Bank

Interpretation

Das Beispiel zeigt einen Abwärtstrend der Dresdner Bank Aktie.
Der Abwärtstrend wird in der Chartanalyse durch eine Linie gekennzeichnet, die die Höchstkurse miteinander verbindet. Diese Trendlinie verläuft im Abwärtstrend also immer oberhalb aller aktuellen Kurse.
Sobald die aktuellen Kurse diese Abwärtstrendlinie überschreiten, ist der bis dahin geltende Abwärtstrend beendet.
Dies ist das charttechnische Zeichen für einen Trendwechsel. Das bedeutet nicht automatisch eine Trendumkehr vom Abwärtstrend zu Aufwärtstrend, hierfür sind zusätzliche Bedingungen zu erfüllen (Trendumkehrformation oder Überschreiten eines Widerstandes). Es bedeutet aber, daß sich die Neigung des Abwärtstrends verändert. Er kann beispielsweise in einen weniger steilen Abwärtstrend übergehen oder in einen Seitwärtstrend.

Aufwärtstrend

Solange die Nachfrage das Angebot übersteigt, bewegen sich die Kurse in einem Aufwärtstrend.
Dieser Trend verläuft allerdings im Normalfall nicht linear und stetig. Es handelt sich vielmehr um eine oft unsichere, von Gegenbewegungen unterbrochene generelle Tendenz in steigender Richtung.

Es gilt mit Hilfe der Chartanalyse herauszuarbeiten:

- Welches ist der Haupttrend
- Wann endet er
- Wann beginnt ein neuer Trend

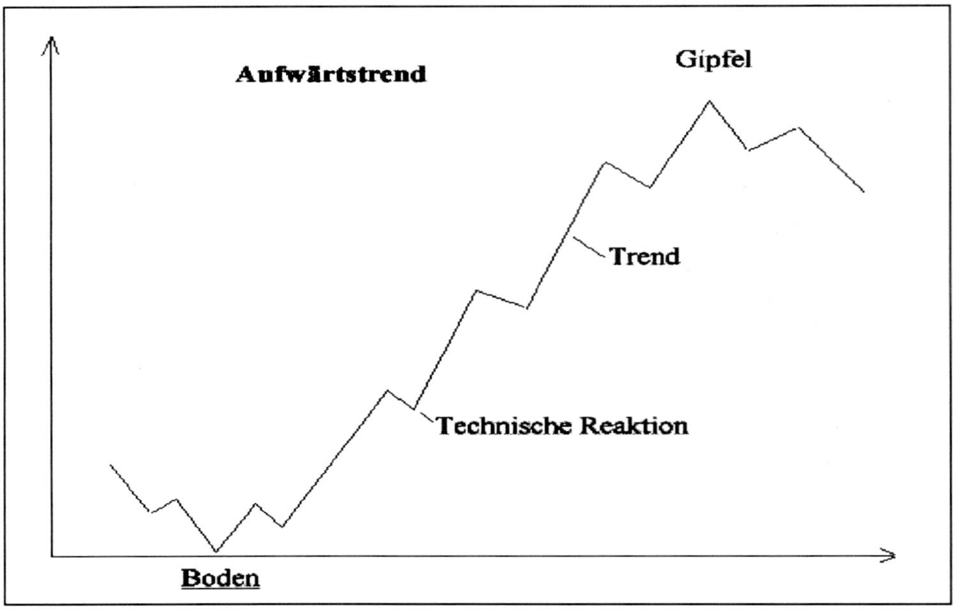

Prinzip des Aufwärtstrends

Die Chartanalyse bietet Hilfsmittel, die es ermöglichen

- Den Haupttrend zu erkennen,
- Beginn und Ende des Haupttrends zu erkennen,
- Eine Technische Reaktion von einer Trendwende zu unterscheiden.

Die Methoden der Chartanalyse beruhen auf Empirischen Erfahrungen. Sie bieten keine mathematische Sicherheit aber eine hohe Wahrscheinlichkeit für das Eintreffen der erwarteten Analyse-Ergebnisse.
Die Charttechnik kann eine Trendwende dann feststellen, wenn sie bereits vollzogen ist.
Mit Hilfe von Indikatoren will man die Trendumkehr erkennen bevor sie vollendet ist. Das bedeutet zusätzliches Gewinnpotential.

Beispiel

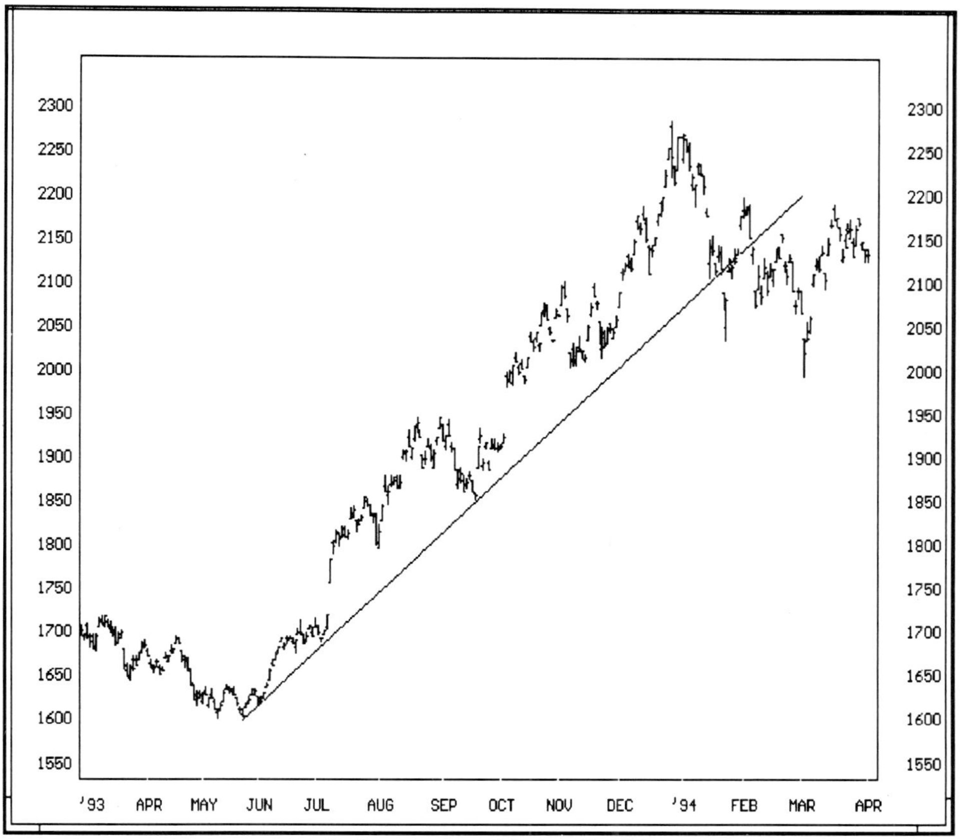

Aufwärtstrend beim DAX

Interpretation

Das Beispiel zeigt einen Aufwärtstrend beim Deutschen Aktienindex DAX.
Der Aufwärtstrend wird in der Chartanalyse durch eine Linie gekennzeichnet, die die Tiefsturse miteinander verbindet. Diese Trendlinie verläuft im Aufwärtstrend also immer unterhalb aller aktuellen Kurse.
Sobald die aktuellen Kurse diese Abwärtstrendlinie unterschreiten, ist der bei dahin geltende Aufwärtstrend beendet.
Dies ist das charttechnische Zeichen für einen Trendwechsel. Das bedeutet nicht automatisch eine Trendumkehr vom Abwärtstrend zu Aufwärtstrend, hierfür sind zusätzliche Bedingungen zu erfüllen (Trendumkehrformation oder Überschreiten eines Widerstandes). Es bedeutet aber, daß sich die Neigung des Abwärtstrends verändert. Er kann beispielsweise in einen weniger steilen Abwärtstrend übergehen oder in einen Seitwärtstrend.

Seitwärtstrend

Solange Angebot und Nachfrage ausgeglichen sind, bewegen sich die Kurse in einem Seitwärtstrend.
Während eines solchen Seitwärtstrends (auch Schiebezone oder Tradingzone) bewegen sich die Kurse zwischen einer mehr oder weniger festen oberen und einer eben solchen unteren Grenze. Man nennt diese Grenzen Unterstützung und Widerstand.

An der unteren Grenze finden sich jeweils genügend Käufer, die zu diesem Preis bereit sind zu kaufen. Das bildet eine Unterstützung gegen weitere Kursrückgänge.
An der oberen Grenze finden sich genügend Verkäufer, die zu diesem Preis bereit sind zu verkaufen. Sie bilden einen Widerstand gegen weitere Kursanstiege.

Solche Seitwärtstrends werden auch Trading Zonen genannt, weil sie sich naturgemäß zum Traden eigen. Wer diese Situation rechtzeitig erkennt, wird versuchen an der unteren Trendlinie zu kaufen und an er oberen Trendlinie zu verkaufen. Das geht nur so lange gut wie sich der Seitwärtstrend fortsetzt. Es besteht also größtes Interesse daran Beginn und Ende dieser Trends zu erkennen.

Es gilt mit Hilfe der Chartanalyse herauszuarbeiten:

- Wann endet dieser Seitwärtstrend,
- Wann beginnt ein neuer Trend
- In welche Richtung führt der neue Trend

Mit Hilfe von Indikatoren

kann man versuchen frühzeitig zu erkennen, ob der Seitwärtstrend erhalten bleiben wird, wenn sich die Kurse der jeweiligen Grenze nähern.

Beispiel

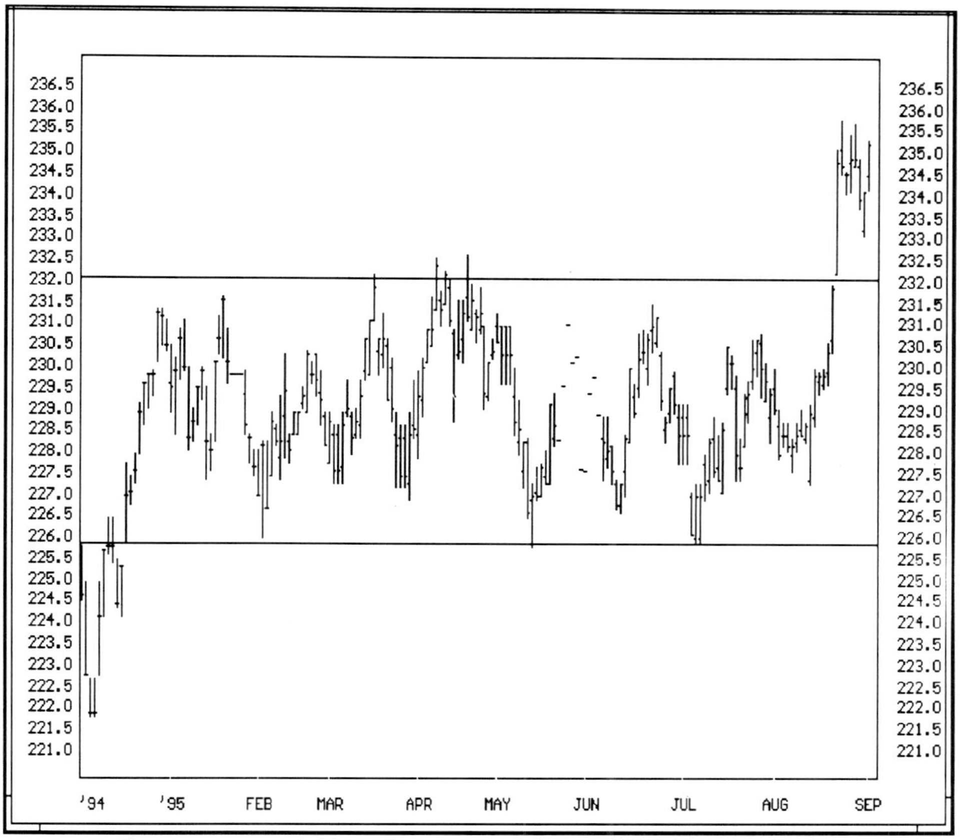

Seitwärtstrend (Trading Zone) beim CRB Future Index

Interpretation

Das Beispiel zeigt einen Seitwärtstrend beim CRB Future Index. Das ist der Rohstoffindex des Commodity Research Bureau. Er umfaßt 21 wichtige Rohstoffe und gilt in den USA als ein wichtiges Barometer für die künftige Inflationsrate.

Das Beispiel zeigt bewußt, daß der Seitwärtstrend nicht immer bilderbuchgemäß von der oberen Grenze zur unteren verläuft. Es ist in der Praxis oft schwierig eine der beiden exakt zu definieren.

Der Seitwärtstrend wird in der Chartanalyse durch je eine Linie gekennzeichnet, die die Tiefsturse und die Höchstkurse miteinander verbindet. Diese Trendlinien grenzen also die Spanne der aktuellen Kurse ein.

Sobald die aktuellen Kurse diese Schwankungsbreite verlassen, ist der bis dahin geltende Seitwärtstrend beendet.

Es beginnt ein neuer Trend.

- Wird der bisherige Seitwärtstrend überschritten, ist das ein charttechnisches Kaufsignal, es beginnt ein Aufwärtstrend.
- Wird der bisherige Seitwärtstrend unterschritten, ist das ein charttechnisches Verkaufsignal, es beginnt ein Abwärtstrend.

Trendkanal

In vielen Fällen laufen Trends so regelmäßig, daß man sowohl die obere als auch die untere Grenze des Kursverlaufs durch jeweils eine Trendlinie kennzeichnen kann. Beide Trendlinie verlaufen exakt parallel.
Diesen Fall nennt man Trendkanal.
Er bietet besonders gute Möglichkeiten sowohl den zu erwartenden Kursverlauf zu prognostizieren als auch eventuelle Unregelmäßigkeiten frühzeitig zu identifizieren, die den bestehenden Trend gefährdet erscheinen lassen.

Man konstruiert einen solchen Trendkanal indem man von der Basis-Trendlinie ausgeht. Im Aufwärtstrend ist das die Linie, die die Tiefstkurse mit einander verbindet. Die zweite Linie des Kanals wird durch Parallelverschiebung der unteren Trendlinie entlang der Höchstkurse gebildet.
Beim abwärts gerichteten Trendkanal geschieht die Konstruktion umgekehrt. Man geht von der (im Abwärtstrend maßgeblichen) oberen Trendlinie entlang den Höchstkursen aus.

Trendkanal beim US-Dollar gegenüber der D-Mark

Der Trendkanal grenzt den zu erwartenden Kursspielraum ein.

Durch Nutzung von Indikatoren kann man versuchen im voraus zu ermitteln, ob der Trendkanal bei einer zu erwartenden Berührung halten wird.

Wie für jeden Trend gilt auch hier: Je häufiger der Trend durch Berührung bestätigt wird, desto stabiler ist er.

Beispiel

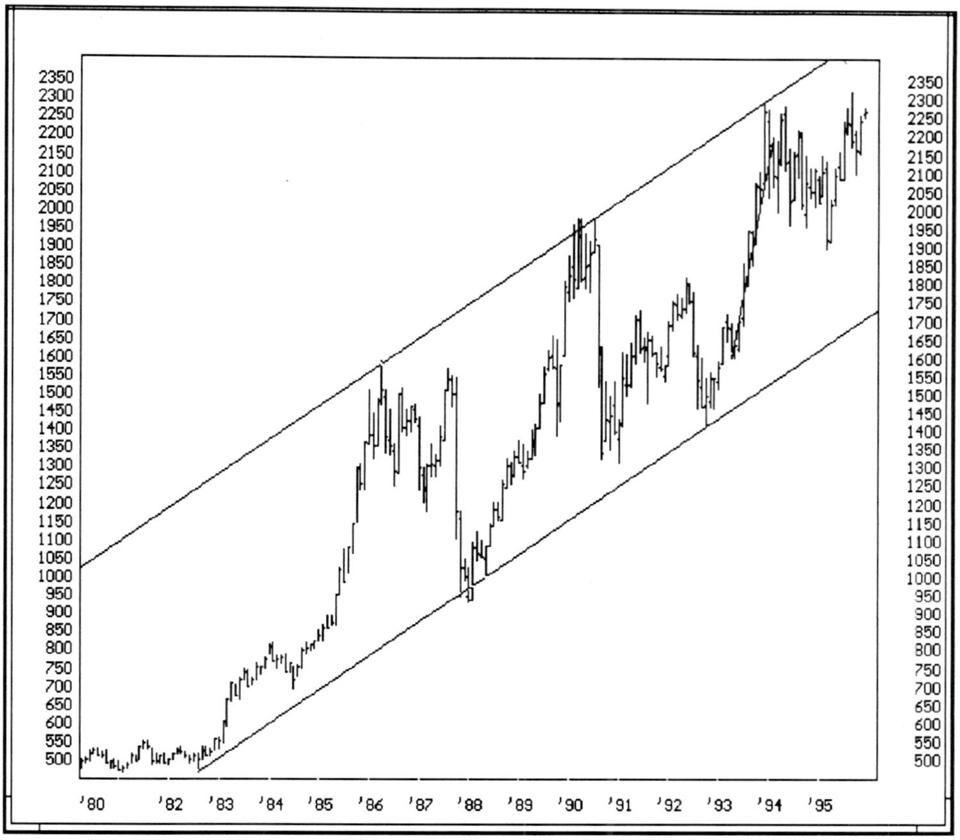

Trendkanal des DAX über 15 Jahre

Interpretation

Das Beispiel zeigt den Trendkanal, den der DAX in den 15 Jahren zwischen 1980 und 1995 gebildet hat.

Dieser Trendkanal bietet die Möglichkeit Grenzen der zu erwartenden Kursentwicklung im voraus abzuschätzen. Man kann das Kurssteigerungspotential und das Risiko anhand der Historie eingrenzen. Natürlich ist eine solche Regelmäßigkeit äußerst hilfreich, wenn man sie erkennt.

Technische Reaktion

Die Technische Reaktion ist eine kurzfristige Kursreaktion innerhalb eines langfristigen Trends. Diese Reaktion unterbricht optisch den linearen Anstieg des Haupttrend. Zunächst ist nicht abzusehen, ob sich der Haupttrend fortsetzen wird oder nicht.

Im Verlauf eines Trend sieht eine Technische beispielsweise so aus:

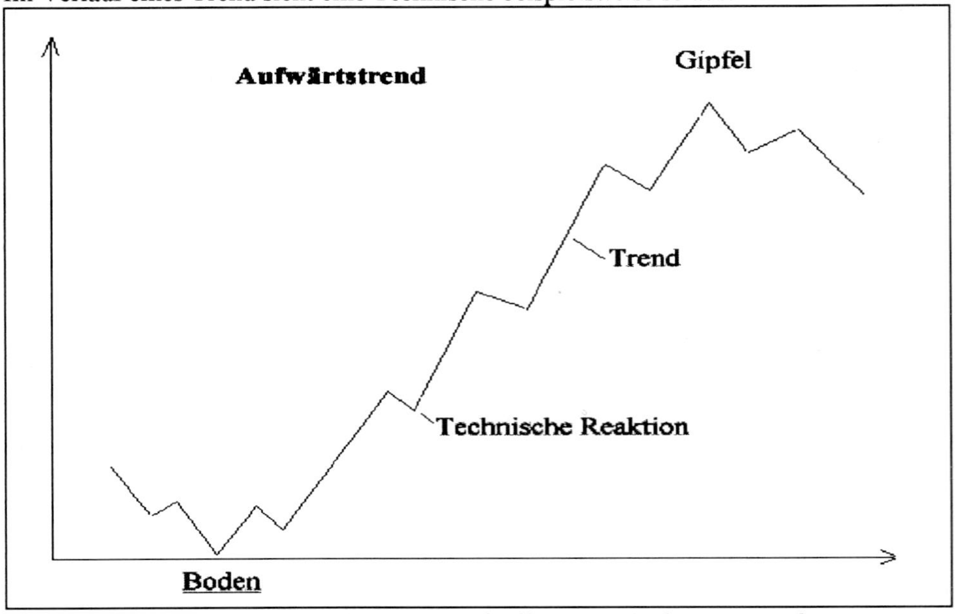

Technische Reaktion innerhalb eines Aufwärtstrends

Die technische Reaktion verläuft meist in Form bestimmter Formationen. Man nennt sie Konsolidierungsformationen oder Trendbestätigungformationen. Dies sind:

- Dreieck
- Rechteck
- Flagge
- Wimpel

Der Name kennzeichnet ihre Wirkung. Die Kurse konsolidieren nach deutlichen Kursbewegungen innerhalb dieser Formationen. Gleichzeitig haben sie die Funktion einer Trendbestätigung, wenn die Kurse in gleicher Richtung aus dieser Formation ausbrechen, wie sie eingetreten sind. Das heißt, in einem Aufwärtstrend steigen die Kurse in ein Dreieck hinein; wenn sie aus diesem Dreieck durch einen neuen Anstieg ausbrechen, ist der bestehende Aufwärtstrend bestätigt. Das bedeutet selbstverständlich auch ein neues charttechnisches Kaufsignal.

Erst der Ausbruch der aktuellen Kurse aus diesen Formationen zeigt an, in welche Richtung die weitere Kursentwicklung verlaufen wird. Vor Ausbruch aus der Konsolidierungsformation oder Trendbestätigungsformationen kann keine Prognose gemacht werden.
Einzelheiten zu den Konsolidierungsformationen finden Sie unter dem Thema Trendbestätigungs-Formationen und unter dem Namen der einzelnen Formationen.

Beispiel

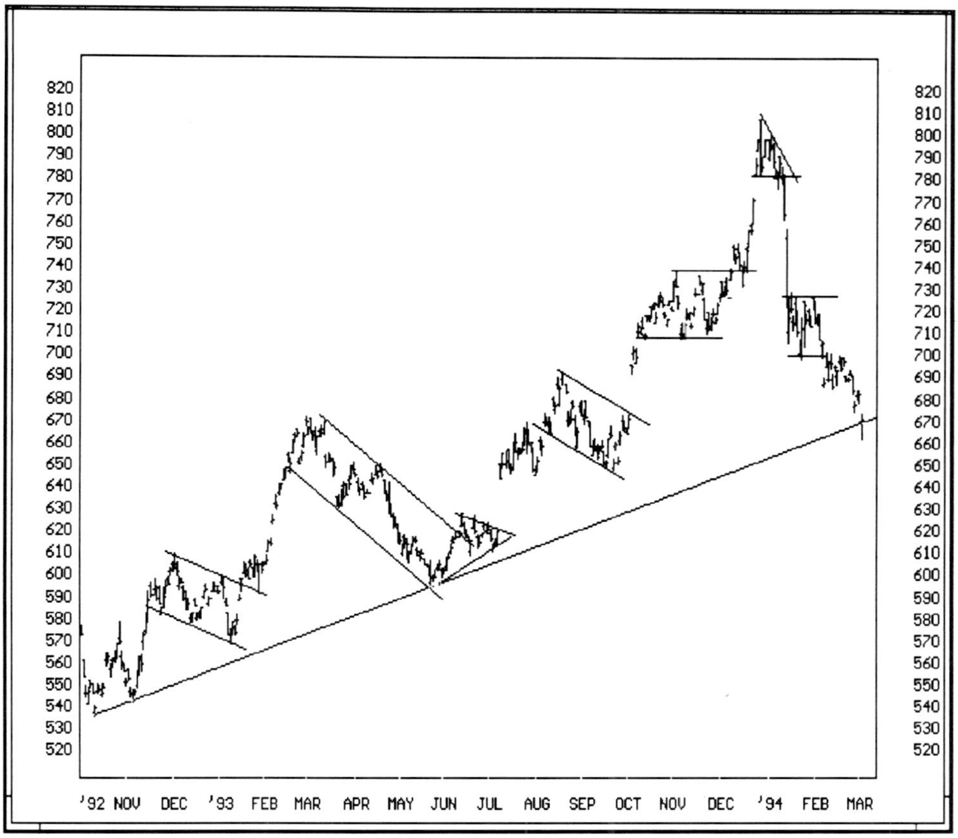

Technische Reaktionen im Trend bei Siemens

Interpretation

Das Beispiel zeigt Technische Reaktionen in verschiedenen Formationen im Aufwärtstrend der Siemens Aktie.

Kennzeichnend ist bei den verschiedenen Trendbestätigungs- oder Konsolidierungs-Formationen, daß sie zunächst alle nach oben ausbrechen, also in Richtung des langfristigen Aufwärtstrends. Damit wird jeweils der bestehende Aufwärtstrend bestätigt.
Erst zur Jahreswende 1993 / 94 kommt eine Nichtbestätigung. Das Dreieck geht negativ aus. Damit fehlt dem langfristigen Trend die Bestätigung. Das ist das Verkaufsignal.
Für die Flaggen (Einzelheiten siehe unter Formationen, Trendbestätigungsformationen, Flaggen) ist es typisch, daß sie gegen den langfristigen Trend geneigt sind, also umgekehrten Trend haben.
Das trägt unter anderem dazu bei, daß viele Anleger durch die Technischen Reaktionen irritiert sind. Sie zeigen im Aufwärtstrend einen leicht rückläufigen Trend. Das ist aber ein positives Vorzeichen. Die endgültige Trendbestätigung kommt jedoch erst mit dem Ausbruch aus der Formation. Am negativen Ausgang des o.g. Dreiecks ist zu erkennen, daß es wichtig ist diesen Ausgang abzuwarten bevor man handelt.

Trendumkehr

Die Trendumkehr ist eines der wichtigsten Ereignisse. Ziel der Chartanalyse es solche Trendumkehr zu erkennen.

Eine Trendumkehr wird nicht schon dadurch erkannt, daß der bis dato geltende Trend verletzt wird. Die Trendumkehr gehören nach der Erfahrung der Chartanalyse besondere Kennzeichen. Sie wird durch besondere Kursverlaufs-Muster erkannt, die Trendumkehrformationen.

Diese Trendumkehrformationen sind:

- Kopf-Schulter-Formation
- Doppel-Hoch / Doppel-Tief
- Dreifach-Hoch / Dreifach-Tief
- Keilformation
- Umgekehrtes Dreieck
- Rounding Top / Rounding Bottom

Einzelheiten zu diesen Formationen finden Sie unter dem Thema Formationen.

Die Vollendung dieser speziellen Trendumkehrformationen bestätigen, daß die Trendumkehr vollzogen ist. Daraus ist zu entnehmen, daß man mit Hilfe der Chartanalyse nicht zu Höchstkursen verkaufen und zu Tiefstkursen kaufen kann. Es ist vielmehr Ziel verläßliche Anzeichen dafür zu finden, daß sich am Markt Grundsätzliches geändert hat - Indiz dafür sind Formationen, die eine vollzogene Trendumkehr signalisieren, oder daß sich nichts grundsätzliches verändert hat - Indiz dafür sind Trendbestätigungsformationen ⇨ (siehe Technische Reaktionen und Trendbestätigungs-Formationen).

Die Formationen der Chartanalyse beruhen auf Emiprie, nicht auf mathematischer Sicherheit. Sie bieten hohe Wahrscheinlichkeit aber keine absolute Sicherheit für ihre Prognose.

Aussagefähigkeit:

Es gibt nur wenig Untersuchungen über die Aussagefähigkeit der charttechnischen Formationen. Ergebnisse liegen aber von Untersuchungen mittels Point & Figure Analyse vor. Danach liegt die Erfolgsquote der wesentlichen Zwischen knapp 80 % und gut 90 %, also nicht bei 100 %. Das bedeutet, daß man trotz sorgfältiger Analyse Fehlsignalen aufsitzen kann. Dann muß man seine Position wieder aufgeben. Es geht schließlich nicht ums Rechthaben sondern ums Geldverdienen.

Beispiel

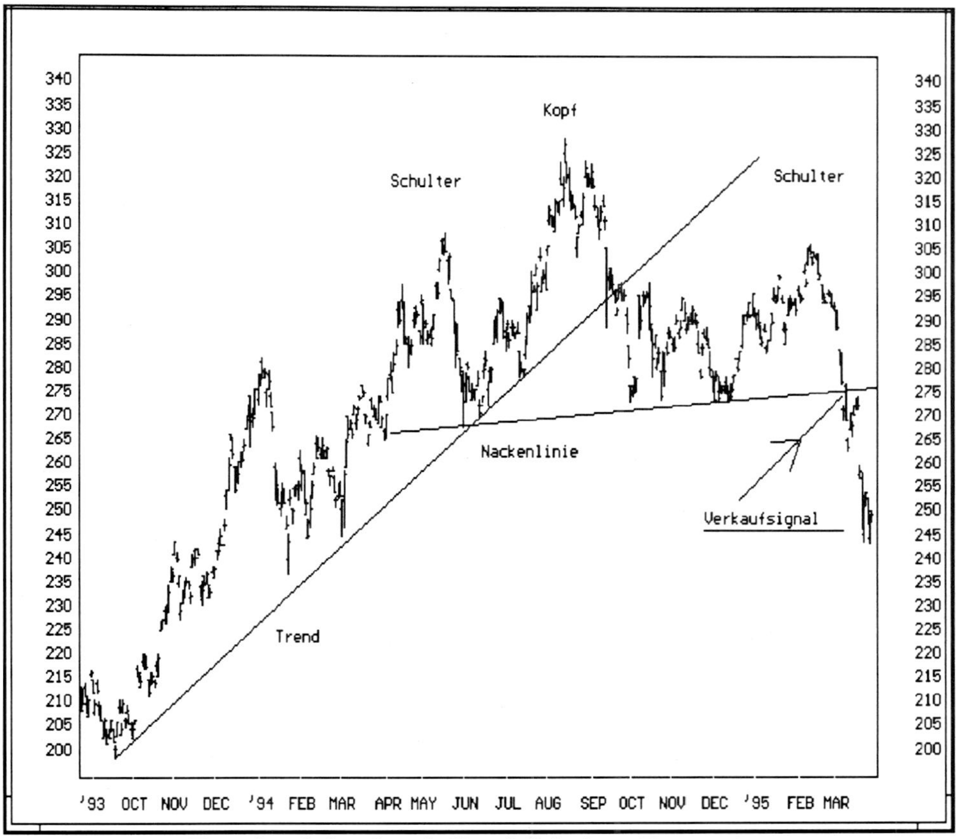

Trendumkehr durch Kopf-Schulter Formation

Interpretation

Das Beispiel zeigt die Trendumkehr bei der Thyssen Aktie, die durch eine Kopf Schulter Umkehrformation signalisiert wird.

Man kann den Aufwärtstrend mit Hilfe der Trendlinie gut erkennen. Der Bruch dieses Trends durch Rückfall der Kurse unter die Trendlinie bedeutet zunächst nur einen Trendwechsel. Die weitere Entwicklung könnte jetzt in einen weniger steilen Aufwärtstrend oder einen Seitwärtstrend übergehen.

Die Vollendung der Kopf-Schulter Formation durch Unterschreiten der Nackenlinie signalisiert dann aber die Umkehr des Aufwärtstrends in einen Abwärtstrend.

Formationen

Grundlegende Formationen

Unterstützung und Widerstand

Aus Unterstützung und Widerstand lassen sich praktisch alle Formationen der Chartanalyse ableiten. Die Bedeutung wird am folgenden Beispiel erläutert.

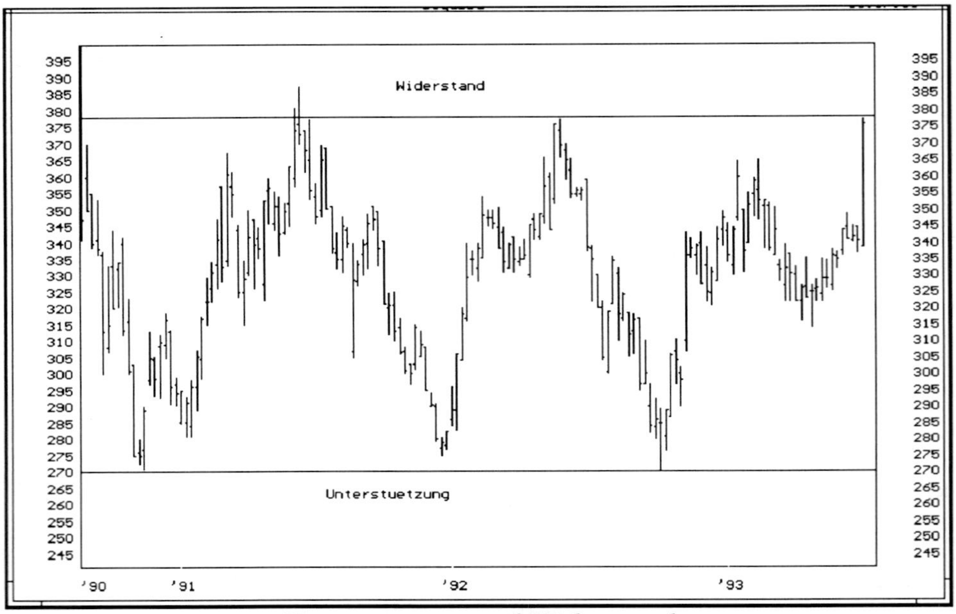

Unterstützung und Widerstand

An der oberen Linie finden sich offensichtlich ausreichend Verkäufer, die zu diesem Kurs die Aktie verkaufen, das bildet einen Widerstand gegen weiteren Kursanstieg. An der unteren Linie finden sich offensichtlich ausreichend Käufer, die zu diesem Kurs die Aktie kaufen, das bildet die Unterstützung gegen weitere Kursrückgänge.

Die obere Begrenzung nennt man deshalb Widerstandslinie oder Widerstand, die untere Unterstützungslinie oder Unterstützung.

- Die Überwindung eines Widerstands bedeutet ein Kaufsignal,
- das Unterschreiten einer Unterstützung ist ein Verkaufsignal.

Nachdem die Unterstützungslinie unterschritten bzw. die Widerstandslinie überschritten ist, wechseln diese Linien ihre Funktion. Aus der ehemaligen Unterstützung wird dann eine Widerstandslinie, aus der Widerstandslinie wird, nachdem sie überschritten ist, eine Unterstützung gegen einen erneuten Rückfall der Kurse. Das Beispiel zeigt diesen Wechsel.

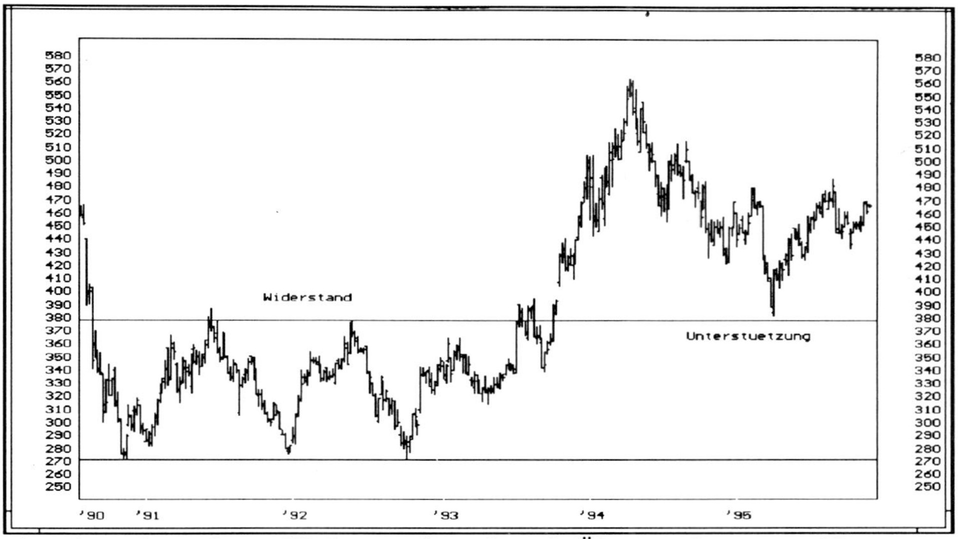

Aus dem ehemaligen Widerstand wird nach Überwindung eine Unterstützung

Auch die Nackenlinie der Kopf-Schulter-Umkehrformation ist nichts weiter als eine Unterstützungslinie. Ihr Versagen (Unterschreiten) ist ein Verkaufsignal wie generell das Unterschreiten einer Unterstützung.
Nach Unterschreiten der Nackenlinie kommen die Kurse kurz an diese ehemalige Unterstützungs- jetzt Widerstandslinie zurück (pullback), sie prallen jedoch am Widerstand ab und fallen weiter zurück.

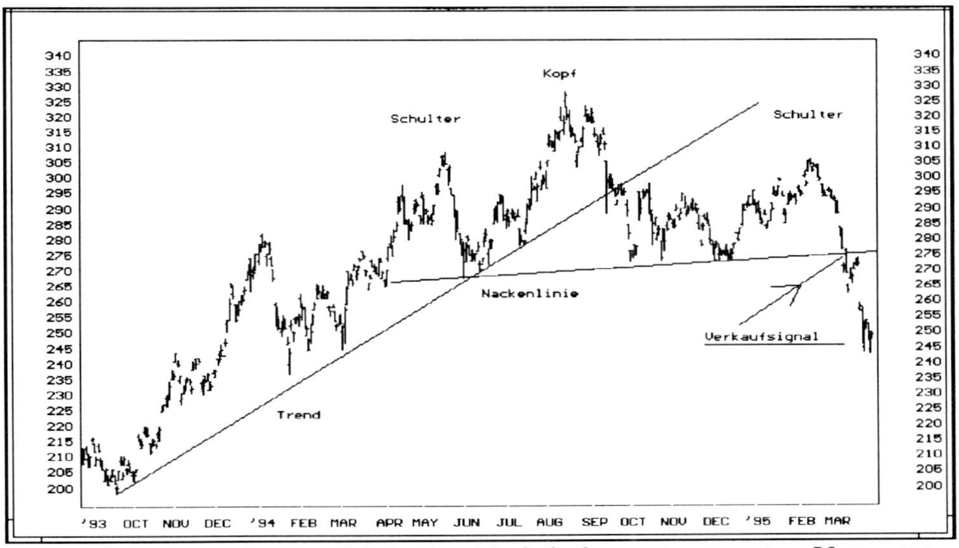

Die Nackenlinie der Kopf-Schulter Umkehrformation ist eine Unterstützungslinie

An diesem Beispiel soll gezeigt werden, daß sich die Formationen der Chartanalyse aus Unterstützung und Widerstand ableiten lassen.

Kursziel

Eine wesentliche Aufgabe des Analysten bzw. Anlegers ist das realistische Abschätzen der künftig zu erwartenden Kursentwicklung eines Kaufkandidaten oder einer Aktie, die man besitzt.

Es entsteht viel Schaden dadurch, daß Anleger bei einem Kursanstieg zu gierig werden, ihre Kurserwartung also immer höher schrauben. Am Ende steht ein solcher Anleger oft ohne Kursgewinne da, weil er sich nicht rechtzeitig zum Verkauf entschließen konnte.

Ähnlich ist oft das Verhalten bei Kursverlusten. Davon soll beim Stoploss die Rede sein.

Zur realistischen Ermittlung des Kursziels dient die technische Analyse. Sie richtet sich dabei nach den Unterstützungs- und Widerstandslinien.

Ein zweckmäßiges Vorgehen ist wie folgt:

- Nach einem Kaufsignal steigt ein Wert im Normalfall bis zu seinem nächsten Widerstand. Dort liegt sein erstes Kursziel.
- Liegt dieses Ziel sehr weit vom aktuellen Kurs, kann schon aus dem zu erwartenden langen Zeitraum im Verlauf eine Störung eintreten. In diesem Fall ist es sinnvoll den jeweiligen Kursfortschritt durch ein nachzuziehendes Stoploss ⇨ (siehe Stoploss) abzusichern.
- Nach einem Verkaufsignal fällt ein Wert im Normalfall bis zu seiner nächsten Unterstützung. Dort liegt sein erstes Kursziel.
- Liegt dieses Ziel sehr weit vom aktuellen Kurs, kann schon aus dem zu erwartenden langen Zeitraum im Verlauf eine Störung eintreten. In diesem Fall ist es sinnvoll den jeweiligen Kursfortschritt durch ein nachzuziehendes Rückkaufsignal ⇨ (siehe Stoploss) abzusichern.

Beispiel

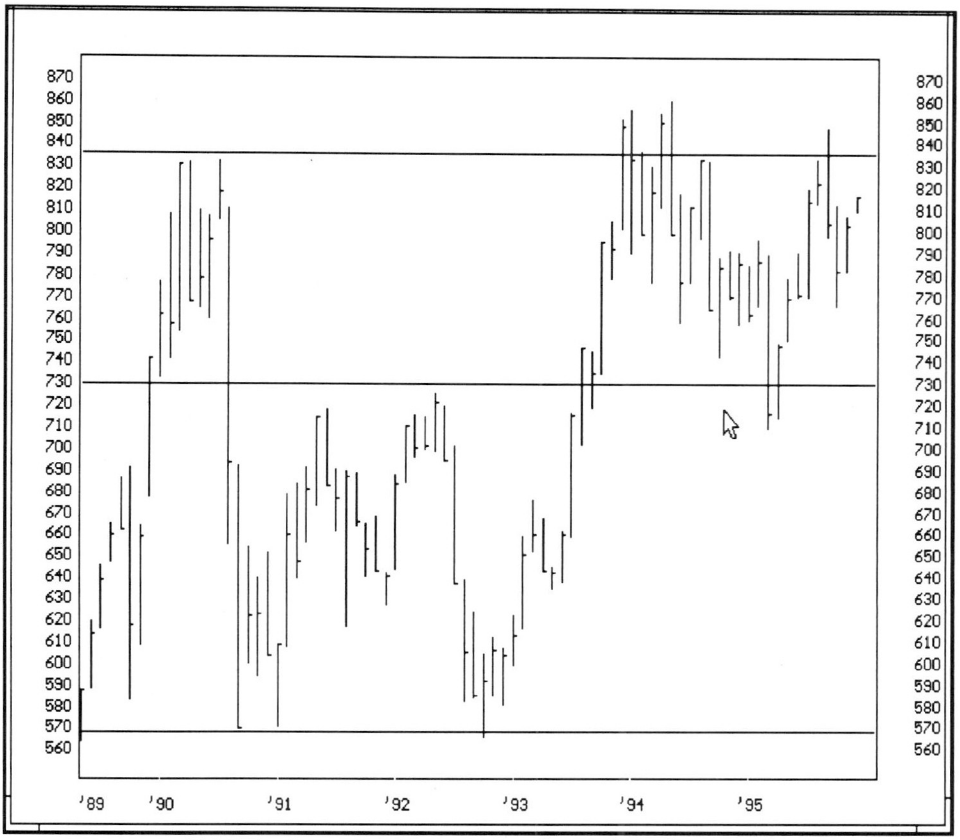

FAZ-Index mit Unterstützung und Widerstand

Interpretation

Das Beispiel zeigt den FAZ-Aktienindex als Monats Balkenchart mit wichtigen Unterstützungs- und Widerstandslinien, die zur Kurszielermittlung dienen können.
In dem scharfen Kursrückgang 1990 wurde die erste Unterstützung bei ca. 730 (mittlere Linie) glatt durchschlagen. Es bildete sich in den nächsten Monaten eine stabile, neue Unterstützung bei gut 560 (untere Linie). Von dort aus begann ein Wiederanstieg. Realistisches erstes Kursziel war der nächste Widerstand (ehemalige Unterstützung) bei 730.
Dort scheiterte der Anstieg zweimal. Die Enttäuschung führte zu einem weiteren Test der alten Unterstützung im Bereich 560. Erst der erneute Anstieg schaffte eine Überwindung des Widerstands bei 730. Damit war das nächste Kursziel der alte Höchstkurs (die obere Linie).
Dieses Ziel wurde auf Anhieb erreicht, sogar übertroffen, was zeigt, daß man solche Linien nicht als absolute Größe sehen darf sondern als eine Orientierung nehmen muß.
Der Mißlungene Versuch das historische Hoch deutlich zu übertreffen führte zu einem neuen Rückschlag. Dessen Kursziel war die nächste Unterstützung (mittlere Linie).
Auch sie wurde leicht unterboten, hat im wesentlichen aber gehalten.
Nach diesem Muster werden Kursziele ermittelt.

Stoploss

Eine wesentliche Aufgabe des Analysten bzw. Anlegers ist das realistische Abschätzen der künftig zu erwartenden Kursentwicklung eines Kaufkandidaten oder einer Aktie, die man besitzt. Es entsteht viel Schaden dadurch, daß Anleger bei einem unerwarteten Kursrückgang nicht nach den Regeln der technischen Analyse handelt. Die in diesem Zusammenhang wichtigsten Regeln lauten:

- Vor jeder Entscheidung steht eine sorgfältige, sachliche Analyse.
- Weil die technische Analyse zwar eine hohe Wahrscheinlichkeit aber keine absolute Sicherheit für die Richtigkeit bietet, kann es in jedem Fall vorkommen, daß der Markt sich unerwartet entwickelt. Deshalb muß von vornherein diese Möglichkeit eingeplant werden.
- Das geschieht durch Festlegung eines Stoploss, das an technischen Kriterien ausgerichtet ist.
- Man kann sich nicht gegen eine Marktentwicklung stemmen, man verliert.

Ein Stoploss Auftrag heißt in der Börsenpraxis: Es wird ein unlimitierter Verkaufsauftrag ausgelöst sobald ein Kurs die Grenze des Stoploss unterschreitet. Bei einen - in den USA ebenfalls möglichen Stopbuy zur Eindeckung einer Shortposition - gilt die umgekehrte Richtung: Eindecken sobald ein Kurs über dem Stopbuy-Limit entstanden ist.
Handhabung des Stoploss:

- Das Stoploss wird auf einen Kurs festgelegt, bei dem nach technischen Gesichtspunkten feststeht, daß der Markt sich nicht wie vorhergesehen entwickelt.
- Das Stoploss wird zusammen mit der Kaufentscheidung festgelegt. Nur dann ist der Anleger noch nicht durch einen sich anbahnenden Verlust gestreßt. Er kann noch objektiv entscheiden.
- Das Stoploss wird niemals herabgesetzt.
- Das Stoploss wird sobald die Kursentwicklung das erlaubt so weit nachgezogen, daß bei einer späteren Fehlentwicklung kein Verlust entsteht. Es sollte im weiteren Verlauf jeweils so weit angehoben werden, daß bei Versagen wichtiger Unterstützung die Position glattgestellt und so der Gewinn gesichert wird.

Wer seine Anlagen so absichert, muß die Börsenentwicklung nicht sehr eng verfolgen, im Fall einer unerwarteten Marktentwicklung wird er ausgestopt und behält den wesentlichen Teil seiner Gewinne.
Das Stoploss ist eine der besten Möglichkeiten für jeden Anleger seine Gewinne abzusichern und sich die notwendige Distanz vom täglichen Börsengeschehen zu verschaffen. Diese Möglichkeit sollte soweit wie möglich genutzt werden.
Eine gewisse Gefahr ist bei der Plazierung des Stops zu beachten:
Wenn der Stop an einer sehr wichtigen, charttechnisch exponierten Grenze gesetzt wird, ist damit zu rechnen, daß viele Marktteilnehmer an dieser Stelle handeln. Das kann zur Folge haben, daß die Kurse sich sehr heftig bewegen, der Stop also erst zu Kursen ausgeführt werden kann, die deutlich unter der Grenze liegen. Es kann im Extremfall sogar dazu führen, daß von starken Marktteilnehmern die Kurse absichtlich kurzzeitig unter die Grenze gedrückt werden um die Stop-Orders abzukassieren und billig einzusteigen.

Beispiel

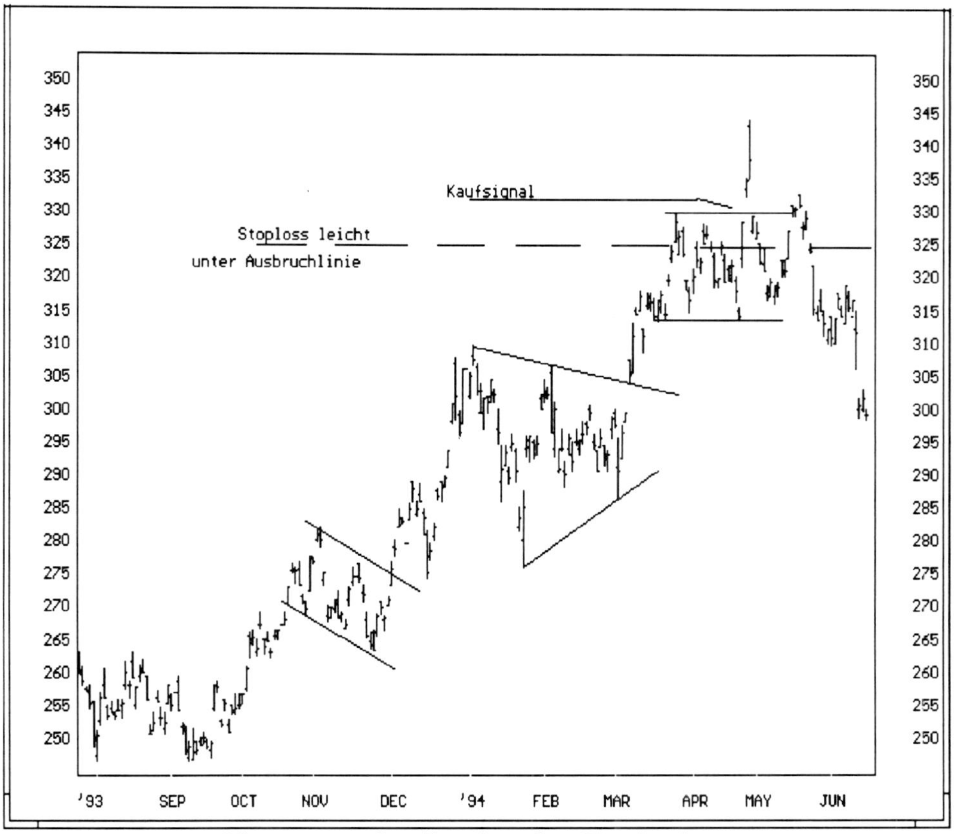

Plazierung des Stoploss bei Kaufauftrag

Interpretation

Das Beispiel zeigt wie ein Stoploss zusammen mit der Kaufentscheidung richtig plaziert wird. Es zeigt auch, daß sich dieses Stoploss als notwendig herausgestellt hat.

Der Chart stellt einen Abschnitt des BASF Charts dar. Die Aktie hatte einen schönen Kursanstieg vollzogen. Zur Freude und zur Sicherheit der Anleger hatte es während dieses Anstiegs in nicht zu großen Abständen jeweils eine Konsolidierungsformation gegeben (einige sind eingezeichnet), die mit alle einem Trendbestätigung-Signal ausgegangen waren.

Anfang Mai war wieder eine solche Trendbestätigung mit dem Ausbruch aus einem Rechteck erfolgt. Diese Trendbestätigung ist jeweils auch ein Kaufsignal. Wenn sich diese Kaufsignal als dauerhaft erweisen sollte, durften die Kurse die Ausbruchs- (Unterstützungs-) Linie nicht mehr nennenswert unterschreiten. Ein solcher Rückfall wäre das charttechnische Signal dafür, daß der Kursanstieg nicht weitergehen würde. Es war also sinnvoll dort das Stop zu plazieren, wo klar wurde, daß das Kaufsignal ein Fehlsignal war. Dieselbe Überlegung galt selbstverständlich auch für denjenigen, der schon früher gekauft hat und seine Gewinne durch Nachziehen des Stoploss absichern wollte.

Das Beispiel macht auch deutlich wie wichtig das Stoploss in diesem Fall war, wie wichtig es in jedem Fall ist.

Trendumkehrformationen

Kopf-Schulter Gipfel

Die Kopf-Schulter-Formation ist die wichtigste und zuverlässigste charttechnische Formation. Sie zeigt eine Umkehr des langfristigen Trends an.
Als Kopf-Schulter Gipfel signalisiert sie das Ende des langfristigen Aufwärtstrends und seine Umkehr in einen Abwärtstrend. Die Form der Kursentwicklung ist nach der menschlichen Gestalt benannt. Das ist an ihrer prinzipiellen Ausbildung zu erkennen:

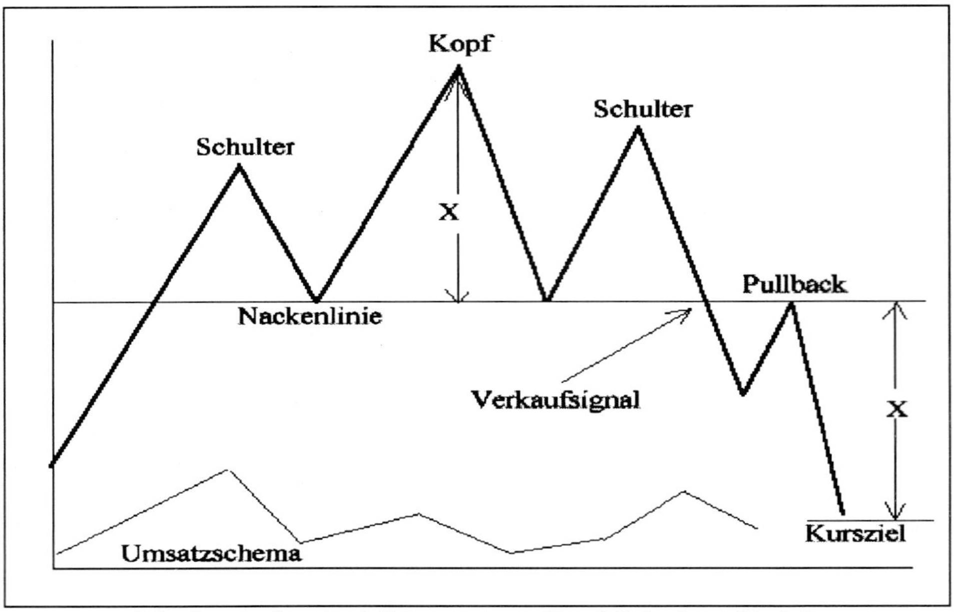

Idealtypische Ausbildung eines Kopf-Schulter Gipfels

Während in einem gesunden Kursanstieg auf ein Hoch nach der Konsolidierung ein neues noch höheres Hoch folgt begleitet von jeweils steigenden Umsätzen, wird diese Folge während der Ausbildung dieser Formation unterbrochen.

- Das Hoch des Kopfes übertrifft zwar das der linken Schulter, typischerweise (nicht immer) geht aber dabei schon der Umsatz zurück. Das ist ein erstes Schwächezeichen.
- Das nächste Hoch, die rechte Schulter erreicht die vorgehenden Höchststände nicht mehr. Das ist ein weiteres Schwächezeichen.
- Das Verkaufsignal ist aber erst das Unterschreiten der Nackenlinie (Unterstützung). Erst an dieser Stelle ist die Trendumkehr vollzogen. Die vorhergehenden Schwächezeichen sind im charttechnischen Sinne nur Vorwarnungen.

Charttechnische Signale werden sofort wirksam. Es ist deshalb ratsam das Verkaufsignal sofort zu befolgen.

Ein Pullback ist nicht sicher zu erwarten, es tritt nur in etwa 3 von 4 Fällen ein. Man kann also nicht unbedingt damit rechnen bei einem Pullback günstiger zu verkaufen als sofort nach dem Signal.

Beispiel

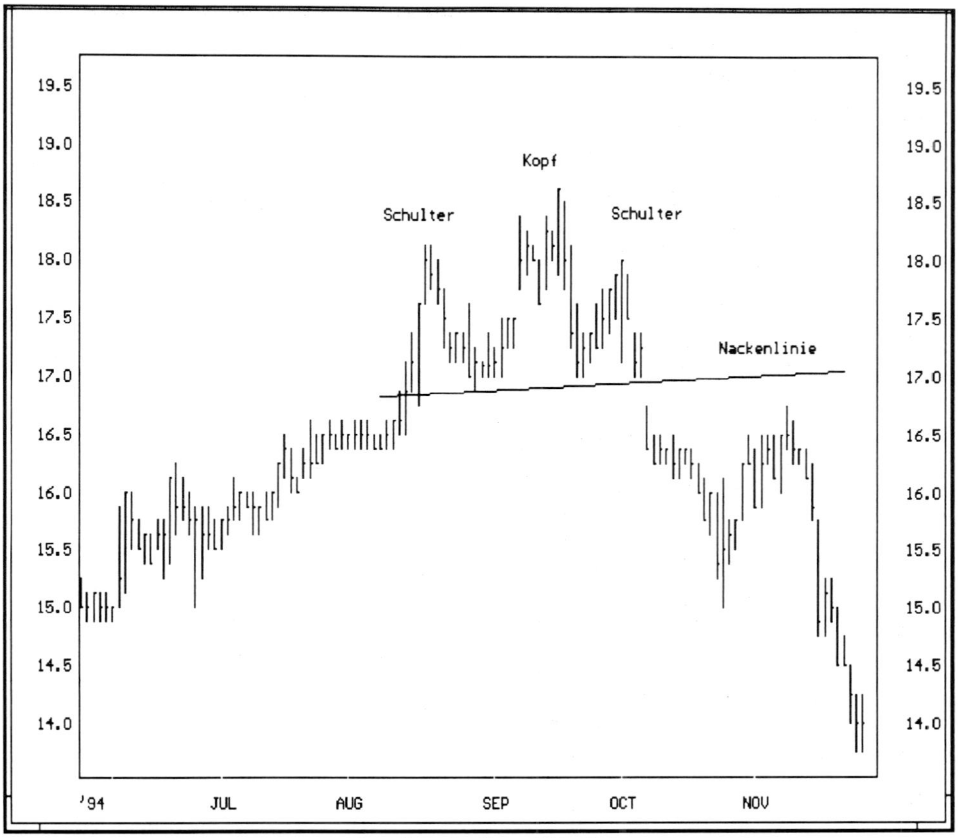

Kopf-Schulter Gipfel

Interpretation

Das Beispiel zeigt eine Kopf-Schulter Gipfel Formation bei der K-Mart Aktie aus dem Jahr 1994.

Dieses Beispiel aus der Praxis zeigt einige Abweichungen von der idealtypischen Formation, die in der einen oder anderen Form bei praktisch allen reellen Charts vorkommen:

- Die Nackenlinie läuft nicht waagerecht.
- Die beiden Schultern sind nicht gleich hoch.
- Das Pullback führt nicht bis an die Nackenlinie zurück.

Das Kursziel wird dagegen mit mustergültiger Genauigkeit erreicht und zwar in sehr kurzer Zeit.
Der Chart macht sehr deutlich, daß bei Vollendung des Verkaufsignals kein Zögern angebracht ist. Wie bei allen charttechnischen Signalen muß sofort gehandelt werden.

Kopf-Schulter-Boden

Die Kopf-Schulter-Formation ist die wichtigste und zuverlässigste charttechnische Formation. Sie zeigt eine Umkehr des langfristigen Trends an.

Als Kopf-Schulter-Boden signalisiert sie das Ende des langfristigen Abwärtstrends und seine Umkehr in einen Aufwärtstrend. Die prinzipielle Form der Kursentwicklung ist eine Umkehr des Kopf-Schulter Gipfels:

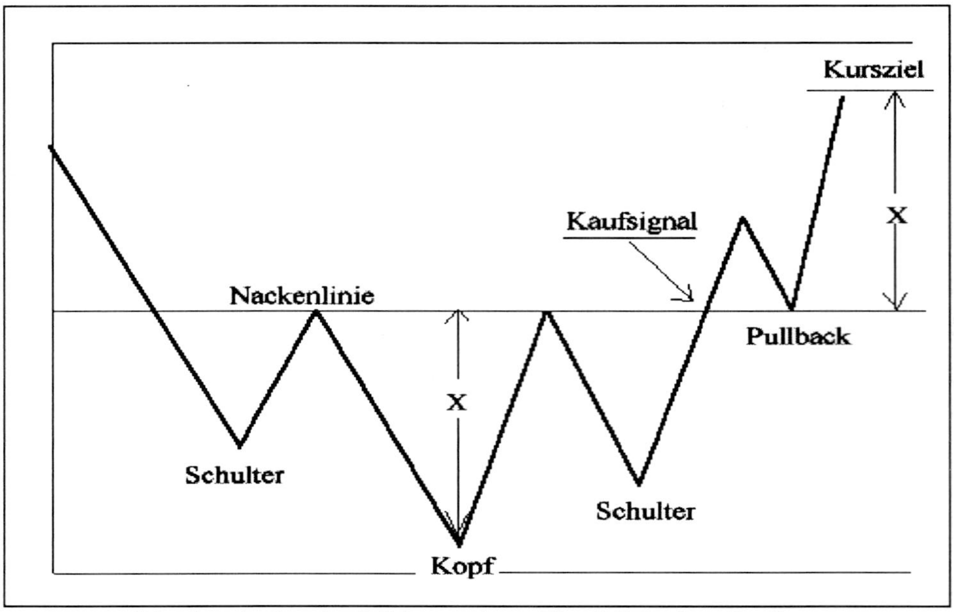

Idealtypische Ausbildung eines Kopf-Schulter Bodens

Während in einem normalen Kursrückgang auf ein Tief nach der Zwischenerholung ein neues Tief noch tieferes Tief folgt, wird diese Folge während der Ausbildung dieser Formation unterbrochen.

- Das Tief des Kopfes unterschreitet das der linken Schulter. An dieser tiefsten Stelle der Kursentwicklung kommt es manchmal zu sehr hohen Umsätzen (Ausverkauf). Das ist ein positives Zeichen, weil dadurch der Markt bereinigt wird. Das über dem Markt hängende Angebot der „schwachen Hände" kommt aus dem Markt.
- Das nächste Tief, die rechte Schulter erreicht die vorgehenden Tiefstkurse nicht mehr. Das ist ein weiteres Ziechen der Besserung.
- Das Kaufsignal ist aber erst das Überschreiten der Nackenlinie (Widerstandslinie). Erst an dieser Stelle ist die Trendumkehr vollzogen. Dabei ist es wichtig, daß sich der Durchbruch durch die Nackenlinie mit deutlich erhöhtem Umsatz vollzieht.
- Die Umsatzzunahme beim Überschreiten der Nackenlinie ist von entscheidender Bedeutung. Kurse können zwar mit geringen Umsätzen fallen, zu einem dauerhaften Kursanstieg gehört aber eine Umsatzzunahme.

Charttechnische Signale werden sofort wirksam. Es ist deshalb ratsam das Kaufsignal sofort zu befolgen.

Ein Pullback ist nicht sicher zu erwarten, es tritt nur in etwa 3 von 4 Fällen ein. Man kann also nicht unbedingt damit rechnen bei einem Pullback günstiger zu kaufen als sofort nach dem Signal. Es ist deshalb sinnvoll das Kauflimit etwas über die Nackenlinie zu legen.

Beispiel

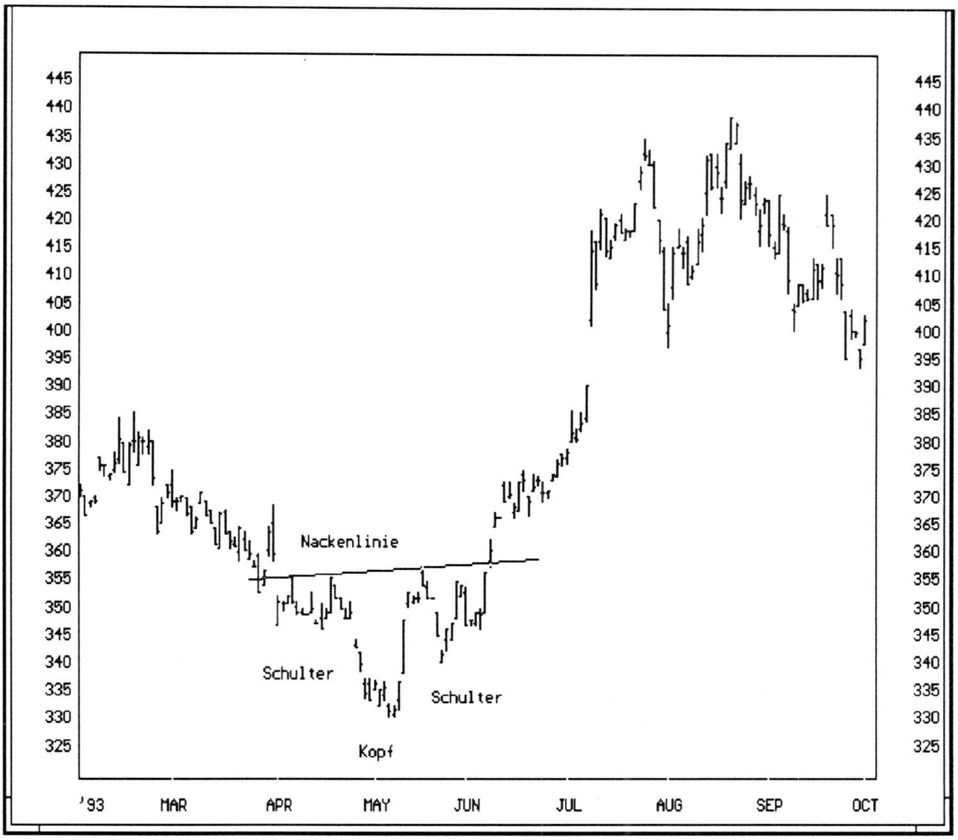

Kopf-Schulter Boden

Interpretation

Das Beispiel zeigt eine Kopf-Schulter Boden· Formation bei der Preussag Aktie aus dem Jahr 1995.

Dieses Beispiel aus der Praxis zeigt einige Abweichungen von der idealtypischen Formation, die in der einen oder anderen Form bei praktisch allen reellen Charts vorkommen:

- Die Nackenlinie läuft nicht waagerecht.
- Die beiden Schultern sind nicht gleich groß.
- Das Pullback führt nicht einmal annähernd bis an die Nackenlinie zurück.

Das Kursziel wird dagegen mit schnell erreicht und auf Anhieb leicht übertroffen.

Der Chart macht deutlich, daß bei Vollendung des Kaufsignals kein Zögern angebracht ist. Wie bei allen charttechnischen Signalen muß sofort gehandelt werden. Wer sein Kauflimit zu eng an die Nackenlinie bindet verpaßt den Einstieg.

Doppelhoch

Das Doppelhoch ist nicht die schlichte Aufeinanderfolge zweier gleich hoher Kurse. Wenn sie eine Trendumkehr signalisieren soll, muß diese Formation mehrere Kriterien erfüllen. Wenn sie diese Kriterien erfüllt, ist sie eine sehr sichere Formation. Sie wird verschiedentlich auch M-Formation genannt. Dies schließt jedoch im allgemeinen die exakte Definition des Doppelhoch nicht ein ist deshalb unpräzise.

Die Kriterien für ein wirkliches Umkehrsignal in Form eines Doppelhoch sind folgende:

1. Die beiden Höchstkurse müssen gleich hoch sein (Toleranz ca. 2-3 %).
2. Der Abstand zwischen den beiden Hochs muß mindestens ca. einen Monat betragen.
3. Zwischen beiden Hochs muß eine Konsolidierung von mindestens ca. 10 % liegen.
4. Die Kurse müssen das Tiefstniveau der Konsolidierung unterschreiten (Verkaufsignal).

Die Kriterien sind in der Schemazeichnung eingezeichnet.

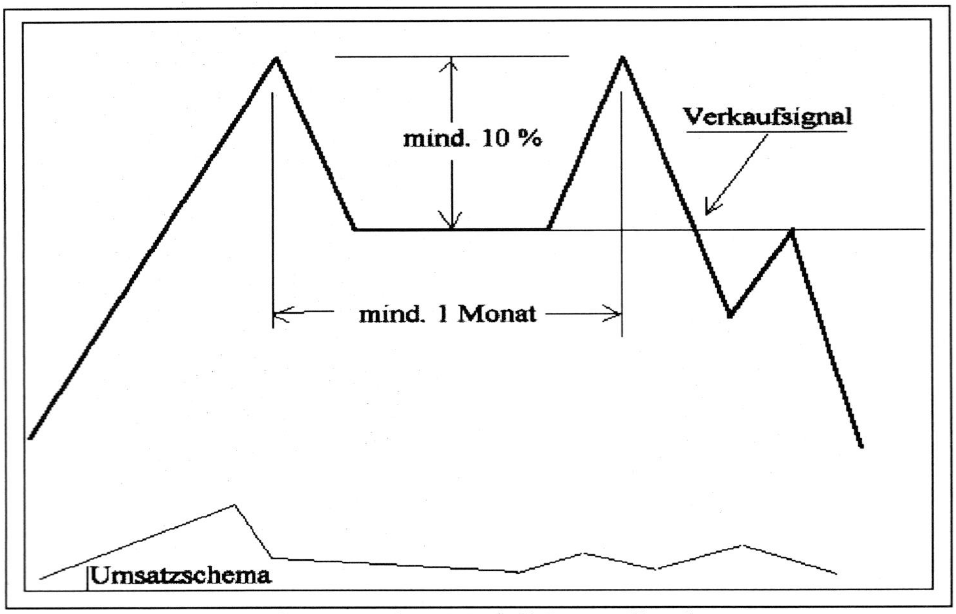

Theoretisches Modell Doppelhoch

Während in einem gesunden Kursanstieg auf ein Hoch nach der Konsolidierung ein neues noch höheres Hoch folgt begleitet von jeweils steigenden Umsätzen, wird diese Folge während der Ausbildung des Doppelhochs unterbrochen.

- Es gelingt nicht mehr das erste Hoch zu überwinden. Der Kursanstieg bleibt hängen. Oft ist der Umsatz beim zweiten Hoch deutlich niedriger als beim ersten. Das deutet schon auf die sich anbahnende Schwäche hin.
- Das charttechnische Verkaufsignal ist aber erst das Unterschreiten der Tiefstkurse der Konsolidierung zwischen den Hochs (der Unterstützungslinie). Erst durch dieses Signal wird die Vollendung der Trendumkehr angezeigt.

- Oft, aber nicht immer - gelingt den Kursen ein Pullback an die Ausbruchslinie. Das bietet die Möglichkeit zur Plazierung eines Verkaufs-Limits leicht unter dieser Linie.

Beispiel

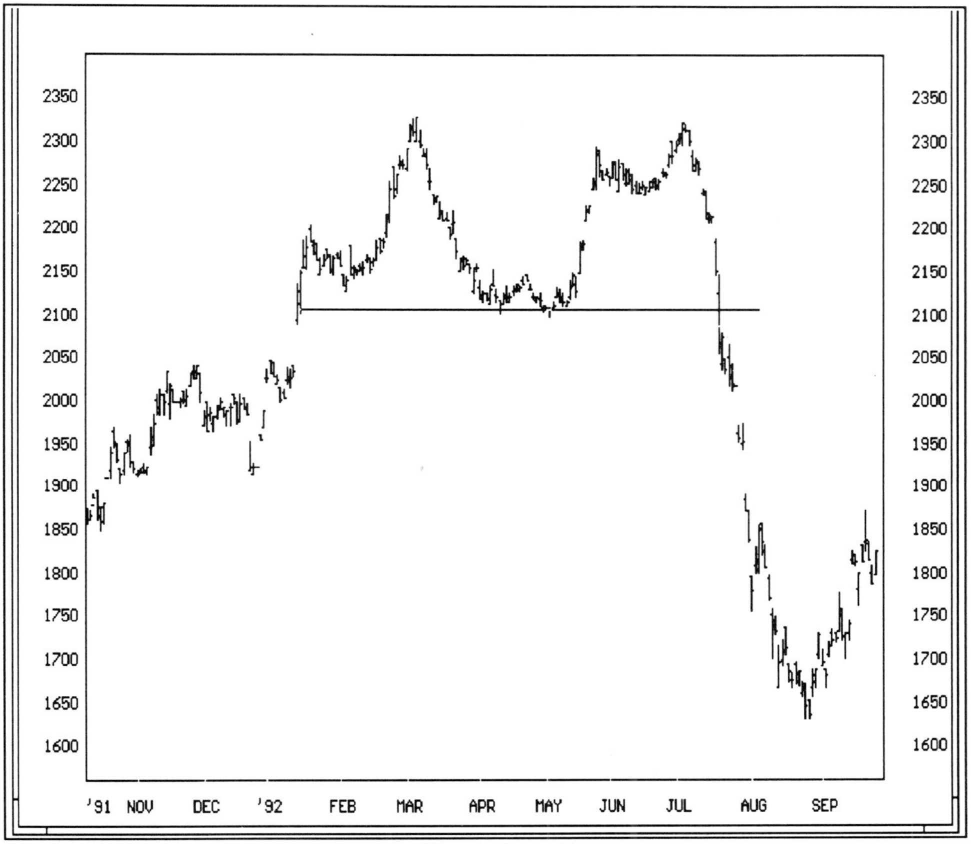

Doppelhoch bei Allianz

Interpretation

Das Beispiel zeigt ein Doppelhoch bei der Allianz Aktie aus dem Jahr 1992.
Das Doppelhoch erfüllt alle Kriterien. Die beiden Hochs liegen auf einem Kursniveau. Der Abstand zwischen beiden Hochs beträgt 5 Monate Die Konsolidierung zwischen den Hochs beträgt mit 400 Punkten weit über 10%. Das Tief zwischen den beiden Hochs wurde eindeutig unterschritten.
Nach diesen Verkaufsignal fiel der Kurs fast wie ein Stein um 500 Punkte.

Das Beispiel macht wieder deutlich, daß bei Eintritt eines Verkaufsignals sofortiges Handeln notwendig ist.

Doppeltief

Das Doppeltief ist nicht die schlichte Aufeinanderfolge zweier gleich tiefer Kurse. Wenn sie eine Trendumkehr signalisieren soll, muß diese Formation mehrere Kriterien erfüllen. Wenn sie diese Kriterien erfüllt, ist sie eine sehr sichere Formation. Sie wird verschiedentlich auch W-Formation genannt. Dies schließt jedoch im allgemeinen die exakte Definition des Doppeltief nicht ein ist deshalb unpräzise.

Die Kriterien für ein wirkliches Umkehrsignal in Form eines Doppeltief sind folgende:

1. Die beiden Tiefstkurse müssen etwa gleich sein (Toleranz ca. 2-3 %).
2. Der Abstand zwischen den beiden Tiefs muß mindestens ca. einen Monat betragen.
3. Zwischen beiden Tiefs muß eine Erholung von mindestens ca. 10 % liegen.
4. Die Kurse müssen das Höchstniveau der Erholung überschreiten (Kaufsignal).

Die Kriterien sind in der Schemazeichnung eingezeichnet.

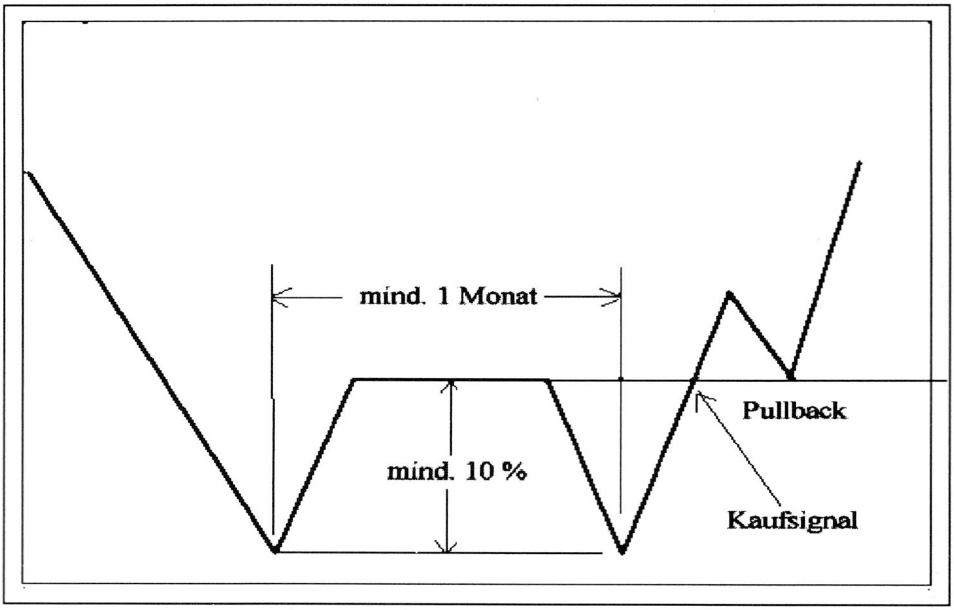

Theoretisches Modell Doppeltief

Während in einem normalen Kursrückgang auf ein Tief nach der Zwischenerholung ein neues noch tieferes Tief folgt, wird diese Folge während der Ausbildung des Doppeltiefs unterbrochen.

- Das erste Tief wird nicht mehr unterschritten. Der Kursrückgang wird angehalten.
- Das charttechnische Verkaufsignal ist aber erst das Überschreiten der Höchstkurse der Erholung zwischen den Tiefs (der Widerstandslinie). Erst durch dieses Signal wird die Vollendung der Trendumkehr angezeigt.
- Oft, aber nicht immer - gibt es ein Pullback der Kurse an die Ausbruchslinie. Das bietet die Möglichkeit zur Plazierung eines Kauflimits leicht über dieser Linie.

Beispiel

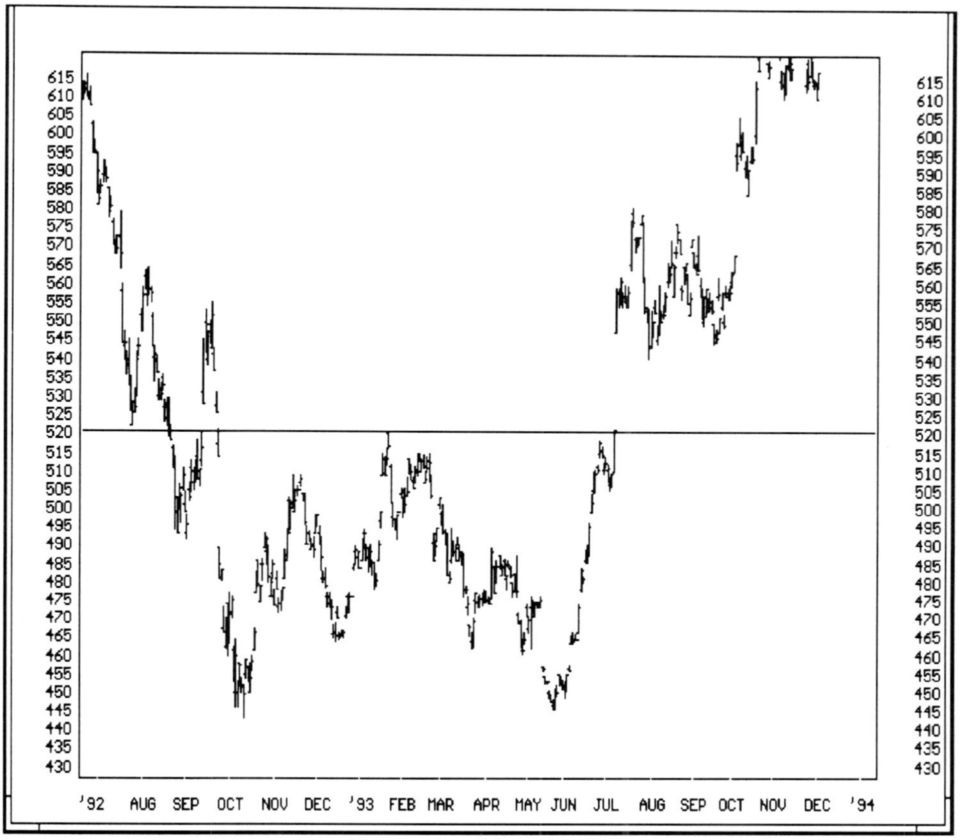

Doppeltief bei BMW

Interpretation

Das Beispiel zeigt ein Doppeltief bei der BMW Aktie aus dem Jahr 1992 / 93.
Die Formation ist sehr stark ausgeprägt, erstreckt sich über 10 Monate und hat eine Tiefe von 80 Punkte. Das ist eine deutliche Aussage für die Trendumkehr.
Durch die lange Zeit und die kräftige Ausprägung bei einem Standardwert zieht eine solche Formation naturgemäß viel Interesse auf sich. Viele Analysten und Anleger beobachten ob die Aktie die Wende schaffen wird.
Alle, zumindest aber viele dieser Beobachter scheinen das Kaufsignal verfolgt und befolgt zu haben, denn die Kurse brachen mit Vehemenz aus dem Doppeltief aus. Auch der anschließende Kursaufschwung war noch so stark, daß sich der durch den starken Ausbruch verteuerte Einstieg noch gelohnt hat.
Auch in diesem Fall gab es kein Pullback mit der Gelegenheit für einen preiswerten Einstieg.

Dreifachhoch / Dreifachtief

Dreifachhoch und Dreifachtief entsprechen in ihren charakteristischen Ausprägungen den entsprechenden Doppelformationen (Doppelhoch, Doppeltief).
Es sind dieselben Kriterien zu erfüllen, damit eine Trendumkehr signalisiert wird, nur sind jetzt drei statt zwei Hochs bzw. Tiefs in der Formation:

1. Die drei Höchstkurse müssen gleich hoch sein (Toleranz ca. 2-3 %).
2. Der Abstand zwischen den Hochs muß mindestens ca. einen Monat betragen.
3. Zwischen den Hochs muß eine Konsolidierung von mindestens ca. 10 % liegen.
4. Die Kurse müssen das Tiefstniveau der Konsolidierung unterschreiten (Verkaufsignal).

Verkaufsignal ist erst der Punkt 4.

Beispiel

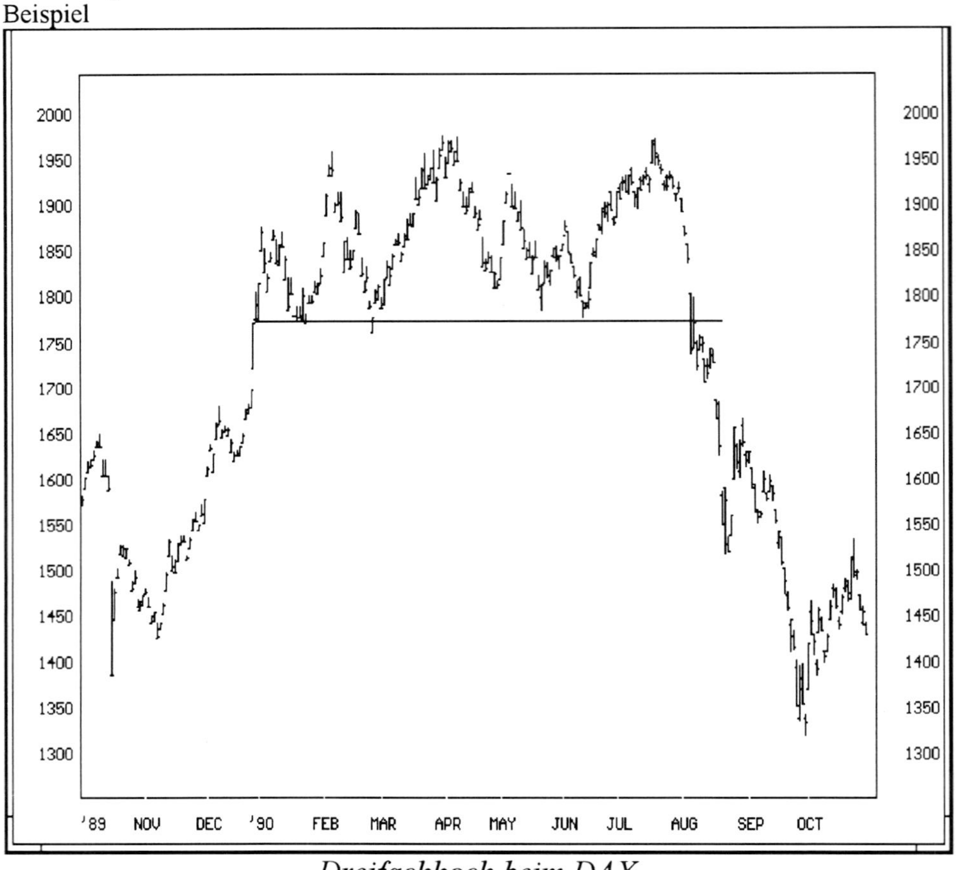

Dreifachhoch beim DAX

Interpretation

Das Beispiel zeigt ein Dreifachhoch beim Deutschen Aktienindex DAX aus dem Jahr 1990.

Die Formation ist prägnant und damit deutlich erkennbar. Natürlich liegen die Höchstkurse nicht exakt auf einer Höhe aber doch in einem Abstand von etwa einem Prozent. Der Ausbruch aus dieser Gipfelformation ist für einen Index schnell. Das Pullback führt nicht ganz bis zur Ausbruchslinie zurück, danach geht es steil abwärts.

Das Dreifachtief entspricht in seiner charakteristischen Ausprägung den entsprechender entsprechenden Doppelformation (Doppeltief).
Es sind dieselben Kriterien zu erfüllen, damit eine Trendumkehr signalisiert wird, nur sind jetzt drei statt zwei Tiefs in der Formation:

1. Die Tiefstkurse müssen etwa gleich sein (Toleranz ca. 2-3 %).
2. Der Abstand zwischen den Tiefs muß mindestens ca. einen Monat betragen.
3. Zwischen den Tiefs muß eine Erholung von mindestens ca. 10 % liegen.
4. Die Kurse müssen das Höchstniveau der Erholung überschreiten (Kaufsignal).

Punkt 4 ist das Kaufsignal.

Beispiel

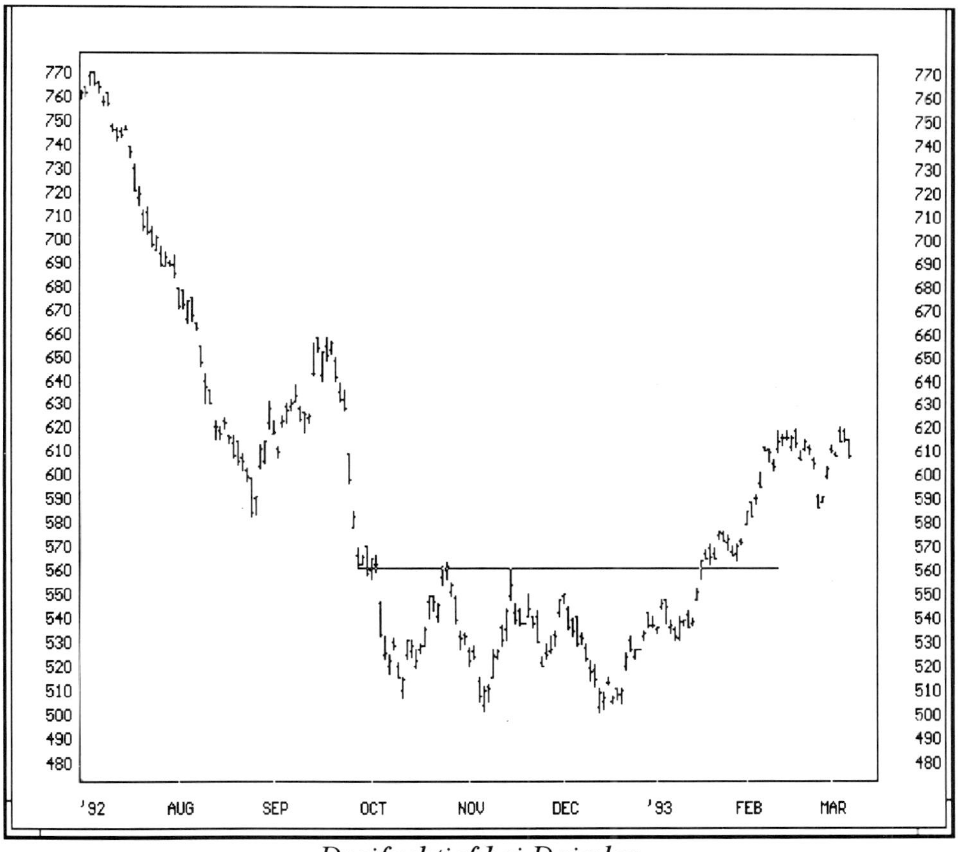

Dreifachtief bei Daimler

Interpretation

Das Beispiel zeigt ein Dreifachtief bei der Daimler Aktie aus dem Jahr 1992 / 93.
Diese Formation bildete die Basis für einen bedeutenden langfristigen Aufschwung der Daimler Aktie. Sie ist auch für den Ungeübten gut zu erkennen.
Der Ausbruch geschah mustergültig und nicht zu heftig. Das Pullback auf die Ausbruchsline ermöglichte einen preiswerten Einstieg bei gut 560 DM. Der anschließende Aufwärtstrend führte die Aktienkurse innerhalb von 16 Monate bis über 900 DM.

Keilformationen

Die Keilformation stellt im Chart ein spitz zulaufendes Dreieck dar, dessen beide Seiten nach oben (Aufwärtskeil) oder nach unten (Abwärtskeil) zeigen.

Der Aufwärtskeil (Baissekeil)

Er kündigt eine Wende zur Baisse an. Das Beispiel zeigt einen typischen Baissekeil bei der VW Aktie.

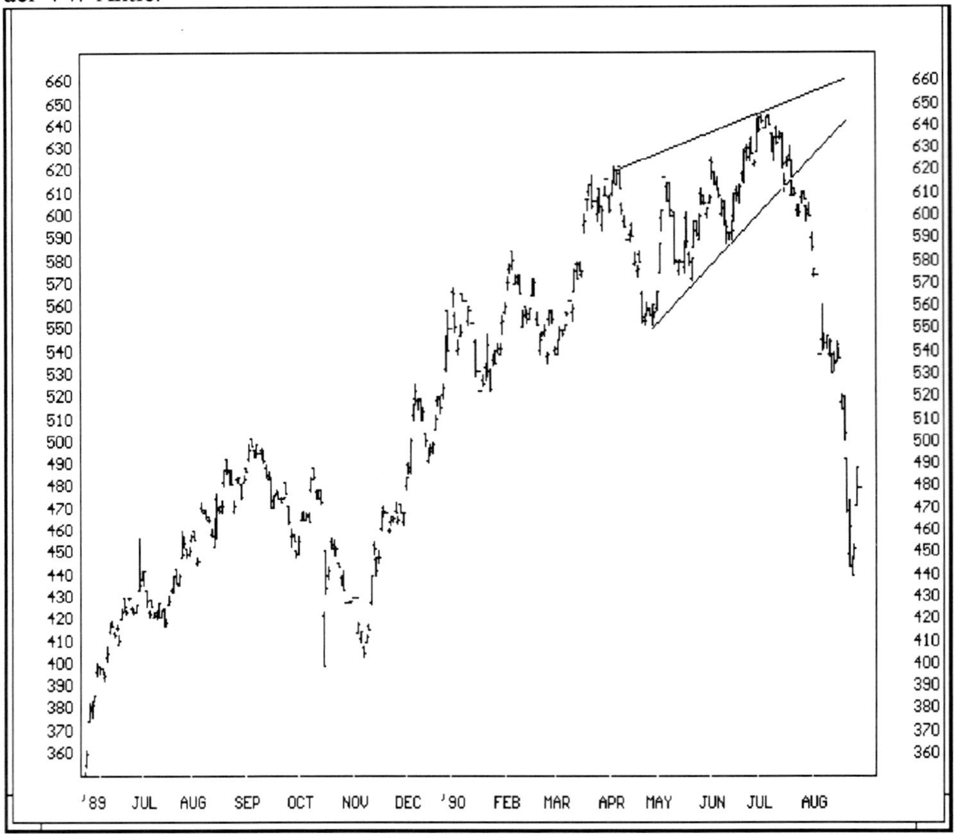

Baissekeil bei der VW Aktie

Interpretation

Kennzeichnend für den Baissekeil (im Unterschied zum Dreieck) ist, daß beide Flanken in eine Richtung steigen. Der ab Januar herrschende Aufwärtstrend wird im weiteren Verlauf ab Mai noch steiler. Diese Tatsache könnte man an sich positiv deuten, sie mündet aber in einen Baissekeil, dessen Entwicklung schon früh (ab Mitte Juni) erkennbar wird. Aber erst der Ausbruch aus dem Keil nach unten ist das Verkaufsignal.

Wie immer bei charttechnischen Signalen war es auch hier ratsam sofort zu handeln, jedes Zögern hätte Geld gekostet.

Die Keilformation hat zwei Vorteile:

1. Sie ist schon während der Entwicklung erkennbar. Der Beobachter wird also vorgewarnt.
2. Das Signal kommt in nur geringem Abstand vom Extremkurs (absolutes Hoch oder Tief der aktuellen Bewegung).

Der Abwärtskeil (Haussekeil)

Er kündigt eine Wende zur Hausse an. Das Beispiel zeigt einen typischen Haussekeil beim Gold.

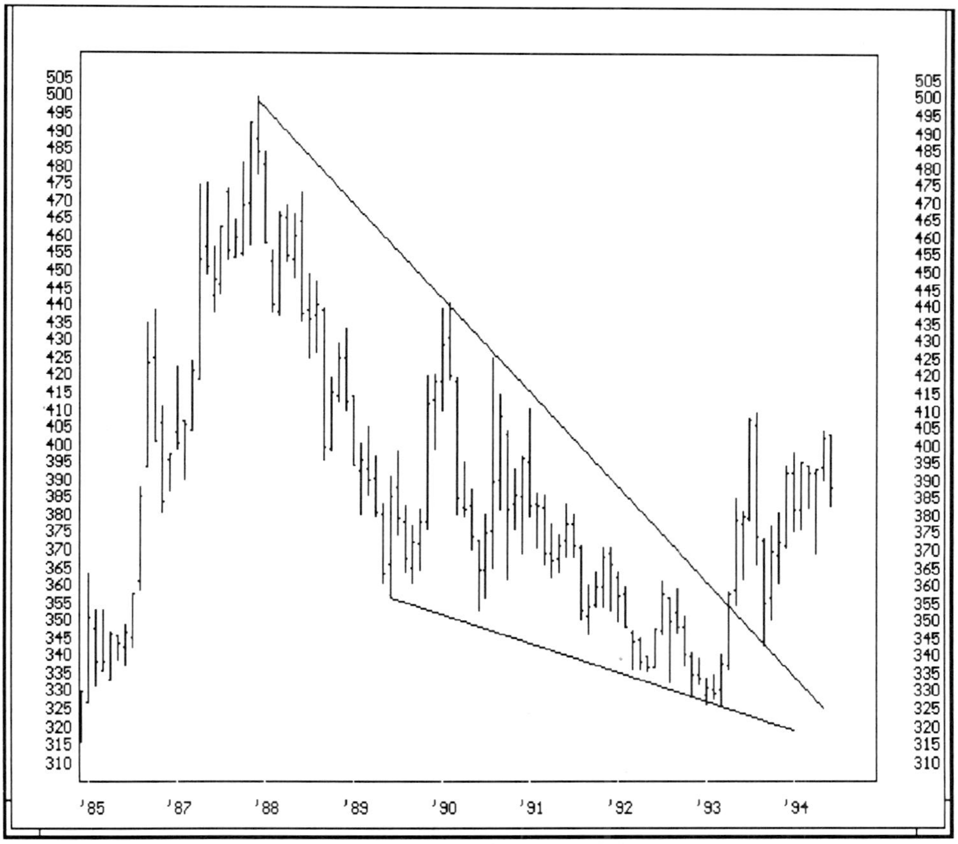

Haussekeil beim Gold

Interpretation

Kennzeichnend für den Haussekeil (im Unterschied zum Dreieck) ist, daß beide Flanken in eine Richtung fallen. Der Haussekeil im Goldchart bildet sich über mehr als fünf Jahre aus. Die positive Eigenschaft der Keilformation läßt es zu, daß man schon (mindestens) ein Jahr vor dem Ausbruch erkennen kann, daß sich ein Haussekeil bildet. Damit war bereits absehbar, daß der (seit 1980) herrschende langfristige Abwärtstrend beim Gold dem Ende nähern würde.
Aber erst der Ausbruch aus diesem Keil bedeutete das charttechnische Kaufsignal.

Broadening Top (Umgekehrtes Dreieck)

Das Broadening Top (verbreiternder Gipfel) wird auch umgekehrtes Dreieck genannt. Im Gegensatz zum Dreieck laufen bei dieser - seltenen - Formation die Kurse immer stärker auseinander. Sie scheinen aus den Fugen zu geraten. In der Physik nennt man diese Bild eine sich aufschaukelnde Schwingung, sie führt zum Bruch. Das geschieht auch (meistens) an der Börse bei einem Aktienkurs mit diesem Chartbild. Zu dieser Kursentwicklung gehört auch ein sehr unregelmäßiger Umsatzverlauf.
Diese Formation hat (schon während ihrer Entwicklung) eine sehr negative Vorbedeutung. Weil die erwartete negative Entwicklung aber nicht in jedem fall eintritt, ist es - wie immer in der Charttechnik - wichtig der Ausbruch aus der Formation abzuwarten. Erst das ist das eigentliche charttechnische Signal, in diesem Fall ein Verkaufsignal.
Die Formation muß nicht symmetrisch nach oben und unten verlaufen, sie kann auch steigen ähnlich einem Keil.

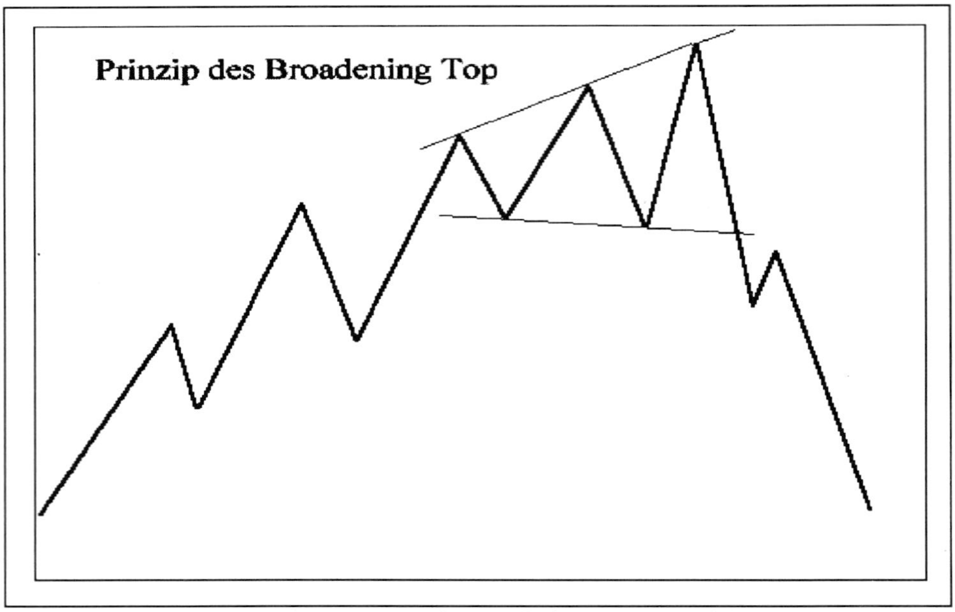

Broadening Top (umgekehrtes Dreieck)

Das Prinzip des Broadening Top (Umgekehrtes Dreieck):

- Das Broadening Top ist eine Gipfelformation. Sie zeigt die Trendwende vom Aufwärtstrend (Hausse) zum Abwärtstrend (Baisse) an.
- Kennzeichnend ist das Auseinanderlaufen der Kursausschläge oft verbunden mit sehr unregelmäßigem Umsatzverlauf.
- Beide Begrenzungen könne in beliebigem Winkel zueinander verlaufen.
- Die Formation hat die negativste Vorbedeutung aller charttechnischen Formationen.
- Verkaufsignal ist der Ausbruch nach unten aus der Formation.

Beispiel

Umgekehrtes Dreieck bei Philip Morris

Interpretation

Das Beispiel zeigt ein umgekehrtes Dreieck (Broadening Top) bei der Philip Morris Aktie.

Mit dieser charttechnischen Umkehrformation endete zunächst der phänomenale Anstieg der Aktie, die sich im Verlauf von 20 Jahren auf den 50-fachen Ursprungswert gesteigert hatte.

Rounding Top / Bottom (Teller)

Der Rounding Top oder Bottom stellt eine allmähliche Umkehr des Kurstrends dar ohne eigentliche, deutlich erkennbare Formation von scharfer Kontur. Sie wird wegen ihrer gerundeten Form der Umkehr auch Tellerformation genannt.
Sie geht nach der endgültigen Umkehr meistens in einen sehr steilen Verlauf über mit einem Rückfall (Pullback). Diesen Teil der Formation nennt man Tellerrand. Der Tellerrand wird als Zeichen für Aktivität angesehen (Kaufsignal / Verkaufsignal), weil diese Form der Trendumkehr sonst keinen konkreten Punkt zum Handeln zeigt.

Beispiel für Rounding Top

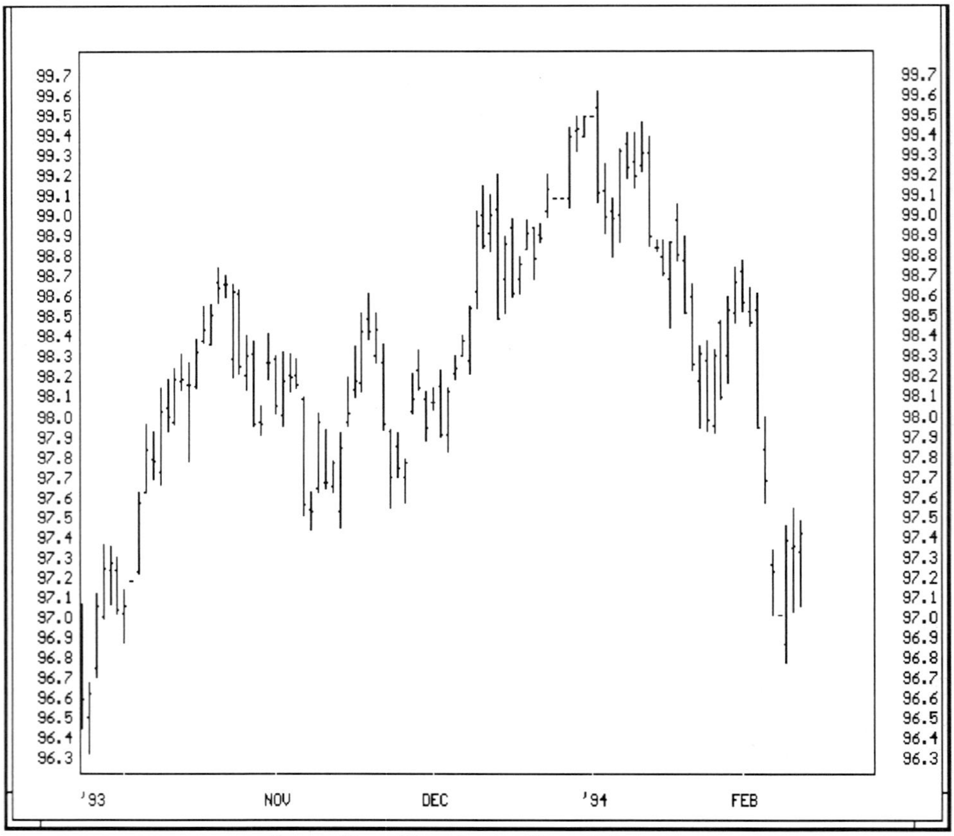

Rounding Top beim Bund Future

Diese allmähliche Form der Trendumkehr kommt an den heutigen Börsen mit ihrer hohen Volatilität nicht mehr sehr häufig vor. Am ehesten findet man sie bei der langfristigen Entwicklung der Zinsmärkte. Aus diesem Bereich stammen auch die hier gezeigten Beispiele.

Beispiel für Rounding Bottom:

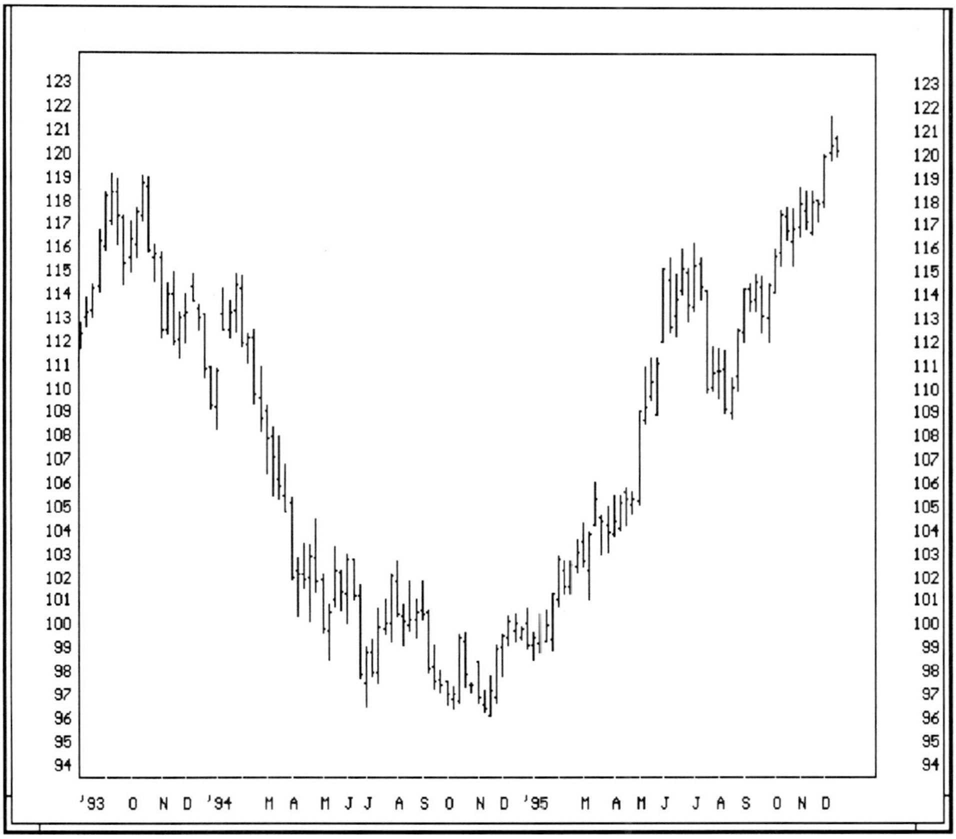

Rounding Bottom bei den US T-Bonds

Das Beispiel zeigt die allmähliche Trendumkehr in Form eines Rounding Bottom bei den US T-Bonds, den Kursen der amerikanischen Staatsanleihen.
Der Kursverlauf ist nicht in eine konturierte Chartform zu fassen. Die Trendumkehr geschieht allmählich. Erst nachdem diese Umkehr wirklich vollzogen ist scheinen die Anleger Vertrauen zu fassen und verstärkt einzusteigen. Die Kurse beginnen jetzt einen steilen Anstieg. Der Durchbruch ist geschafft, ohne daß man den genauen Zeitpunkt und Kurs den eigentlichen Kurs erkennen kann, der dies bestätigt hätte.
In diesem Chart könnte man die Umkehr eventuell noch in ein Dreieck fassen, das nach oben verlassen wird.

Trendbestätigungs Formationen (Konsolidierungs Formationen)

Neben den Trendumkehr Formationen gibt es Formationen, in denen die Kurse während eines Anstiegs oder Rückgangs konsolidieren. Man nennt sie deshalb Konsolidierungsformationen.
Nach dem Ende dieser Formationen setzt sich der bestehende Trend normalerweise fort. Aus diesem Grund nennt man diese Formationen auch Trendbestätigungs Formationen.
Das Signal für eine Trendbestätigung ist allerdings erst dann gegeben, wenn der Kurs die Formation in Richtung des alten Trends verlassen hat. Hier sind diese Formationen im Überblick.

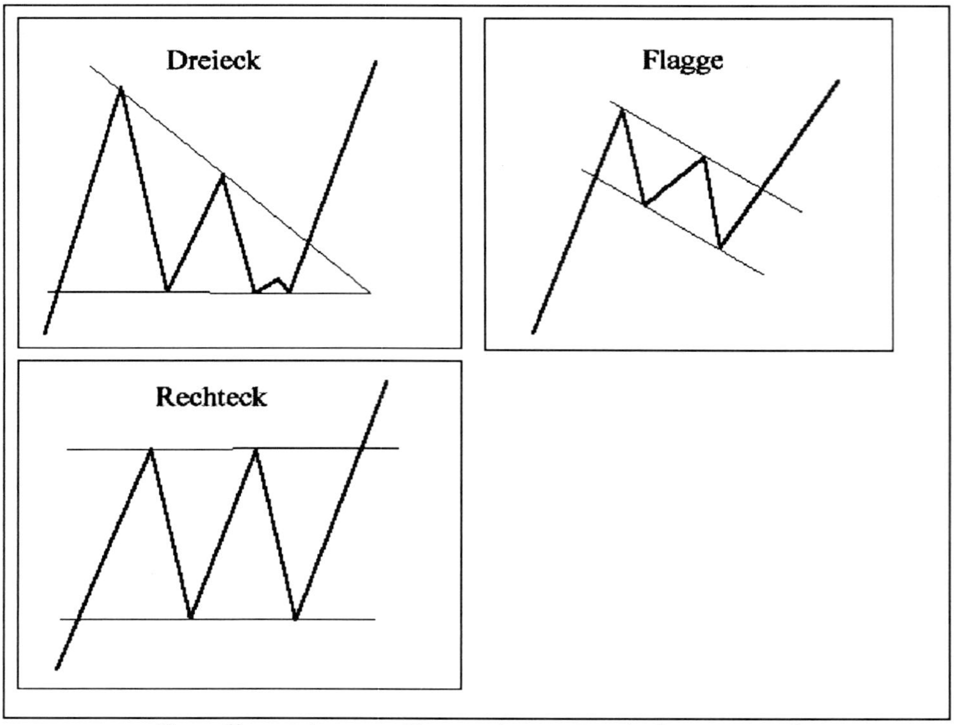

Trendbestätigungs Formationen im Aufwärtstrend

- In dieser schematischen Darstellung sind die Trendbestätigungsformationen für den Aufwärtstrend dargestellt. Dieser Aufwärtstrend wird jeweils dann bestätigt, wenn der aktuelle Kurs aus der Formation heraus steigt.
- Dieselben Formationen gelten mit der entsprechenden Signalwirkung auch für den Abwärtstrend. Im Abwärtstrend fallen die Kurse in eine solche Formation hinein. Wenn der aktuelle Kurs aus dieser Formation herausfällt, ist der Abwärtstrend bestätigt.
- Tritt eine solche charttechnische Bestätigung nicht ein, nehmen die Kurse also mit Verlassen der Formation den Gegentrend ein, ist das ein Signal für die Trendumkehr.
- Während der Konsolidierung nehmen die Umsätze ab.

Hier schematisch die Trendbestätiguns Formationen im Abwärtstrend:

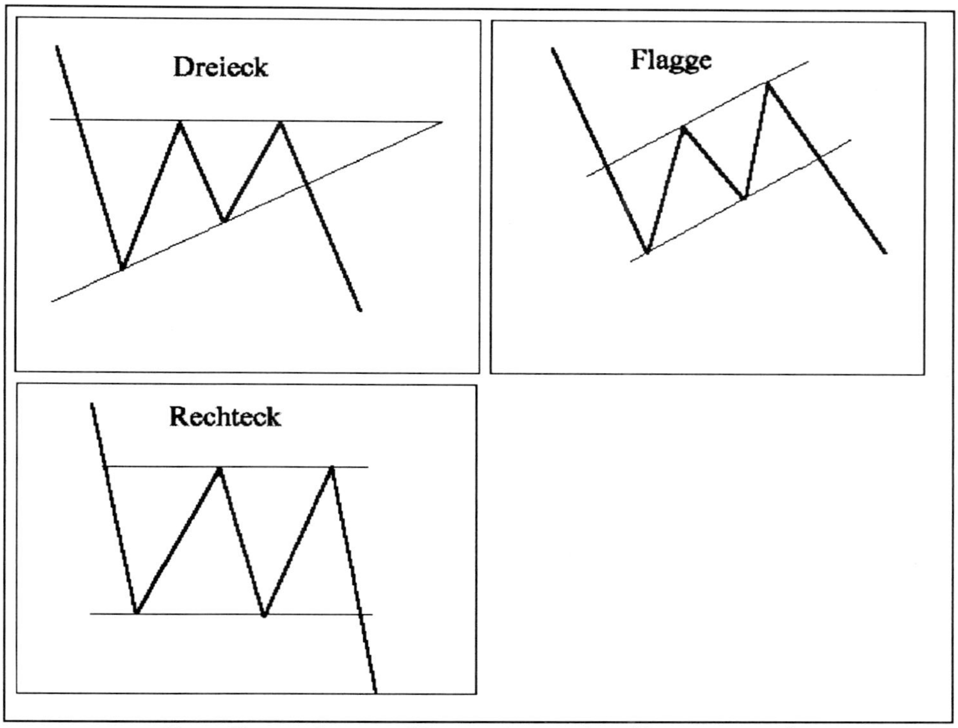

Trendbestätigungs Formationen im Abwärtstrend

Im Abwärtstrend drehen sich die Formationen gegenüber dem Aufwärtstrend.

Beispiel

Trendbestätigungs Formationen im Aufwärtstrend

Interpretation

Das Beispiel zeigt einen Aufwärtstrend bei der BMW Aktie im Jahr 1993.

Die Formationen bestätigen jeweils den herrschenden Aufwärtstrend, weil die Kurse jeweils aus der Formation heraus steigen.

- Die Dreiecke sind sowohl in der Größe als auch in der Form unterschiedlich ausgeprägt, jeweils aber deutlich zu erkennen.
- Das Rechteck hat war vor dem endgültigen Ausbruch schon im Verlauf nach oben verlassen worden. Die Kurse fielen aber wieder auf die alte Basis zurück, um einen neuen Anlauf zu nehmen.
- Die Flaggen sind im Verlauf eines Trends besonders anschaulich, weil sie immer gegen den übergeordneten Trend geneigt sind.

Alle Formationen haben den Aufwärtstrend bestätigt. Das gibt dem Analysten immer wieder neue Sicherheit.

Beispiel

Trendbestätigungs Formationen im Abwärtstrend

Interpretation

Das Beispiel zeigt einen Aufwärtstrend bei der Aktie der Bayerischen Hypothekenbank im Jahr 1994.

Im Beispiel kommen alle wichtigen Trendbestätigungsformationen vor.

- Der Beginn des neuen Abwärtstrends wird durch die aufwärts gerichteten Flaggen deutlich. Flaggen sind immer gegen den übergeordneten Trend geneigt.
- Im weiteren Verlauf mündet die Konsolidierung in ein Dreieck, das nach unten verlassen wird, also den Abwärtstrend bestätigt.
- Es folgt ein ausgedehntes Rechteck. Das letzte Hoch in diesem Rechteck erreicht allerdings schon nicht mehr die obere Widerstandslinie. Das kündigt weitere Schwäche an. Sie findet ihren Ausdruck in der Unterschreitung der Rechteck-Unterstützung, eine weitere Bestätigung des übergeordneten Abwärtstrends.

Die Umkehr eines solchen Trends kann beispielsweise dadurch signalisiert werden, daß eine der Trendbestätigungsformationen in die falsche Richtung ausgeht.

Dreieck

Dreiecke sind typische Konsolidierungformationen, die auch Trendbestätigungformationen genannt werden. Sie treten in verschiedenen Grundformen auf:

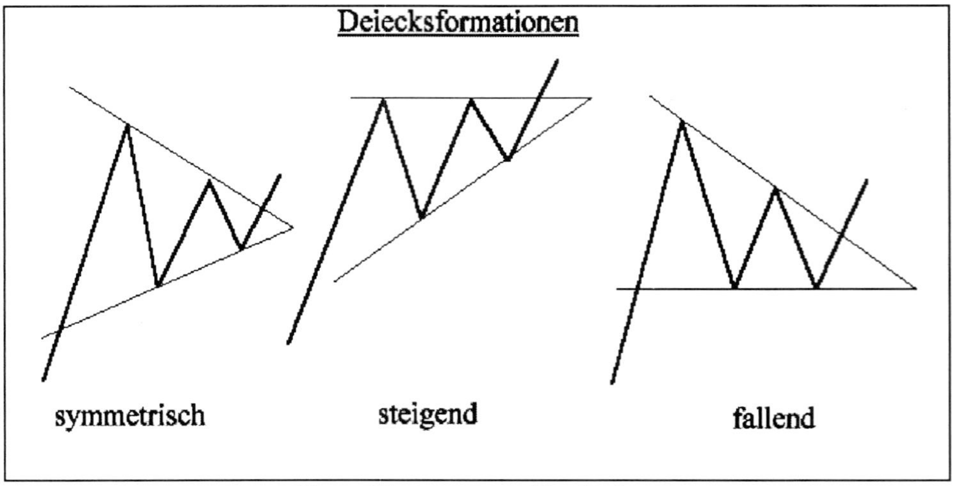

Grundformen von Dreiecken

- Dreiecke werden charttechnisch als Trendbestätigungsformation gelesen. Sie bestätigen den bestehenden Haupttrend, wenn der aktuelle Kurs die Formation in Richtung des Haupttrends verläßt. In den obigen Mustern sind die Kurse in das Dreieck gestiegen, sie verlassen die Formation nach oben, damit ist der Aufwärtstrend bestätigt.
- Im Abwärtstrend verläuft die Bestätigung sinngemäß umgekehrt. Die Kurse fallen aus einer Dreiecksformation, in die sie hinein gefallen sind. Das bestätigt den übergeordneten Abwärtstrend.
- Wird das Dreieck in umgekehrter Richtung verlassen, ist das ein Signal für die Trendumkehr.
- Die Umsätze sollen während der Konsolidierung im Dreieck zurückgehen.

Dreiecke sind grundsätzlich neutral, d.h. man kann während ihres Entstehens nicht vorhersagen wie sie ausgehen werden.
Dennoch liegt schon in den verschiedenen Grundformen der Dreiecke ein gewisser Unterschied in der Prognose:
Das symmetrische Dreieck ist absolut neutral.

- Das steigende Dreieck hat eine leicht positive Prognose, weil sich die Kurse immer mehr der oberen Begrenzung annähern.
- Das fallende Dreieck hat eine leicht negative Prognose, weil sich die Kurse immer mehr der unteren Begrenzung annähern.

Beispiel

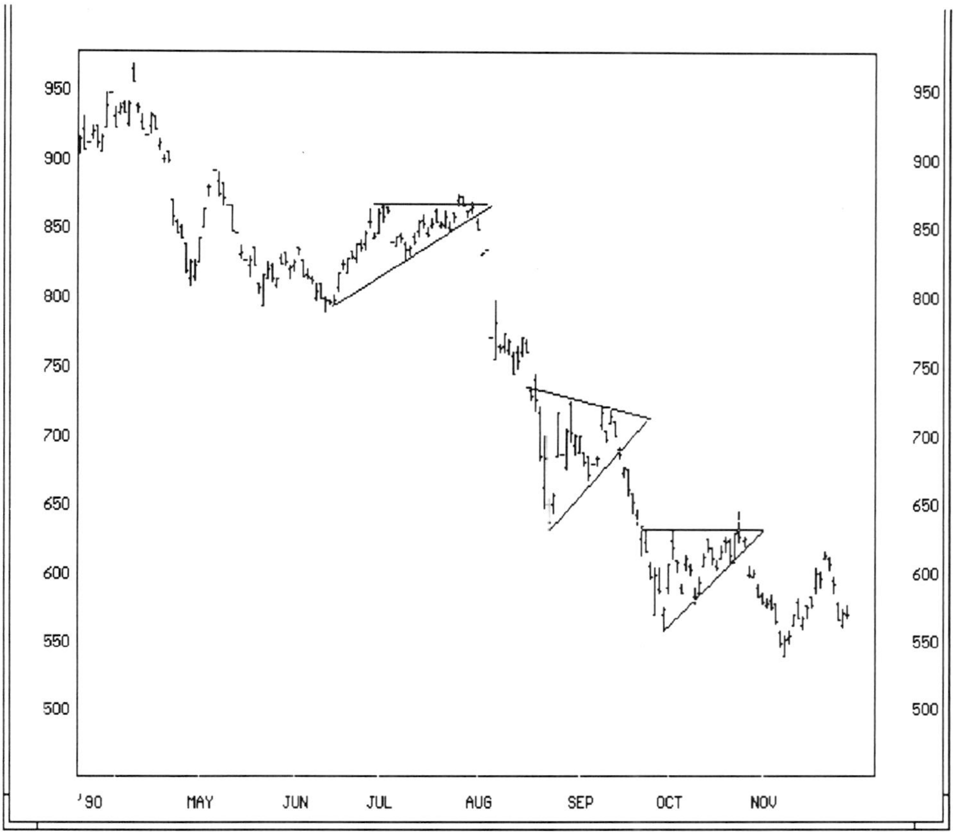

Verschiedene Dreiecksformen im Trend

Interpretation

Das Beispiel zeigt einen Abwärtstrend mit verschiedenen Dreiecksformationen bei der Daimler Aktie im Jahr 1990.

Das erste Dreieck ist ein ansteigendes Dreieck Es hat nach Definition leicht positive Prognose. Auch die leichte Umkehr des Kursrückgangs zu einer eher steigenden Tendenz könnte zu der Annahme verleiten, daß sich die Kurse eher nach oben entwickeln würden. Der Ausgang der Formation nach unten beweist wie wichtig es ist das endgültige Signal der Formation abzuwarten bevor man handelt.
Das zweite Dreieck läßt, weil es praktisch symmetrisch ist, keine Prognose zu. Auch in diesem Fall wird der Abwärtstrend bestätigt.
Das dritte Dreieck liefert mit einem leichten Ausbruch nach oben zunächst ein Fehlsignal bevor die Kurse deutlich nach unten aus der Formation fallen. Auch das ist wieder eine Bestätigung des Abwärtstrends.

Verschiedene Formen von Dreiecken kommen vor. Ihr Ausgang zeigt die künftige Richtung.

Flagge

Die Flagge ist eine sehr auffällige und häufige Konsolidierungsformation, die ideal als Trendbestätigungsformation dienen kann. Die Flagge ist immer gegen den Haupttrend geneigt.

Sie hat in der Trendbestätigung eine hohe Treffsicherheit und ist wegen ihrer auffälligen Neigung gegen den Trend gut erkennbar.

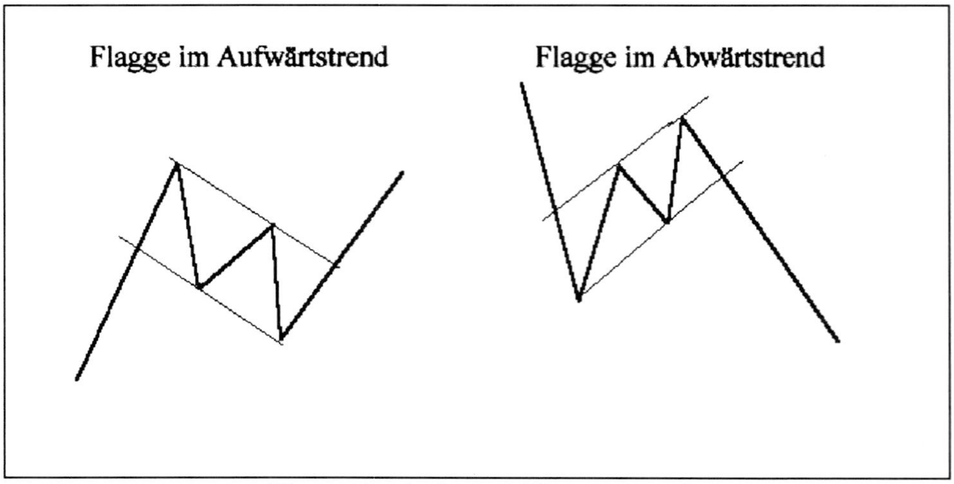

Flagge in Auf- und Abwärtstrend

Die wesentlichen Merkmale der Flagge sind:

- Sie ist immer gegen den bestehenden Haupttrend geneigt. Im Aufwärtstrend ist sie abwärts geneigt, im Abwärtstrend aufwärts.
- Der Ausbruch aus der Flagge gibt das Signal.
- Die Flagge geht mit hoher Wahrscheinlichkeit als Trendbestätigung aus.
- Sie ist wegen ihrer auffälligen Erscheinung frühzeitig erkennbar.
- Die Umkehr der Flaggenneigung ist oft ein frühes Zeichen für die Trendumkehr. Es kommt nicht selten vor der eigentlichen Trendumkehr-Formation.
- Unterschiedliche Neigungswinkel der Flaggen haben keine analytische Bedeutung.

Beispiel

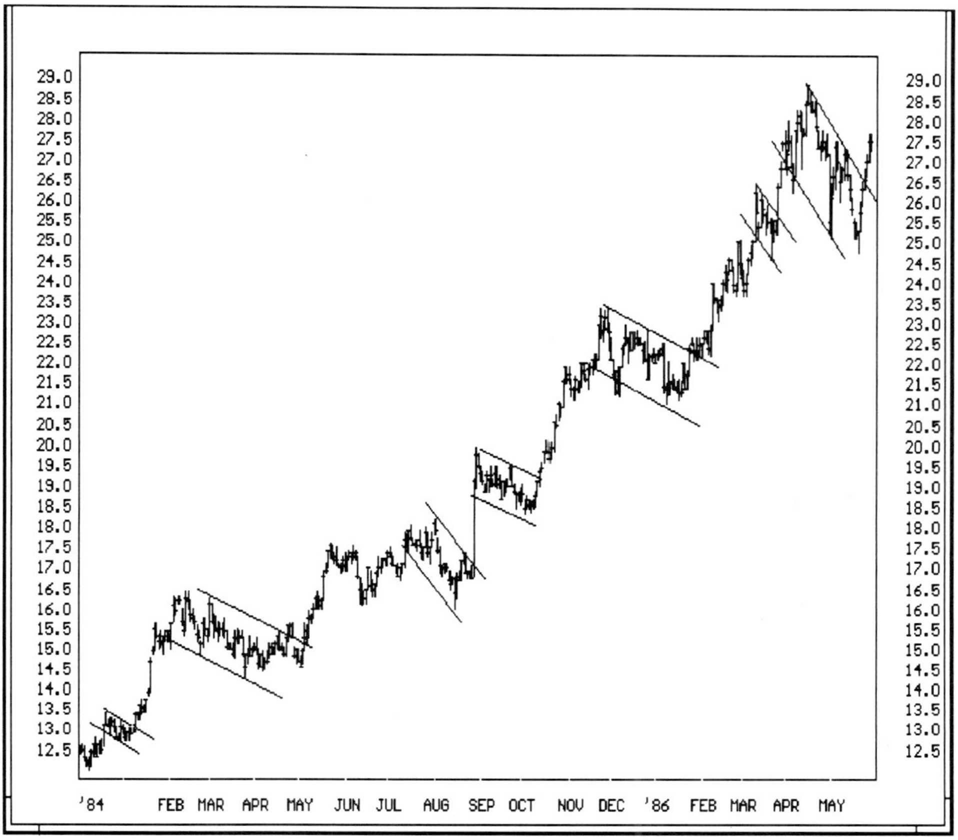

Flaggen im Aufwärtstrend

Interpretation

Das Beispiel zeigt Flaggen im Aufwärtstrend bei der US-amerikanischen Westinghouse Aktie in den Jahren 1984-86.

Hier sind nur die wesentlichen Flaggen eingezeichnet. Es lassen sich bei einer mehr detaillierten Analyse weitere, kleinere Flaggen finden. Hier sollen jedoch nur die wichtigen Merkmale der Formation verdeutlicht werden.
Alle Flaggen sind gegen den Aufwärtstrend geneigt. Ihr Neigungswinkel ist jedoch jeweils individuell unterschiedlich. Das hat für die charttechnische Analyse jedoch keine Bedeutung.
Wesentlich ist nur der Ausgang der Formation. Alle eingezeichneten Flaggen haben den Aufwärtstrend bestätigt.

Rechteck

Das Rechteck ist eine sehr ruhige Konsolidierungsformation, die als Trendbestätigungsformation dienen kann. Die Kurse konsolidieren über einige Zeit in einer festen Bandbreite. Das Rechteck hat deshalb keine Neigung.

Die konstante Bandbreite der Kursfluktuation im Rechteck wird gern zum Traden benutzt. Man nennt die Formation deshalb auch Tradingzone (tradingrange). Man benötigt jedoch zusätzliche Instrumente wie Indikatoren, wenn man frühzeitig erkennen will, ob die Kurse bei Annäherung an die Grenzen aus der festen Bandbreite ausbrechen werden oder nicht. Das soll hier nicht besprochen werden, es wird unter dem Kapitel „Technische Indikatoren" behandelt.

Die charttechnische Analyse benutzt den Ausbruch aus dem Rechteck als Signal für Bestätigung oder Umkehr des bestehenden Haupttrends.

Die prinzipielle Formation des Rechtecks sieht so aus:

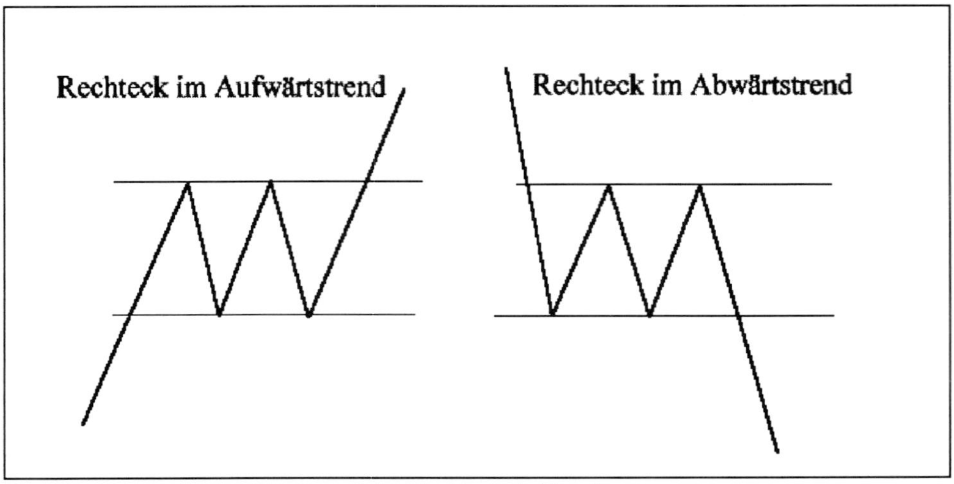

Rechteck in Auf- und Abwärtstrend

- Rechtecke werden charttechnisch als Trendbestätigungsformation gelesen. Sie bestätigen den bestehenden Haupttrend, wenn der aktuelle Kurs die Formation in Richtung des Haupttrends verläßt. Sind die Kurse in das Rechteck gestiegen, und verlassen die Formation nach oben, ist der Aufwärtstrend bestätigt.
- Im Abwärtstrend verläuft die Bestätigung sinngemäß umgekehrt. Die Kurse fallen aus einer Rechteckformation, in die sie hinein gefallen sind. Das bestätigt den übergeordneten Abwärtstrend.
- Wird das Rechteck in umgekehrter Richtung verlassen, ist das ein Signal für die Trendumkehr.
- Die Umsätze sollen während der Konsolidierung im Rechteck zurückgehen.

Beispiel:

Rechteck mit Trendbestätigung

Interpretation:

Das Beispiel zeigt ein Rechteck als Trendbestätigung im Aufwärtstrend der Linde Aktie im Jahre 1991.

Rechteck mit Trendumkehr

Dieses Beispiel der Degussa Aktie zeigt, daß ein Rechteck nicht immer als Trendbestätigung ausgeht. Für die Trendbestätigung muß also unbedingt der Ausgang der Formation abgewartet werde.

Auf der anderen Seite zeigt diese Beispiel die hervorragenden Möglichkeiten, die ein Rechteck zum Trading bietet.

II. Markt- und Konjunkturindikatoren

Inhaltsverzeichnis Kapitel II

Markt- und Konjunkturindikatoren

Die markttechnische Analyse

Die Markttechnische Analyse versucht mit Hilfe von Indikatoren Veränderungen des Untersuchungsobjekts zu erkennen bevor die Auswirkungen auf die Preise / Kurse haben. Die Signale dieser Analysemethode kommen also früher als die der Charttechnischen Analyse. Insofern ergänzen sich beide Methoden ganz vorzüglich.
Die Markttechnische Analyse kennt verschieden Arten von Indikatoren, die unterschiedliche Aspekte vermitteln. Sie werden im einzelnen in den Kapiteln II und III dieses Buchs erläutert, sollen aber hier in der Funktion vorgestellt werden:

Markt- und Konjunkturindikatoren

1. Fundamentale Indikatoren
2. Monetäre Indikatoren
3. Stimmungsindikatoren

Markt- und Konjunkturindikatoren vermitteln ein Bild über den Zustand des Markts, in dem das Untersuchungsobjekt gehandelt wird.

1. Fundamentale Indikatoren zeigen den Zustand des „Fundaments“. Das sind unter anderem: Bruttoinlandsprodukt, Industrieproduktion, Arbeitsmarktzahlen, private und industrielle Teuerung, Auftragseingänge und Ähnliches.

2. Monetäre Indikatoren kennzeichnen die Größe und Preise der Geldversorgung des Markts und der Börse wie Geldmengen, Zinsen, Zinsstrukturen etc.

3. Stimmungsindikatoren stellen in meßbaren, vergleichbaren zahlen die Stimmung der Wirtschaft und der Börse dar. Dazu gehören unter anderem: Konjunkturbaroemeter, Konsumbarometer, Konsumentenvertrauen, konjunkturelle Frühindikatoren aber auch Indikatoren für die Stimmung an der Börse: Optimistenzahlen für verschiedene Teilmärkte, Leerverkaufszahlen der unterschiedlichen Marktteilnehmer.

Alle diese Indikatoren sind mit langen historischen Reihen erforderlich, damit sinnvolle Vergleiche über lange Zeiträume möglich sind. Sie sind laufend aktualisiert als „**Markt- und Konjunkturindikatoren**“ für eine Vielzahl von Märkten und Ländern beim Autor und angeschlossenen Datenbanken erhältlich.

In diesem Kapitel werden alle wesentlichen Markt- und Konjunkturindikatoren in alphabetischer Reihenfolge vorgestellt. Dabei halte ich mich an ein Schema, damit die Darstellung jeweils in vergleichbarer Form ist. Dabei werden immer gleiche Überschriften verwendet:

Bedeutung

Die allgemeine Einordnung des Indikators im Bezug auf die Börse.

Beschreibung

Die genaue Beschreibung des Indikators mit Worten seine Bezüge und Grundlagen.

Berechnung

Die Berechnungsformel zum genaueren Verständnis und als Basis für eigene Berechnungen. Nur da, wo die Berechnung zu kompliziert ist wurde auf die Wiedergabe der Formel verzichtet.

Einstellwerte für Analyseprogramm

Vom Autor des Indikators empfohlene Grundeinstellung für den Indikator. In Einzelfällen auch sinnvolle Variationen nach meiner eigenen Erfahrung oder neueren veröffentlichten Erkenntnissen anderer maßgeblicher Analysten.

Anwendungsregel

Die wichtigsten Anwendungsregeln für den Indikator. In Einzelfällen auch sinnvolle Variationen nach meiner eigenen Erfahrung oder neueren veröffentlichten Erkenntnissen anderer maßgeblicher Analysten.
Aussagefähigkeit: So weit dies möglich ist eine kurze Beurteilung des Indikator auf seine Wirksamkeit.

Beispiel

Beispiel für den Indikator, wie er sich in einer konkreten Situation darstellt.

Interpretation

Meine Interpretation des Beispiels für die Anwendung des jeweiligen Indikators.

Verwandtes Thema

Verweis auf andere Indikatoren, die mit dem hier beschriebenen Indikator verwandt sind oder vergleichbar eingesetzt werden können.

Einsatz von Indikatoren

Leider gibt es für keine Börse **den** Indikator, den Stein der Weisen. Er würde die Funktion der Börse aufheben, wenn es ihn gäbe, denn wer würde gegen seine Aussage handeln? Es ist deshalb unabdingbar, daß Sie bei Ihren Analysen immer ein gewisses Spektrum von Indikatoren zu Rate ziehen, die sie für wichtig halten. Verlassen Sie sich nie auf einen einzigen Indikator. Sie können allerdings alle Ihre Aspekte zu einem einzigen Indikator aufsummieren, der Ihre persönlichen Prioritäten zusammenfaßt.

Wenn Sie einen solchen eigenen Gesamtindikator zusammenstellen wollen, können Sie folgendermaßen vorgehen:

- Suchen Sie für alle Aspekte, die bei Ihrer Anlagepolitik eine Rolle spielen (kurz-, mittel-, langfristig, spekulativ, fundamental, terndbezogen etc.) den jeweils passenden Indikator.
- Bewerten Sie wöchentlich den aktuellen Stand jedes einzelnen Indikators mit positiv +1, neutral 0, negativ -1
- Indikatoren mit mehr differenzierter Bewertungsmöglichkeit können Sie mit einer feineren Bewertungsskala ausstatten: Extrem positiv +3, sehr positiv +2, positiv +1, neutral 0, negativ -1, sehr negativ -2, extrem negativ -3.
- Besonders wichtige Indikatoren können Sie auch mit mehrfachem Gewicht versehen, beispielsweise 2 oder 3.
- Summieren Sie bei der wöchentlichen Bewertung den wöchentlichen Stand aller Indikatoren. Das ergibt Ihren technischen Gesamtindikator für die Börse oder einen Einzelwert.
- Glätten Sie den Gesamtindikator in angemessener, für Sie passender Weise, damit nicht einmalige Ausreißen Sie zu falschen Schlüssen führen.
- Nehmen Sie für die Bewertung der gesamten Börse eventuell auch Technische Indikatoren aus dem Kapitel III hinzu, um Ihren Gesamtindikator zu bilden.
- Verschaffen Sie sich einen Überblick über die charttechnische Lage.
- Dann handeln Sie nach diesen Erkenntnissen.

Advance-Decline-Linie (A-D-Linie)

Beschreibung

Die Advance-Decline-Linie (advance = Anstieg, decline = Rückgang) stellt die kumulierte Differenz zwischen gestiegenen und gefallenen Werten dar. Zu ihrer Berechnung wird täglich die Anzahl der gefallenen Werte von der Anzahl der gestiegenen Werte abgezogen. Das Ergebnis wird zum Vortagsstand addiert. Die A-D-Linie kann sich auf eine gesamte Börse beziehen oder auf die Aktien eines Index. Die Kursveränderungen werden normalerweise aus den Schlußkursen errechnet. Wenn sich die A-D-Linie auf einen Aktienindex bezieht, dem Kassakurse zugrunde liegen, verwendet man jedoch die Kassakurse.

Bedeutung

Die Advance-Decline-Linie stellt die Mengenbewegung der Aktien eines Marktes dar. Das ergänzt die Information eines Index, der die Wertentwicklung eines Marktes aufzeigt. Die A-D-Linie wird ungefiltert durch die Gewichtung einzelner Aktien gewertet. Beim Aktienindex werden dagegen einzelne Aktien unterschiedlich gewichtet. Ein Aktienindex kann so durch das große Gewicht einzelner Aktien noch steigen, während die Mehrzahl der Aktien schon fällt. Die A-D-Linie würde das anzeigen. Diese Situation ist oft typisch für Wendepunkte von Märkten. Das Publikum konzentriert sich am Ende der Hausse zunehmend auf die wenigen Qualitätsaktien großer Firmen (blue chips). Nur diese geringe Anzahl von Aktien steigt noch, sie hat aber großes Gewicht im Index, treibt ihn damit noch weiter nach oben, obwohl die Mehrzahl der Aktien schon fällt.

Die A-D-Linie mißt die Stärke des Markts. Anhand der A-D-Linie kann man erkennen, ob der Aktienmarkt in steigendem oder fallendem Trend ist. Sie ist einer der wichtigen Trendindikatoren neben dem ⇨ Anteil der Aktien über der 200-Tage-Linie . Die absolute Höhe der A-D-Linie ist unwichtig. Wesentlich ist nur der Trend und charttechnische Entwicklung dieses Indikators. Es ist nicht zweckmäßig alle Aktien eines Marktes in die Berechnung einzubeziehen, weil dann die große Anzahl der Nebenwerte zu starken Einfluß gewinnt. In Deutschland wählt man am besten die Aktien des FAZ-Index zur Bildung der A-D-Linie. (Der DAX ist mit 30 Aktien zu schmal). Die notwendigen Zahlen werden täglich veröffentlicht. Für den US-Markt gibt die A-D-Linie des Standpoors 500 Index den besten Überblick über den Aktienmarkt.

Berechnung

A-D = A-D (Vortag) + Anzahl Aktien (gestiegen) - Anzahl Aktien (gefallen)

Anwendungsregel

- Die A-D-Linie zeigt den Trend des zugrunde liegenden Index bzw. Markts.
- Gleichgerichteter Verlauf von Index und A-D-Linie spricht für die Beibehaltung der Tendenz des Index. Steigen Index und A-D-Linie, ist also eine weiter steigende Tendenz zu erwarten. Fallen beide, ist mit weiter fallendem Index zu rechnen.
- Divergenz zwischen Index und A-D-Linie deutet auf eine Trendwende hin. Steigt also der Index noch, während die A-D-Linie nicht mehr mit steigt, kann man mit alsbald fallendem Index rechnen; umgekehrt läuft es bei der Wende zum Aufwärtstrend.

Beispiel

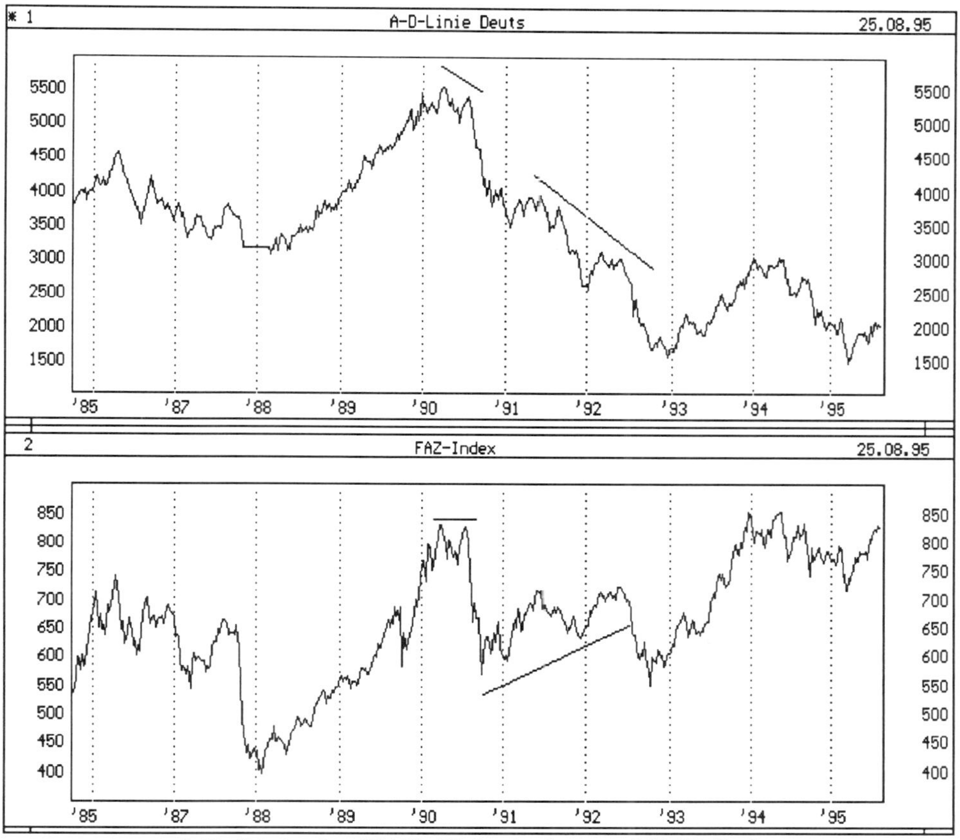

A-D-Linie des FAZ-Aktienindex und FAZ-Index

Interpretation

Am Indexhoch 1990 fiel die A-D-Linie bereits, während der Aktienindex nochmals das kurz zuvor erzielte Hoch bestätigte. Diese Divergenz zeigte nachlassende Marktstärke.

Die folgende Erholung des Index 1990 / 91 wurde von weiter fallender A-D-Linie begleitet. Diese Divergenz deutete auf einen noch schwachen Markt, stützte also den beginnenden Anstieg nicht.

Erst das dann folgende Tief 1992 fand Unterstützung durch die A-D-Linie. Das war der Beginn des wirklich stabilen Aufschwungs des Index.

In der übrigen Zeit verliefen Index und A-D-Linie im wesentlichen mit gleicher Tendenz. Der Indikator bestätigte also den Aktienindex

Verwandtes Thema

- Anteil der Aktien über der 200-Tage-Linie

Aktienindex

Beschreibung

Der Aktienindex ist ein Indikator für die Wertentwicklung eines Aktienmarkts. Es gibt Indices, die den Gesamtmarkt repräsentieren sollen und Indices für Teile eines Markts, Teilindices oder Branchenindices.

Bedeutung

Ein Aktienindex soll in definierter Art die Bewegung (des Werts) eines Aktienmarktes wiedergeben. Es gibt Indices für einzelne Teilmärkte bzw. Branchen, für Länder, inzwischen führt man auch einen Welt-Aktienindex.
Beim Vergleich verschiedener Indices muß die unter Umständen sehr unterschiedliche Zusammensetzung, Gewichtung und Berechnungsmethode verschiedener Indices berücksichtigt werden.
Zusammensetzung:
Sie soll repräsentativ sein für das betrachtete Marktsegment. Sie reicht von 15 - 30 Aktien bei den Dow Werten, 30 beim DAX, gut 100 beim FAZ - Aktienindex und Standpoors 100, 500 Aktien beim Standpoors 500 bis zu mehreren tausend Werten bei anderen Indices.
Gewichtung:
Wegen der unterschiedlichen Bedeutung einzelner Aktien für den Markt, werden diese im Index gewichtet, denn man will ja einen repräsentativen Index erreichen. Meist wird nach der Höhe des Grundkapitals oder nach Anteil am Börsenumsatz gewichtet.
Die Dow „Indices" werden nicht gewichtet. Sie sind also keine Indices im eigentlichen Sinn sondern "Durchschnitte". Im amerikanischen Sprachgebrauch werden sie auch so genannt.

Berechnung

Die Berechnung erfolgt nach unterschiedlichen Methoden.

- Sie kann Kapitalerhöhungen im laufenden Jahr berücksichtigen oder nur zu einem bestimmten Stichtag. Die Anpassung erfolgt meistens über eine Anpassung der Gewichtungsfaktoren.
- Sie kann auf Basis der Kassa- oder Schlußkurse einmal täglich erfolgen. Der FAZ-Index wird einmal täglich auf Basis der Kassakurse berechnet. Andere Indices werden mehrmals täglich aufgrund laufender Kurse berechnet. Der DAX beispielsweise wird während der Börsenzeit minütlich berechnet.
- Aktienindices im eigentlichen Sinn werden anhand der Börsenkurse berechnet. Das heißt, daß am Tag der Dividendenausschüttung der Kurs ex Dividende in die Berechnung einfließt (z.B. FAZ-Index).
- Andere Indices (z.B. der DAX) sind sogenannte Performance-Indices. Bei deren Berechnung wird der Dividendenabschlag wieder hineingerechnet. Auf diese Weise wird die Dividende in die Wertentwicklung (Performance) mit einbezogen.

Infolgedessen sind nicht alle Aktienindices direkt miteinander vergleichbar.

Anwendungsregel

- Die große Mehrzahl aller Aktien läuft im gleichen Trend wie der Aktienindex. Es ist also sinnvoll sich bei Aktien in der Richtung zu engagieren, die der Index vorgibt.

- Falls eine Aktie vom Trend des zugehörigen Index abweicht, muß dieser Entwicklung besondere Aufmerksamkeit gewidmet werden. Sehen Sie hierzu den Abschnitt "Relative Stärke" an. Insbesondere ist es ein Verkaufsignal, wenn eine Aktie bei steigendem Index fällt.
- Auf der anderen Seite muß man sich überlegen, ob man eine steigende Aktie auch dann kauft, wenn der Index in einem eindeutigen Abwärtstrend ist.

Beispiel

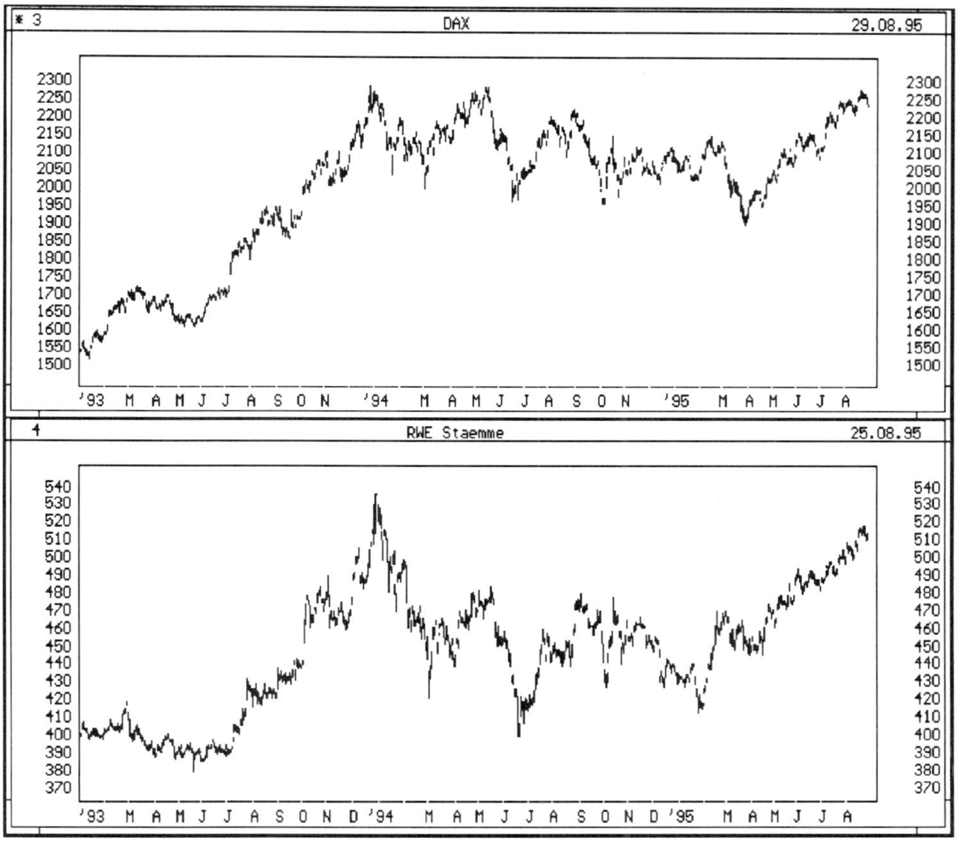

Aktienindex im Vergleich zu einer einzelnen Aktie des Markts

Interpretation

Das Beispiel zeigt die RWE-Aktie im Vergleich zum DAX-Index. Die Aktie entwickelt sich in gleicher Tendenz wie der Index, wenn auch zeitweilig in unterschiedlicher Ausprägung der Kursschwankungen.
Sollte eine deutliche Divergenz zwischen Aktie und Index auftreten, wäre das ein Signal entsprechend der Regel.

Verwandtes Thema

- Relative Stärke

Aktien über der 200-Tage-Linie (Over-under 30 week M/A ratio)

Beschreibung

Es wird wöchentlich der prozentuale Anteil der Aktien eines Marktes aufgezeichnet, deren aktueller Kurs über ihrem jeweiligen gleitenden 200-Tage-Durchschnitt liegt.

Bedeutung

Mit diesem Timing Indikator lassen sich die langfristigen Trends eines Marktes sehr gut bestimmen. Allerdings erfordert seine Auswertung einige Übung und Kenntnis. Dieser Indikator ist einer der wichtigen Trendindikatoren neben der ⇨ A-D-Linie. Definitionsgemäß ist eine Aktie im langfristigen Aufwärtstrend, solange ihr aktueller Kurs über dem gleitenden 200-Tage-Durchschnitt liegt. Ein steigender Markt sollte somit durch eine wachsende Anzahl von Werten gekennzeichnet sein, die ihren gleitenden 200-Tage-Durchschnitt übersteigen.
Wenn mehr als 90 % der Aktien das getan haben, übertreibt der Markt, denn er bewertet auch die Aktien solcher Unternehmen hoch, die weniger gut sind. Wenn auf der anderen Seite weniger als 10% aller Aktien über ihrem 200-Tage-Durchschnitt notieren, wird sicher nach der negativen Seite übertrieben. In beiden Fällen ist in etwa 4 - 6 Monaten mit einer Korrektur zu rechnen. Man erkennt den Beginn einer solchen Korrektur oder Gegenbewegung dadurch, daß die Extremwerte verlassen werden. Mit einer Trendwende beim Basiswert (dem zugehörigen Aktienindex) ist auch zu rechnen, wenn eine Divergenz zwischen dem Indikator und dem Aktienindex entsteht.
In USA verwendet man den gleitenden Durchschnitt 150 Tage = 30 Wochen (siehe Überschrift).

Berechnung

Wöchentliche Berechnung des prozentuale Anteils der Aktien eines Index, die aktuell über ihrer 200-Tage-Linie notieren.

Anwendungsregel

- Steigt der Indikator über 90 % ist innerhalb einiger Monate mit Beginn eines Kursrückgangs zu rechnen. Verkaufsignal ist das Unterschreiten von 70 % .
- Zwischenerholungen innerhalb eines Baissetrends führen den Indikator nicht über 50 bis knapp 70 % .
- Bei weniger als 20 % Anteil ist innerhalb von etwa 4 - 6 Monate mit dem Beginn einer Aufwärtsbewegung zu rechnen. Kaufsignal ist das Überschreiten von 30 % .
- Gleichgerichteter Verlauf von Indikator und Aktienindex zeigt die Stärke der Bewegung. Es ist mit einer Fortdauer des Trends zu rechnen.
- Divergenzen zwischen Indikator und Aktienindex lassen eine Trendänderung erwarten.

Die in USA üblichen Kauf- und Verkaufsignale mit Über- bzw. Unterschreiten von 50 % bezogen auf den 30 Wochen Durchschnitt ist zu einfach und wenig erfolgversprechend.

Aussagefähigkeit

Dieser Trendindikator eignet sich sehr gut für das langfristige Timing am Aktienmarkt. Er läßt erkennen, wenn sich der Markt an langfristigen Wendepunkten befindet und wie stabil der Trend ist. Es besteht nur selten Handlungsbedarf. Die wenigen Signale sind sehr erfolgreich.

Beispiel

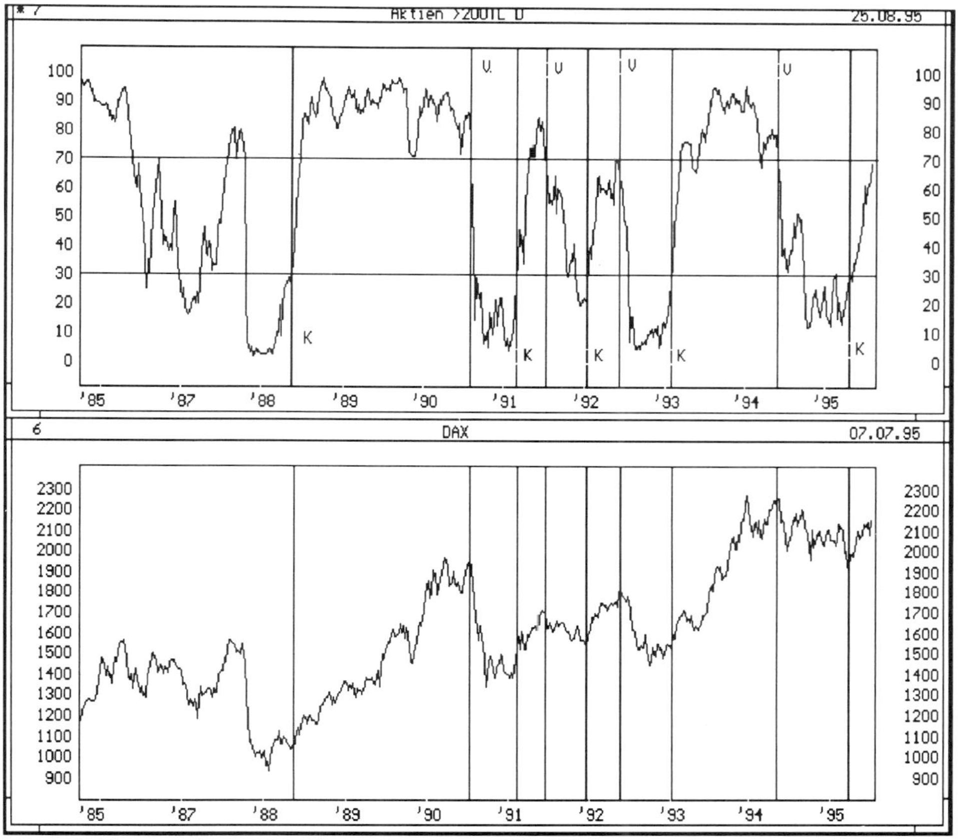

Anteil Aktien über 200-Tage-Linie und DAX

Interpretation

Das Beispiel zeigt den Indikator zusammen mit dem DAX. Die senkrechten Linien stehen jeweils an den Kaufsignalen (K) und Verkaufsignalen (V).
Nach Überschreiten der 30%-Schwelle als Zeichen für den Beginn eines stabilen Aufwärtstrends wird gekauft. Die Position wird solange durchgehalten bis nach dem Höhepunkt der Indikator unter 70% zurückfällt. Dann kann bei Handel mit dem Terminindex auch die Position gedreht werden, das heißt es wird nicht nur die innegehabte Kaufposition verkauft (damit wäre man vor Kursverlusten bewahrt) sondern eine Verkaufsposition eingegangen. Damit verdient man an fallenden Kursen, weil man den Index später billiger zurückkauft.
Im Sommer 1992 erreichte der Indikator die 70 % ohne sie zu überschreiten. Auch das ist ein Verkaufsignal. Die kurzen Unterschreitungen im Verlauf der Jahre 1993 und 1994 konnten nicht wahrgenommen werden, weil der Indikator nur eine Woche den Grenzwert 70 % unterschritt.

Verwandtes Thema

- A-D-Linie

Aktienanteil der Fonds

Beschreibung

Dieser Indikator zeigt, wieviel Prozent des Fondsvermögens im betreffenden Monat in Aktien angelegt war.

Bedeutung

Der prozentuale Anteil des Fondsvermögens, den die Investmentfonds in Aktien angelegt haben, schwankt über längere Zeit beträchtlich. Der Indikator verdeutlicht, wie die Fonds den Aktienmarkt einschätzen. Der Wert wird monatlich veröffentlicht. Wenn man unterstellt, daß die Fondsmanager besonders qualifiziert sind und genaueste Einblicke in die Struktur der Märkte sowie wichtiger Unternehmen haben, kann man annehmen, daß ihr Anlageverhalten besonders marktgerecht ist. Eventuell sind daraus Schlüsse für das Timing zu ziehen.

Berechnung

Es wird berechnet wieviel Prozent des Fondsvermögens in Aktien investiert ist.

Anwendungsregel

Es ergibt sich keine sinnvolle Nutzungsmöglichkeit dieses Indikators. Das Beispiel zeigt das sehr deutlich.

Beispiel

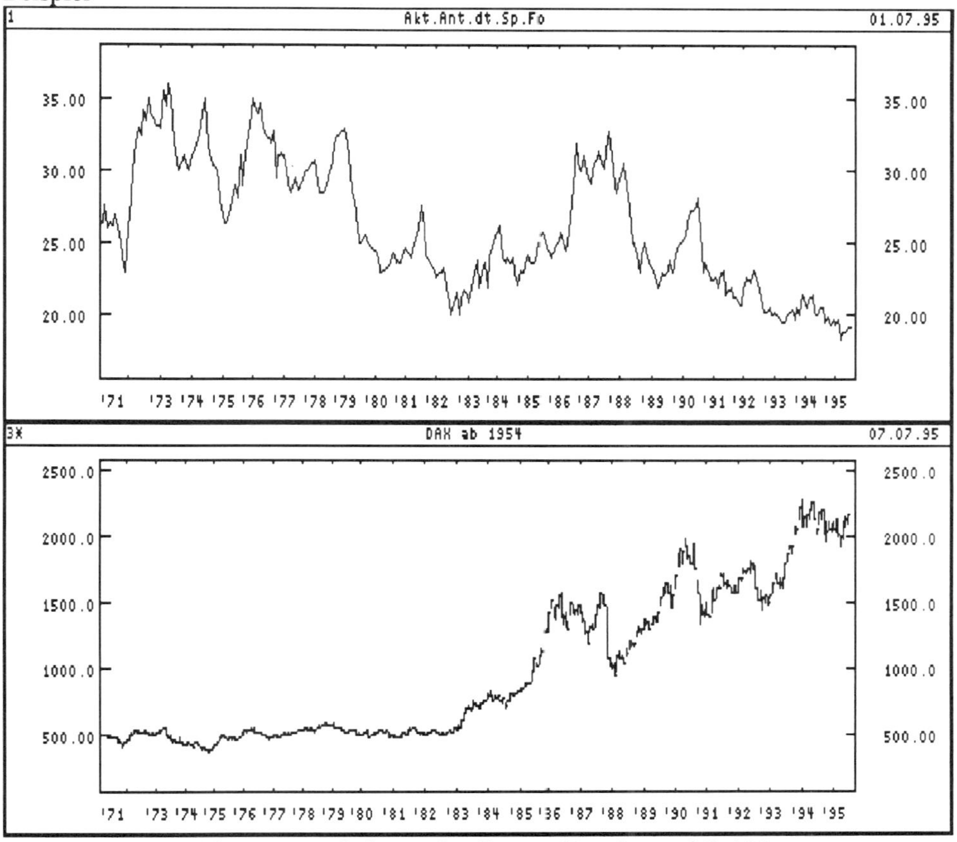

Aktienanteil deutsche Spezialfonds und DAX

Interpretation

Das Beispiel zeigt über 25 Jahre den Aktienanteil deutscher Spezialfonds in Prozent des Fondsvermögens zusammen mit dem deutschen Aktienindex DAX.

Aus diesem Bild sind lediglich zwei Entwicklungen erkennbar.

1. Der Aktienanteil nimmt im Verlauf der gezeigten 25 Jahre erheblich ab.
2. Bei starken Kursrückgängen fällt der Aktienanteil deutlich, während er bei steigendem Aktienindex weniger deutlich steigt.

Das läßt lediglich darauf schließen, daß die Fonds sich prozyklisch verhalten und daß neue Mittelzuflüsse der Fonds nur unterproportional in den Aktienmarkt geflossen sind. Signale für das Timing am Aktienmarkt lassen sich daraus nicht ableiten.

Verwandtes Thema

- Barreserven der Aktienfonds

Arbeitslosenrate

Beschreibung

Es wird monatlich die Zahl der Arbeitslosen als Prozentsatz der abhängig Beschäftigten aufgezeichnet.

Bedeutung

Die Arbeitslosenrate gibt die Zahl der Arbeitslosen als Prozentsatz der abhängig beschäftigten Arbeitnehmer dar.

Eine hohe Arbeitslosenrate bedeutet für die Unternehmen einerseits hohe Lohnnebenkosten oder hohe Steuern zum Unterhalt dieser Arbeitslosen. Sie bedeutet aber auf der anderen Seite ein hohe Arbeitskräftepotential, daß zumindest tendenziell die Steigerungsrate bei den direkten Löhnen mindert. Gewerkschaften und Arbeitnehmer sind zu Konzessionen bereit, wenn die Arbeitsplätze knapp sind.

Eine niedrige Arbeitslosenrate zeigt an, daß die Volkswirtschaft gut beschäftigt ist. Das bedeutet tendenziell gute Verdienstmöglichkeiten für Alle.

Berechnung

Die Arbeitslosenrate wird von offiziellen Stellen (in Deutschland von der Bundesanstalt für Arbeit) monatlich bekanntgegeben.

Anwendungsregel

- Die Zusammenhänge zwischen Arbeitslosenrate und Aktienindex sind allenfalls tendenziell erkennbar, wie auch das Beispiel zeigt.
- In den letzten Jahren ist die absolute Höhe der Arbeitslosenrate weltweit (mit Ausnahme der sogenannten Tigerländer) gestiegen. Man kann also nur die Tendenz zu Hilfe nehmen.
- Die Arbeitslosenrate verschiedener Länder ist nicht direkt vergleichbar, weil - oft aus politischen Gründen - den Zahlen unterschiedliche Definitionen zugrunde liegen.

Beispiel

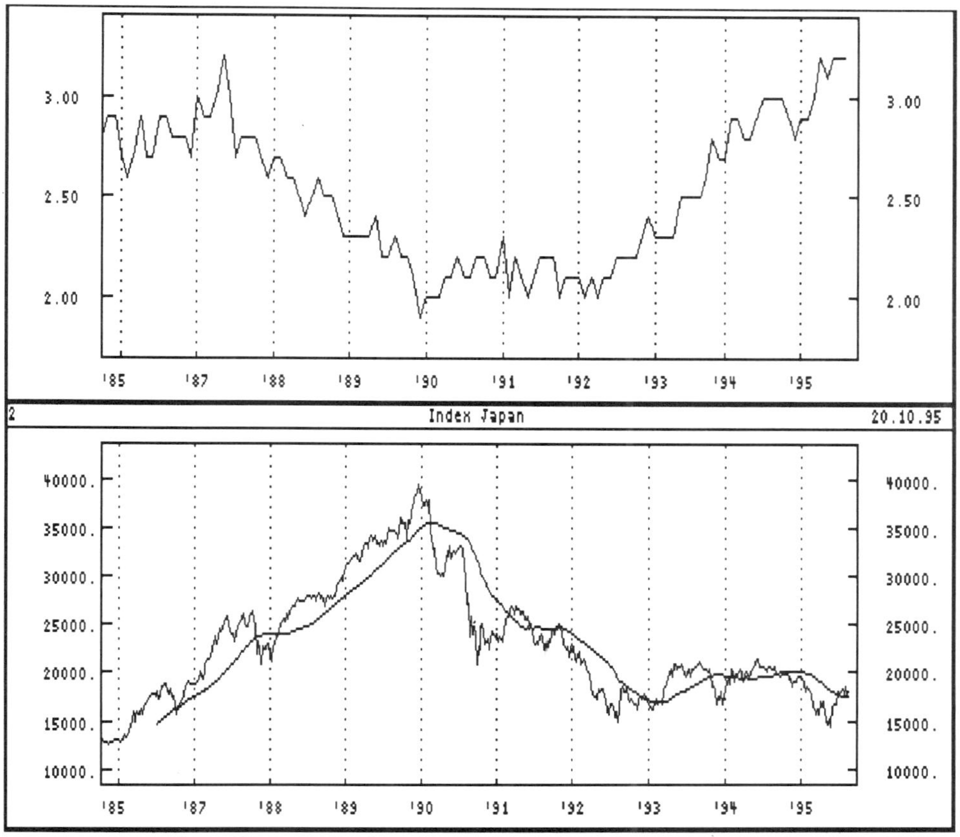

Arbeitslosenrate Japan und japanischer Aktienindex

Interpretation

Das Beispiel zeigt die japanische Arbeitslosenrate und den japanischen Aktienindex Tokyo Dow Jones.

Die sinkende Arbeitslosenrate im ersten Teil des Charts (bis 1989) deutet auf steigende Auslastung der japanischen Wirtschaft, die Aktienkurse steigen.

Ab 1990 nimmt die Arbeitslosenrate wieder stark zu, der Aktienindex fällt.

Die Zusammenhänge sind nicht in allen Ländern so deutlich. Das rührt nicht zuletzt daher, daß die Definitionen der Arbeitslosenzahlen oft durch politische Eingriffe verändert und verfälscht werden.

Verwandtes Thema

- Bruttoinlandsprodukt
- Industrieproduktion

Aufgeld für Aktienindex oder andere Terminkontrakte

Beschreibung

Für Aktienindices, die am Terminmarkt gehandelt werden, bezahlt der Käufer ein Aufgeld. Die Höhe dieses Aufgelds in Prozent wird als Indikator aufgezeichnet.

Bedeutung

Die Höhe des Aufgelds für einen Terminkontrakt richtet sich zum Teil nach objektiven, rechnerischen Gesichtspunkten, wie beispielsweise die Zinsen für die Restlaufzeit. Aus den objektiven Gesichtspunkten läßt sich ein fairer Wert (fair value) für den Kontrakt bzw. das Aufgeld errechnen.
Zum anderen wird das Aufgeld von den Emotionen bestimmt. Das sind Hoffnungen und Ängste der Marktteilnehmer. Große oder übertriebene Hoffnungen werden das Aufgeld in die Höhe treiben, große oder übertriebene Ängste werden es verbilligen. Darum ist die Höhe des Aufgelds ein Maß für die Stimmung der Anleger an dem betreffenden Markt.

Berechnung

((Preis Terminkontrakt / Kassapreis) -1))* 100 (%)

Anwendungsregel

- Hohes Aufgeld ist ein Zeichen für großen Optimismus der Marktteilnehmer. Das ist ein Warnzeichen. Der Kursanstieg nähert sich dem Ende. Die jeweilige Grenze ist von Markt zu Markt verschieden. Für ein exaktes Timingsignal muß die Chartanalyse hinzugezogen werden.

- Niedriges Aufgeld ist ein Zeichen für großen Pessimismus der Marktteilnehmer. Der Markt beginnt in der Baisse einen Boden zu bilden.. Die jeweilige Grenze ist von Markt zu Markt verschieden. Für ein exaktes Timingsignal muß die Chartanalyse hinzugezogen werden. Einzig ein negatives Aufgeld (also ein Abgeld) kann als Kaufsignal gewertet werden.

- Der Indikator wird zweckmäßig zusammen mit anderen Indikatoren und der Chartanalyse verwendet. Für sich allein kann er nur als Warnfunktion dienen.

Beispiel

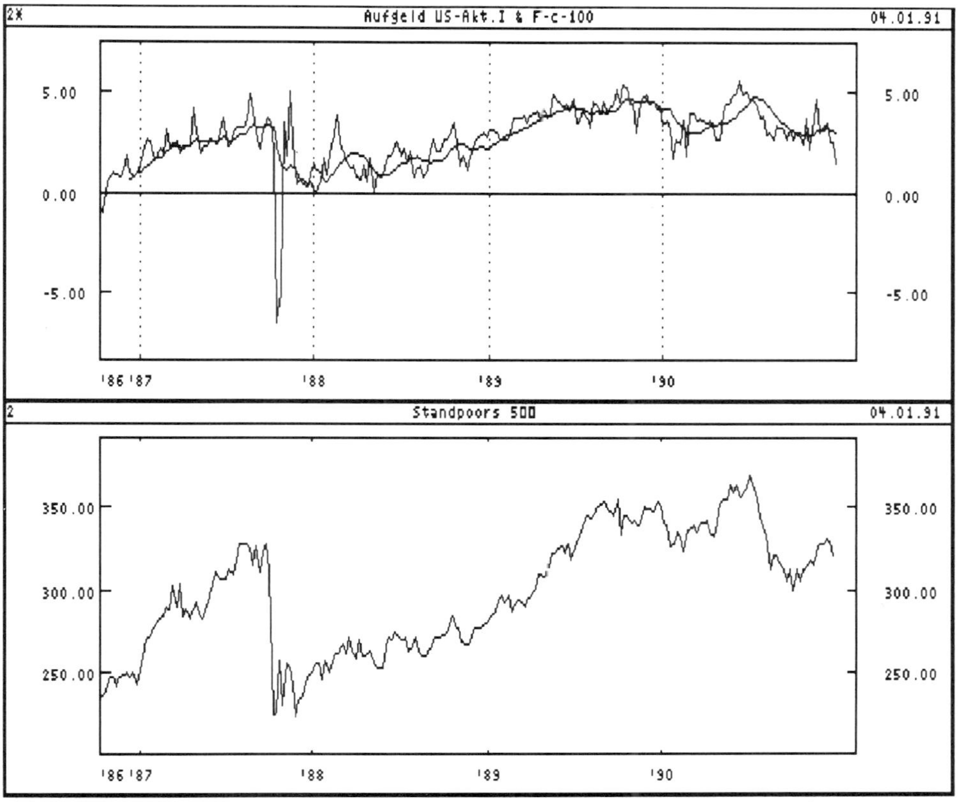

Aufgeld Terminkontrakt SP 500 und Aktienindex Kassakurs

Interpretation

Der Standpoors 500 Aktienindex mit dem zugehörigen Aufgeld für den nächstliegenden Terminkontrakt ist ein Beispiel aus der bewegten Zeit um den Börsenkrach 1987 und dem danach folgenden Wiederanstieg des Markts. Das Bild läßt erkennen wie groß die Panik im Oktober 1987 war. Aus dem üblichen Aufgeld wurde sogar ein deutliches Abgeld, weil zu wenige Marktteilnehmer bereit waren in den fallenden Markt zu kaufen. Das war sicher eine Ausnahmesituation aber das stärkste Kaufsignal, das man sich vorstellen kann.

Die übrigen Signale, die aus einer mehr normalen Lage entstehen:

- Wenn sich das Aufgeld dem Wert von 5% nähert, herrscht zu großer Optimismus. Der Aufschwung am Markt nähert sich dem Ende.
- Wenn das Aufgeld zurückgeht und sich auf etwa 2% abgebaut hat, kommen günstigere Zeiten für den Markt. Das niedrige Aufgeld ist ein Zeichen für übergroße Skepsis der Marktteilnehmer. Nur wenige glauben an einen nahen Kursanstieg. Das ist der Boden für Kursgewinne. Ein negatives Aufgeld - wie 1987 - ist natürlich eine sehr seltene Ausnahme.

Verwandtes Thema

- Börsenbriefe positiv oder negativ gestimmt
- Leerverkaufszahlen der verschiedenen Marktteilnehmer

Auftragseingänge der Industrie

Beschreibung

Die Veränderung des Auftragseingangs der Industrie gegenüber dem Vorjahreszeitraum in Prozent wird als Indikator aufgezeichnet. Diese Zuwachsrate wird monatlich veröffentlicht.

Bedeutung

Die Börsen nehmen spätere Wirtschaftsentwicklungen vorweg. Deshalb sind wirtschaftliche Frühindikatoren ein gesuchtes Instrument zur Prognose der Börsenentwicklung. Weil die Bewertung der Unternehmen (in Form des Börsenkurse) im wesentlichen vom Unternehmensgewinn abhängt, sucht man insbesondere Indikatoren, die sicher Auskunft geben über die Höhe der kommenden Geschäftstätigkeit. Sie soll schließlich die Gewinne produzieren.
Die früheste, sichere Indikation über kommende Umsätze ist der Auftragseingang. Aus ihm erwachsen - unter Umständen sehr viel später - die künftigen Gewinne.
Insofern ist die Veränderungsrate des monatlichen Auftragseingangs eines der verläßlichsten Prognoseinstrumente für die Börse. Weil die Auftragseingänge für die gesamte Industrie oder für bestimmte Sparten veröffentlicht werden, kann man daraus auf die gesamte Börse bzw. die entsprechende Branche schließen.

Berechnung

((aktueller Auftragseingg / Auftragseingg gleicher Vorjahresmonat) / 100) -1) (%)

Anwendungsregel

- Die Wendepunkte der Zuwachsraten haben Signalwirkung auf die Börse.
- Die Wende zu nicht weiter fallenden Zuwachsraten (also die Besserungstendenz) hat positive Wirkung auf die Börse.
- Die Wende zu nicht weiter steigenden Zuwachsraten (also die Abschwächungstendenz) hat negative Wirkung auf die Börse.
- Der zeitliche Vorlauf des Indikators hat sich in den letzten Jahren verkürzt.
- Wegen der stark fluktuierenden Monatswerte ist es zweckmäßig einen gleitenden Durchschnitt einzubeziehen.

Beispiel

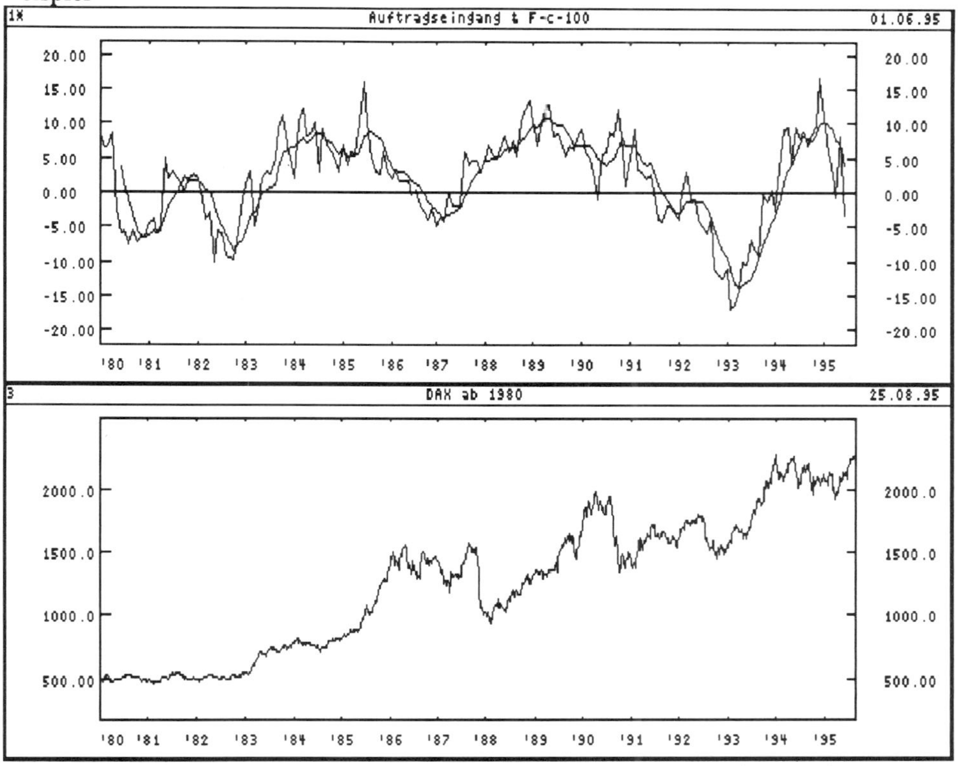

Jährliche Veränderung Auftragseingang mit 6 Mon. GD und DAX

Interpretation

Das Beispiel zeigt Monatswerte für den jährlichen Zuwachs Auftragseingangs der verarbeitenden Industrie in Deutschland zusammen mit dem Deutschen Aktienindex DAX. Zur Verdeutlichung ist der gleitende Durchschnitt 6 Monate eingezeichnet.
Trendwechsel bei den Zuwachsraten des Auftragseingangs haben Signalwirkung auf die Börse. Das liegt nicht zuletzt daran, daß die entsprechende monatliche Zahl in fast allen Zeitungen veröffentlicht und kommentiert wird. Der Zusammenhang ist nicht immer direkt sichtbar, weil die Zahlen stark fluktuieren. Die Wendepunkte zeigen aber offensichtlich Wirkung auf die Börse. 1982 laufen beide Werte parallel.
1987 - 88 hat die Börse verspätet mit dem Kursrückgang reagiert. Die Zuwachsraten waren deutlich früher gekippt. Ein Zeichen für die starke Euphorie dieser Zeit. Nach dem Schock hat die Börse erst spät begriffen, daß die Auftragseingänge kaum gefallen waren. Der Vorlauf der Auftragseingänge war ungewöhnlich lang.
1989 war die Reaktionszeit wieder normal. Mit wenigen Monaten Verzug kam der Kursrückgang im Herbst 1989. Er wurde dann von den politischen Ereignissen (der Öffnung der Mauer) überspielt. Auftragseingang und Börsenkurse stiegen wieder.
Seitdem laufen beide Kurven tendenziell parallel. Der Rückgang der Zuwachsrate der Auftragseingänge 1995 ist von der Börse noch nicht beachtet worden.

Verwandtes Thema

- FAZ-Frühindikator, Leading Indicator

Barreserven der Aktienfonds (Cash Position of Funds)

Beschreibung

Die monatlichen Werte der Fonds Barreserven werden (in % des Fondsvermögens) dargestellt. Das sind Gelder, die nicht oder noch nicht in den Aktienmarkt geflossen sind.

Bedeutung

Dieser Indikator zeigt, wieviel vom Vermögen der Aktienfonds nicht - oder noch nicht - in Aktien investiert ist. Da es sich um das Vermögen von Aktienfonds handelt, ist der Vorhalt in Bargeld nicht bestimmungsgemäß, also nur vorübergehend. Dieses Geld stellt also latente Nachfrage für den Aktienmarkt dar.
Ein hoher Wert von Fondsreserven bedeutet, daß die Fonds unterinvestiert sind. Dieses Geld steht also bereit für die Investition in Aktien, ist also potentieller Treibsatz für die Börse.
Wenn auf der anderen Seite kaum noch Reserven für die Aktienanlage bereitstehen, sind die Fonds praktisch voll investiert. Es steht also kein Geld mehr zur Verfügung, um die Kurse nach oben zu treiben.

Gewisse Mindestmengen müssen immer flüssig gehalten werden, weil Anleger auf Verlangen ausbezahlt werden müssen. 1986 waren beispielsweise die Reserven praktisch alle angelegt, denn es blieb nur eine Barreserve von 4 % . Dieser Prozentsatz ist in normalen Zeiten für Rückzahlungen vorzuhalten. Es stand also kein Anlagepotential mehr zur Verfügung.
Derartig niedrige Barreserven sind auch ein Zeichen für übertriebenen Optimismus der Fonds bezüglich der Anlageperspektiven.

Berechnung

Es wird berechnet wieviel Prozent der Fondsvermögen als Barreserven gehalten werden.

Anwendungsregel

- Hoher Barbestand der Aktienfonds bedeutet hohe latente Nachfrage für den Aktienmarkt, ist also positiv für Aktien.

- Niedriger Barbestand bedeutet, daß die Fonds voll investiert sind, also keine Nachfrage am Aktienmarkt mehr bilden können. Als Grenze kann das Erreichen oder Unterschreiten von 5% Barreserve angesehen werden.

Aussagefähigkeit:

Der Indikator gilt als Trendbestätigung und Warnsignal. Exakte Timingsignale lassen sich aus ihm nicht ableiten. Im Zusammenhang mit anderen Indikatoren ist er jedoch wichtig.

Beispiel

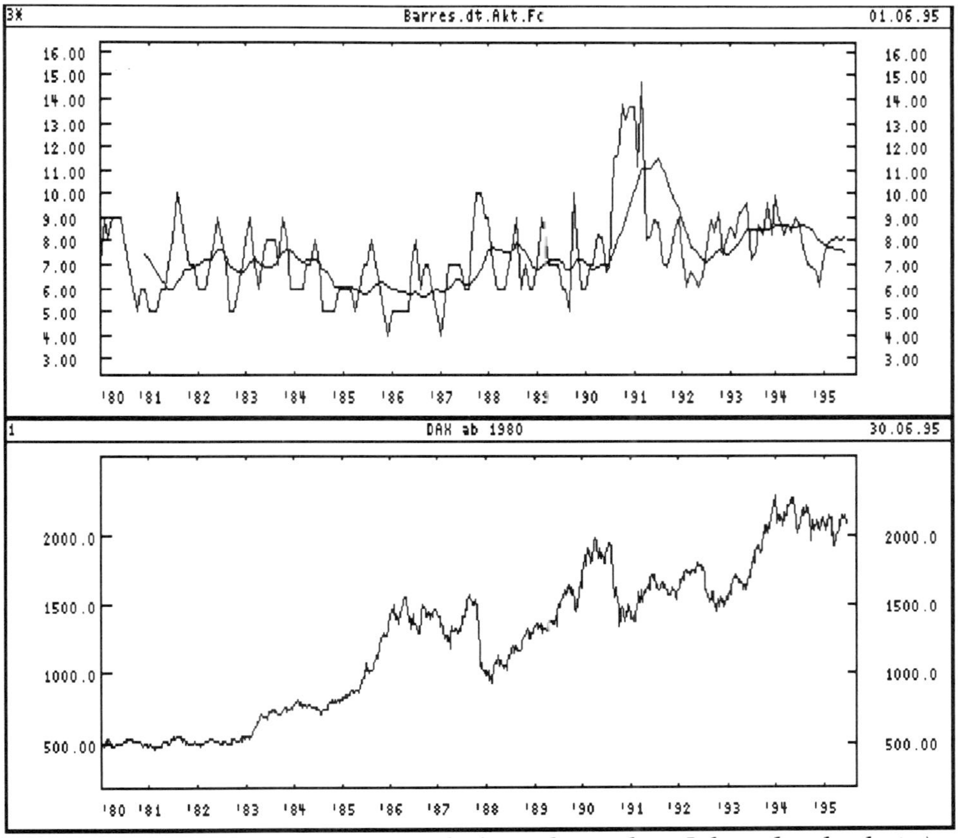

Barreserven deutsche Aktienfonds (mit gleitendem Jahresdurchschnitt) und deutscher DAX

Interpretation

Das Bild zeigt die Barreserven deutscher Aktienfonds und den DAX. Es lassen sich nur ausnahmsweise Signale für ein Timing am Aktienmarkt ablesen. Das gilt sowohl für die Monatswerte als auch für den gleitenden Durchschnitt.

Wesentliche Möglichkeit für eine sinnvolle Nutzung dieses Indikators sind Extremwerte wie beispielsweise

- die außerordentlich niedrigen Barreserven gegen Ende 1985 und Anfang 1987. Sie sprechen für einen übertriebenen Optimismus der Fonds. Dies muß für einen besonnenen Anleger ein Warnsignal sein. Aus der vorliegenden Historie kann geschlossen werden, daß ein Rückgang der Barreserven auf 5% oder weniger als ein solches Warnzeichen angesehen werden kann.
- Die extrem hohen Barbestände nach dem Kursrückgang 1990 sind ein positives Signal. Auch vor den Kursanstiegen 1982 und 1988 waren die Barbestände sehr hoch.

Verwandtes Thema

- Aktienanteil Fonds

Barron's weekly Confidence Index

Beschreibung

Der Renditeunterschied zwischen US-Anleihen guter und schlechter Bonität dient als Indikator für das Vertrauen der Anleger in die künftige Entwicklung der Kapitalmärkte. Die Rendite von Anleihen bester Bonität werden in % der Rendite von Anleihen minderer Bonität dargestellt. Hohe Prozentzahlen bedeuten geringe Renditedifferenz. Dieser Index wurde von der US-Wochenzeitung Barron's schon 1932 entwickelt. Er wird dort wöchentlich veröffentlicht.

Bedeutung

In wirtschaftlich schwierigen Zeiten oder Zeiten, die als solche empfunden werden, flüchten die Anleger in sichere Werte. Bei Anleihen sind das die von Schuldnern allerbester Bonität. Man verkauft die Anleihen von Unternehmen, die als unsicher angesehen werden. Dadurch steigt die Renditedifferenz zwischen diesen Kategorien von Anleihen.
Werden die Zeiten wieder als besser angesehen, sind die Anleger auch wieder bereit sich bei weniger guten Adressen zu engagieren. Das Risiko wird nicht mehr als so hoch angesehen. Die Differenz der Renditen sinkt.
Eine Untersuchung des Indikators zeigt, daß sich in Zeiten starker Aktienbaisse die Renditedifferenz erheblich ausweitet, der Indikator also fällt. Wendet sich dieser Indikator, weil weitsichtige Investoren wieder optimistischer werden und sich in Anleihen schlechterer Bonität engagieren, die eine hohe Rendite versprechen, ist das auch ein Wendesignal für den Aktienmarkt. Das Vertrauen kehrt zurück.

Berechnung

Rendite v. Anleihen bester Bonität / Rendite v. Anleihen minderer Bonität (%)

Anwendungsregel

- Geht der Indikator von einem Top nachhaltig zurück, investieren Anleger verstärkt in sichere Anleihen. Sie werden wahrscheinlich auch aus Aktien aussteigen, weil sie als weniger sicher gelten. Das ist ein Verkaufsignal für den Aktienmarkt.
- Steigt der Indikator von niedrigen Werten deutlich an, ist das ein entsprechendes Kaufsignal für den Aktienmarkt, denn Anleger sind wieder bereit in risikoreichere Anlageformen zu investieren.

Aussagefähigkeit:

Der Indikator hat zwar in den 30 er und 40 er Jahren sehr gute Ergebnisse geliefert, ist heute aber zumindest für das kurz- und mittelfristige Timing nur noch zusammen mit anderen Indikatoren nützlich. Die Anleger haben in den letzten Jahren eine andere Einstellung zum Risiko bei Anleihen entwickelt, sonst wären die Unmengen von "junkbonds" für die Finanzierung von Übernahmen sicher nicht zu plazieren gewesen.
Als Indikator für den langfristigen Trend wurde ihm ein Vorlauf von 2-3 Monaten vor dem Aktienmarkt zugesagt. In der letzten Zeit ist die vorauseilende Wirksamkeit des Barron's Confidence-Index in Frage gestellt worden.

Beispiel

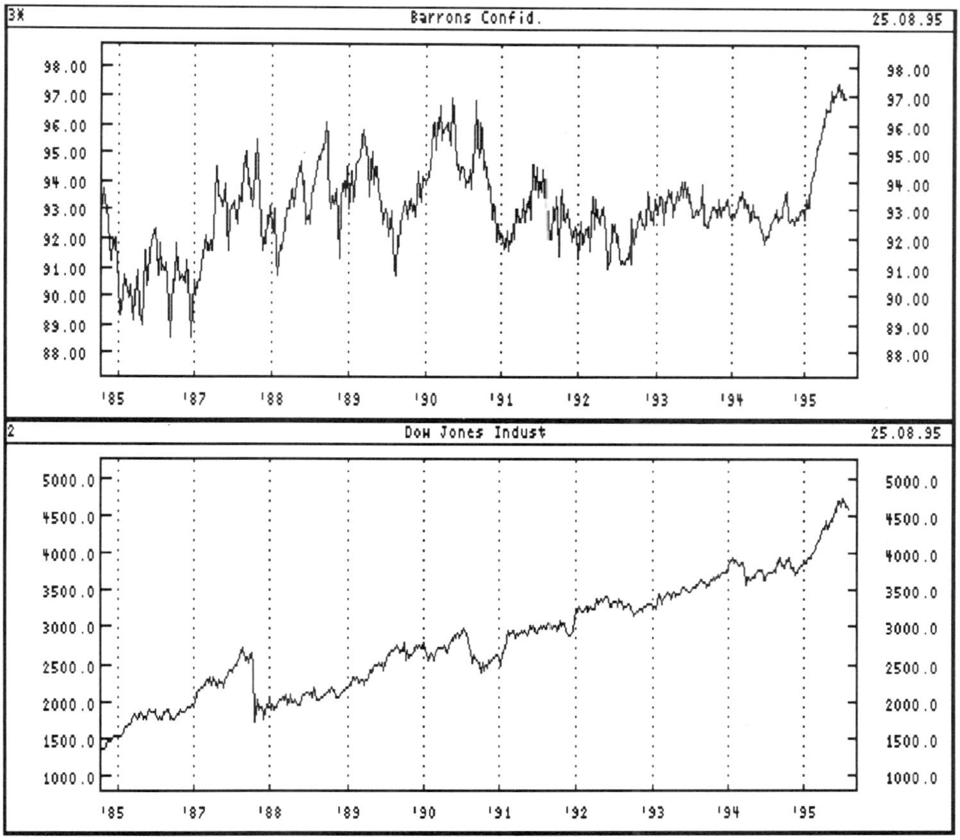

Barron's Confidence Index und Dow Jones Industrie

Interpretation

Das Beispiel zeigt den Barron's Confidence Index und den Standpoors 500 Index. Der Barron's Confidene Index spiegelt die Risikobereitschaft der Anleger. Das Beispiel macht deutlich, daß die Anleger jeweils dann wieder Vertrauen in die Märkte fassen, wenn diese einen stabilen Aufschwung erkennen lassen. Umgekehrt flüchtet die Menge in sichere Anlagen, sobald sie Gefahr - durch fallende Märkte - erkennt. Dieses Verhalten kann keine exakten, eigenständigen Signale erzeugen, es kann jedoch bei der Annäherung an Grenzwerte Warnfunktion übernehmen. Sehr erstaunlich ist im Beispiel der phänomenale Anstieg des Vertrauens mit dem Anstieg der Börse 1995. Einen derartig linearen Anstieg dieses Indikators auf langjährige Höchststände findet man sehr selten. Er spricht für eine eklatante Mißachtung von Risiken. Der Rückgang der Märkte dürfte entsprechend hart ausfallen.

Verwandtes Thema

- Aufgeld Aktienindex
- Börsenbriefe positiv oder negativ gestimmt
- Leerverkaufszahlen der verschiedenen Marktteilnehmer
- Open Interest

Börsenbriefe negativ gestimmt (Advisers sentiment index)

Beschreibung

Die Börsenbriefe werden wöchentlich ausgewertet und der Berichterstattung entsprechend optimistisch, pessimistisch oder neutral eingestuft. Das Ergebnis wird wöchentlich veröffentlicht. Hier ist der prozentuale Anteil der pessimistischen Börsenbriefe aufgezeichnet.

Bedeutung

Dieser Stimmungsindikator ist für die US-Börse besonders aussagekräftig. Im Gegensatz dazu ist an der deutschen Börse die Zahl der optimistischen Börsenbriefe von größerer Bedeutung.
Bei der Nutzung des Indikators unterstellt man, daß die Mehrzahl der Berater ebenso falsch liegt wie die Mehrzahl der Anleger. Ist also die Stimmung der US-Börsenbriefe stark negativ, spricht das für eine baldige Besserung am Aktienmarkt. Je länger diese schlechte Stimmung anhält, desto stärker verspricht der Aufschwung zu werden. Das spricht nicht so sehr für die qualifizierte Beratung durch die Börsenbriefe, sondern mehr für die Angst der Berater auf der falschen Seite zu stehen. Das ist genau so menschlich wie die Angst des Kleinanlegers vor dem Verlust seines Ersparten, allerdings ist Angst ein schlechter Ratgeber.
Es bleibt also dabei, daß man nur Geld verdienen kann, wenn man entgegen der Mehrheitsmeinung handelt. Das ist Grundlage auch dieses Indikators.
Wenn alle der Meinung sind, daß die Kurse fallen werden ist eine Baisse unmöglich, denn wer überzeugt ist, daß die Kurse fallen werden, hat bereits verkauft. Der Ausverkauf ist also schon vorbei. Die Kurse können nur steigen. Aber das Handeln gegen die Mehrheitsmeinung ist eben persönlich schwierig.

Berechnung

Börsenbriefe negativ gestimmt / Gesamtzahl Börsenbriefe (%) Es wird ein gleitender Durchschnitt von 4 Wochen verwendet.

Anwendungsregel

- Wenn die Zahl der Pessimisten sehr schnell auf hohe Werte steigt, kann mit einem mittelfristigen Kursanstieg gerechnet werden. Extrempunkte sind - unabhängig vom absoluten Wert - nahe bei den Tiefstpunkten der Börse zu finden.
- Ist die Zahl der Pessimisten über lange Zeit sehr hoch, ist mit einem langfristigen Anstieg der Kurse zu rechnen.
- Je länger der Pessimismus dauert, desto bedeutender ist er als Kaufsignal zu werten.
- Die Wirkung des Indikators als Verkaufsignal ist nicht so exakt wie als Kaufsignal.

Aussagefähigkeit:

Dieser Indikator ist ein bedeutendes Stimmungsbarometer und hat große Aussagekraft. Die Aussage wird um so bedeutender, je länger eine Stimmung andauert. So ist ein Verkaufsignal nach sehr langem Aufschwung von großer Bedeutung und umgekehrt.

Beispiel

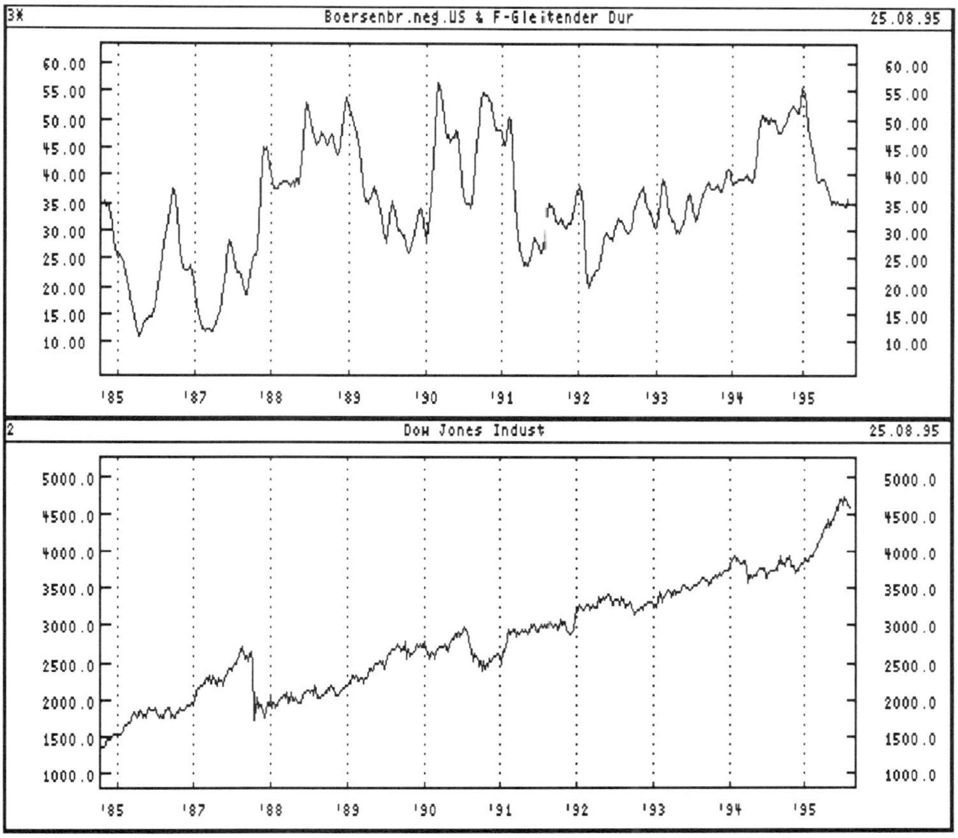

US-Börsenbriefe negativ gestimmt und Dow Jones Industrie

Interpretation

Das Beispiel zeigt den Anteil der negativ gestimmten Börsenberater und den Standpoors 500 Aktienindex. Zu Beginn des Jahres 1987 war die Skepsis auf das mögliche Tief von nur 10% negativ gestimmter Börsenbriefe gesunken. Man war sicher, daß die Kurse steigen würden. Der Indikator stieg auch während der technischen Reaktion der Börse zur Jahresmitte kaum an. Erst der scharfe Kursrückgang im Oktober ließ die Skepsis sehr stark steigen. Sie blieb auch während des ganzen Jahres 1988 sehr hoch, obwohl die Kurse inzwischen fast 50% des Verlusts wieder aufgeholt hatten. Man war verschreckt. Erst danach normalisierten sich die Werte wieder. Die Höchstpunkte der negativen Stimmung bei den Börsenbriefen findet sich immer *nachdem* die Kurse gefallen sind, nicht vorher. Sie sind Kaufzeitpunkte.

Verwandtes Thema

- Börsenbriefe positiv gestimmt
- Aufgeld Aktienindex
- Leerverkaufszahlen der verschiedenen Marktteilnehmer
- Open Interest

Börsenbriefe positiv gestimmt (Advisers sentiment index)

Beschreibung

Die Börsenbriefe werden wöchentlich ausgewertet und als optimistisch, pessimistisch oder neutral eingestuft. Hier ist aufgezeichnet wieviel Prozent der Börsenbriefe für den Aktienmarkt positiv gestimmt sind.

Bedeutung

Dieser Stimmungsindikator ist für die deutsche Börse aussagekräftiger als die Anzahl der negativ gestimmten Börsenbriefe. Das hat seinen besonderen Grund. Am deutschen Markt konnte man bis 1990 praktisch nur in der Hausse Geld verdienen, denn der Optionsmarkt war so dünn, daß er in der Baisse kaum als funktionsfähig bezeichnet werden konnte. Die seit 1990 bestehende Deutsche Terminbörse mit ihrer Möglichkeit in der Baisse zu verdienen, hat für die Mentalität der breiten Anlegerschaft noch keinen erkennbaren Effekt gebracht. Aus diesem Grund liegt im Optimismus immer noch die wesentliche Geschäftsgrundlage deutscher Börsenbriefe.
Auch mit diesem Indikator ist nur Geld zu verdienen, wenn man sich entgegen der Meinung der Mehrheit engagiert. Zeiten des Pessimismus bei den Beratern - insbesondere, wenn er längere Zeit anhält - sind Kaufzeiten. Extremer Optimismus ist Anlaß die Börse zu verlassen.

Berechnung

Positiv gestimmte Börsenbriefe / Gesamtzahl Börsenbriefe (%) Davon gleitender Durchschnitt 2 Wochen.

Anwendungsregel

- Sehr geringer Optimismus (10% im 2 Wochen Durchschnitt) - insbesondere, wenn er längere Zeit anhält - ist Zeichen für einen zu erwartenden starken Aufschwung.
- Kurzzeitig sehr stark gefallener Optimismus ist Zeichen für eine zu erwartende Kurserholung.
- Hohe Optimistenzahlen (über 50% im 2 Wochen Durchschnitt) sind ein Verkaufsignal.

Aussagefähigkeit:

Dieser Indikator ist ein bedeutendes Stimmungsbarometer. Es hat große Aussagekraft. Die Signale werden um so bedeutender je länger Optimistenzahlen in einer Extremsituation bleiben. Die für den deutschen Markt aussagefähiger als die Zahl der pessimistischen Börsenbriefe.

Beispiel

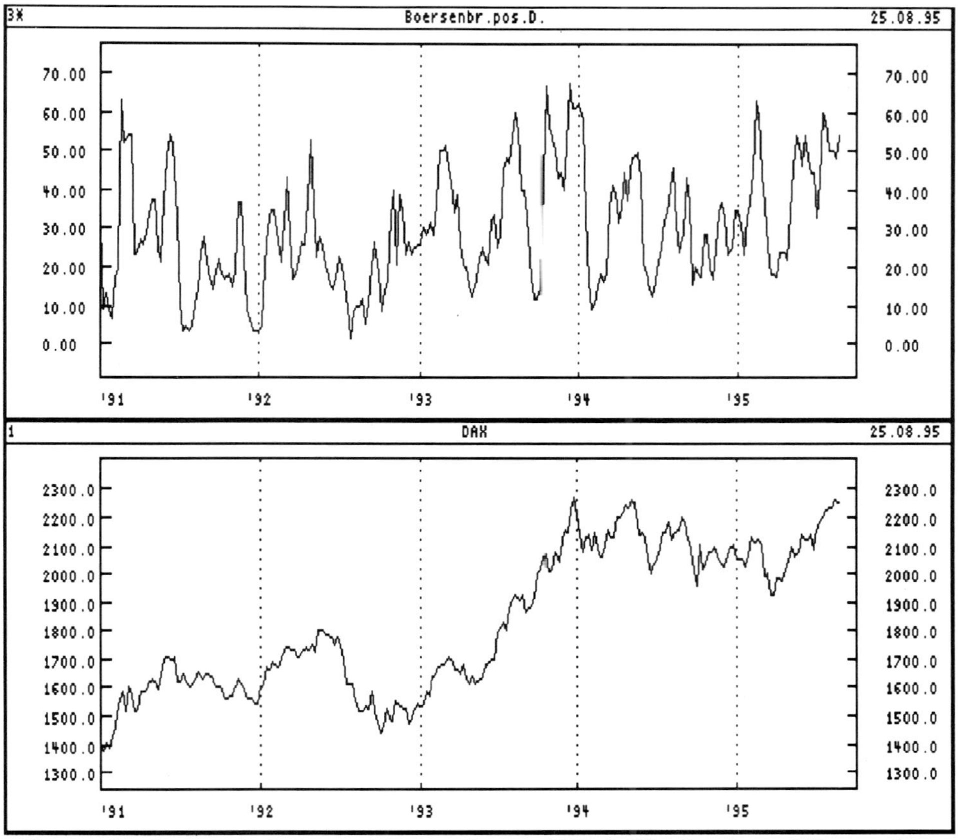

Deutsche Börsenbriefe positiv gestimmt (GD 2 Wochen) und Deutscher Aktienindex DAX

Interpretation

Das Beispiel zeigt, daß die Anteile der positiv gestimmten Börsenbriefe stärker schwankt als die der negativ gestimmten. Ebenso klar ist aber ersichtlich, daß die Stimmungen prozyklisch schwanken.
Ein Rückgang auf etwa 10% kann in diesem Beispiel eindeutig als Kaufsignal gewertet werden. Ein Anstieg auf 50% oder darüber ist das entsprechende Verkaufsignal.
Der Indikator verdeutlicht die These der „contrary opinion“, d.h. Geld kann nur derjenige verdienen, der gegen die Meinung der Mehrheit handelt. Daß dies sinnvoll ist, erklärt sich auch aus der allgemeinen Funktion eines jeden Markts: „Waren sind besonders teuer, wenn viele kaufen wollen, billig, wenn kaum jemand kaufen will“.

Verwandtes Thema

- Börsenbriefe negativ gestimmt
- Aufgeld Aktienindex
- Leerverkaufszahlen der verschiedenen Marktteilnehmer
- Open Interest

Börsenkredite (Customer's margin, Margin debt)

Beschreibung

In den USA werden von der Börsenaufsicht (SEC) monatlich die sogenannten „customer's margins" veröffentlicht. Das ist die Summe der Kredite, mit denen die Kunden der Broker ihre Wertpapierbestände beliehen haben. Die absolute Summe in Milliarden Dollar wird als Indikator aufgezeichnet.

Bedeutung

Brokerkunden haben die Möglichkeit ihre Wertpapierbestände zu beleihen, um zusätzliche Wertpapiere zu kaufen. Das bringt den Brokerhäusern Einnahmen aus den Krediten und eröffnet den Kunden - bei richtiger Einschätzung des Markts - höhere Gewinne als sie mit ausschließlich eigenem Geld zu erzielen wären. Die Höhe der eingeräumten Kredite richtet sich im wesentlichen nach der Beleihungsfähigkeit des Depots. Diese wiederum hängt von der Bonität der Anleihen und der Qualität der Aktien des Depots ab aber auch von der Markteinschätzung des Brokers. Bei sicher erscheinendem Markt wird er höhere Kreditrahmen einräumen als bei schwankendem Markt. Für den Kunden wird es aber besonders gefährlich, wenn der Markt plötzlich in die falsche Richtung läuft. Dann fällt der Wert seines Depots, die Beleihungsgrenze fällt und der Broker verlangt „Nachschuß", also neues Geld. Falls das nicht in der gesetzten Frist beigebracht wird, hat sich jeder Broker das Recht einräumen lassen, daß er bei Schieflagen - ohne Zustimmung des Kunden - Werte aus dem Depot verkaufen darf, um seine Kredite zu decken. Der Kunde wird „exekutiert". Bei plötzlichen Marktbewegungen geschieht das vielen Kunden. Das treibt den Markt weiter in die falsche Richtung, vergrößert die Verluste der Kunden.
Die Börsenkredite sind also nicht nur positiv zu sehen, weil sie Kaufkraft für den Markt bedeuten, sie sind vielmehr auch eine latente Gefahr, wenn in Zeiten möglicher hoher Volatilität hohe Kreditengagements bestehen.
Der Indikator ist ein Maß für die Spekulationsbereitschaft des breiten Publikums.

Berechnung

Die Gesamtsumme der US-Börsenkredite wird monatlich von der US-Börsenaufsicht (SEC) veröffentlicht.

Anwendungsregel

Der Indikator ist ein Maß für die Spekulationsbereitschaft des breiten Publikums

- Grundsätzlich sind Börsenkredite Kaufkraft für die Börsen, wirken also positiv.
- Sie werden gefährlich, wenn sich während langer Haussephasen zu viel Optimismus gegenüber der Börse aufgebaut hat, dadurch zu hohes Kreditengegement besteht.
- Es gibt keine konkreten Kauf- und Verkaufsignale.

Aussagefähigkeit

Zur Feststellung der Tendenz von Börsenkrediten wird zweckmäßig der gleitende Durchschnitt 12 Monate mit eingezeichnet. Der eingezeichnete gleitende Durchschnitt 12 Monate zeigt, ob zusätzliche Kredite stützend in den Markt ließen oder ob marktschädigend Gelder abgezogen werden. Der Indikator dient auch als Warnsignal gegen zu hohe Spekulationsbereitschaft des breiten Publikums.

Beispiel

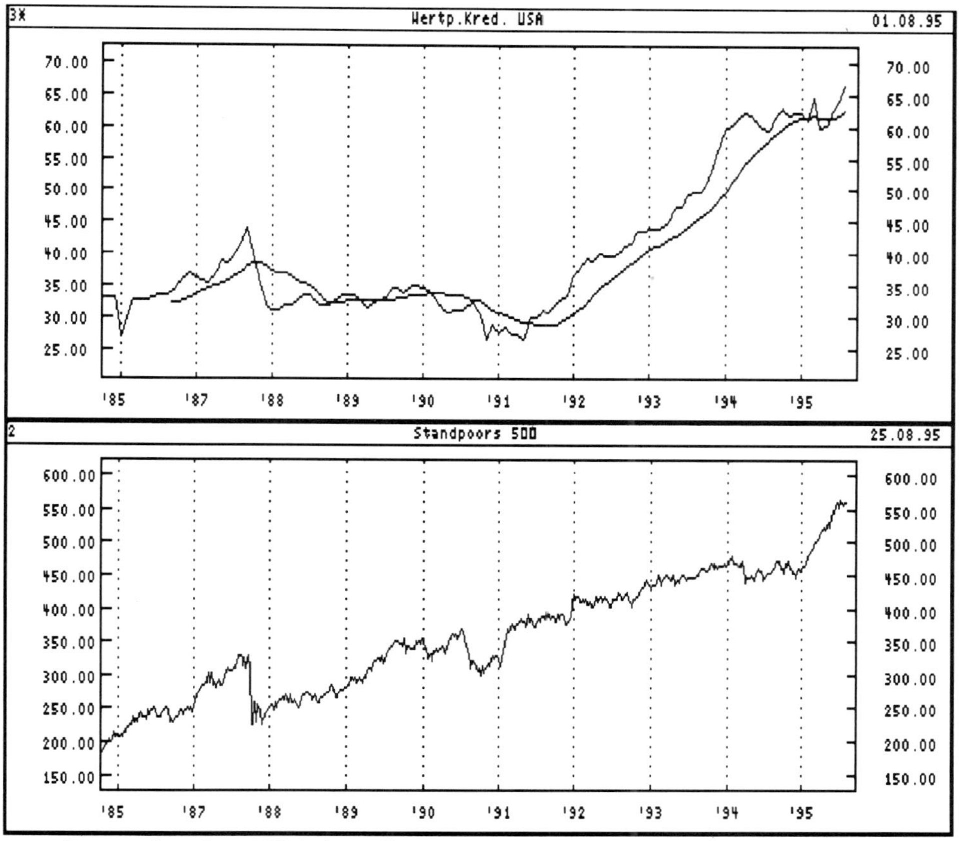

Börsenkredite USA (mit GD 12 Monate) und Aktienindex SP 500

Interpretation

Das Beispiel zeigt die US-Börsenkredite zusammen mit dem Standpoors 500 Aktienindex. Der eingezeichnete gleitende Durchschnitt 12 Monate zeigt, ob zusätzliche Kredite stützend in den Markt fließen oder ob marktschädigend Gelder abgezogen werden.

Nach dem Börsenkrach 1987 ist eine deutliche Abnahme der Kreditsumme zu sehen. Die Spekulationsbereitschaft des Publikums hat abgenommen. Nach dem Kurseinbruch von 1990 erreicht das Kreditvolumen ein langjähriges Tief.
Seitdem ist die Kreditsumme gestiegen. Sie hat zwar in der etwas unruhigen Phase 1994 nicht weiter zugenommen, ist aber trotz des schlechten Jahres nicht zurückgegangen. Mit dem neuen Börsenaufschwung des Jahres 1995 steigen die Kredite wieder an.
Das Kreditvolumen hat seit 1991 stärker zugenommen als es dem Kursanstieg der Börse entspricht. Bei einem Kursanstieg der Börse um ca. 80% haben die Börsenkredite um ca. 150% zugenommen. Das ist extrem gefährlich.

Verwandtes Thema

Bruttosozialprodukt, BSP oder Bruttoinlandsprodukt BIP

Beschreibung

Das Bruttosozialprodukt ist die Summe aller Waren und Dienstleistungen, die eine Volkswirtschaft erarbeitet. Das Bruttoinlandsprodukt ist der entsprechende Anteil, der im Inland erzeugt wird. Die prozentuale Veränderung gegenüber dem Vorjahr wird dargestellt.

Bedeutung

An den Börsen werden Zukunftserwartungen gehandelt, sie bilden im Prinzip die Börsenkurse von heute. Das Bruttosozialprodukt als Summe aller Waren und Dienstleistungen stellt aber keine Zukunftserwartung dar, nicht einmal die Gegenwart sondern die Vergangenheit des verflossenen Quartals.
Die zeitliche Kopplung zwischen Indikator und Aktienkursen ist nur lose, denn es muß beachtet werden, daß die Werte des BSP zwar periodengerecht aufgezeichnet werden aber erst erhebliche Zeit nach Abschluß der Berechnungsperiode (Quartal) verfügbar sind.

Berechnung

Die Werte werden von den statistischen Ämtern der Länder bekanntgegeben. Die Bekanntgabe liegt im allgemeinen mindestens 6 Wochen nach Quartalsschluß.

Anwendungsregel

- Zwischen Bruttosozialprodukt und Aktienkursen besteht tendenziell eine Koppelung.

- Hoch- und Tiefkurse von BSP und Börse sind normalerweise zeitlich verschoben, weil die Börse schon steigt, wenn erwartet wird, daß sich die Konjunktur erholt. Das ist vor dem eigentlichen Tiefpunkt der Entwicklung des BSP.

Beispiel

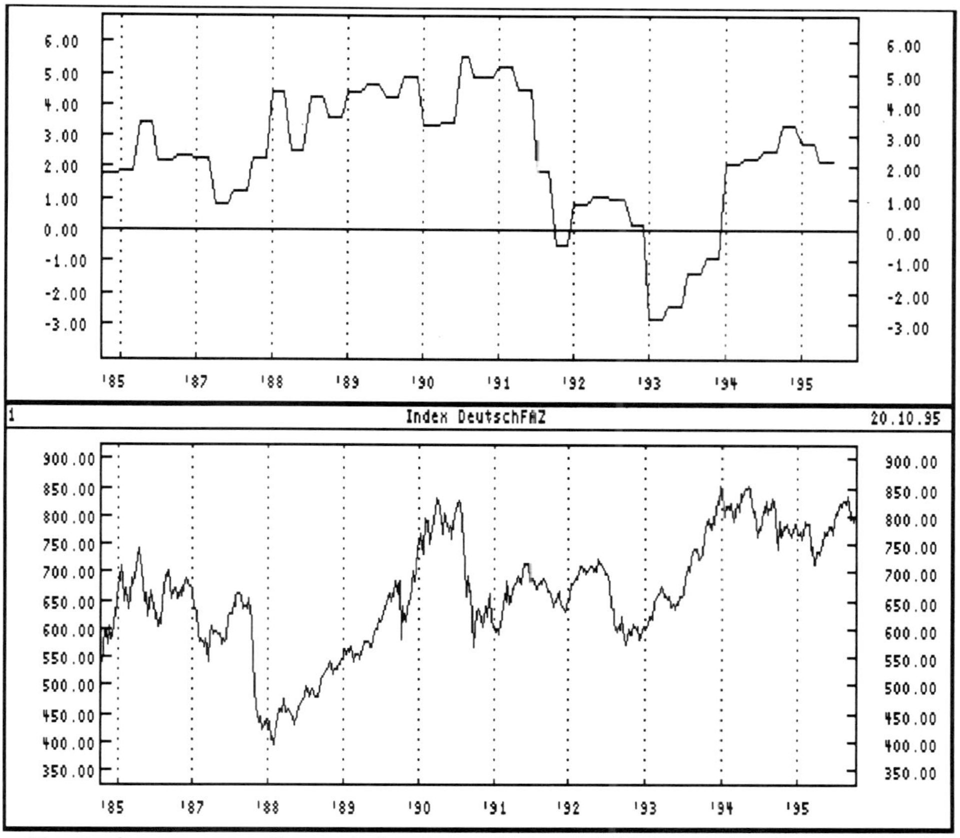

Veränderungsrate Bruttoinlandsprodukt und Aktienindex Deutschland

Interpretation

Das Beispiel zeigt die jährliche Veränderung des Bruttoinlandprodukt Deutschland und den FAZ Aktienindex.

Es sind allenfalls parallele Tendenzen erkennbar. Ein Timing für den Aktienmarkt läßt sich daraus nicht ableiten. Dabei wäre zusätzlich die zeitliche Verzögerung hinderlich, mit der die Veränderungsrate bekanntgegeben wird. Was hier noch einigermaßen deutbar erscheinen kann, wird schon dadurch unmöglich, daß beispielsweise die Veränderung des BIP bezogen auf den Monat Januar frühestens im Mai (sechs Wochen nach Quartalsschluß) bekannt wird.

Verwandtes Thema

- Industrieproduktion
- Arbeitslosenrate

CRB-Futures Index

Beschreibung

Der CRB-Futures Index ist ein Index für 21 wichtige Rohstoff-Futures, von denen 11 landwirtschaftliche Produkte sind, der Rest aber wichtige technische Rohstoffe umfaßt. Herausgeber dieses Index war das Commodity Research Bureau (CRB), das inzwischen in einem großen Brokerhaus aufgegangen ist. Dieses Brokerhaus führt den Index unter seinem alten Namen weiter. Der Index wird täglich variabel notiert. Er dient als Indikator für die Inflationsentwicklung, damit den Bond-Markt (US-Anleihemarkt) damit indirekt für den Aktienmarkt.

Bedeutung

Nach der alten Weisheit:" Steigen Äpfel, steigen auch Birnen" und alle Lebensmittel, schließt man aus der Preisentwicklung für Rohstoffe auf die künftige Preisentwicklung für Industrieprodukte, daraus wieder auf die Inflationsrate, was wiederum Schlüsse auf das Verhalten der US-Bundesbank (FED) zur Zinssteuerung zuläßt, was wieder die Anleihekurse betrifft. Das schließlich hat Einfluß auf die Aktienkurse.
Nach diesem US-typischen Denken wird oft direkt von der Preisentwicklung der Rohstoffe auf die Kurse der Aktienmärkte geschlossen. Für die Rohstoffpreise ist der CRB Index das bekannteste Maß.
Auf längere Sicht wird die Korrelation zwischen Rohstoffpreisen und Zinsentwicklung vermutlich abnehmen, weil der Anteil der Dienstleistungen und rohstoffarmen Produkte Sozialprodukts international zunimmt.

Berechnung

Der CRB Index ist ein geometrisch gewichteter Preisdurchschnitt von 21 Waren, von denen ein ungewichteter Durchschnitt aller bis 9 Monate in die Zukunft reichender Termine gebildet wird.
Er umfaßt folgende Waren: Bauholz, Baumwolle, Gold, Hafer, Heizöl, Kaffee, Kakao, Kupfer, Mais, Orangensaft, Platin, Rinder, Rohöl, Schweine, Schweinebäuche, Silber, Sojabohnen, Sojaöl, Sojaschrot, Weizen, Zucker.

Anwendungsregel

- Ein deutlicher Anstieg der CRB Index zeigt Preisanstieg an den wichtigen Rohstoffmärkten an, was auf steigende Inflationsgefahr schließen läßt.
- Ein deutlicher Rückgang des CRB Index läßt auf nachlassenden Inflationsdruck schließen.
- Aus der Entwicklung des CRB Index wird in erster Linie auf die Anleihemärkte geschlossen. Die Schlüsse vom CRB Index auf Aktienmärkte sind sehr indirekt.
- Der Gleichlauf zwischen dem CRB Index und den Anleihekursen ist bisher langfristig gut. Er wird wegen der anteiligen Zunahme von Dienstleistungen und rohstoffschonender Produktion möglicherweise abnehmen. Die Wirksamkeit dieses Indikators muß deshalb in Zukunft besonders beobachtet werden.

Beispiel

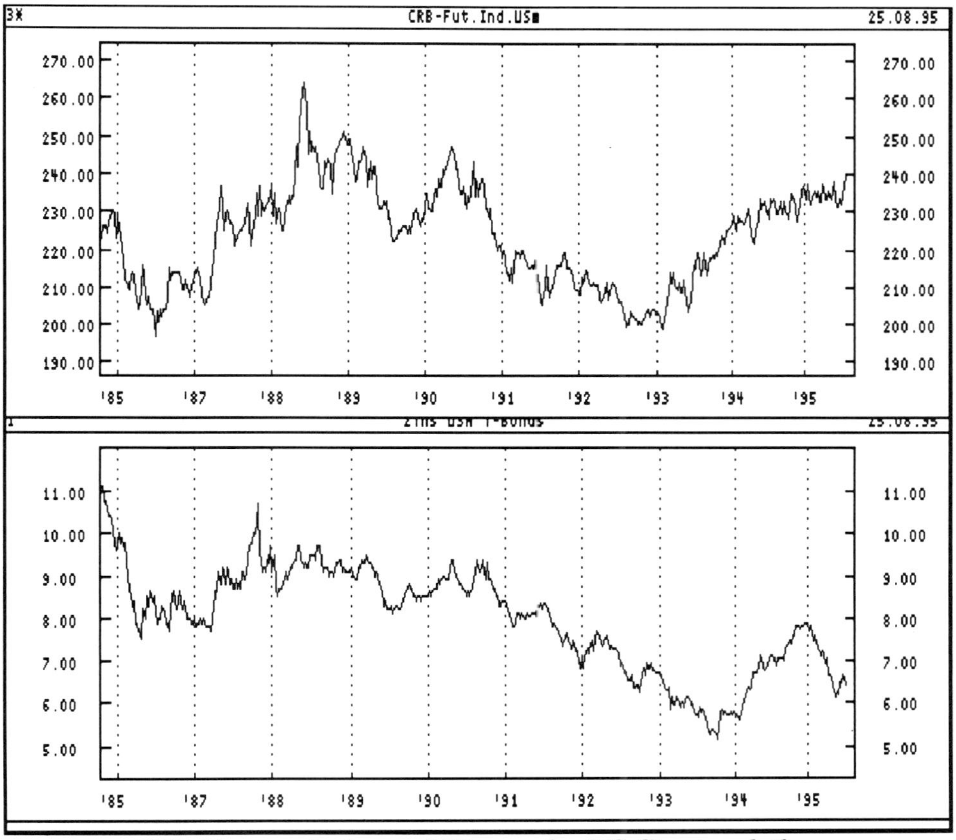

CRB Futures Index und Zinsen der US-Staatsanleihen

Interpretation

Das Beispiel zeigt den CRB-Future-Index und den Zins der maßgeblichen Staatsanleihen.

Für den im Beispiel betrachteten 10 Jahres Zeitraum ist eine tendenziell enge Korrelation zwischen dem CRB Index und den Zinsen der US-Staatsanleihen zu sehen. Diese Bindung gilt für den langfristigen Trend eher als für kurzfristige Ereignisse.

Insbesondere kann der CRB Index nicht immer als Frühindikator für die Zinsentwicklung angesehen werden. Im Jahr 1995 ist die Verbindung völlig abgebrochen. Es wird sich zeigen, ob der Preisanstieg der Rohstoffe sich später in einem Zinsanstieg niederschlagen wird.

Wegen der Zunahme von Dienstleistungen und rohstoffschonenden Produkten wird die Korrelation zwischen Rohstoffpreisen und Zinsentwicklung vermutlich tendenziell abnehmen.

Verwandtes Thema

Dividendenrendite

Beschreibung

Die durchschnittliche Dividendenrendite aller am Index beteiligten Aktien dient als Indikator für den Aktienmarkt.

Bedeutung

Die durchschnittliche Dividendenrendite ist ein Maß für die Preiswürdigkeit eines Aktienmarktes. Zwar ist die Zeit vorbei, in der Aktien hauptsächlich wegen ihrer Dividende und der daraus resultierenden Rendite gekauft wurden. Als Indikator ist die Dividendenrendite aber hervorragend geeignet. Sie erlaubt innerhalb eines langfristigen Rahmens die Feststellung, ob der Markt zur Zeit preiswert oder überteuert ist.

Es zeigt sich, daß der Markt sich innerhalb einer gewissen Schwankungsbreite der Rendite bewegt. Änderungen dieser Schwankungsbreite sind nur sehr langfristig wahrscheinlich.

Es lohnt sich auf diesen, anscheinend so abseits liegenden Gesichtspunkt zu achten.
In USA werden die Dividendenrenditen für die Aktienindices wöchentlich veröffentlicht. In Deutschland hat die Bundesbank selbst die Veröffentlichung von Monatswerten eingestellt.

Berechnung

Es wird die durchschnittliche Dividendenrendite aller Aktien berechnet, die zu einem Index oder einem Markt gehören

Anwendungsregel

- Ein unterer Gefahrenwert der Dividendenrendite in Deutschland und in den USA liegt bei etwa 3 %. Dann sieht man den Markt als überteuert an. Es muß mit Kursrückschlägen gerechnet werden.

- Der obere Grenzbereich, in dem man also kaufen müßte, scheint unschärfer zu sein. Daraus kann man also kein Kaufsignal ableiten. In den USA sind in den letzten 40 Jahren Dividendenrenditen bis 7 % vorgekommen. In Deutschland stieg die Dividendenrendite in Baissephasen normalerweise bis auf ca. 4,5 %. Nur zu Beginn der 80er Jahre wurde eine Dividendenrendite von 6,5 % erreicht.

Aussagefähigkeit:

Der Indikator ist ein langfristiger Orientierungsrahmen für die Preiswürdigkeit eines Aktienmarkts. Er gewinnt an Aussagefähigkeit, wenn man ihn zusammen mit anderen, ebenfalls langfristigen Indikatoren anwendet. Hierzu zähle ich den gleitenden 12 Monats Durchschnitt als Indikator für den Langfristtrend des Aktienindex.

Beispiel

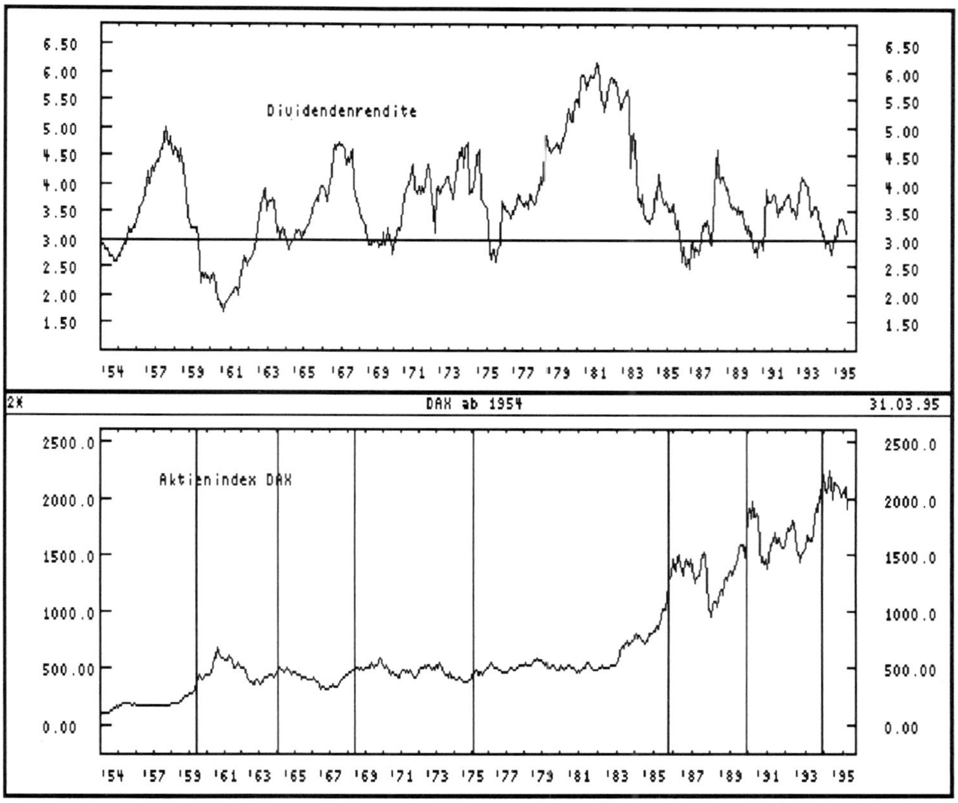

Dividendenrendite und Deutscher Aktienindex DAX

Interpretation

Es ist ratsam Aktien zu verkaufen, sobald sie zu teuer geworden sind. Den meisten Anlegern fällt das schwer. Verkaufsignale werden deshalb in der Praxis wenig befolgt. Es zeigt sich dagegen, daß besonders gern das gekauft wird, was teuer ist. Niemand will Aktien haben, wenn sie billig sind. Sie werden vielmehr mit Vorliebe dann gekauft, wenn alle kaufen wollen. Das führt zu den Kurssteigerungen.

In dieser Phase eines Kursanstiegs ist es wichtig "Maß zu halten", sich nicht von der allgemeinen Euphorie mitreißen zu lassen, nicht zu viel zu bezahlen, denn jede Hausse geht eines Tages zu Ende; aber wann?

Ein immer noch gutes Maß für die Preiswürdigkeit ist ganz simpel die Rendite, die der Aktionär für sein Investment erhält. Sie ist schließlich einer der wesentlichen Gründe für den Kauf von Aktien. Bei aller Euphorie kommen Anleger eines Tages zu dem Schluß, daß Aktienkäufe bei den augenblicklichen Preisen sich nicht mehr ausreichend rentieren. Die Grenze hierfür liegt in jedem Land anders. In Japan gibt man sich mit Renditen von 1 % zufrieden. In Deutschland scheint die "Schmerzgrenze" bei etwa 3 % zu liegen. Wird dieses Niveau unterschritten, ist es ratsam den Aktienmarkt zu verlassen und sich anderen Anlageformen zuzuwenden. Zumindest sollte man nicht weiter Aktien kaufen. Bei den Aktienkursen nähert sich jetzt der Höhepunkt. Es ist mit Rückschlägen zu rechnen bis wieder ein akzeptables Renditeniveau erreicht ist.

Dow Theorie

Beschreibung

Die Dow-Theorie benutzt unter anderem den Dow Jones Transport Durchschnitt (Index) als Indikator für den Dow Jones Industrie Durchschnitt (Index).

Bedeutung

Die hier wichtigste Regel der 100 Jahre alten Dow Theorie besagt vereinfacht folgendes:

Ein Aufwärtstrend besteht so lange wie ein neues Hoch im Dow-Industrie durch ein neues Hoch im Dow Transport (und umgekehrt) bestätigt wird.
Ein Abwärtstrend besteht entsprechend so lange wie ein neues Tief jeweils vom anderen Wert bestätigt wird. Nichtbestätigung des Aufwärtstrends bedeutet Ende dieses Trends. Die Bestätigung des ersten neuen Tiefs bestätigt dann den Wechsel zum Abwärtstrend. Beim Abwärtstrend entsprechend umgekehrt.
Die Theorie ist in diesem Punkt nicht begründet. Ich erkläre mir ihre Wirksamkeit so: Wenn die Unternehmen gut ausgelastet sind, sind viele Fertigwaren und Rohstoffe zu transportieren. Die Transportunternehmen sind gut ausgelastet, die Aktien des Transportsektors steigen., damit auch der Transportindex.
Das war in den Ursprungszeiten der Theorie (1897) ein Indikator für die Auslastung der Industrie. Wirtschaftsstatistiken in der heutigen Ausführlichkeit gab es noch nicht. Die Theorie funktioniert heute noch, obwohl heute hauptsächlich Fluggesellschaften den Transportindex bilden. Sie sind offenbar ein ähnlich sensibles Marktbarometer.
Die Dow Theorie ist immer umstritten, sie bringt aber hervorragende Ergebnisse. Ihre Signale sind spät aber wirksam. Einzelheiten über die gesamte Dow Theorie finden Sie in dem Buch "Technical Analysis of Stock Trends" von Robert D. Edwards und John Magee.

Berechnung

Es werden zwei Aktienindices miteinander verglichen

Anwendungsregel

- Ein Aufwärtstrend besteht so lange wie ein neues Hoch im Dow-Industrie durch ein neues Hoch im Dow Transport (und umgekehrt) bestätigt wird.
- Ein Abwärtstrend besteht so lange wie ein neues Tief vom jeweils anderen Wert bestätigt wird.
- Nichtbestätigung des Aufwärtstrends bedeutet Ende des Trends. Die Bestätigung des ersten neuen Tiefs bestätigt dann den Wechsel zum Abwärtstrend.
- Die Bestätigung muß nicht am selben Tag erfolgen.
- Es gilt jeweils der Schlußkurs. Auch kleinste Abweichungen zählen.

Aussagefähigkeit:

Die Dow Theorie ist ein hervorragender Indikator für den Langfristtrend des amerikanischen Marktes bezogen auf den Dow Jones Industrie. Sie brachte seit 1897 bei den langfristigen Trends 26 Kaufsignale und 25 Verkaufsignale für den Dow Industrie. Nur 5 davon führten zu einem negativen Ergebnis.

Beispiel

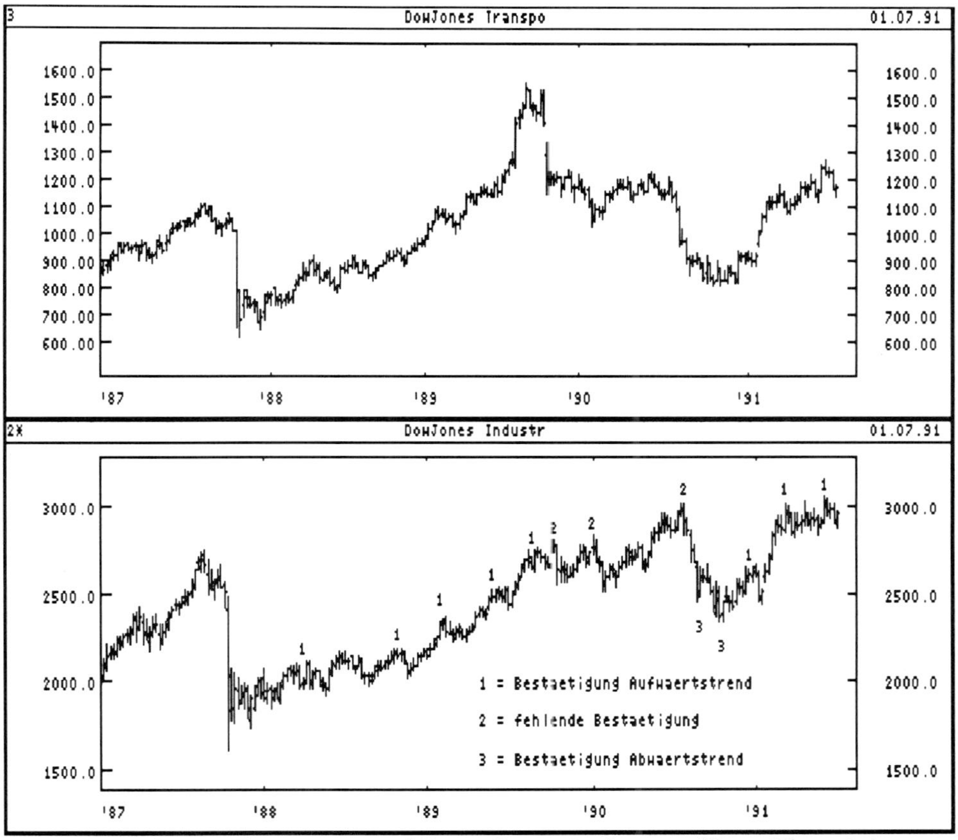

Dow Jones Transport und Dow Jones Industrie (Dow Theorie)

Interpretation

Das Beispiel stellt für den Zeitraum 1987 bis 1991 den Dow Transport und Dow Industrie dar. Es wurde ein relativ kurzer Abschnitt gewählt, damit die Einzelheiten klar werden. Deshalb beschränken wir uns hier auf den mittelfristigen Trend. Das Hauptanwendungsgebiet liegt mehr auf der Analyse des langfristigen Trends.

Nach den Crash 1987 wird das erste neue Hoch im Dow Industrie sofort durch den Dow Transport bestätigt. Das gilt für die folgenden neuen Hochs in gleicher Weise. Erst der Anlauf des Industrie Dow auf 3000 wird nicht mehr bestätigt. Es folgt die Baisse.
Sie ist erst gebrochen, als im Dezember 1990 beide Werte ein neues Hoch bilden. Die folgenden Hochs wurden jeweils wieder bestätigt. Der Trend hatte gedreht.

Verwandtes Thema

- Leading Indicators

Dreimonatszins (kurzfristiger Zins)

Beschreibung

Der kurzfristige Zinssatz, repräsentativ hierfür der Dreimonats Zinssatz, wird als Indikator für die Anleihezinsen und den Aktienmarkt verwendet.

Bedeutung

Die kurzfristigen Zinsssätze reagieren sehr viel sensibler auf Marktereignisse als die Anleihezinsen. Sie sind deshalb ein gutes Instrument zur Beurteilung der künftigen Tendenzen an den Anleihemärkten, die wiederum Rückwirkungen auf die Aktienmärkte haben.

Als wichtigster Zinsindikator hat sich der Dreimonatszins herauskristallisiert. Er wird standardisiert in allen Währungen gehandelt, seine Notiz ist deshalb jeweils gesichert für alle Märkte verfügbar.

Berechnung

Die Zinsen für Dreimonatsgelder werden für alle wichtigen Währungen täglich veröffentlicht.

Anwendungsregel

- Die Indikatorfunktion der Dreimonatszinsen bezieht sich insbesondere auf Zeiten einer Wende des langfristigen Trends der Anleihezinsen.
- Die Dreimonatszinsen zeigen die Tendenz zur Trendumkehr früher als die Anleihezinsen.
- Als bestimmenden Indikator für eine Trendumkehr der Dreimonatszinsen verwendet man zweckmäßig die 200-Tage-Durchschnittslinie.
- Anstieg der Dreimonatszinsen über ihre 200-Tage-Linie signalisiert künftig steigende Anleihezinsen.
- Rückgang der Dreimonatszinsen unter ihre 200-Tage-Linie signalisiert künftigen Rückgang der Anleihezinsen.

Aussagefähigkeit

Die Dreimonatszinsen sind in Verbindung mit ihrer 200-Tage-Linie ein zuverlässiger Indikator für die Wende des langfristigen Trends bei den Anleihezinsen.

Beispiel

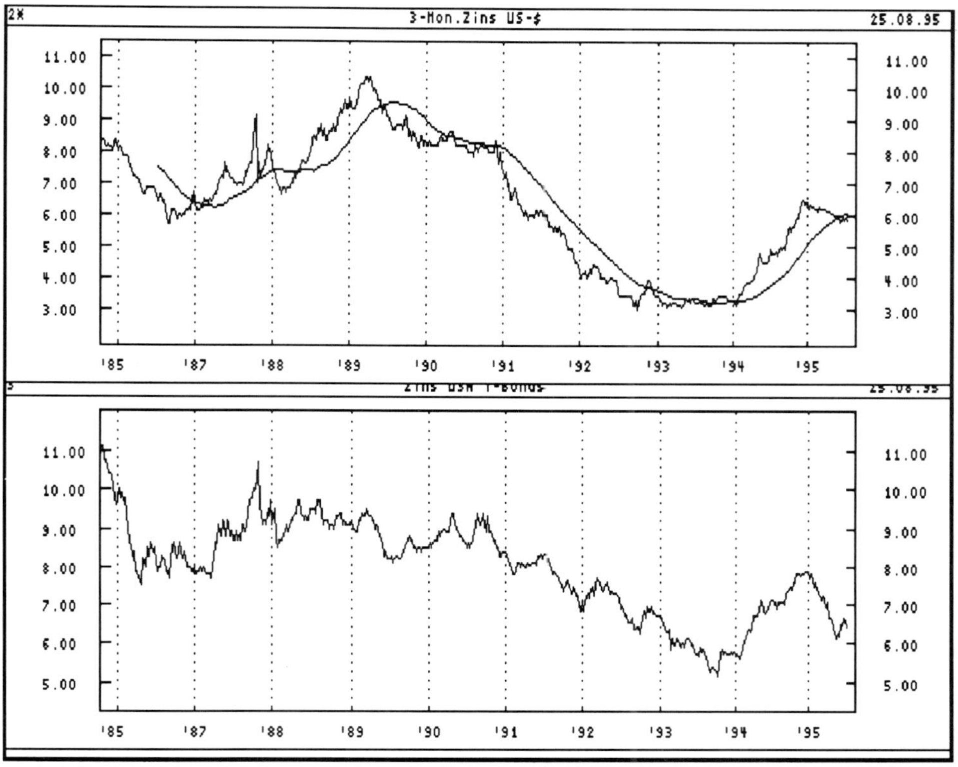

Dreimonatszins mit 200-Tage-Durchschnitt und Anleihezins USA

Interpretation

Das Beispiel für den US-Markt stellt die Dreimonatszinsen zusammen mit den Zinsen der Treasury-Bonds (T-Bonds = Regierungsanleihen) dar.
Die Leitfunktion ist besonders gut anhand der 200-Tage-Durchschnittslinie zu erkennen. In den entscheidenden Zeiten einer Zinswende signalisiert sie die künftige Richtung am Anleihemarkt. Ende 1989 geben die Dreimonatszinsen durch Unterschreiten der 200-Tage-Linie die Richtung auf fallende Anleihezinsen vor. Während des Jahres 1993 signalisieren die stagnierenden - nicht weiter fallenden - Dreimonatszinsen, daß der Zinsrückgang am Anleihemarkt zu ende geht. Das Überschreiten der 200-Tage-Linie zeigt den künftig steigenden Anleihezins schon an, während die meisten Marktteilnehmer auf weiter fallenden Zinsen setzen. Man kann also zu den besten Kursen aussteigen. Dies kann nicht in allen anderen Phasen des Zinszyklus in gleicher Weise funktionieren, weil die „Zinsstruktur“ (das ist die Differenz zwischen Zinsen für kurzfristig und längerfristig ausgeliehene Gelder) sich im Laufe des Zyklus ändert. Einzelheiten hierzu finden Sie unter dem Stichwort ⇨ Zinsstruktur.

Verwandtes Thema

- Rentenrendite, REX
- Zins
- Zinsstruktur

Einkaufsmanager Index (Purchase Managers Index)

Beschreibung

Durch monatliche Umfragen der "National Association of Purchase Managers" in ausgewählten Kreisen der Wirtschaft wird ermittelt welcher Prozentsatz der Einkaufsleiter die künftige konjunkturelle Entwicklung positiv beurteilen.

Bedeutung

Der Einkaufsleiter arbeitet an der Nahtstelle zwischen dem eigenen Unternehmen und den Zulieferanten. Er hat deshalb aus beiden Bereichen Erkenntnisse.

An der Menge und Struktur des einzukaufenden Materials kann er ablesen welche Sparte des eigenen Unternehmens wie stark ausgelastet ist. Wenn eine Abteilung oder das ganze Unternehmen die Lagerhaltung für Rohmaterialien abbaut und wenig neues Material bestellt, gibt ihm das ein zusätzliches Anzeichen für nachlassende Aufträge. Umgekehrt kann er bei der Anforderung nach einer Aufstockung des Lagers ablesen, daß die Verantwortlichen mit einer höheren Auslastung rechnen.

Am Verhalten seiner Zulieferer kann er ablesen, wie deren Auftragslage ist. Sind sie zu Preisnachlässen bereit, geht es ihnen schlecht. Dann können sie auch schnell liefern. Fordern sie Preiserhöhungen und haben sie lange Lieferzeiten, sind sie gut ausgelastet. Geht es ihnen sehr gut, dann werden sie unverschämt.
Weil die Einkaufsleiter meist mit sehr vielen Zulieferern zusammenarbeiten, haben sie einen guten Überblick über die wirtschaftliche Lage.

Berechnung

Der Index der US Einkaufsmanager wird monatlich veröffentlicht.

Anwendungsregel

- Ein Stand des Indikators über 50% gilt als positive Einschätzung der wirtschaftlichen Lage, ein Wert unter 50% entsprechend negativ.
- Die Wirkung als Indikator für den Aktienmarkt scheint sehr begrenzt, wie bei den meisten Stimmungsindikatoren.
- Der Indikator ist nur im Zusammenhang mit anderen Indikatoren sinnvoll zu verwenden.

Aussagefähigkeit
Der Einkaufsmanager Index gibt Aufschluß über die Beurteilung der konjunkturellen Lage. Rückschluß auf die Aktienkurse ist nur indirekt möglich.

Beispiel

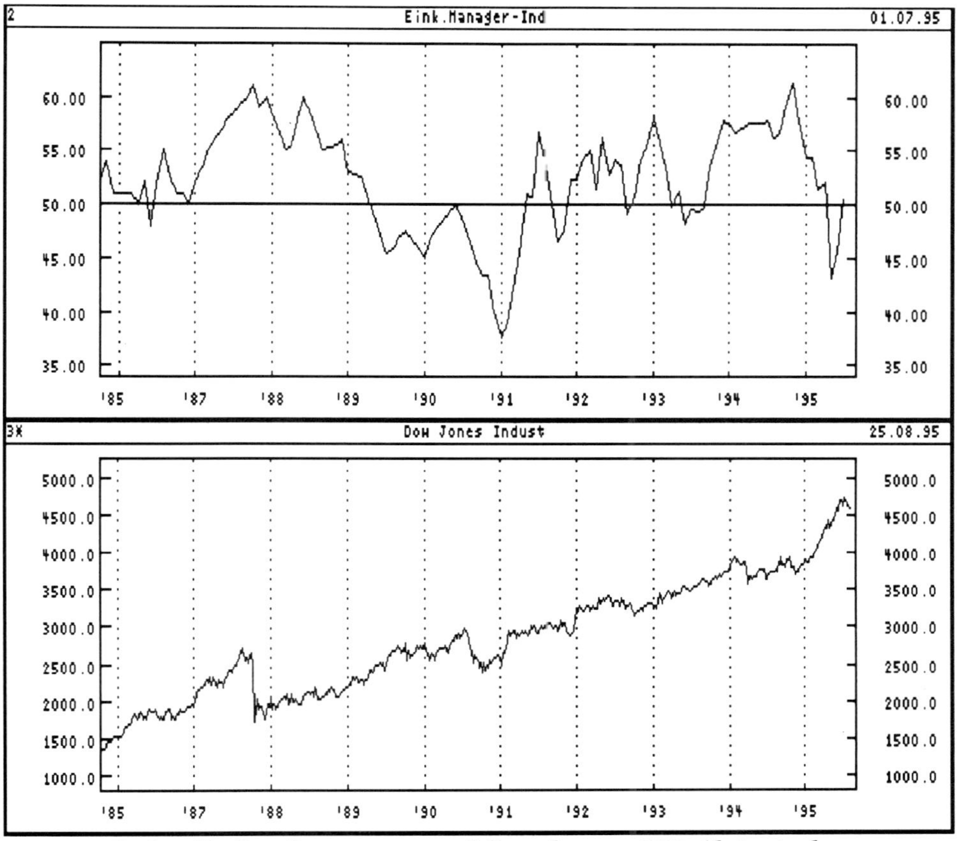

Index Einkaufsmanager und Standpoors 500 Aktienindex

Interpretation

Das Bild zeigt den Index der US Einkaufsmanager, wie er durch monatliche Umfragen ermittelt wird und den US-Aktienindex Dow Jones Industrie.

Die Kopplung zwischen Indikator und Aktienindex ist auf mittlere Sicht nicht besonders eng. Die Divergenz in den Jahren 1988 bis 1990 scheint zunächst untypisch, weil der außergewöhnlich lange Wirtschaftsaufschwung 1982 bis 1989 Irritationen ausgelöst hat. Sie wiederholt sich aber im Jahr 1995. Das zeigt die begrenzte Bedeutung eines solchen stimmungsabhängigen Indikators.

Verwandtes Thema

Einzelhandelsumsätze

Beschreibung

Die jährliche Veränderung der Einzelhandelsumsätze wird als Indikator für die Entwicklung des Aktienindex der Konsumaktien aufgezeichnet.

Bedeutung

Die Einzelhandelsumsätze - hier wird ihr jährlicher Zuwachs betrachtet - sind ein passendes Maß für das Geschäftsvolumen der Warenhäuser. Es zeigt sich allerdings, daß der Zusammenhang zwischen Konsumaktien und dem Zuwachs der Einzelhandelsumsätzen nur lose ist. Er wird von konjunkturellen Einflüssen und Befürchtungen zum Teil überdeckt.

In einer Überflußgesellschaft wie der Unseren können die Konsumausgaben der Bürger in sehr weiten Grenzen schwanken, denn die unbedingt notwendigen Grundbedürfnisse machen nur einen kleinen Teil der Ausgaben aus. Die Einzelhandelsausgaben können also auch von Hoffnungen und Befürchtungen stark beeinflußt werden.

Diese Überlegungen und möglichen Einflüsse spielen bei der Anlage in Konsumaktien eine entscheidende Rolle. Aus diesem Grund sind die Werte äußerst stimmungsanfällig.

Berechnung

Die Einzelhandelsumsätze werden monatlich von den statistischen Ämtern der Länder veröffentlicht.

Anwendungsregel

Der Zusammenhang zwischen Einzelhandelsumsatz und Konsumgüter-Aktienindex ist grundsätzlich gegeben. Da die Konsumgüteraktien aber sehr stimmungsabhängig sind, werden sie erst sehr spät im Konjunkturzyklus gekauft, wenn sich die Überzeugung eines konjunkturellen Aufschwungs wirklich durchgesetzt hat. Die Konsumaktien fallen auch meist früh mit nachlassender Konjunktur.

Beispiel

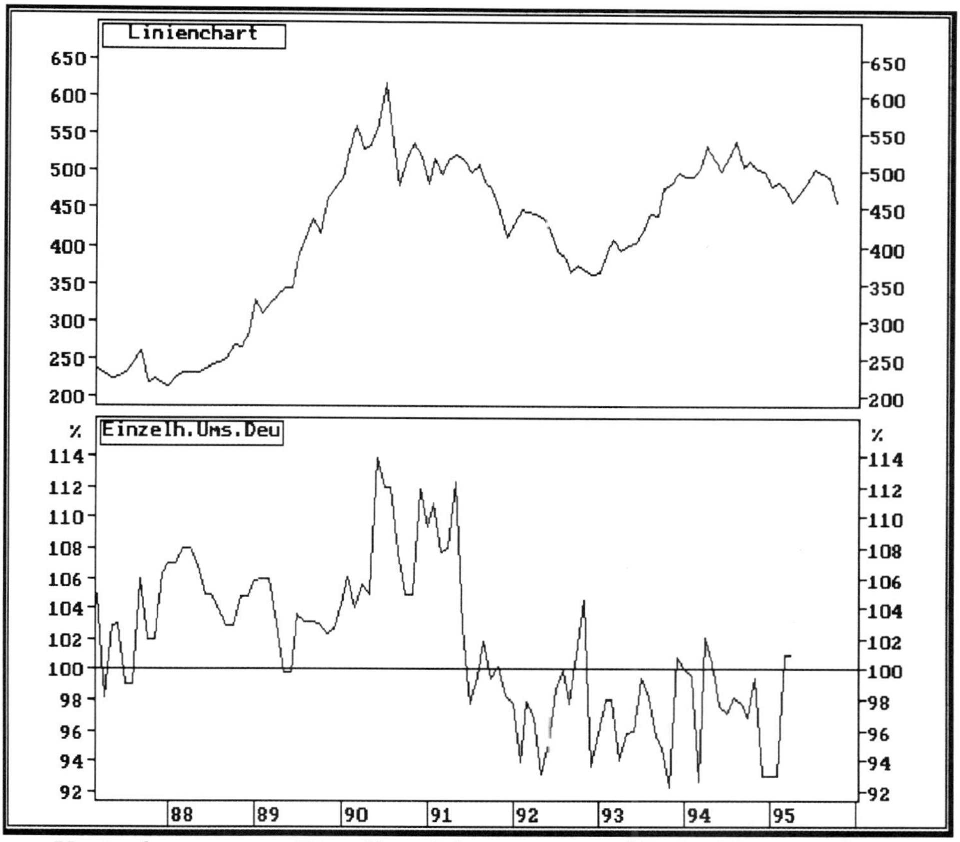

Veränderungsrate Einzelhandelsumsätze und Index Konsumaktien

Interpretation

Das Beispiel zeigt die jährlichen Veränderung der Einzelhandelsumsätze (unten) und den FAZ Index der Konsumaktien.

In den ersten Jahren dieses Charts gibt es zwar einen gewissen tendenziellen Zusammenhang zwischen der Zuwachsrate der Einzelhandelsumsätze und dem Aktienindex der Konsumaktien. Im späteren Verlauf verflüchtigen sich diese Zusammenhänge. Es gibt offensichtlich andere Aspekte, die sich überlagern. Ein direkter Zusammenhang zwischen Indikator und Aktienindex ist nicht erkennbar.

Verwandtes Thema

- Bruttoinlandprodukt
- Industrieproduktion

Erzeugerpreis Index

Beschreibung

Die prozentuale Veränderung der industriellen Erzeugerpreise gegenüber dem Vorjahr werden als Indikator aufgezeichnet.

Bedeutung

Wenn die Kosten ansteigen (z.B. durch höhere Lohnstückkosten, teurere Produktionsmethoden oder Ähnliches) ist das für die Unternehmen ärgerlich, weil gewinnmindernd. Wenn dagegen die eigenen Preise steigen, bedeutet das zunächst, daß es gelingt die gestiegenen Kosten an die Kunden weiterzugeben. Wenn man dabei kräftig zulangen kann als es den Kosten entspricht, ist das gut für die Firmenkasse. Der Gewinn steigt.
Das funktioniert aber nur kurze Zeit. Gelingt vielen Unternehmen die Preiserhöhung, dann steigen allgemein die Preise, damit auch die Kosten, keiner hat Gewinn davon. Zudem ruft eine solche Entwicklung die Zentralbank auf den Plan. Sie wird versuchen die Konjunktur zu bremsen, sobald die Preise zu steigen beginnen.
Es liegt in der Logik einer solchen Entwicklung, daß dabei die Aktienkurse fallen.

Im Gegensatz dazu bedeuten sinkende Erzeugerpreise, daß mit einiger Verzögerung auch die Verbraucherpreise fallen. Die Zentralbank kann eventuelle Bremsmaßnahmen beenden, beispielsweise die Zinsen senken.
Die Indikatorwirkung der Zinsen wird unter den entsprechenden Kapiteln beschrieben.

Die Schilderung macht schon deutlich, daß die Rückwirkungen der Erzeugerpreisentwicklung auf den Aktienmarkt komplex und indirekt ist. Die steigenden Erzeugerpreise wirken erst gewinnsteigernd, die späteren, nachteiligen Folgen sind indirekt und zeitlich nicht sofort abschätzbar.

Berechnung

((aktueller Erzeugerpreisindex / Erzeugerpreisindex gleicher Monat Vorjahr) -1)) * 100 (%)

Anwendungsregel

- Steigende industrielle Erzeugerpreise bedeuten auf Sicht fallende Aktienkurse
- Die Umkehr zu sinkenden industriellen Erzeugerpreisen ist Treibstoff für den Aktienmarkt.
- Das eigentliche Signal für steigende Aktienkurse geht dann meist von Zinssignalen der Bundesbank aus.

Aussagefähigkeit
Direkte Indikation auf den Aktienmarkt geht von diesem Indikator nicht aus. Er ist besser geeignet zur konjunkturellen Betrachtung im Zusammenhang mit anderen Indikatoren.

Beispiel

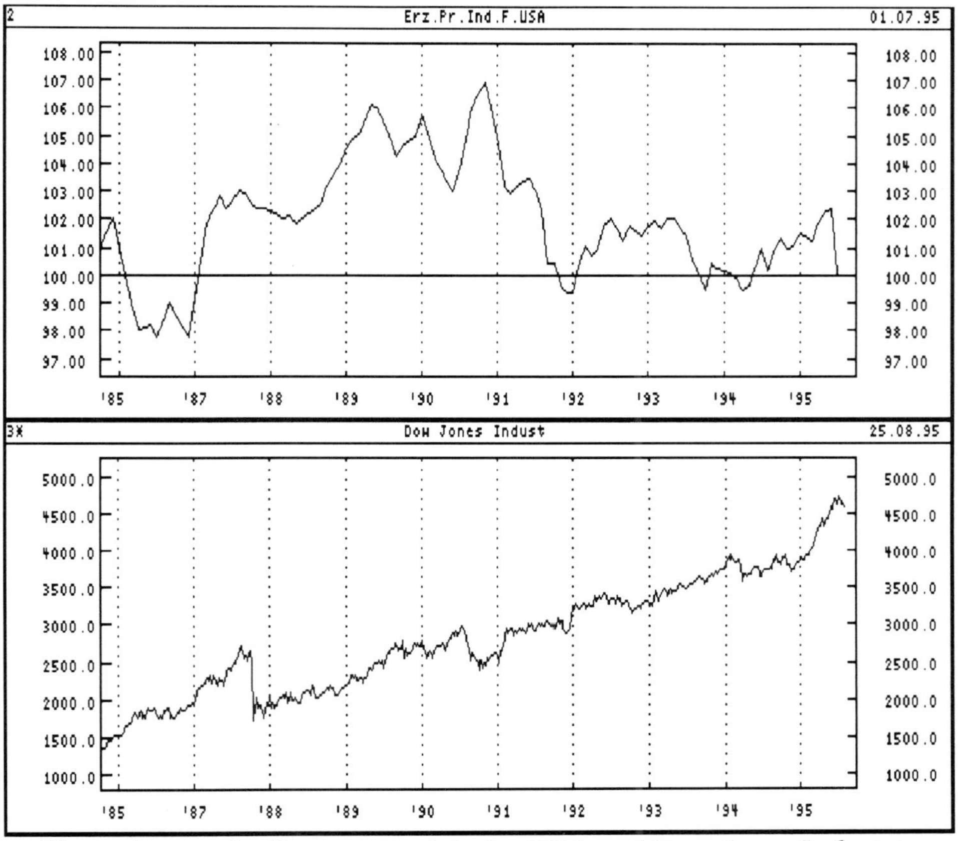

Veränderung des Erzeugerpreisindex USA und Dow Jones Industrie

Interpretation

Das Beispiel der Erzeugerpreisentwicklung USA im Vergleich zum Dow Jones Industrie macht deutlich, daß es keinen direkten, linearen Zusammenhang zwischen Indikator und Aktienmarkt gibt.
Die Rückwirkungen sind in ihrem zeitlichen Rahmen schlecht abschätzbar. Wann die positive Wirkung höherer Preise in die negative Wirkung von Zinssteigerungen umschlagen wird ist kaum abzuschätzen.

Dieser Indikator taugt deshalb eher zur generellen Konjunktur- und Zinsbetrachtung im Zusammenhang mit einem Spektrum anderer Indikatoren.

Verwandtes Thema

- Inflationsrate
- CRB Futures Index

FAZ Frühindikator

Beschreibung

Die "Frankfurter Allgemeine Zeitung" (FAZ) veröffentlicht monatlich einen Frühindikator für die künftige Wirtschaftsentwicklung.

Bedeutung

Seit 1990 veröffentlicht die FAZ einen Frühindikator für die künftige Wirtschaftsentwicklung in Deutschland. Er soll nach dem berühmten Vorbild des US-amerikanischen „Index of Leading Indikators“ als wirtschaftliches Prognoseinstrument etabliert werden. Der Indikator wurde auch für die Vergangenheit zurückgerechnet, liegt also als Zeitreihe vor.

Der Indikator berücksichtigt folgende wirtschaftliche Einzelfaktoren: (Gewichtung: in Klammern)

- Auftragseingänge verarbeitendes Gewerbe (18 %)
- Außenwert der D-Mark (13 %)
- FAZ - Aktienindex (5 %)
- IFO Geschäftsklima (32 %)
- Differenz zwischen Anleihezins und Dreimonatszins = Zinsstruktur (27 %)
- Stellenangebote in der FAZ (5 %)

Der Indikator hat also verhältnismäßig wenige Einzelkomponenten. Von diesen beziehen sich außerdem zwei direkt auf die Börse.

Berechnung

In einer FAZ-eigenen Formel, die obengenannte Gewichtung der Wirtschaftsfaktoren berücksichtigt. Der Indikator wird monatlich in der FAZ veröffentlicht.

Anwendungsregel

- Es erscheint zweckmäßig statt des Frühindikators selbst besser die jährliche Zuwachsrate dieses Indikators zu verwenden. Auf diese Weise werden die aktuellen Veränderungen verdeutlicht.
- Steigende Zuwachsraten deuten auf zu erwartende Kursgewinne am deutschen Aktienmarkt.
- Rückläufige Zuwachsraten signalisieren Vorsicht für den deutschen Aktienmarkt.
- Die zeitliche Kopplung des Indikators mit dem Aktienmarkt ist nicht konstant.

Aussagefähigkeit

Der Indikator hat langfristige Aussagekraft für den Aktienmarkt. Er ist allein für das Timing wenig geeignet, sollte nur im Zusammenhang mit anderen Indikatoren verwendet werden. Problematisch ist in diesem Zusammenhang, daß die Börse über zwei der fünf Faktoren direkt in die Errechnung des Indikators einfließt.

Beispiel

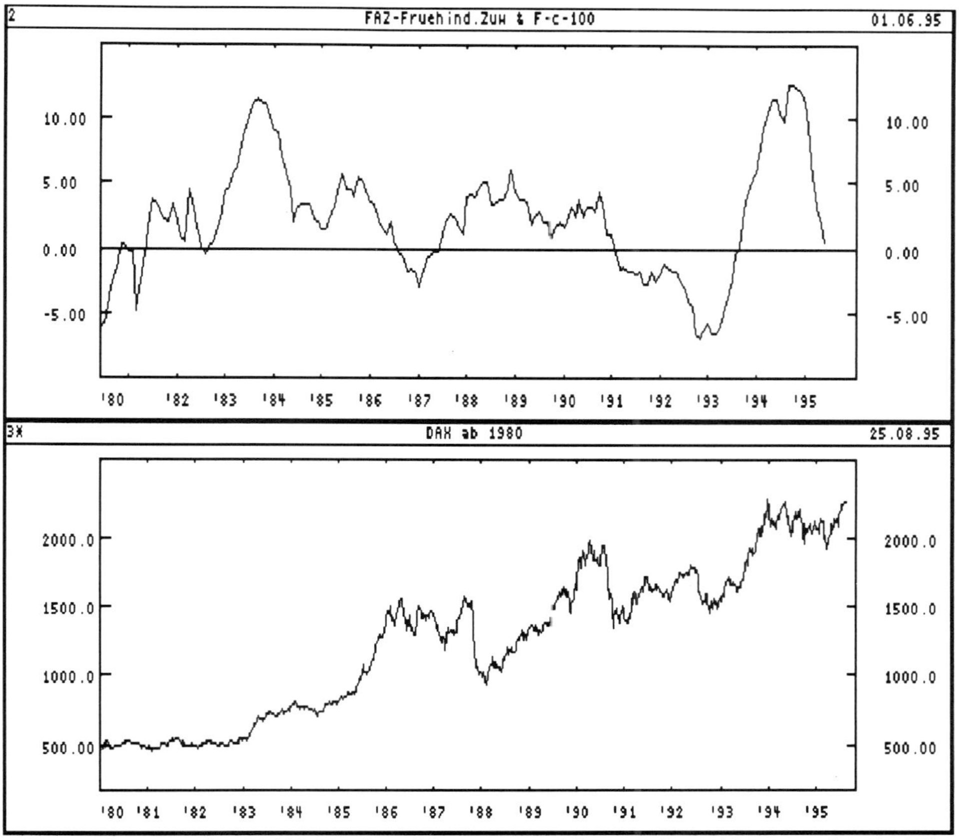

Zuwachsrate des FAZ-Frühindikators und Deutscher Aktienindex DAX

Interpretation

Im Beispiel wird nicht der Frühindikator benutzt, sondern die jährliche Zuwachsrate des Frühindikators. Ich halte diese Darstellung für aussagekräftiger als der Frühindikator selbst. Die Veränderung ist für die aktuelle Situation besser ablesbar.

Die Zuwachsrate des Frühindikator ist um 6 Monate verschoben. Das entspricht dem Vorhersagezeitraum, der dem Indikator zugeordnet wird.

Es ist eine gute Indikation ablesbar bis auf den Zeitraum 1989 / 90. Dieser Ausnahmezeitraum war die Zeit der Wiedervereinigung. Die damals abflauende Konjunktur- und Börsenlage wurde durch die neuen Perspektiven überlagert und aufgehellt. An der Börse überspielte der Fall der Mauer die schon eingeleitete konjunkturell bedingte Kurskorrektur.

Verwandtes Thema

- Leading Indicators

Geldmenge

Beschreibung

Die jährliche Veränderung der Geldmenge M1, M2 oder M3 wird als Indikator monatlich aufgezeichnet.

Bedeutung

Die Geldmenge - hier gemessen an der Geldumlaufmenge M1 - stellt eine Möglichkeit zur Steuerung der Liquidität und damit auch der Zinsen durch die Zentralbank dar.

Die Veränderung der Geldmenge wirkt in verschiedene Weise auf den Aktienmarkt:

- Erstens trägt sie zur Steuerung der Konjunktur bei. Eine knapper werdende Geldversorgung beschränkt die Wachstumsmöglichkeiten der Wirtschaft. Eine reichliche Geldversorgung ermöglicht Wachstum.

- Zweitens hat eine Verknappung oder Erhöhung der Geldmenge Signalwirkung, weil sie die Absicht der Zentralbank zeigt die Konjunktur zu bremsen oder anzukurbeln.

- Schließlich stellt zusätzliche Liquidität auch Kaufkraft für die Börse dar, schrumpfende Liquidität dagegen fehlt auch an der Börse.

Der Indikator ist auch deshalb gut zu nutzen, weil er wöchentlich veröffentlicht wird und damit schnell verfügbar ist.

Berechnung

((aktuelle Geldmenge / Geldmenge im gleichen Vorjahresmonat) - 1)) * 100 (%)

Anwendungsregel

- Ansteigender Indikator (Zuwachsraten der Geldmenge) sind günstig für die Kursentwicklung der Aktien.
- Fallender Indikator (Einschränkung des Geldmengenzuwachses) sind nachteilig für die Aktienkurse.
- Eine Trendaussage für den Aktienmarkt ist aus dem Indikator nicht abzulesen.

Aussagefähigkeit

Der Indikator für den Aktienmarkt als Indikator wenig geeignet. Seine Wirkung ist zu indirekt

Beispiel

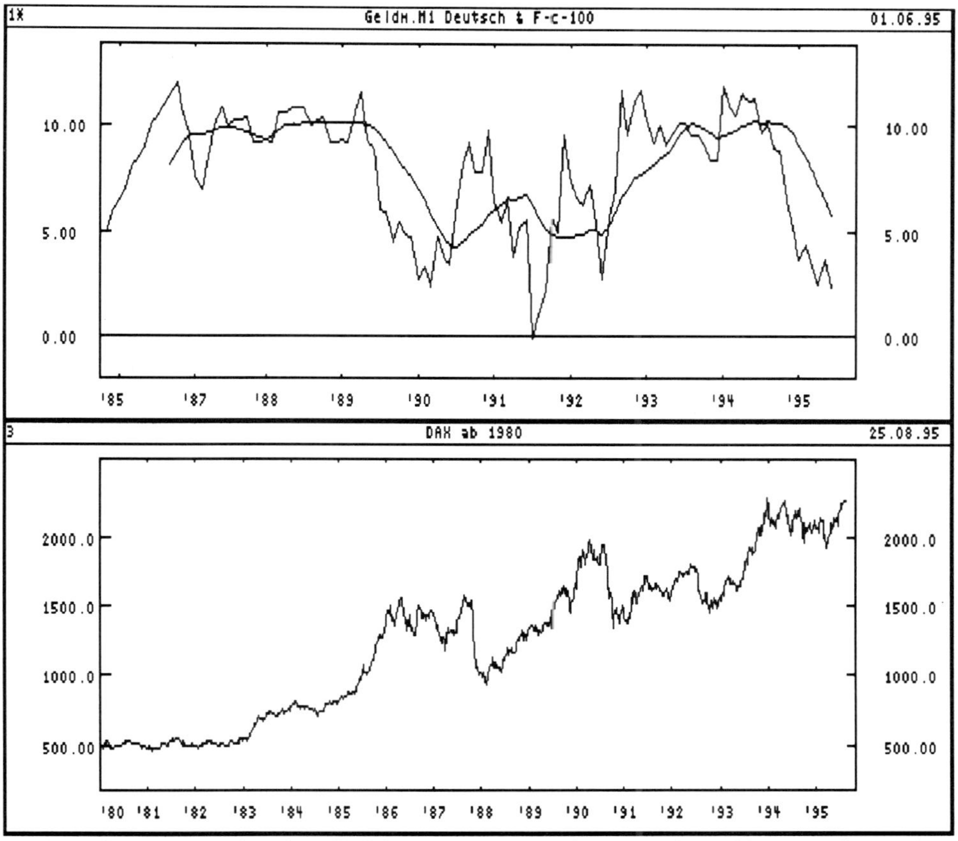

Jährlicher Zuwachs der Geldmenge M1 und Deutscher Aktienindex DAX

Interpretation

Das Beispiel zeigt die jährliche Zuwachsrate der deutschen Geldmenge M1 mit dem gleitenden Durchschnitt über 12 Monate und den DAX.
Ein Zusammenhang zwischen beiden Faktoren ist rein optisch nicht zu erkennen.

Verwandtes Thema

- Zinsen
- Börsenkredite

Gold

Beschreibung

Der Goldpreis wird als Indikator für verschiedene Märkte verwendet.

Bedeutung

Gold hat seit Urzeiten besondere Wirkung auf Menschen. So ist es kein Wunder, daß ihm - oft unbewußt - auch besondere Wirkungen zugeschrieben werden. Dem Gold wurde zu allen Zeiten ein hoher Eigenwert zugesprochen. Es ist beständig gegen Korrosion und Zerfall. Mit Gold konnte man einen hohen Geldwert leicht transportieren, verbergen und so wertbeständig erhalten. Es war aus diesem Grund in Krisenzeiten besonders gesucht und damit teuer, weil es als Fluchtburg diente, als Währung, die man vergraben, mit der man flüchten konnte. Das galt nicht nur in grauer Vorzeit. Diese Funktion hat sich auch in den aktuellen Krisensituationen bei kriegerischen Auseinandersetzungen, in Inflationszeiten und während Bankenkrisen erhalten. In Notzeiten flüchtet man in Gold. Nur Diamanten - die alte Fluchtwährung der verfolgten Juden - sind noch leichter zu transportieren - und in jüngster Zeit das Geld, das per Telefon in sichere Häfen gerettet werden kann - wenn man den Banken noch trauen kann und die Märkte nicht geschlossen werden..
Die Bedeutung als Fluchtburg bei Krisen und als wertstabile Anlage in Zeiten der Inflation hat erst in den letzen Jahren etwas nachgelassen seit Anleger zunehmend auf die Funktion der internationalen Kapitalmärkte als Fluchtmöglichkeit vertrauen. Das wird aber nur so lange gut gehen bis es auch dort zu einer ernsthaften Krise kommen wird, die diese Funktion stört - oder gerade in Zeiten höchster Not - unterbindet.
Deshalb ist der Preis des Goldes - oder war bisher - ein Barometer für die Inflation und eventuelle Unruhe an den Märkten.

Berechnung

Der Goldpreis in US-Dollar je Feinunze wird als Indikator verwendet.

Anwendungsregel

Der Goldpreis wird als Indikator verwendet für die künftige Entwicklung von:

- Inflationsrate
- sicheren Währungen
- Preisen typischer Waren

Es lassen sich Zusammenhänge herstellen zwischen Gold und:

- CRB Futures Index und Inflationsraten
- verschiedenen Konjunkturbarometern und Konsumbarometern (ICON, Consumer´s Confidence)
- Zinsen und Zinsstrukturen (US-Zinsen, dt. Zinsstruktur, Dividendenrendite)
- Währungen (Schweizer Franken)

Beispiel

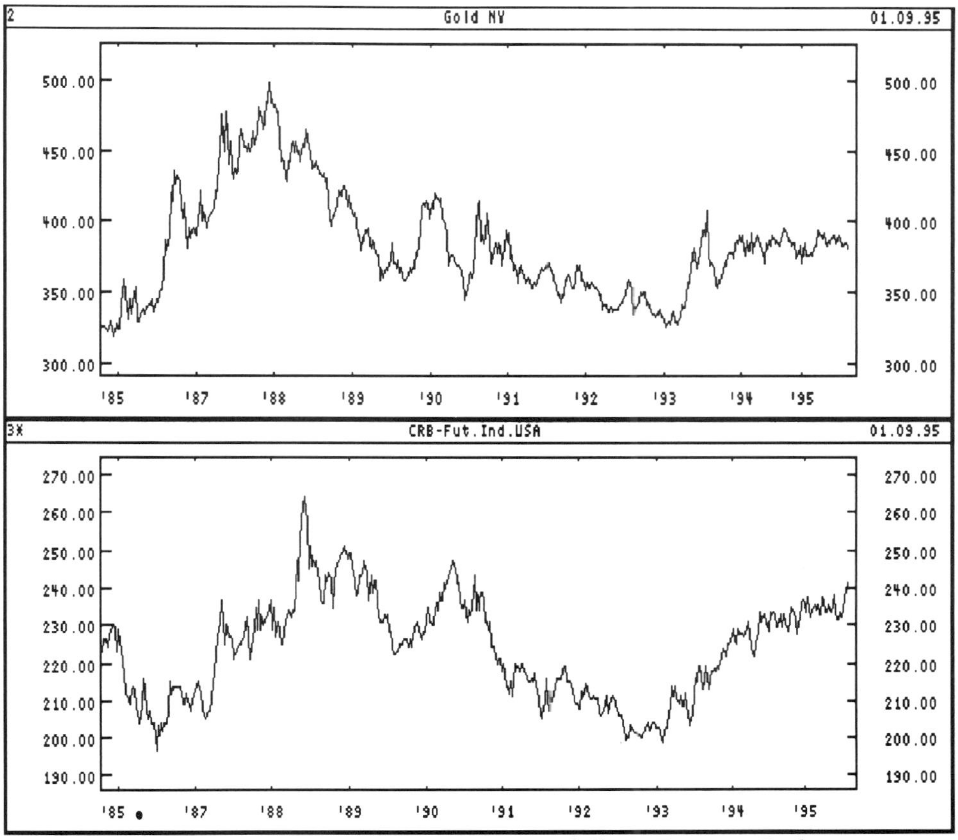

Goldpreis in US-$ je Feinunze und CRB Futures Index

Interpretation

Als Beispiel für die vielfältigen Indikatorfunktionen, die dem Goldpreis zugesagt werden ist hier der CRB Future Index dargestellt, der wiederum eine Indikatorfunktion für die Inflationsrate und die industrielle Erzeugerpreise haben soll. Sehen Sie unter dem Stichwort „CRB Futures Index" nach.

Für den gezeigten Zusammenhang hat der Goldpreis wirklich eindeutige Indikatorfunktion. die Zeitpunkte für den jeweiligen Trendwechsel liegen beim Gold früher als beim CRB Futures Index, die Preisausschläge sind stärker als beim Index. Diese Zusammenhänge gelten für den gesamten Zeitraum der dargestellten 10 Jahre.

Verwandtes Thema

- CRB Futures Index
- Dividendenrendite
- Goldminenindex
- IFO Konjunkturbarometer
- ICON Konjunkturbarometer
- Inflationsrate

Goldminenindex (London Goldmines Index)

Beschreibung

Der Aktienindex der in London gehandelten Goldminenaktien wird als Indikator verwendet.

Bedeutung

Die Bedeutung von Gold als Indikator verschiedener künftiger Entwicklungen wurde im vorigen Abschnitt behandelt ⇨ (siehe Gold).
Bei der Bedeutung, die man dem Goldpreis als Prognoseinstrument für verschiedenste Entwicklungen zumißt, ist es kein Wunder, daß man danach strebt auch den Goldpreis selbst zu prognostizieren.

Nicht zu vernachlässigen ist auch die Möglichkeit am Goldpreis selbst zu verdienen. Gold ist eines der am lebhaftesten gehandelten Objekte (Commodities) des Terminmarkts.
So kann es sehr nützlich sein einen Frühindikator für den Goldpreis zu besitzen.

Die Aktienmärkte nehmen als Märkte die künftig erwartete wirtschaftliche Entwicklung in ihrer Preisbildung vorweg. Die Aktienpreise (Kurse) bilden sich nicht nach den gegenwärtigen Gewinnen der Unternehmen sondern nach den in Zukunft erwarteten Gewinnen. Die Vorlaufzeit betrug bisher etwa ein halbes Jahr. In der letzten Zeit hat sie sich etwas verlängert, weil es bessere Prognoseinstrumente gibt.
Dieser Antizipationsmechanismus gilt nicht nur für die Märkte allgemein, er gilt selbstverständlich auch für die Aktienkurse der Goldminengesellschaften. Weil deren einziges Geschäft die Produktion und der Verkauf von Gold ist, kann man vom Index der Goldminenaktien auf den künftigen Goldpreis schließen.

Berechnung

Der Aktienindex der in London gehandelten Goldminenaktien wird als Indikator für den Goldpreis wendet.

Anwendungsregel

Dem Goldminenindex wird ein Vorlauf von etwa einem halben Jahr auf den Goldpreis zugeschrieben.

Aussagefähigkeit

Der Goldminenindex ist ein zuverlässiger Indikator für die künftige Entwicklung des Goldpreises.

Beispiel

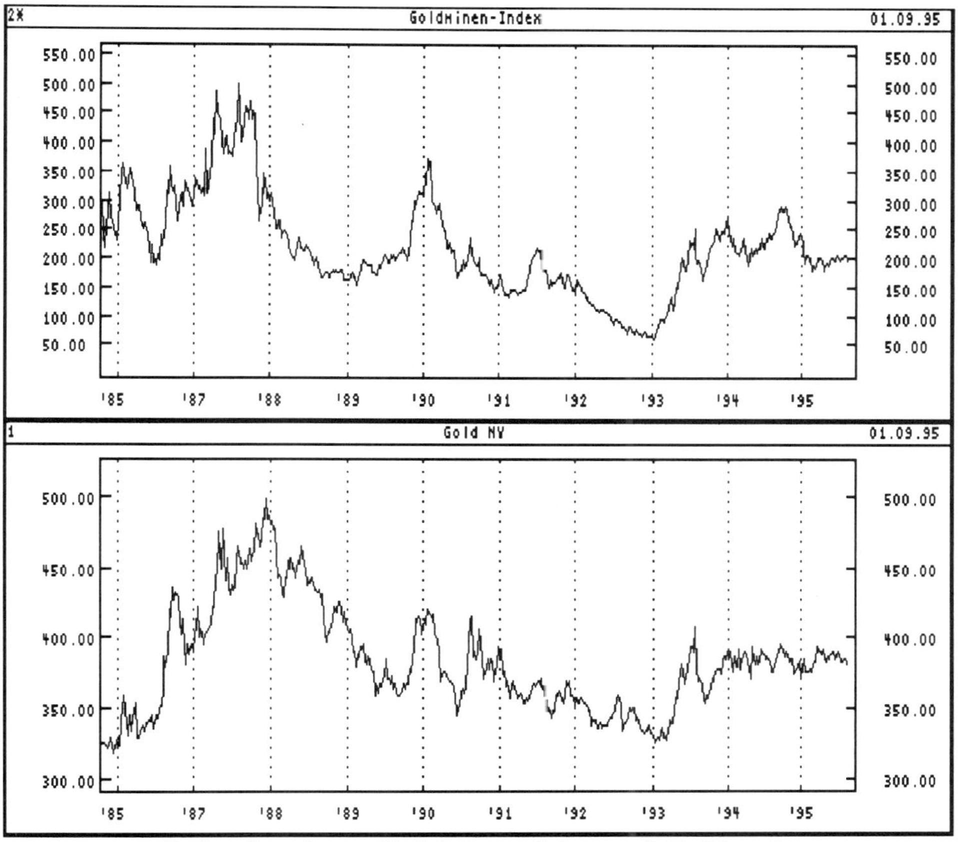

Index Londoner Goldminenaktien und Goldpreis

Interpretation

Das Beispiel zeigt den Index der Londoner Goldminenaktien und den Goldpreis in US-Dollar je Feinunze.

Die Indikatorfunktion ist klar erkennbar, wenn man die Jahreslinien zu Hilfe nimmt. Der Goldminenindex hat bei den bedeutenden Wendepunkten einen Vorlauf, der meist mehrere Monate beträgt. Das ist genau die gewünschte Funktion eines Indikators. Er soll nicht nur eine bestehende Entwicklung bestätigen, er soll vielmehr nach Möglichkeit die künftige Richtung prognostizieren.

Verwandtes Thema

- Gold

ICON Konsumbarometer (Consumer's Confidence für die USA)

Beschreibung

Das monatliche ICON Konsumbarometer wird als Indikator aufgezeichnet. In den USA verwendet man der „Consumer's Confidence index" (US Verbrauchervertrauen).

Bedeutung

Das ICON Konsumbarometer wird monatlich im Auftrag der Europäischen Union für alle Mitgliedsländer der EU erstellt.

Es wird aufgrund von Umfragen bei jeweils 2.000 Verbrauchern ermittelt. Dabei wird die Einschätzung und Erwartung der gesamtwirtschaftlichen Lage, die Einschätzung und Erwartung der finanziellen Situation des eigenen Haushalts sowie die Anschaffungsbereitschaft der Befragten für langlebige Gebrauchsgüter ermittelt. Der Saldo aus optimistischer und pessimistischer Einschätzung wird als Indikator dargestellt. Bei einem Indikatorwert von „0" halten sich beide Seiten die Waage. Bei Abweichungen ins Negative überwiegen die pessimistischen Einschätzungen entsprechend und umgekehrt.
Weil der Anteil des privaten Verbrauchs am Bruttosozialprodukt etwa 57 % beträgt, kommt der Aussage über das Verbrauchsverhalten als Stimmungsindikator der Verbraucher große Bedeutung zu.
Der Zusammenhang zwischen Konsumbarometer und allgemeinem Aktienindex ist jedoch sehr indirekt. Es besteht aber eine wesentlich engere Bindung zwischen ICON Konsumbarometer und der Zuwachsrate der Einzelhandelsumsätze. Darüber kann höchstens ein Zusammenhang mit den Kaufhausaktien bestehen.
Für den Gesamtmarkt besteht keine Indikatorfunktion.
In den USA verwendet man der „Consumer's Confidence index" (US Verbrauchervertrauen) mit gleicher Indikatorwirkung..

Berechnung

Das ICON Konsumbarometer wird aufgrund statistischer Berechnungsverfahren aus Umfrageergebnissen ermittelt und monatlich veröffentlicht.
In den USA verwendet man der „Consumer's Confidence index" (US Verbrauchervertrauen).

Anwendungsregel

Es gibt keine Indikatorfunktion auf den Aktien Gesamtmarkt sondern nur auf die Zuwachsrate der Einzelhandelsumsätze.

Beispiel

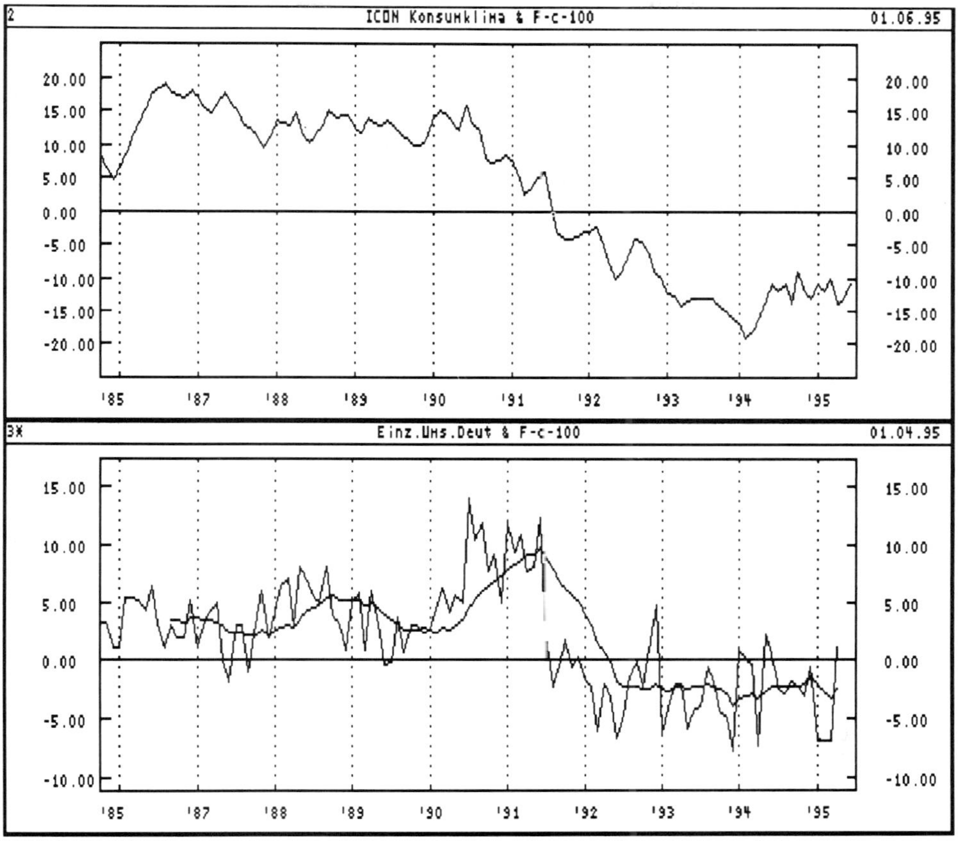

ICON Konsumbarometer und Zuwachsrate Einzelhandelsumsätze

Interpretation

Das Beispiel zeigt das ICON Konsumbarometer und die jährliche Zuwachsrate der Einzelhandelsumsätze.

Zwischen diesen beiden Werten besteht eine enge Kopplung. Beim Kaufverhalten der Verbraucher spielt also die Einschätzung der allgemeinen und eigenen wirtschaftlichen Situation eine entscheidende Rolle.

Verwandtes Thema

- IFO Konjunkturbarometer

ifo Geschäftsklima

Beschreibung

Das monatliche ifo Geschäftsklima Konjunkturbarometer wird als Indikator aufgezeichnet

Bedeutung

Das ifo-Institut ermittelt monatlich in einer Umfrage bei deutschen Unternehmen die Einschätzung der gesamtwirtschaftlichen Lage und die Einschätzung der wirtschaftlichen Lage des eigenen Unternehmens. Das Ergebnis wird als ifo Geschäftsklima veröffentlicht.
Der Saldo aus optimistischer und pessimistischer Einschätzung wird als Indikator dargestellt. Bei einem Indikatorwert von „100“ halten sich beide Seiten die Waage. Bei Rückgang unter 100 überwiegen die pessimistischen Einschätzungen entsprechend und umgekehrt.

Man erhält sicher ein ausgezeichnetes Bild von der Stimmung in der Wirtschaft, wenn man die Unternehmen nach der Einschätzung der allgemeinen und eigenen wirtschaftlichen Lage befragt. Wenn diese Befragung systematisiert und vergleichbar gemacht wird, erhalten die Aussagen eine objektiven Maßstab Das ermöglicht Vergleiche über lange Zeiträume. Das ifo Geschäftsklima hat sich als der maßgebliche Indikator auf diesem Gebiet für Deutschland herausgebildet.
Nun ist die Messung des Klimas sicher noch kein direktes Maß für die wirtschaftliche Aktivität der Unternehmen. Es verkündet aber in seiner intelligenten Fragestellung die künftigen wirtschaftlichen Maßnahmen dieser Unternehmen. Das gerade ist beabsichtigt.
Die Prognosewirkung beruht auf der Fragestellung. Wer die derzeitige allgemeine und eigene Lage optimistisch einschätzt, wird seine Kapazitäten ausbauen, Personal einstellen, investieren. Wer die Lage pessimistisch sieht, wird das lassen. In jedem Fall liegt die aus der Umfrage resultierende Aktivität in der absehbaren Zukunft. Genau das will man erfragen.

Berechnung

Das ifo Geschäftsklima wird aufgrund statistischer Berechnungsverfahren aus Umfrageergebnissen ermittelt und monatlich veröffentlicht.

Anwendungsregel

Das ifo Geschäftsklima läuft in seiner langfristigen Tendenz in etwa parallel zum Aktienindex. Wegen des zunehmenden Vorlaufs der Aktienbörse hat der Indikator an den Wendepunkten nur trendbestätigende Wirkung.

Beispiel

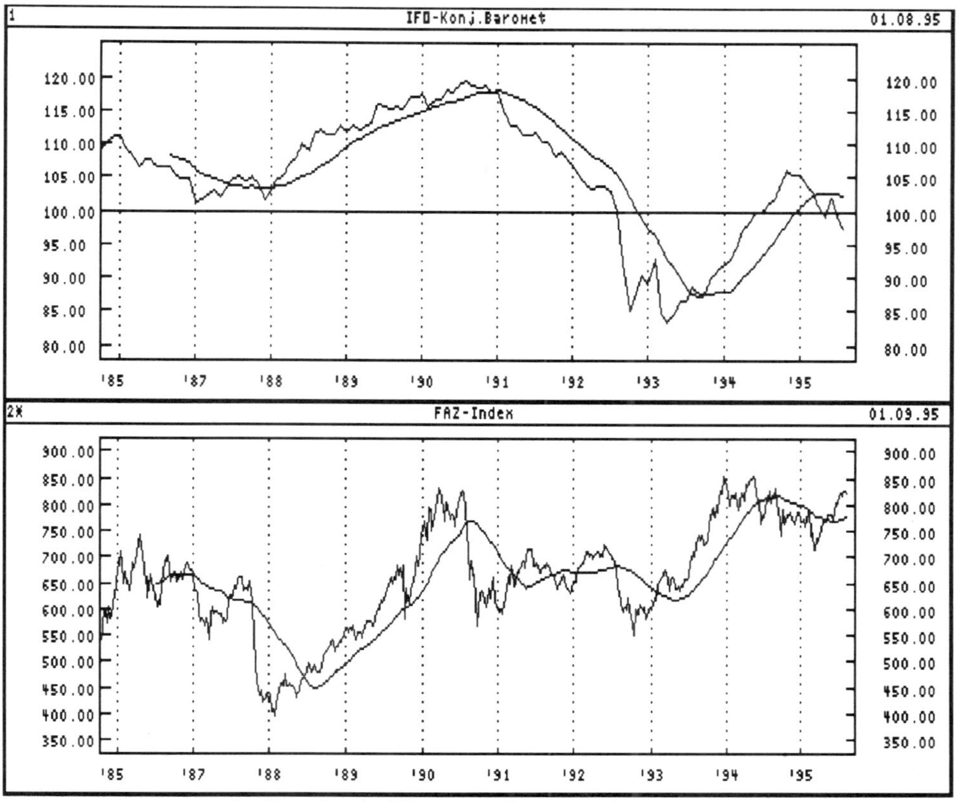

ifo Geschäftsklima und FAZ-Aktienindex

Interpretation

Das Beispiel zeigt der Indikator ifo Geschäftsklima und den FAZ-Aktienindex. Absichtlich wurde nicht der DAX zum Vergleich herangezogen, weil dieser ein Performanceindex ist, der die Dividenden enthält, was dem Index eine stärkere Steigung verleiht, als einem reinen Aktienindex wie dem FAZ-Index.

In beide Chart wurde der langfristige gleitende Durchschnitt eingezeichnet. Der Vergleich dieser gleitenden Durchschnitte zeigt deutlicher die langfristig gleich gerichtete Tendenz beider Werte. Die einzelnen Monatswerte sind nur von untergeordneter Bedeutung. Wichtig ist der langfristige Trend.

Das Bild verdeutlicht den Vorlauf der Börse vor dem aktuellen wirtschaftlichen Geschehen. Die Börsenkurse wechseln schon etwas vor dem jeweiligen Kulminationspunkt des ifo Geschäftsklimas die Bewegungsrichtung. Dabei ist zu beachten, daß der Indikator Geschäftsklima schon das wirtschaftliche Geschehen prognostizieren soll.

Das ifo Geschäftsklima hat also gemäß dieser Erkenntnis eher eine trendbestätigende Funktion für den Aktienmarkt als eine Prognosefunktion.

Verwandtes Thema

- ICON Konsumbarometer, Consumer´s Confidence index (USA)
- Leading Indicators

Industrieproduktion, IP

Beschreibung

Die prozentuale Veränderungsrate der Industrieproduktion gegenüber dem Vorjahr wird als Indikator verwendet.

Bedeutung

Die Industrieproduktion ist der industrielle Anteil am Bruttosozialprodukts. Es fehlen beispielsweise die Dienstleistungen und der private Verbrauch.

Außerdem drückt sich in der Industrieproduktion der Teil des BSP aus, der lange Zeit braucht vom Auftragseingang bis zum Umsatz (Auslieferung). Dadurch entsteht eine relativ starke zeitliche Entkopplung von Industrieproduktion und Aktienkursen. Dazu muß noch die Zeitverzögerung addiert werden, die zwischen dem Entstehen des Industrieprodukts und der Veröffentlichung der Zahl für die entsprechende Periode liegt.

So ist zwischen der Veränderungsrate der Industrieproduktion als Einzelindikator und den Aktienkursen kaum eine direkte Relation zu finden. Sie findet aber sehr wohl Eingang in gesamtwirtschaftliche Indikatoren, die dann wieder Schlüsse auf den Aktienmarkt zulassen.

Berechnung

Die Industrieproduktion wird meist monatlich von den Statistischen Ämtern der Länder veröffentlicht.

Anwendungsregel

Die Veränderungsrate der Industrieproduktion ist als einzelner Indikator für die Aktienkursentwicklung nicht brauchbar. Sie wird nur im Zusammenhang mit anderen Wirtschaftsfaktoren verwendet.

Beispiel

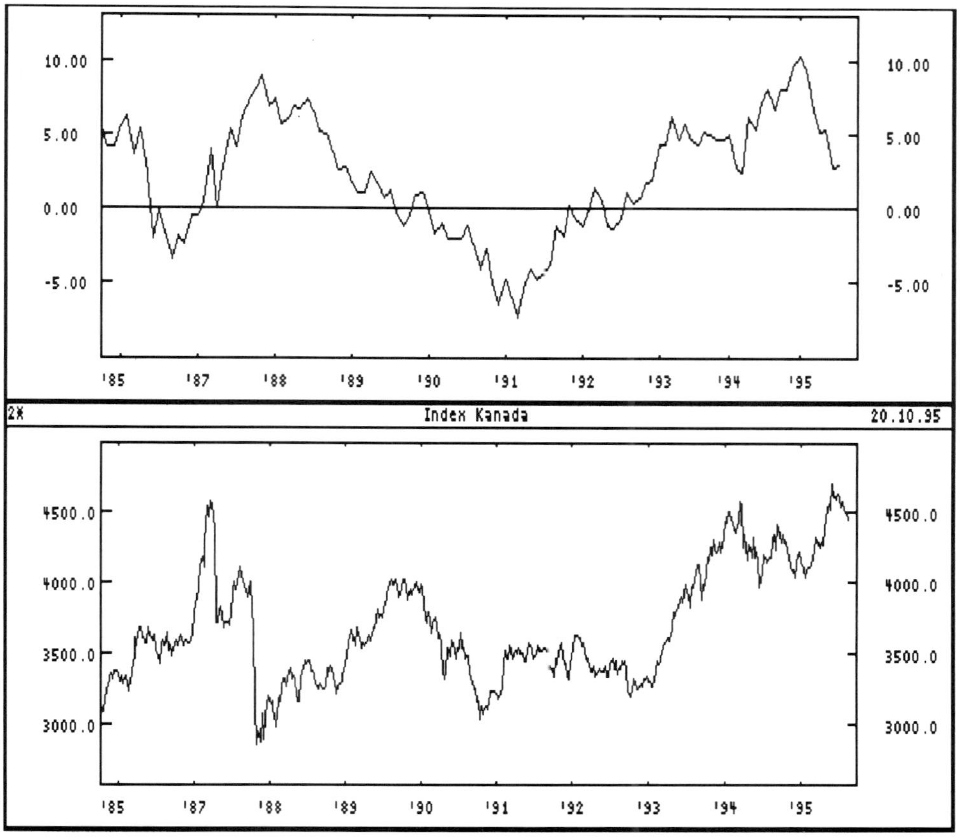

Veränderung der Industrieproduktion und Aktienindex Kanada

Interpretation

Das Beispiel zeigt die jährliche Veränderung der Industrieproduktion und den Aktienindex Kanada.

Das Beispiel läßt erkennen, daß über diesen Einzelindikator zwar kein direktes Timing am Aktienmarkt sinnvoll erscheint, daß der Indikator aber deutliche tendenzielle Zusammenhänge aufweist. Diese werden in Verbindung mit anderen Indikatoren genutzt.

Verwandtes Thema

- Bruttosozialprodukt

Inflationsrate (Consumerprice Index, CPI)

Industrielle Erzeugerpreise (Producerprice Index, PPI)

Beschreibung

Die Inflationsrate , das ist die jährliche Zuwachsrate der privaten Verbraucherpreise, wurde als Indikator aufgezeichnet. Gleiches gilt für die Zuwachsrate der industriellen Erzeugerpreise.

Bedeutung

Im Zuge des Konjunkturaufschwungs wächst die Kapazitätsauslastung, wachsen die Lohnstückkosten, die industriellen Erzeugerpreise.
Das treibt die Verbraucherpreise in die Höhe. Die Zentralbank (bei uns Bundesbank) bremst die Konjunktur mit dem Ziel die Geldwertstabilität zu erhalten. Sie nimmt den Zuwachs der Geldmenge zurück und erhöht die Zinsen.
Nach längerer Zeit wirken sich die Bremsmaßnahmen aus, die Konjunktur kühlt ab. Das ist am Nachlassen der Geschäftstätigkeit zu erkennen. Weiterer Indikator ist der Rückgang der Preissteigerungsraten. Die Zentralbank kann die Bremsmaßnahmen lockern, beispielsweise die Zinsen senken, die Geldmenge erhöhen. Damit kann die Konjunktur sich wieder erholen, die Aktienkurse steigen.
Diese Zusammenhänge hören sich simpel an, sie wiederholen sich auch immer wieder, wenn auch in abgewandelter Form. Dennoch sind die Vorgänge schwer zu identifizieren. Die Zentralbank kündigt ja die von ihr beabsichtigten geldpolitischen Maßnahmen nicht an.
Die Kapitalmärkte nehmen einen wesentlichen Teil dieser Entwicklungen schon vorweg, weil sie erwartet werden. Das verwässert die unmittelbare Wirkung einer monetären Maßnahme und erschwert damit die Erkennbarkeit.
Unter diesen Umständen ist eine erwartete Diskonterhöhung in der Kursentwicklung der Festverzinslichen schon vorweggenommen. So ist am Tag des Inkrafttretens keine unmittelbare Wirkung dieser Maßnahme erkennbar, und die Wirksamkeit wird von vielen Marktteilnehmern falsch eingeschätzt.
Wir wollen hier untersuchen inwieweit diese Vorgänge anhand von Indikatoren erkennbar gemacht und für die Erkennung der Entwicklung am Rentenmarkt genutzt werden können.

Berechnung

Die Zuwachsrate der Verbraucherpreise und der industriellen Erzeugerpreise werden monatlich veröffentlicht.

Anwendungsregel

- Steigende Inflationsraten ziehen steigende Zinsen nach sich.
- Fallende Inflationsraten haben fallende Zinsen zur Folge.

Aussagefähigkeit:
Die Inflationsrate ist nicht zur Prognose der Zinsen geeignet, sie kann den Zinstrend lediglich tendenziell bestätigen.

Beispiel

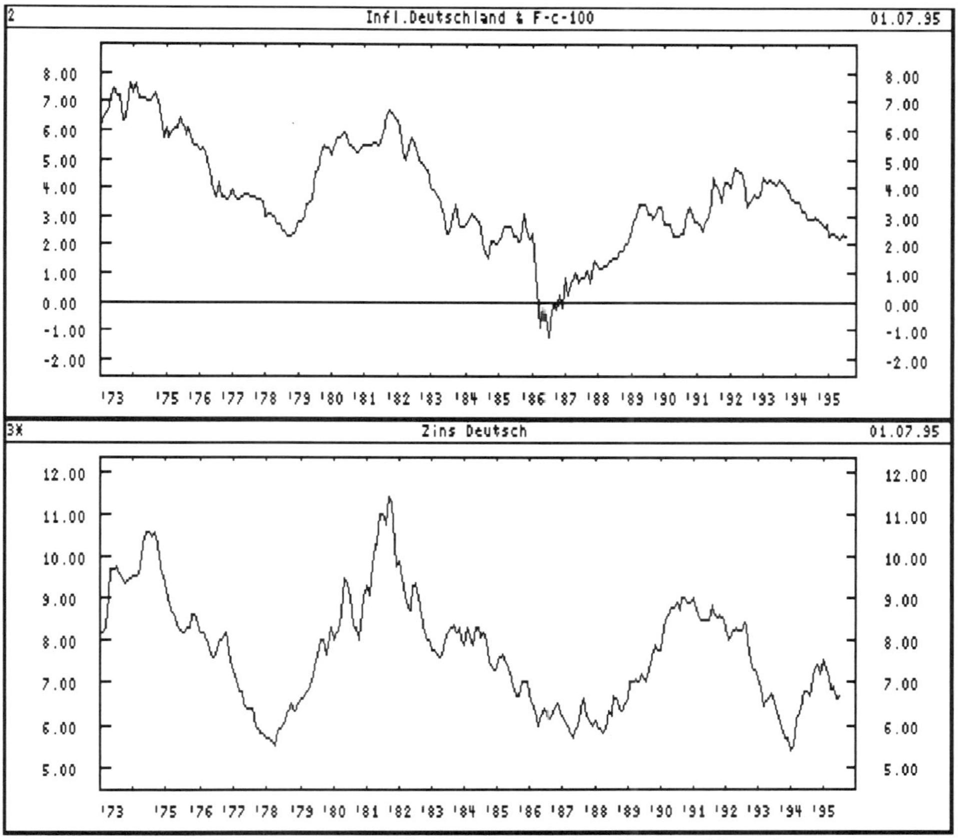

Inflationsrate und Anleiherendite Deutschland

Interpretation

Das Beispiel zeigt die Inflationsrate - das ist der jährliche Zuwachs der Verbraucherpreise - im Vergleich zur Anleiherendite in Deutschland.
Auf den ersten Blick verlaufen Inflationsrate und Anleihezins tendenziell gleich. Wenn man aber genauer hinsieht, fällt auf, daß:

- Wendepunkte im Trend der Anleiherendite liegen früher als bei der Inflationsrate,
- Inflationsrate und Zins beispielsweise 1994 auch tendenziell auseinanderlaufen.

Daraus ist unter anderem zu folgern:

- die Inflationsrate taugt nicht zur Prognose der Zinsen sondern kann den Zinstrend lediglich tendenziell bestätigen.
- Es gibt Störungen, die den Gleichlauf beeinflussen können. Dazu gehören die wachsenden internationalen Verflechtungen der Märkte. Eine solche Störung hat auch den massiven Zinsanstieg 1994 verursacht. Solche Störeinflüsse aus fremden Märkten können künftig durchaus weiter zunehmen.

Verwandtes Thema

- Rentenrendite und Aktienmarkt

Jahres-Höchst minus Jahres-Tiefstkurse

Beschreibung

Es werden wöchentlich die neu erreichten Jahres Höchstkurse einer Börse abzüglich der neuen Jahres-Tiefstkurse aufgezeichnet. Als Vergleichszeitraum dienen die letzten 52 Wochen, nicht das Kalenderjahr. Es wird bewertet, wie stark welche Seite überwiegt.

Bedeutung

Der Saldo von neuen Jahres Höchstkursen und neuen Jahres Tiefstkursen wird täglich oder wöchentlich gebildet. Man bezieht die neuen Höchst- und Tiefstwerte inzwischen einheitlich auf die Kurse der letzten 52 Wochen. Früher wurde teilweise auf das Kalenderjahr bezogen, was nicht logisch ist. Aus diesem Grund lassen sich sehr alten Zeitreihen unter Umständen heute nicht mehr verwenden, weil sie möglicherweise noch diese falsche Basis verwenden.
Die Aussage des Indikators ist natürlich eng verwandt mit der A-D-Linie. Sie erfaßt allerdings ausschließlich die extremen Werte, verdeutlicht also noch stärker die Situation einer Börse, ob sie überkauft oder überverkauft ist. Wenn außerordentlich viele Aktien neue Jahreshöchstkurse erreichen, ist zu schließen, daß die Börse im Sog einer Hausse auch die weniger guten Werte mit nach oben zieht. Das ist ein undifferenzierter Optimismus, wie er nur in Übertreibungsphasen auftritt. Die Börse übertreibt die Hausse. Auf der anderen Seite ist auch nicht zu erwarten, daß es noch weiter abwärts gehen kann, wenn extrem viele Werte neue Jahrestiefstkurse erreichen. Das ist ebenfalls übertrieben und wird über kurz oder lang korrigiert werden.

Berechnung

Der Saldo von neuen Höchstkursen und neuen Tiefstkursen aus den letzten 52 Wochen werden täglich oder wöchentlich aufgezeichnet. Die Werte werden von den wichtigen Börsen veröffentlicht.

Anwendungsregel

- Extremes Übergewicht einer Seite kennzeichnet Übertreibungsphasen. Es ist mit einer heftigen Gegenbewegung zu rechnen.
- Weniger extremes, aber doch starkes Übergewicht einer Seite läßt eine technische Reaktion zum Ausgleich erwarten.
- Bei Verwendung der Wochenwerte können Extremwerte als Vorsignal zusammen mit den Wendepunkten eines passenden gleitender Durchschnitts gut als Timinginstrument verwendet werden.
- Divergenzen zwischen Indikator und Aktienindex deuten auf ein bevorstehendes Ende des bestehenden Trends.

Aussagefähigkeit:

Der Indikator zeigt kürzerfristige Übertreibungsphasen. Er eignet sich als Wochenwert zusammen mit einem passenden gleitenden Durchschnitt zur Ermittlung von Wendepukten am Aktienmarkt.

Beispiel

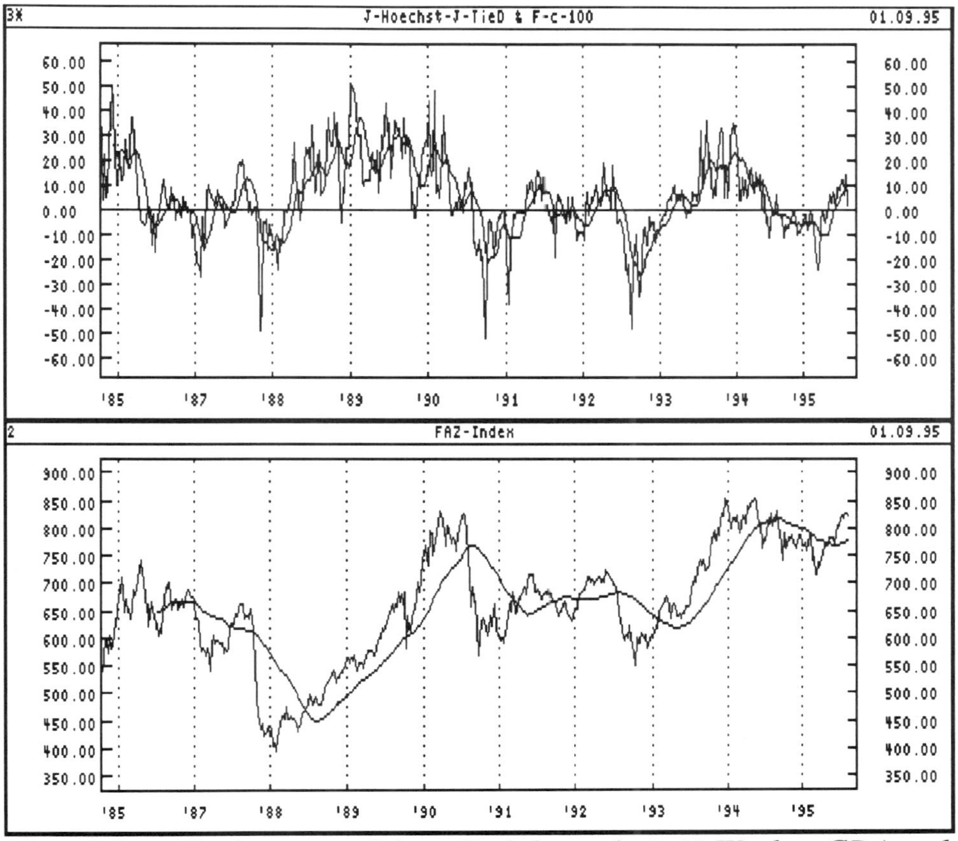

Neue Jahres-Höchst minus Jahres-Tiefstkurse (mit 10 Wochen GD) und FAZ-Index

Interpretation

Das Beispiel zeigt die Wochenwerte der neuen Jahres-Höchst minus Jahres-Tiefstkurse, ihren 10-wöchigen gleitenden Durchschnitt und den FAZ-Aktienindex. Der Indikator hat zweifellos gute Prognosefunktion:

Betrachtet man im Beispiel die Wende nach dem Krach 1987, dann zeigt der Extremwert neuer Tiefstkurse die Übertreibung. Der Tiefstkurs des Index wird durch eine Besserung beim Indikator angekündigt, der neue Aufwärtstrend durch eine Wende des gleitenden Durchschnitts nach oben.
Die Trendumkehr 1990 wird lange vorher durch starke Divergenz zwischen Indikator und Index angekündigt. Dies deutet auf nachlassende Marktstärke. Dadurch alarmiert, kann der Anleger besonders aufmerksam das charttechnische Verkaufsignal erwarten und nutzen.

Verwandtes Thema

- A-D-Linie

Kapazitätsauslastung (Capacity utilisation)

Beschreibung

Die Kapazitätsauslastung der Industrie wird regelmäßig ermittelt. Es ist der prozentual genutzte Anteil der theoretisch vorhandenen Fertigungskapazität als Durchschnitt aller Branchen. Sie wird als Indikator aufgezeichnet.

Bedeutung

Die theoretisch vorhandene Fertigungskapazität ist in der Praxis nicht zu 100 % zu nutzen, weil immer ein Teil der Kapazität wegen technischer Störungen und Wartungsarbeiten nicht einsetzbar ist. Außerdem ist auch der notwendige Personalstand nie voll verfügbar wegen Krankheit, Urlaub und sonstiger Fehlzeiten.

Hinzu kommt ein weiterer, wichtiger Faktor. Es liegt in der Natur der Sache, daß nicht alle Fertigungseinrichtungen mit gleicher Wirtschaftlichkeit für die Unternehmen produzieren. Logischerweise werden die modernsten Kapazitäten die niedrigsten Fertigungskosten haben und damit den größten Gewinn bringen. Sie werden in erster Linie genutzt. Wenn die Kapazität sehr hoch ausgelastet wird, müssen auch die älteren Einrichtungen genutzt werden, auf denen teurer produziert wird. Wächst die Auslastung noch mehr, müssen Überstunden gefahren werden, was die Produktion weiter verteuert.

Eine durchschnittliche Auslastung von etwa 85 % wird als optimal angesehen. Jede Nutzung darüber oder darunter verteuert die Stückkosten.

Berechnung

Die Kapazitätsauslastung wird quartalsweise veröffentlicht. Sie ist wegen statistischer Unterschiede zwischen verschiedenen Ländern nicht vergleichbar.

Anwendungsregel

Die Kapazitätsauslastung ist als Indikator für die Aktienkursentwicklung nicht brauchbar. Der Zusammenhang ist sehr lose.
Wegen der grundlegenden wirtschaftlichen Bedeutung fließt die Kapazitätsauslastung als Einzelfaktor in komplexe wirtschaftliche Betrachtungen ein.

Beispiel

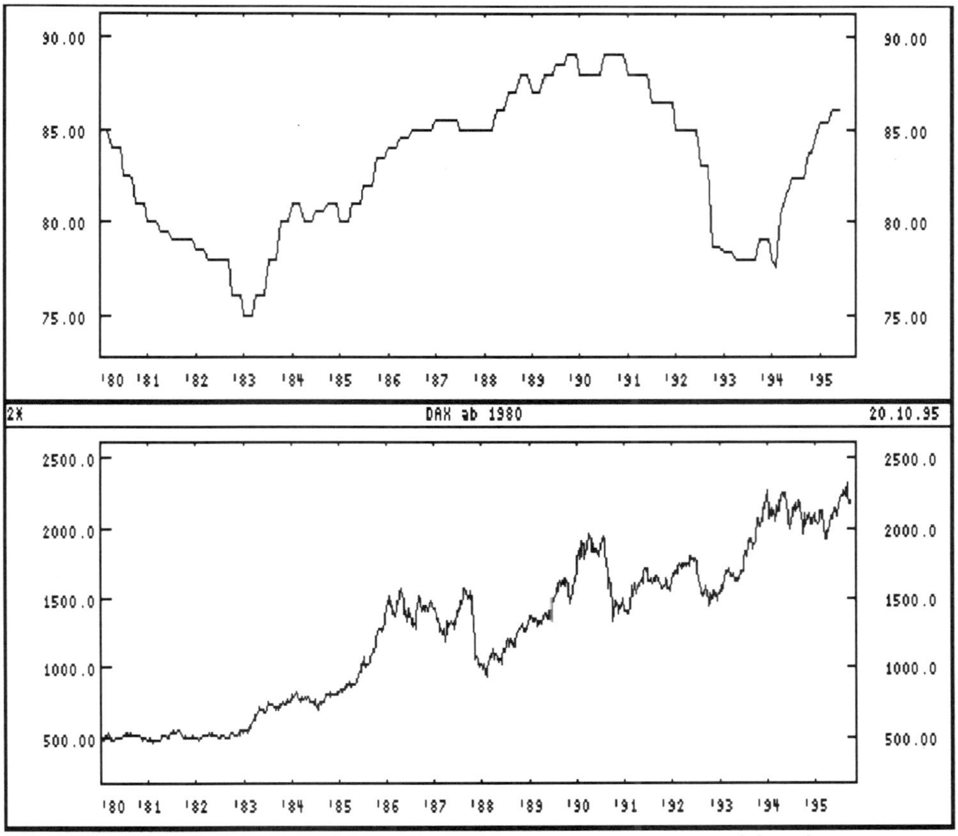

Kapazitätsauslastung und Aktienindex Deutschland

Interpretation

Das Beispiel zeigt die Kapazitätsauslastung der Industrie Deutschland und den Deutschen Aktienindex DAX.

Es zeigt sich, daß dieser Einzelfaktor nicht als Indikator geeignet ist. Er wird deshalb nur im Zusammenhang mit anderen fundamentalen Indikatoren verwendet.

Verwandtes Thema

- Bruttoinlandsprodukt
- Industrieproduktion

Kurs / Gewinn Verhältnis, KGV (Price / earnings ratio, P/E)

Beschreibung

Das üblicherweise nur für einzelne Unternehmen gerechnete Verhältnis von aktuellem Aktienkurs zu Jahresgewinn wird auch auf ganze Aktienmärkte berechnet, indem man das Verhältnis ermittelt von der Summe der Aktienkurse zur Summe der Jahresgewinne je Aktie.

Bedeutung

Die Unternehmensgewinne bilden einen wesentlichen Maßstab für die Aktienkurse. Das Problem liegt nur darin, den aktuellen Gewinn eines Unternehmens zu ermitteln. Ein weiteres gewichtiges Moment für die Kursbildung sind die künftig erwarteten Gewinne. Sie bilden die Phantasie der Börsianer, damit das Rückgrat für Nachfrage und Angebot bei einer Aktie oder an einem Aktienmarkt.

Selbst wenn der aktuelle Gewinn - damit das Kurs / Gewinn Verhältnis bekannt wäre, bliebe noch der Faktor Zukunftsphantasie. Diese Phantasie ist der eigentliche Motor von Hausse und Baisse an den Börsen. Grenzenloser Optimismus führt zu überhöhten Kursen und schwärzester Pessimismus zum Börsenkrach.

So ist es kein Wunder, daß das Kurs / Gewinn Verhältnis je nach Stimmung deutlich schwankt. Bezogen auf den marktbreiten Index bewegte sich das KGV in den USA während dieses Jahrhunderts zwischen knapp 4 und knapp 40, streute also um den Faktor 10.

Berechnung

Summe der Aktienkurse eines Index dividiert durch die Summe der aktuellen Jahresgewinne je Aktie.

Anwendungsregel

Allenfalls sehr breit gefaßte Aktienindices lassen eine Eingrenzung des KGV in „überteuert“ und „außerordentlich billig“ zu.

- Für den US-Aktienindex Standpoors 500 sind die Zahlen über sehr lange Zeit verfügbar.
- Bei diesem Index ist ein mittleres KGV von gut 13 normal.
- Man sieht ein KGV über 19 als überteuert an, ein KGV unter 10 als billig.
- In diesem Jahrhundert sind Werte zwischen etwa 4 und etwa 40 vorgekommen.

Aussagefähigkeit:
Das Kurs / Gewinn Verhältnis ist wenig zur Aktienmarktprognose geeignet.

Beispiel

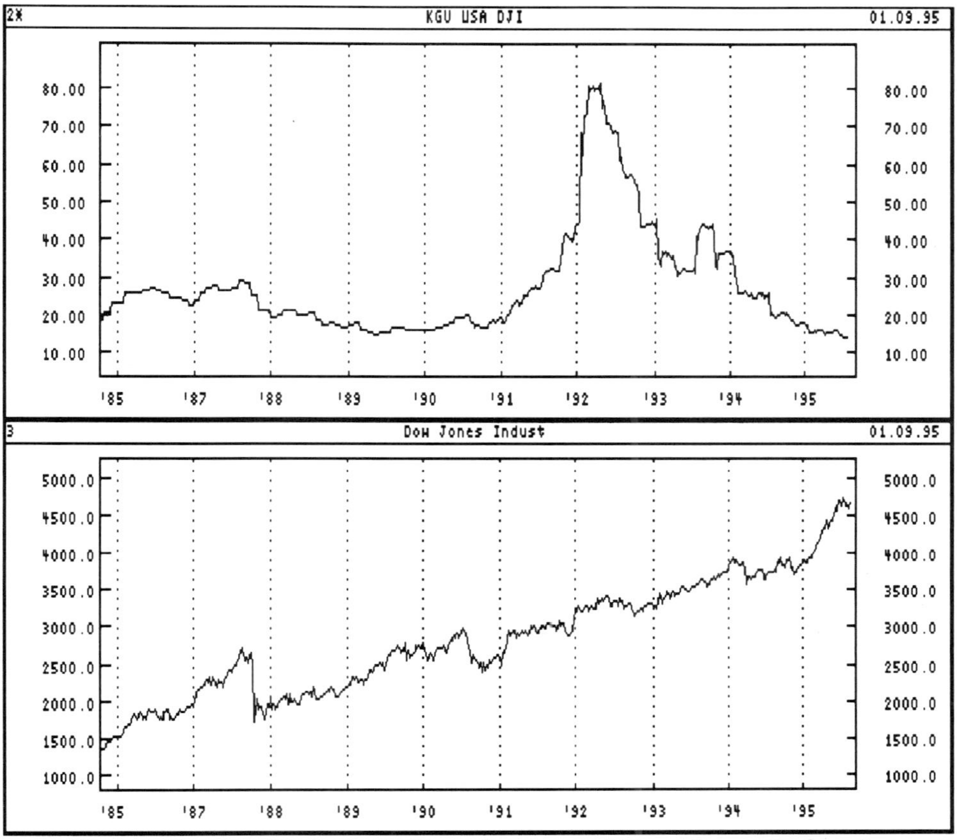

Kurs / Gewinn Verhältnis Dow Jones und Dow Jones Industrie

Interpretation

Das Beispiel zeigt den Dow Jones Industrie Durchschnitt mit seinem Kurs / Gewinn Verhältnis.

Es wird deutlich, daß hieraus keine Prognosewirkung des Indikators besteht. Wenn man einen sehr marktbreiten Index - beispielsweise den Standpoors 500 Index - mit seinem Kurs / Gewinn Verhältnis aufzeichnet, kann man eventuell Nutzen aus den Extremwerten ziehen.

Verwandtes Thema

- Dividendenrendite

Laien / Spezialisten-Leerverkäufe (Public / specialists short ratio)

Beschreibung

An den US-Börsen werden die Leerverkäufe verschiedener Anlegergruppen wöchentlich (mit 2 Wochen Verzögerung) veröffentlicht. Der hier gezeigte Indikator setzt die Leerverkäufe der Laien ins Verhältnis zu denen der am weitesten spezialisierten Börsenmitglieder, den sogenannten Specialists.

Bedeutung

Investoren verkaufen leer (short), wenn sie Kursrückgänge erwarten. Sie wollen die leerverkauften Aktien später billiger wieder zurückkaufen (eindecken).

Weil das Publikum meistens die Kursentwicklung falsch einschätzt, werden niedrige Leerverkaufszahlen des Publikums als Anzeichen für bevorstehende Kursrückgänge genommen.
Den Spezialisten dagegen traut man besondere Sachkenntnis bezüglich der Aktien zu. Wenn sie Aktien leerverkaufen, müßten sie demnach richtig liegen.

Ein Aufschwung ist zu erwarten, wenn die Leerverkaufszahlen der Spezialisten niedrig sind. Ein Kursrückgang ist dann zu erwarten, wenn die Leerverkäufe der Laien niedrig sind, also die Stimmung an der Börse gut ist.

Berechnung

Umsatz Laien -Leerverkäufe / Umsatz Spezialisten-Leerverkäufe (%)

Die Leerverkaufszahlen werden wegen des aufwendigen Melde- und Prüfverfahrens der Börsenaufsicht (SEC) erst mit 2 Wochen Verzögerung veröffentlicht.

Anwendungsregel

- Hohe Werte des Indikators Laien / Spezialisten-Leerverkäufe heißen, daß die Laien stärker leerverkauft haben, deuten also auf eine steigende Börse.
- Niedrige Werte des Indikators zeigen, daß die Spezialisten stärker leerverkauft haben, bedeuten also eine tendenziell fallende Börse.
- Der Indikator ist nur für den US-Markt verfügbar, weil nur dort entsprechende Zahlen über den Anteil der Marktteilnehmer an den Short Geschäften veröffentlicht werden.

Aussagefähigkeit:

Die Leerverkaufs-Verhältnisse haben sich in den letzten Jahren verschoben. Das ist vermutlich auf Arbitragegeschäfte zurückzuführen. Ein abschließendes Urteil über neue Signalniveaus ist derzeit noch nicht möglich.

Beispiel

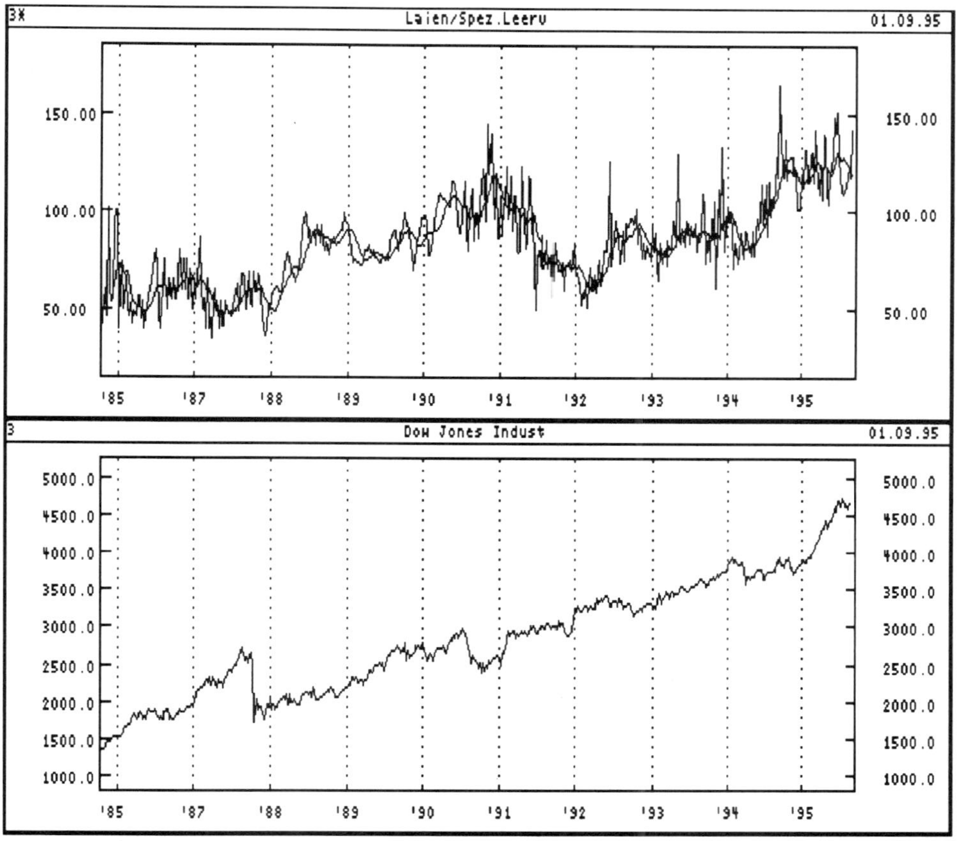

Laien / Spezialisten-Leerverkäufe (mit GD 10 Wochen) und Dow Jones Industrie

Interpretation

Das Beispiel zeigt das Leerverkaufsverhältnis Laien / Spezialisten (mit gleitendem Durchschnitt 10 Wochen) und den Dow Jones Industrie Durchschnitt.

Es läßt sich keine direkte Prognosewirkung erkennen. Tendenziell kann man sehen, daß der Laienanteil an den Leerverkäufen in der Baisse höher ist als bei Höchstkursen. Der außerordentlich starke Kursanstieg im Jahr 1995 war stets von hohen Leerverkäufen der Laien begleitet. Das zeigt die große Skepsis des breiten Publikums gegenüber dieser Hausse.

Verwandtes Thema

- Laienleerverkäufe
- Leerverkaüfe Members
- Leerverkäufe Spezialisten

Laienleerverkäufe (Public short ratio)

Beschreibung

Der prozentuale Anteil der Laien am gesamten Leerverkaufs-Volumen wird von der NYSE wöchentlich (mit 2 Wochen Verzögerung) veröffentlicht. Er dient als Indikator für den Aktienmarkt.

Bedeutung

Investoren verkaufen Aktien leer (short), wenn sie Kursrückgänge erwarten. Sie wollen die leerverkauften Aktien später billiger wieder zurückkaufen (eindecken).

Das gilt natürlich auch für das Publikum. Hierzu werden alle Teilnehmer mit Ausnahme der Börsenmitglieder gerechnet.

Weil das Publikum meistens die Kursentwicklung falsch einschätzt, werden niedrige Leerverkaufszahlen des Publikums als Anzeichen für bevorstehende Kursrückgänge genommen. Umgekehrt wird hoher Leerverkaufsanteil (großer Pessimismus) des Publikums als Anzeichen für eine bevorstehende Besserung der Börse angesehen.

In USA nennt man diesen Indikator public short ratio.

Berechnung

Umsatzanteil der Laienleerverkäufe am gesamten Leerverkaufsumsatz (%)

Die Leerverkaufszahlen werden wegen des aufwendigen Melde- und Prüfverfahrens der Börsenaufsicht (SEC) erst mit 2 Wochen Verzögerung veröffentlicht.

Anwendungsregel

Untersuchungen über einen Zeitraum von 40 Jahren haben gezeigt, daß der Indikator sinnvoll über 10 Wochen geglättet und dann nach folgender Regel benutzt wird:

- Werte des so geglätteten Indikators von 35 % und höher brachten bei Anwendung auf den SP 500 Gewinn.
- Werte des Indikators von 18 % und weniger sind Anzeichen für drohende Kursrückgänge.

Aussagefähigkeit:

Der Indikator soll unbedingt geglättet angewandt werden. Er wirkt dann auf mittlere Sicht (6-12 Monate).
Die Leerverkaufs-Verhältnisse haben sich in den letzten Jahren verschoben. Das ist vermutlich auf Arbitragegeschäfte zurückzuführen. Ein abschließendes Urteil über neue Signalniveaus ist derzeit noch nicht möglich.

Beispiel

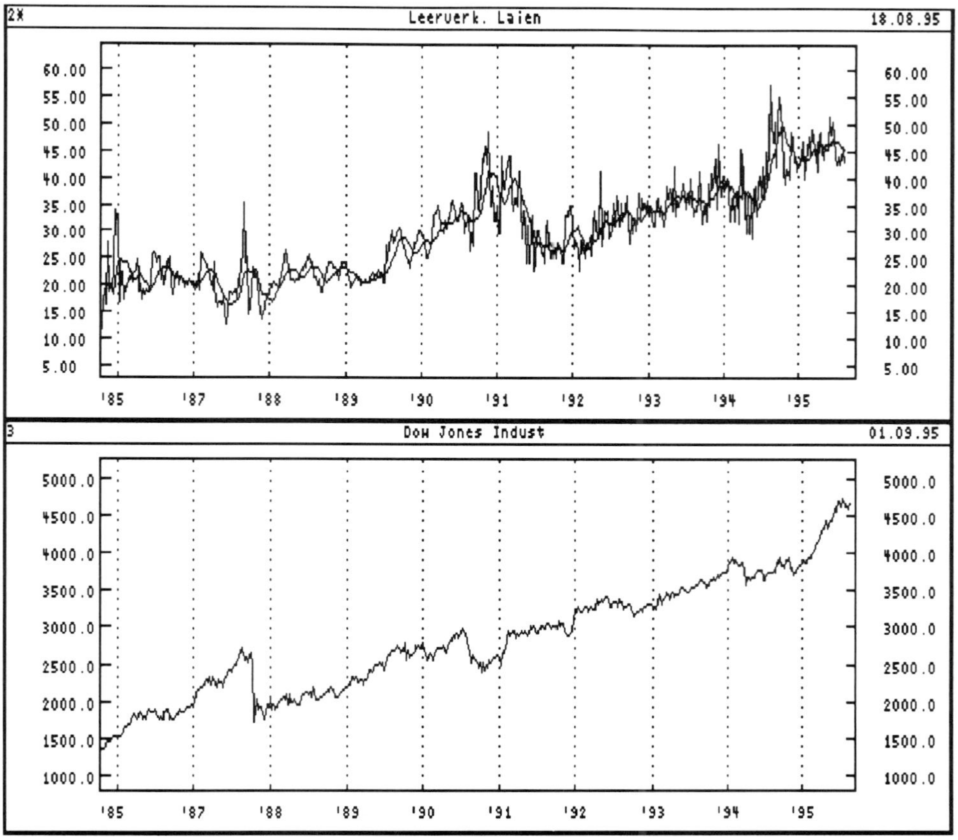

Laien-Leerverkaufsanteil (mit GD 10 Wochen)und Dow Jones Industrie

Interpretation

Das Beispiel zeigt den prozentualen Laienanteil am Leerverkaufsvolumen mit gleitendem Durchschnitt 10 Wochen und den Dow Jones Industrie Durchschnitt.

- Die Signalwirkung des Indikators ist bis zum 1990 erkennbar.
- Niedrige Laienleerverkäufe findet man zu Zeiten der Höchstkurse - beispielsweise vor dem Börsenkrach 1987.
- Hohe Anteile der Laien an Leerverkäufen in Zeiten der Tiefstkurse - beispielsweise gegen Ende 1990.
- Seitdem ging dieser Zusammenhang etwas verloren.

Verwandtes Thema

- Leerverkäufe Members
- Laien / Spezialisten Leerverkäufe
- Leerverkäufe Spezialisten

Leading Indicators

Beschreibung

Das US-Handelsministerium veröffentlicht monatlich einen "Index of Leading Indicators" (Index der konjunkturellen Frühindikatoren). Er wird als Indikator für den US-Aktienmarkt verwendet.

Bedeutung

Der Index of Leading Indicators wurde speziell als Frühindikator für die zu erwartende gesamtwirtschaftliche US-Konjunktur entwickelt. Er setzt sich aus zwölf Einzelindikatoren für die verschiedenen Bereiche zusammen, die sich als maßgebend erwiesen haben.

Dies sind beispielsweise Produktion, Verkauf, Investitionen, Auftragseingang, Auftragsbestand und Anzahl der Firmenzusammenbrüche als Maßzahlen für den Zustand der Unternehmen. Kaufkraft, Inflation und Beschäftigung stehen für die Nachfrageseite. Schließlich kommen Geldmarkfaktoren hinzu. Sie bestimmen inwieweit und zu welchen Bedingungen die Absichten der Wirtschaftspartner finanzierbar sind.

Der gewählte Datenkranz hat sich als brauchbares Instrument für die Konjunktur-Prognose erwiesen. Der Index findet deshalb breite Resonanz in Kreisen der Wirtschaft und Politik. Insofern birgt er auch ein gewisses Maß an Selbstbestätigung (self-fulfilling prophecy).

Berechnung

Der Index of Leading Indicators wird monatlich vom US Handelsministerium veröffentlicht.

Anwendungsregel

Der Index of Leading Indicators ist als Indikator für den Aktienmarkt hervorragend geeignet.
Er dient allerdings nicht als "Frühindikator" für die Kursentwicklung. Er bestätigt vielmehr meistens eine am Aktienmarkt bereits begonnene Trendänderung. Insofern hat der Index als Indikator Bedeutung. Er ist quasi die erste Rückmeldung aus der Wirtschaft, daß die von der Börse vermutete Entwicklung wahrscheinlich eintreten wird.

Beispiel

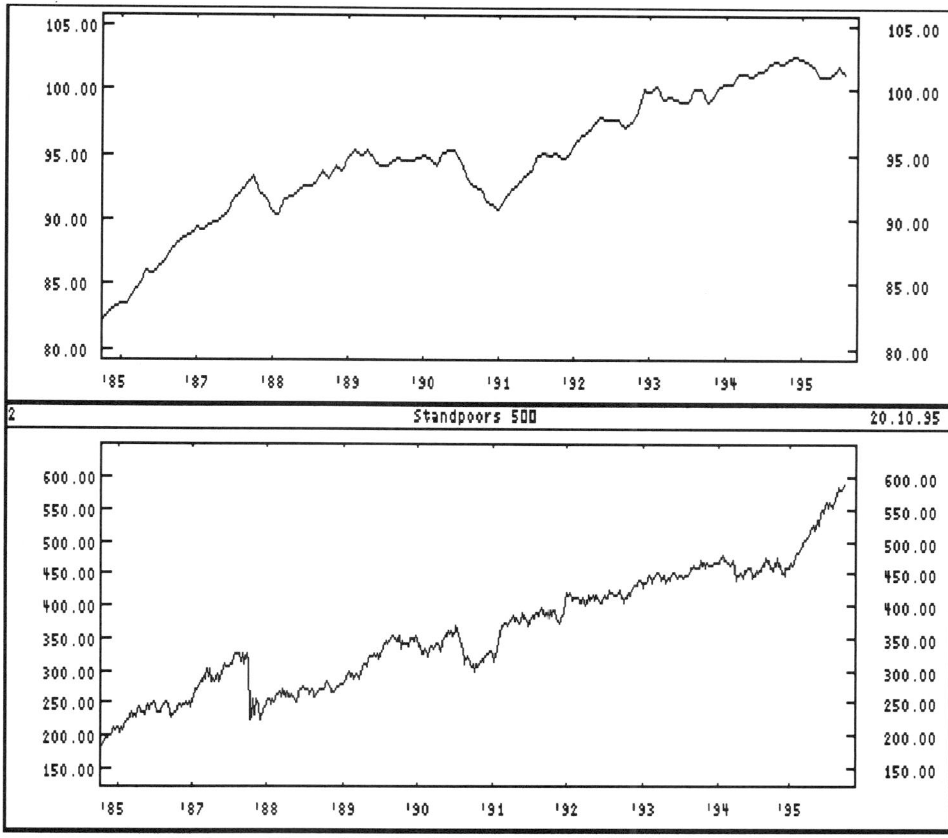

Index of Leading Indicators und US Aktienindex

Interpretation

Das Chartbeispiel zeigt den Index of Leading Indicators im Vergleich zum marktbreiten Standpoors 500 Aktienindex.

Der tendenzielle Gleichlauf ist zunächst ausgezeichnet. Allerdings wendet der Aktienindex im Beispiel bis zum Jahr 1990 früher als der Indikator. Das erweist wieder, wie sehr die Börsen wirtschaftliche Ereignisse vorwegnehmen. In diesem Zeitraum hat der Indikator eigentlich keine Frühindikation sondern eine bestätigende Funktion. Deutlich erkennbar ist ab Anfang 1989 die sich abzeichnende Stagnation der US-Wirtschaft. Die Folgen für die Börse konnten nicht ausbleiben. Aber erst der tatsächlich wirtschaftliche Rückgang löste der Kursverfall aus.

Im weiteren Verlauf zeigt der Indikator deutliche Ermüdungserscheinungen während die Börse unbeirrt weiter steigt.

Dieses Beispiel zeigt deutlich, daß es unklug ist sich ausschließlich auf einen Indikator zu verlassen.

Verwandtes Thema

- FAZ Frühindikator
- ifo Konjunkturbarometer

Leerverkäufe Börsenmitglieder (Members short ratio)

Beschreibung

Der prozentuale Anteil der Börsenmitglieder am gesamten Leerverkaufs -Volumen wird von der NYSE wöchentlich (mit 2 Wochen Verzögerung) veröffentlicht. Er dient als Indikator für den Aktienmarkt.

Bedeutung

Investoren verkaufen Aktien leer (short), wenn sie Kursrückgänge erwarten. Sie wollen die leerverkauften Aktien später billiger wieder zurückkaufen (eindecken).

Das gilt natürlich auch für die Börsenmitglieder. Sie setzen sich zusammen aus den Spezialists (Spezialisten), den Floor Traders (Händlern auf dem Parkett) und den übrigen Mitgliedern. Für jede dieser Gruppen werden die Leerverkaufs Anteile veröffentlicht. Weil die Floor Traders jedoch einen äußerst geringen Leerverkaufs Anteil haben, kann deren Kennzahl vernachlässigt werden.

Den Börsenmitglieder traut man besondere Sachkenntnisse zu. Man darf auch vermuten, daß sie besonders frühzeitig über alle relevanten Nachrichten verfügen. Aus diesen Gründen wird unterstellt, daß sie bei ihren Börsengeschäften bessere Ergebnisse erzielen als die übrigen Börsenteilnehmer. Das gilt auch für Leerverkäufe. Daraus leitet man die Empfehlung ab, so zu handeln wie die Börsenmitglieder.
Man sieht deshalb einen hohen Leerverkaufs Anteil der Mitglieder als Verkaufsignal an, einen niedrigen Anteil als Kaufsignal.
In USA nennt man diesen Indikator Members short ratio.

Berechnung

Umsatzanteil der Mitglieder - Leerverkäufe am gesamten Leerverkaufsumsatz (%)

Die Leerverkaufszahlen werden wegen des aufwendigen Melde- und Prüfverfahrens der Börsenaufsicht (SEC) erst mit 2 Wochen Verzögerung veröffentlicht.

Anwendungsregel

Untersuchungen über einen Zeitraum von 40 Jahren haben gezeigt, daß der Indikator sinnvoll über 10 Wochen geglättet und dann wie folgt benutzt wird:

- Werte des so geglätteten Indikators unter 60 % brachten als Kaufsignal Gewinn.
- Hohe Werte des Indikator (über 75 %) sind ein Anzeichen für drohende Kursrückgänge.

Aussagefähigkeit:

Der Indikator soll unbedingt geglättet angewandt werden. Er wirkt dann auf mittlere Sicht (6-12 Monate). Die Leerverkaufs-Verhältnisse haben sich in den letzten Jahren verschoben. Das ist vermutlich auf Arbitragegeschäfte zurückzuführen. Ein abschließendes Urteil über neue Signalniveaus ist derzeit noch nicht möglich.

Beispiel

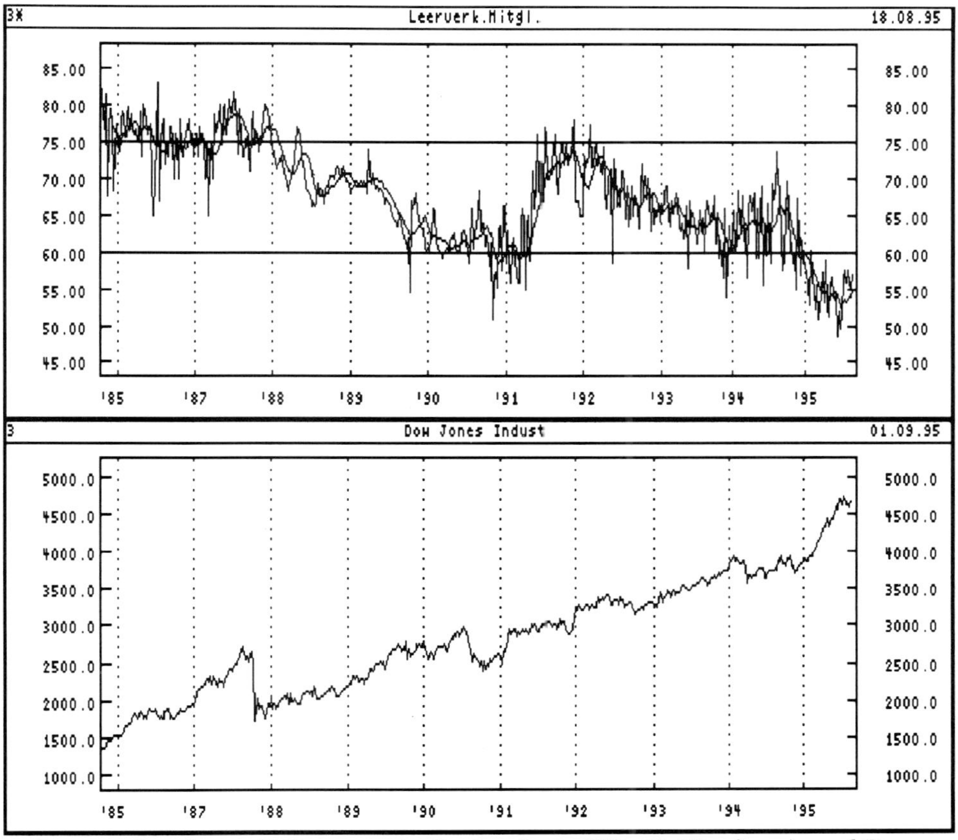

Leerverkaufsanteil Börsenmitglieder (mit GD 10 Wochen) und Dow Jones Industrie

Interpretation

Das Beispiel zeigt den Leerverkaufsanteil der Börsenmitglieder mit gleitendem Durchschnitt 10 Wochen und den Dow Jones Industrie.

Der Zusammenhang zwischen Indikator und Index ist nicht immer erkennbar. Vor dem Börsenkrach 1987 deuten hohe Leerverkaufsanteile der Börsenmitglieder auf große Skepsis dieser Kreise. Nach dem Börsenkrach kehren die Leerverkaufsanteile erst auf ein Kaufniveau zurück, nachdem die 87er Verluste ganz aufgeholt worden waren.
Nach dem scharfen Kursrückgang gab es durchaus noch Kaufsignale. Dann verlieren sich aber die alten Zusammenhänge.
Neue Signalwerte sind noch nicht zu erkennen.

Verwandtes Thema

- Leerverkäufe Laien
- Laien / Spezialisten Leerverkäufe
- Leerverkäufe Spezialisten

Leerverkäufe Spezialisten (Specialist short ratio)

Beschreibung

Der prozentuale Anteil der Spezialisten am gesamten Leerverkaufs -Volumen wird von der NYSE wöchentlich veröffentlicht. Er dient als Indikator für den Aktienmarkt.

Bedeutung

Investoren verkaufen Aktien leer (short), wenn sie Kursrückgänge erwarten. Sie wollen die leerverkauften Aktien später billiger wieder zurückkaufen (eindecken).

Das gilt natürlich auch für die Börsenmitglieder. Die Spezialisten sind ein spezieller Teil der Börsenmitglieder. Als sogenannte "market maker" sind sie für den Handel bestimmter Aktien verantwortlich.

Diesen Spezialisten traut man besondere Sachkenntnis bezüglich ihrer Aktien zu. Wenn Spezialisten Aktien leerverkaufen, müßten sie also richtig liegen. Daraus leitet man die Empfehlung ab so zu handeln wie die Spezialisten. Aus diesem Grund sieht man besonders hohen Anteil der Spezialisten an den Leerverkäufen als Verkaufsignal an, einen niedrigen Anteil als Kaufsignal.

Berechnung

Umsatzanteil der Spezialisten - Leerverkäufe am gesamten Leerverkaufsumsatz (%)

Die Leerverkaufszahlen werden wegen des aufwendigen Melde- und Prüfverfahrens der Börsenaufsicht (SEC) erst mit 2 Wochen Verzögerung veröffentlicht.

Anwendungsregel

Untersuchungen über einen Zeitraum von 40 Jahren haben gezeigt, daß der Indikator sinnvoll über 10 Wochen geglättet und dann nach folgender Regel benutzt wird:

- Werte des so geglätteten Indikators von 38 % und darunter brachten bezogen auf den SP 500 Gewinn.
- Hohe Werte des Indikators über 45 % sind ein entsprechendes Zeichen für Kursrückgänge.

Aussagefähigkeit:

Der Indikator soll unbedingt geglättet angewandt werden. Er wirkt dann auf mittlere Sicht (6-12 Monate). Die Leerverkaufs-Verhältnisse haben sich in den letzten Jahren verschoben. Das ist vermutlich auf Arbitragegeschäfte zurückzuführen. Ein abschließendes Urteil über neue Signalniveaus ist derzeit noch nicht möglich.

Beispiel

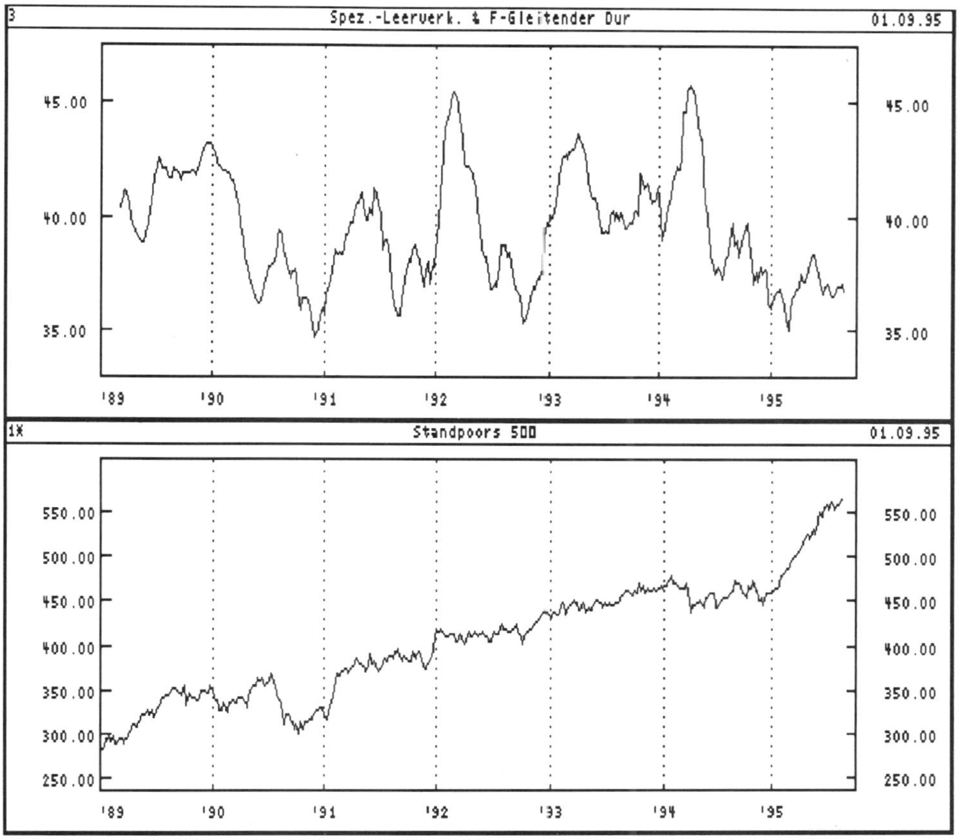

Leerverkäufe Spezialisten (10 Wochen-GD) und Standpoors 500 Index

Interpretation

Das Beispiel zeigt den prozentualen Anteil der Spezialisten an den Leerverkäufen der New York Stock Exchange (NYSE) als 10-Wochen gleitenden Durchschnitt und den Standpoors 500 Aktienindex. Man erkennt eindeutig hohe Leerverkaufszahlen in der Nähe von Hochs beim Aktienindex. Das gilt sowohl für die Jahreswende 1990 und 92 als auch für das Hoch Anfang 1994.
In den Baissephasen nimmt der Anteil der Spezialisten an den Leerverkäufen stark ab. Auch für die allgemein mit großer Skepsis angesehene Hausse des Jahres 1995 sind die Leerverkaufsanteile der Spezialisten niedrig. Sie nehmen also an der Hausse teil.
Die in der Anwendungsregel als langjährige Erfahrungswerte genannte 45% und 38% sind auch in diesem Beispiel durchaus repräsentativ für entsprechende Kauf- und Verkaufsignale.

Verwandtes Thema

- Leerverkäufe Laien
- Laien / Spezialisten Leerverkäufe
- Leerverkäufe Members

Löhne und Einkommen

Beschreibung

Die Entwicklung der Löhne und Einkommen werden als prozentuale Veränderung gegenüber dem Vorjahr dargestellt.

Bedeutung

Im Zuge einer steigenden Konjunktur werden in der erzeugenden Industrie verschiedene Faktoren wirksam, die den Lohnanteil an den Herstellungskosten steigen lassen.

- mit steigender Kapazitätsauslastung müssen zuschlagpflichtige Überstunden gefahren werden.
- die Tarifpartner vereinbaren leichter höhere Lohnabschlüsse.
- die Zahl der verfügbaren Fachkräfte wird geringer. Es müssen Zugeständnisse beim Einkommen gemacht werden.

In Zeiten schlechter oder sich verschlechternder Konjunktur sinken die Zuwachsraten der Löhne und Einkommen, weil

- die Unternehmen gezwungenermaßen alle Möglichkeiten zur Rationalisierung nutzen.
- die Arbeitnehmer wegen fehlender Alternativen zu Zugeständnissen bereit sind.
- Überstunden entfallen.

Steigende Löhne und Einkommen sind für die produzierende Industrie in erster Linie gewinnmindernd und deshalb schlecht für die Aktienkurse.
Sie bilden aber auf der anderen Seite Kaufkraft für die Konsumgüter, was wiederum einen Teil der negativen Wirkung für die Gesamtwirtschaft kompensiert.

Berechnung

Die Entwicklung der Löhne und Einkommen werden monatlich oder quartalsweise von den statistischen Ämtern der Länder veröffentlicht.

Anwendungsregel

Tendenziell sind steigende Lohnkosten negativ für die Kursentwicklung am Aktienmarkt. Eine Indikatorfunktion ist deshalb gegeben. Ein Timing danach ist schon deshalb nicht möglich, weil die Zahlen nur quartalsweise ermittelt werden.

Beispiel

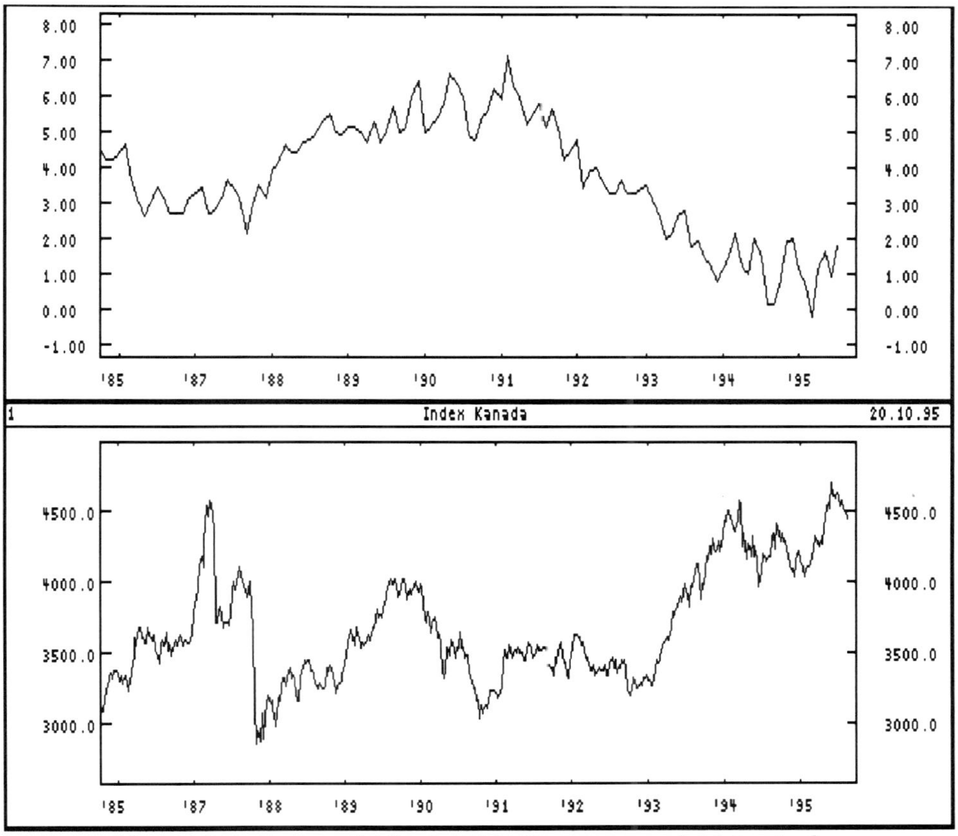

Veränderungsrate Löhne u. Einkommen und Aktienindex

Interpretation

Das Beispiel zeigt die jährliche Veränderungsrate der Löhne und Einkommen in Kanada und den kanadischen Aktienindex TSE.

Grundsätzlich kann man erkennen, daß die Entwicklung gegenläufig ist. Das entspricht der Logik. Ein Timing ist aber auch aus dem Beispiel nicht abzuleiten.

Verwandtes Thema

- Inflationsrate
- Kapazitätsauslastung

Optionsscheinindex

Beschreibung

In Deutschland wird ein Aktien-Optionsscheinindex veröffentlicht, der „Trinkaus und Burkhardt Optionsscheinindex“ TUBOS. Die relative Entwicklung dieses TUBOS zum Aktienindex wird als Indikator für den Aktienmarkt verwendet.

Bedeutung

Optionsscheine auf Aktien sind ein Instrument, das Spekulationen mit geringerem Kapitaleinsatz ermöglicht als eine Direktinvestition in Aktien.
Das macht sie in einer Hausse für Anleger besonders reizvoll. Wegen der großen Nachfrage werden dann höhere Aufgelder für Optionsscheine bewilligt. Die Optionsscheine, und damit der Optionsscheinindex, steigen relativ zu den Aktien überproportional an.

Wenn sich die Zeiten normalisieren, gehen die Aufgelder wieder auf rechnerisch gerechtfertigte Größenordnungen zurück. Die Optionsscheine nähern sich wieder dem "fairen Wert" (fair value), wie er sich nach den üblichen Modellen errechnen läßt.
Die relative Entwicklung des Optionsscheinindex zum Aktienindex ändert sich also im Verlauf eines Börsenzyklus. Sehen Sie dies auch im Zusammenhang mit den Abschnitten ⇨ Umsatz Optionsscheine und ⇨ Spekulationsindex.

Der Indikator wird errechnet, indem man den Optionsscheinindex durch den Aktienindex teilt.

Berechnung

Optionsscheinindex / Aktienindex

Anwendungsregel

- Die oberen und unteren Grenzbereiche können als Warnsignale für einen übertrieben optimistischen bzw. übertriebben pessimistischen Markt dienen.
- Wenn das Verhältnis TUBOS / FAZ-Index von 3 überschritten wird, ist das ein deutliches Signal für Überspekulation. Dann droht dem Markt Gefahr.

Aussagefähigkeit

Der Indikator kann im Zusammenhang mit anderen Indikatoren für die Beurteilung herangezogen werden. Als Timing Indikator kann er nur in solchem Zusammenhang dienen.

Beispiel

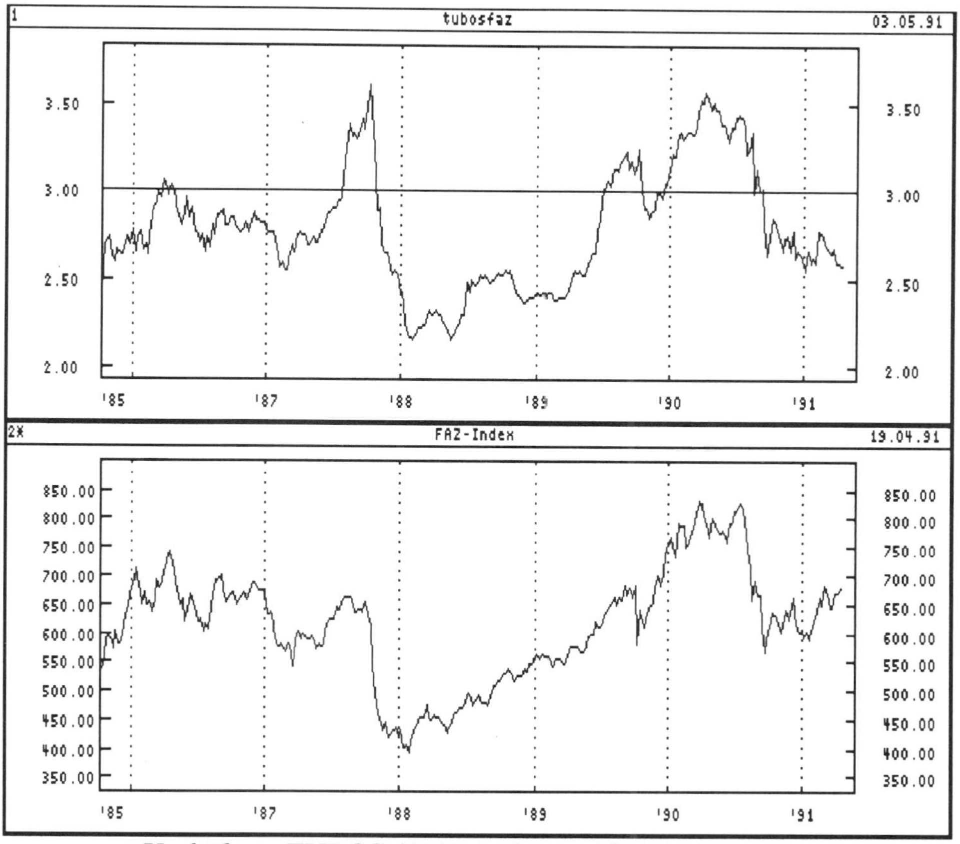

Verhältnis TUBOS / FAZ Index und FAZ Aktienidex

Interpretation

Das Beispiel zeigt das Verhältnis TUBOS/FAZ-Aktienindex und den FAZ-Aktienindex.

Die Zeiten sind von übergroßem Optimismus sind deutlich erkennbar. Im Bereich von TUBOS / FAZ Index = 3 oder mehr ist die Gefahrenzone. Dann ist der Markt überspekuliert. In solchen Zeiten sollte sich der kluge Anleger vom Markt fernhalten. Dieser Zustand wird dann in absehbarer Zeit durch die Marktkräfte korrigiert. Mit Hilfe dieses Indikators kann man nicht genau vorhersagen, wann der Markt reagiert.

Es kann sinnvoll sein nicht das letzte Quentchen Gewinnchance aus einem solch spekulativen Markt ziehen zu wollen. Ein erfahrener Börsianer hat einmal gesagt: „Die letzten 5% Gewinn sind die teuersten“.

Verwandtes Thema

- Umsatz Optionsscheine
- Spekulationsindex

Positive Berater Bonds, Aktienindex etc., (Advisers Sentiment)

Beschreibung

Der Anteil der positiven Berater wird wöchentlich für verschiedene Märkte durch Umfrage ermittelt und als Indikator aufgezeichnet

Bedeutung

Der Indikator "Anteil der optimistischen Berater" wird in den USA wöchentlich durch Umfrage für verschiedene Märkte ermittelt. Es gibt mehrere Institute, die solche Indikatoren unabhängig voneinander ermitteln. Für konsistente Daten ist es wichtig immer dieselbe Quelle zu verwenden, weil die Indikatoren für denselben Markt oft erheblich voneinander abweichen.
Diese Indikatoren sind mit den Indikatoren „Börsenberater positiv oder negativ gestimmt" eng verwandt. Sie beziehen sich aber hier auf ein breiteres Spektrum von Beratern, nicht ausschließlich auf Börsenbriefe.
Wie bei allen Stimmungsindikatoren ist es richtig entgegengesetzt zur Meinung der Mehrheit zu handeln.
Dieser Indikator wird in den USA im wesentlichen für folgende Märkte veröffentlicht:

- Aktienmarkt
- Anleihemarkt
- Devisenmärkte
- Gold- und Silbermarkt.

Sie geben ausschließlich die Stimmung am entsprechenden US-Markt wieder. In anderen Ländern werden solche Indikatoren nicht ermittelt. Weil die USA die wichtigsten Märkte beherbergt, sind diese Stimmungsindikatoren von weltweiter Bedeutung.

Berechnung

Von verschiedenen Instituten wird jeweils der prozentuale Anteil positiver Berater veröffentlicht.

Anwendungsregel

- Es generell die Grundregel: „Richtig ist es, sich entgegengesetzt zur Mehrheitsmeinung zu verhalten".
- Wegen der häufig sehr stark schwankenden Stimmungen ist zweckmäßig gleitende Durchschnitte von 10 - 12 Wochen als Indikator zu verwenden.

Aussagefähigkeit:

Diese Stimmungsindikatoren sind als Hinweise zu sehen, daß sich der betreffende Markt einer Übertreibungsphase nähert oder sie bereits erreicht hat. Sie können nicht als Einzelindikator verwendet werden, sind aber zusammen mit anderen Indikatoren und der Chartanalyse sehr gut einsetzbar.
Nähert sich beispielsweise ein Wert seiner charttechnischen Unterstützung bei gleichzeitig sehr hohem Pessimismus, dann wird die Unterstützung voraussichtlich halten. In der Hausse ist es natürlich umgekehrt. Bei sehr hohem Optimismus wird eine Widerstandslinie wahrscheinlich nicht überwunden werden.

Beispiel

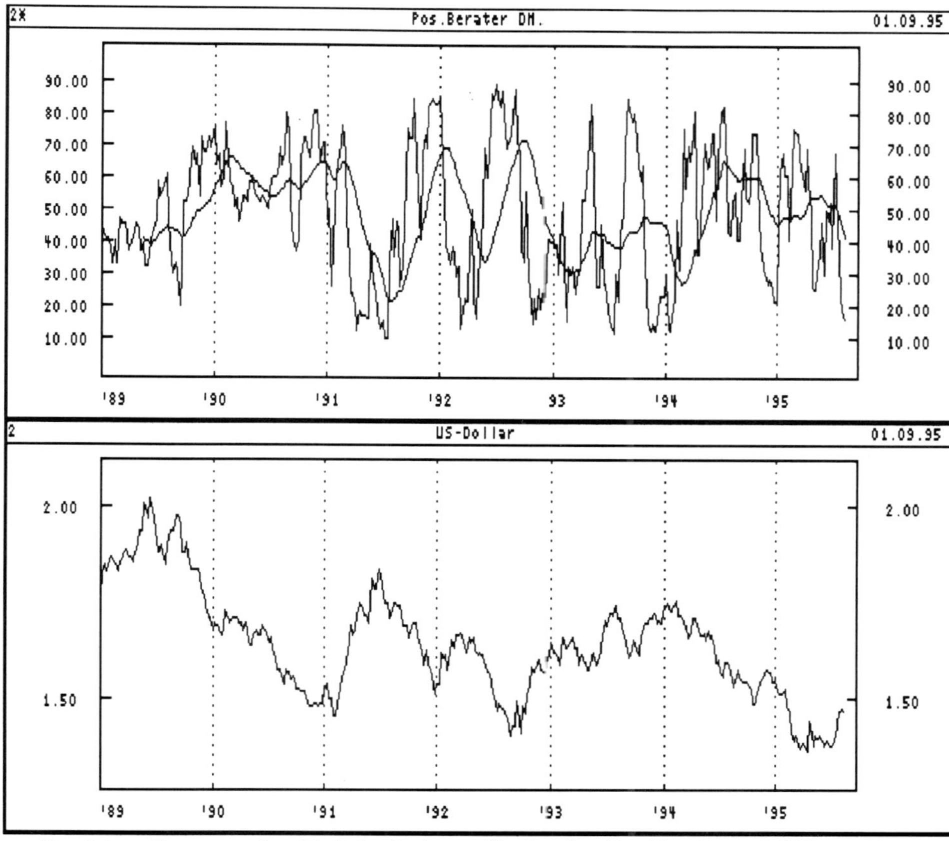

Positive Berater für D-Mark (aus Sicht des Dollar) und US-Dollar

Interpretation

Das Beispiel zeigt den prozentualen Anteil von Beratern, die aus Sicht amerikanischer Anleger (also aus Sicht des US-Dollar) positiv für die D-Mark gestimmt sind und das Verhältnis D-Mark / US-Dollar. Für den Indikator wurde der gleitende Durchschnitt 20 Wochen eingezeichnet.
Zum Verständnis ist zu bemerken, daß aus Sicht des deutschen Anlegers (aus Sicht der D-Mark) der Indikator umgekehrte Bedeutung hat. Wer also positiv für die D-Mark gestimmt ist, ist negativ für den US-Dollar gestimmt.
Ein hoher Prozentsatz positiver Stimmung für die DM kündigt also - im Sinne der Contrary opinion - Schwäche für den Dollarkurs an. Es gibt hohe Übereinstimmung mit dem gleitenden Durchschnitt, wie er im Beispiel dargestellt ist.

Verwandtes Thema

- positive Berater für Gold, Dollar, Bonds, Aktienindex.
- Börsenbriefe positiv gestimmt
- Börsenbriefe negativ gestimmt

Preis Börsensitz NYSE

Beschreibung

Die Preise für den Erwerb eines Börsensitzes an der größten US-Börse werden monatlich veröffentlicht. Sie dienen als Indikator.

Bedeutung

Der Indikator mag zunächst etwas seltsam erscheinen und als ein Ausfluß der jüngsten Zeit angesehen werden, in der man alles meßbar zu machen versucht. In Wahrheit wird diese Zahl seit sehr langer Zeit veröffentlicht. Sie dient als ein Maß für die Spekulationsbereitschaft an der Börse. In ruhigen Zeiten werden wenig Aktien umgeschlagen, mit einem Börsensitz ist wenig zu verdienen. Anders in Zeiten heißer Spekulation, wo viele Aktien umgeschlagen werden oder wo dies für die Zukunft erwartet wird. Dann steigen die Preise der Börsensitze.

Berechnung

Die Preise für den Verkauf eines Börsensitzes werden von der Börse veröffentlicht.

Anwendungsregel

- Steigen die Preise der Börsensitze stark an, ist das ein Zeichen für viel Spekulation. Es wächst die Wahrscheinlichkeit für einen Rückschlag am Aktienmarkt.
- Sind die Preise der Börsensitze über längere Zeit niedrig, ist wenig Spekulation am Markt. Das spricht für einen baldigen Kursanstieg.

Aussagefähigkeit:

Der Indikator macht nur Aussagen über die langfristige Entwicklung. Er kann lediglich als Ergänzung zu anderen Indikatoren dienen.

Beispiel

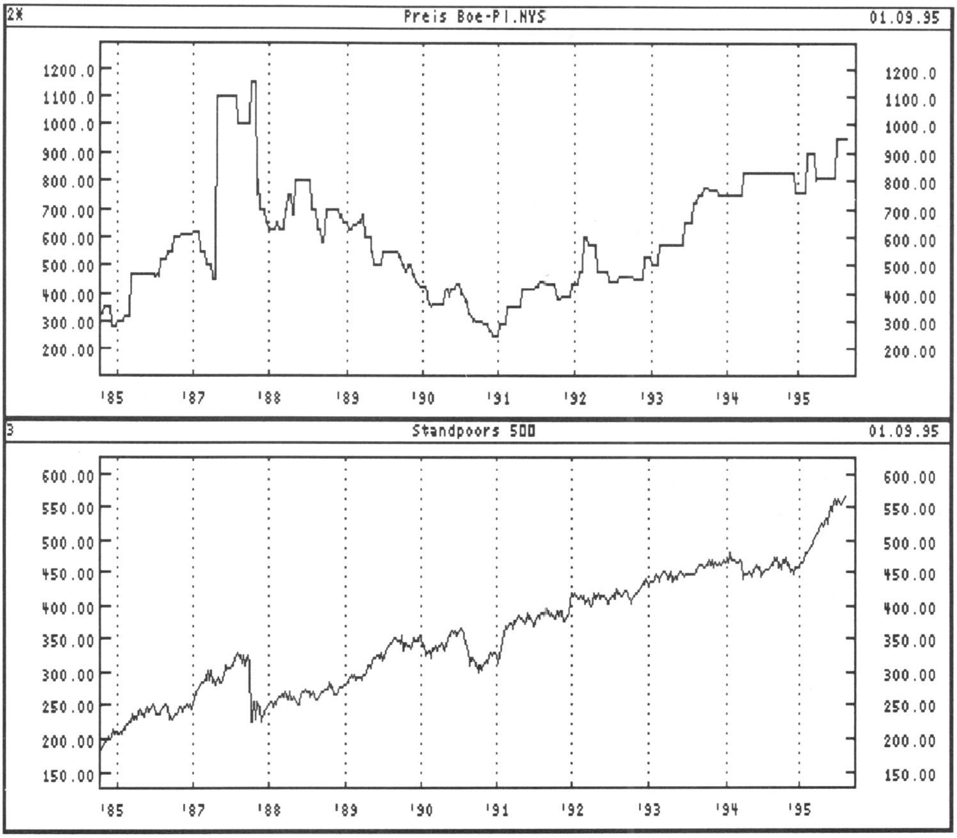

Preis Börsensitz NYSE und SP 500

Interpretation

Das Beispiel zeigt den Preis für einen Börsensitz an der New York Stock Exchange (NYSE) im Vergleich zum Index für den breiten Aktienmarkt Standpoors 500.

Vor 10 Jahren zeigte ein Preisanstieg auf rund eine Million Dollar für den Börsensitz eine Überhitzung des Aktienmarkts an. Im Zuge des Kursrückgangs bei den Aktien verfiel der Preis für den Börsensitz auf nur noch 250.000 Dollar- wie 1985.

In den 20er und den 60er Jahren wurde der Gipfel bei jeweils etwa 600.000 Dollar erreicht. Die nachfolgenden Tiefstpreise lagen dann bei etwa 50.000 Dollar.

Feste Grenzwerte als Kauf- oder Verkaufsignale kann man nicht angeben. Dieser Indikator ist nur zusammen mit anderen Indikatoren angewendet werden.

Verwandtes Thema

Put / Call Verhältnis (Put / Call Ratio)

Beschreibung

Das Verhältnis aller an der Terminbörse gehandelten Puts (Verkaufsoptionen) zu den Calls (Kaufoptionen) werden als Indikator für den Aktienmarkt benutzt. Der Indikator wird entsprechend auch für andere Märkte verwendet z. B. Commodities.

Bedeutung

Das Verhältnis der in einem Zeitraum gehandelten Put - Optionen zu den Call - Optionen drückt aus, wie die Mehrzahl der Teilnehmer die künftige Börsentendenz einschätzt.

Haben die Puts einen hohen Anteil (hohes Put / Call Verhältnis), rechnet die Mehrheit der Terminmarktteilnehmer mit fallenden Kursen. Werden mehr Calls gehandelt, ist es offensichtlich umgekehrt.
Nun liegt es in der Logik der Börse, daß die Mehrheit immer unrecht hat, denn wer überzeugt ist, daß die Börse fällt und darauf sogar am Terminmarkt setzt, der hat schon verkauft. Wodurch soll die Börse also fallen, wenn die Mehrheit schon verkauft hat? Daraus folgt daß es sinnvoll ist entgegengesetzt zur Mehrheitsmeinung zu handeln (contrary opinion).
Nach dieser Maxime wird das Put/Call Verhältnis als Indikator angewendet.

Berechnung

Umsatz Puts / Umsatz Calls (für einen bestimmten Kontrakt oder einen ganzen Markt).

Anwendungsregel

Aus dem Handeln nach der contrary opinion folgt, daß der Markt nach oben dreht, wenn das Put / Call Verhältnis besonders hoch ist, also der Pessimismus stark überwiegt.
Sinngemäß Umgekehrtes gilt für sehr stark überwiegenden Optimismus, also extrem niedriges Put / Call Verhältnis.

Die absoluten Werte des Put / Call Verhältnisses sind an den verschiedenen Märkten unterschiedlich, somit nicht vergleichbar. Allgemein läßt sich sagen:

- Extrem hohe Werte sind ein besonders wirksames Signal für einen Kursaufschwung.
- Besonders niedrige Werte sind kein Baissesignal mit gleicher Wirksamkeit. Sie können als Zeichen hohen Optimismus auch über längere Zeit bestehen bleiben.
- Der Indikator kann nicht als einziges Signal für das Timing benutzt werden sondern nur im Zusammenhang mit der Chartanalyse und anderen Indikatoren. Praktisch heißt das: Bei hohem Indikator ist auf charttechnische Kaufsignale besonders zu achten, bei niedrigem Indikator sind die Verkaufsignale wichtiger.

Beispiel

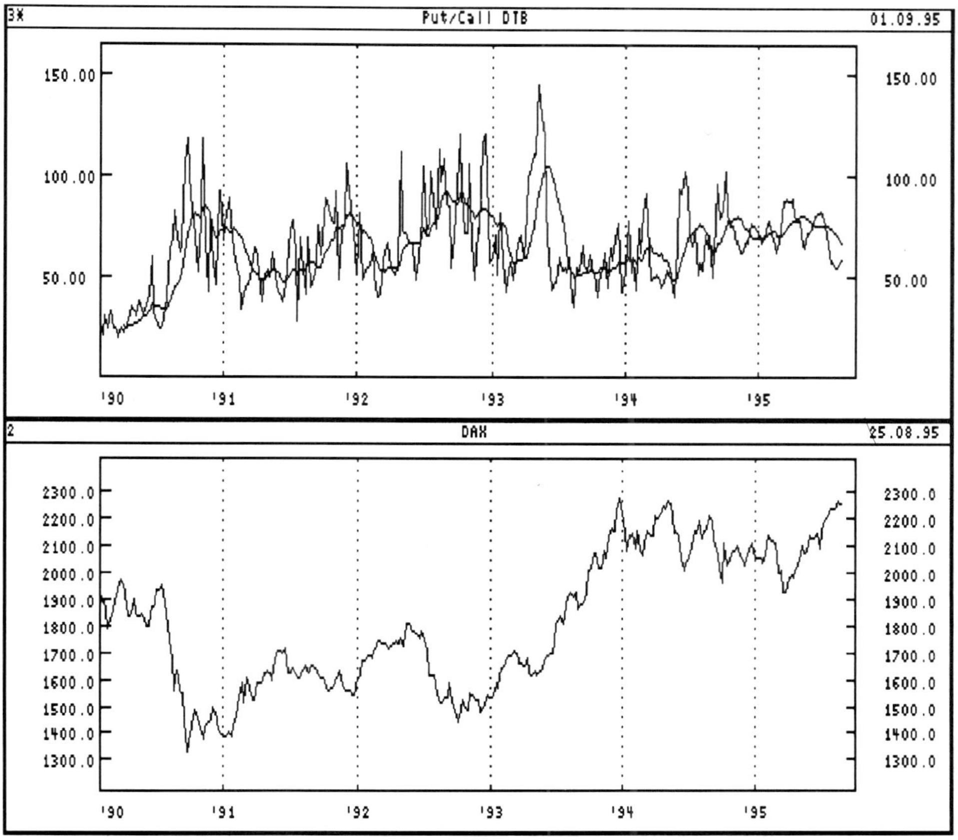

Put / Call Verhältnis Deutsche Terminbörse (DTB) mit GD 10 Wochen und DAX

Interpretation

Das Beispiel zeigt Wochenwerte für das Put / Call Verhältnis der Deutschen Terminbörse mit dem gleitenden Durchschnitt 10 Wochen im Vergleich zum Deutschen Aktienindex DAX.

Im Chart erkennt man deutlich, daß die hohen Put / Call Verhältnisse mit Tiefpunkten beim Aktienindex zusammenfallen, wenn man sich auf den gleitenden Durchschnitt bezieht.

Auf der anderen Seite geht von einem niedrigen Indikator keine eindeutigen Signalwirkung aus.

Verwandtes Thema

- Leerverkaufszahlen

Rendite Anleihen und Aktienmarkt

Beschreibung

Die durchschnittliche Umlaufrendite von öffentlichen Anleihen aller Laufzeiten werden für den deutschen Markt dargestellt und als Indikator für die Entwicklung des Aktienmarkts untersucht.

Bedeutung

Die durchschnittliche Anleiherendite wird hier als Maßstab für die Zinsen benutzt. Die Höhe der Zinsen hat vielfältigen Einfluß auf die Aktienkurse:

Aktien und Anleihen sind am Kapitalmarkt Wettbewerber um die Gunst der Kapitalanleger. Steigt die Anleiherendite, muß die Aktienrendite auch steigen, sonst wechseln die Anleger von der Aktie zu Anleihen. Die Aktienrendite besteht aus Gewinn pro Aktie der Gesellschaft und der (möglichen) Kurssteigerung der Aktie.

Eine Anpassung der Aktienrendite an steigende Rentenrenditen kann durch steigende Gewinne der Aktien geschehen oder - bei konstantem Gewinn - durch Rückgang der Aktienkurse.

Bei steigenden Zinsen ist aber eher mit nachlassender Konjunktur - somit fallenden Gewinnen - zu rechnen. Also werden die Aktien auch aus diesem Grund tendenziell fallen.

Berechnung

Die Durchschnittsrendite der Anleihen wir täglich veröffentlicht. (%)

Anwendungsregel

- Steigende Zinsen bedeuten tendenziell fallende Aktienkurse.
- Fallende Zinsen bedeuten tendenziell steigende Aktienkurse.
- Die Beziehung zwischen Zinsen und Aktienkursen ist sehr eng. Falls die Entwicklung auseinanderlaufen sollte (wie in Deutschland durch die Wiedervereinigung), wird das nur für begrenzte Zeit geschehen. Eine Korrektur dieser Fehlentwicklung ist zu erwarten.

- Die Zinsentwicklung ist auf mittlere Sicht einer der zuverlässigsten Indikatoren für die Aktienkurse. Eine Zinssenkung in der Baisse hat Signalwirkung auf den Aktienmarkt und die Konjunktur.

- Als Indikatoren eignen sich besonders die Rentenrendite und der Zinssatz für Dreimonatsgeld. Beide Werte sind aus dem Wirtschaftsteil der überregionalen Tageszeitungen zu entnehmen. Sie sollten als Chart jedem Anleger vorliegen.

Aussagefähigkeit:

Die Zinsentwicklung erlaubt kein genaues Timing am Aktienmarkt.

Beispiel

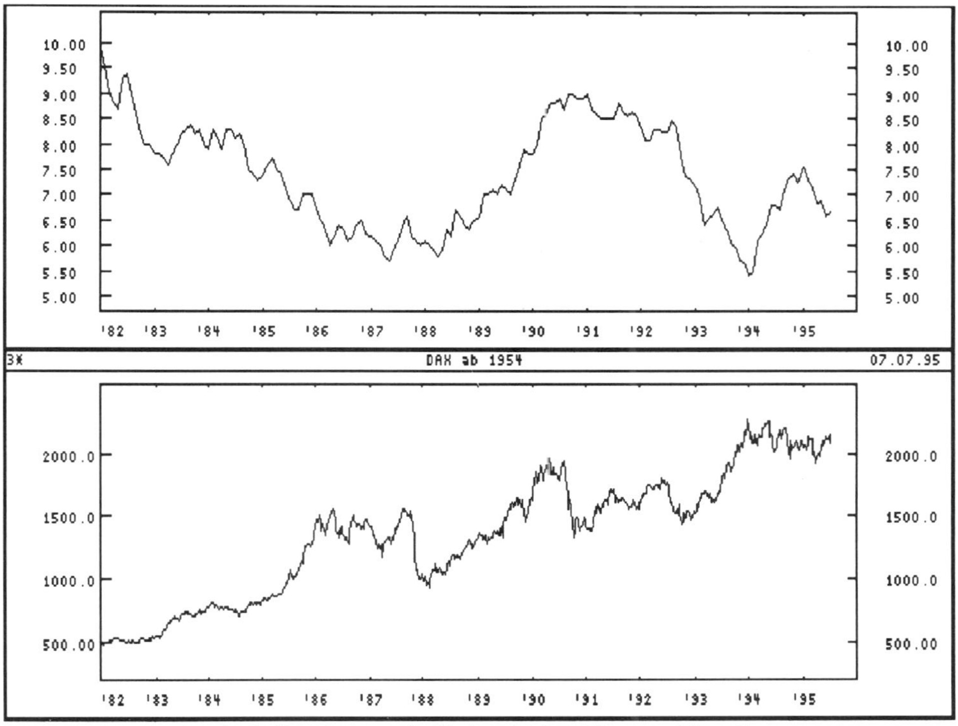

Anleihezins und Aktienindex Deutschland

Interpretation

Das Beispiel zeigt die Durchschnittsrendite deutscher Anleihen im Vergleich zum Deutschen Aktienindex DAX. Tendenziell steigt der Aktienindex mit sinkenden Anleihezinsen und umgekehrt. Bei genauem Hinsehen, ist die Übereinstimmung aber nur begrenzt. Folgendes fällt auf:

- Der Kursanstieg beim Aktienindex zwischen 1982 und 1987 ist vom Zinsrückgang mit gutem Gleichlauf begleitet. In der Tat war der starke Zinsrückgang nach Überwindung der hohen Inflationsraten der 70er Jahre ein fundamentaler Faktor für den wirtschaftlichen Aufschwung.
- In den Jahren 1989 und 1990 sind - entgegen allen Regeln - Aktien und Zinsen über längere Zeit gleichermaßen gestiegen. Hintergrund ist die Wiedervereinigung. Der im Herbst 1989 eingeleitete Kursrückgang am Aktienmarkt wurde durch den Zusammenbruch des Ostblock und die damit verbundenen wirtschaftlichen Hoffnungen überspielt. Der entsprechenden Kursrückgang wurde im Herbst 1990 nachgeholt.

Seitdem ist wieder der normale Zusammenhang zwischen Zinsen und Aktienkursen erkennbar.

Verwandtes Thema:

- Dreimonatszins
- Zins, Zinsstruktur, REX

REX (Deutscher Rentenindex)

Beschreibung

Der deutsche Rentenindex REX wird als Indikator für den deutschen Aktienmarkt verwendet.

Bedeutung

Der deutsche Rentenindex ist ein Indikator für die Kursentwicklung am deutschen Anleihemarkt. Er hat also umgekehrte Tendenz wie die Zinsen. Bei steigenden Zinsen fällt der REX und umgekehrt.

Die Zusammenhänge zwischen REX und Aktienmarkt sind also umgekehrt wie die zwischen Rentenrendite und Aktienmarkt (siehe voriger Indikator). Lesen Sie dort die entsprechenden Regeln und Zusammenhänge.

Berechnung

Der REX wird börsentäglich aus einen Portfolio von 30 synthetischen Anleihen mit festen Laufzeiten von einem bis zu zehn Jahren berechnet. Die Anleihen haben Coupons von 6%, 7,5% und 9% . Der Index wird täglich veröffentlicht.

Anwendungsregel

- Steigender REX bedeutet tendenziell steigende Aktienkurse.
- Fallender REX bedeutet tendenziell fallende Aktienkurse.
- Die Beziehung zwischen REX und Aktienkursen ist sehr eng. Falls die Entwicklung auseinanderlaufen sollte (wie in Deutschland durch die Wiedervereinigung), wird das nur für begrenzte Zeit geschehen. Eine Korrektur dieser Fehlentwicklung ist zu erwarten.

- Der REX ist auf mittlere Sicht einer der zuverlässigsten Indikatoren für die Aktienkurse. Ein Anstieg des REX in der Baisse hat Signalwirkung auf den Aktienmarkt und die Konjunktur.

Aussagefähigkeit:

Der REX erlaubt kein genaues Timing am Aktienmarkt. Er wirkt nur tendenzbestätigend.

Beispiel

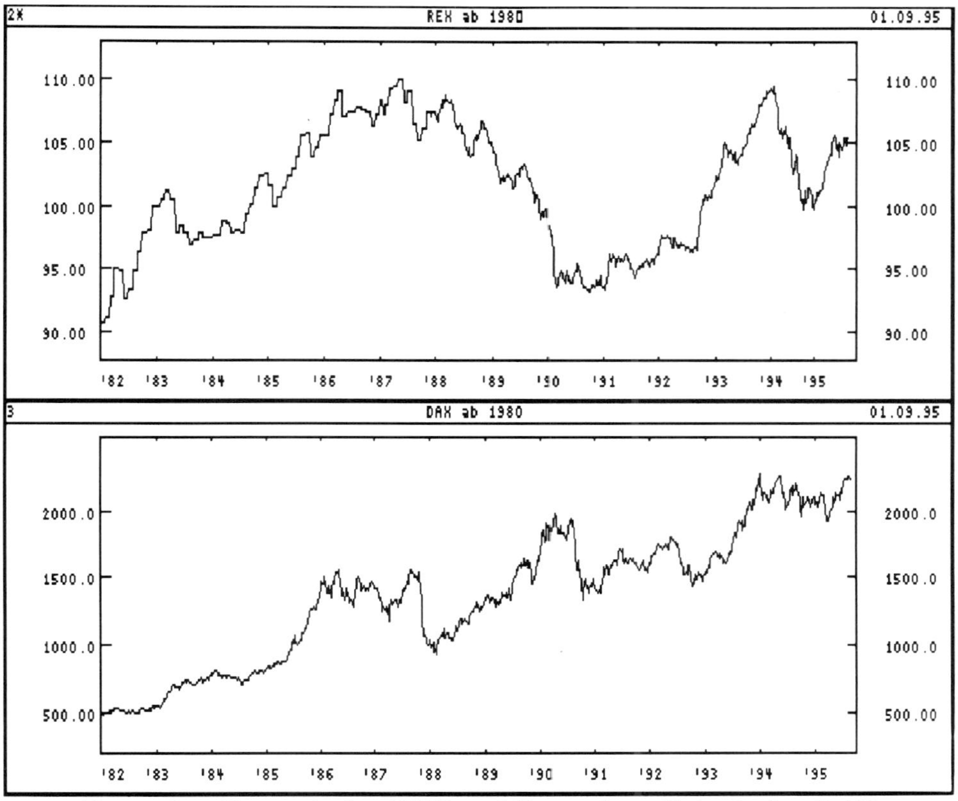

Deutscher Rentenindex REX und Deutscher Aktienindex DAX

Interpretation

Tendenziell steigt der Aktienindex mit steigendem REX und umgekehrt. Bei genauem Hinsehen, ist die Übereinstimmung aber nur begrenzt. Folgendes fällt auf:
Der Kursanstieg beim Aktienindex zwischen 1982 und 1987 ist vom REX mit gutem Gleichlauf begleitet. In der Tat war der starke Zinsrückgang nach Überwindung der hohen Inflationsraten der 70er Jahre ein fundamentaler Faktor für den wirtschaftlichen Aufschwung.
In den Jahren 1989 und 1990 haben sich - entgegen allen Regeln - Aktien und REX gegenläufig entwickelt. Hintergrund ist die Wiedervereinigung. Der im Herbst 1989 begonnene Kursrückgang am Aktienmarkt wurde durch den Zusammenbruch des Ostblock und die damit verbundenen großen wirtschaftlichen Hoffnungen überspielt. Der entsprechenden Kursrückgang wurde im Herbst 1990 nachgeholt.
Seitdem ist wieder der normale Zusammenhang zwischen REX und Aktienindex erkennbar.

Verwandtes Thema:

- Rendite Anleihen und Aktienmarkt
- Zins
- Zinsstruktur

Spekulationsindex (Trade level calls)

Beschreibung

Als Spekulationsindikator wird der wöchentliche Umsatz an Kaufoptionen verwendet.

Bedeutung

Das Engagement in Kaufoptionen stellt ein gutes Maß dar für die Spekulationsbereitschaft der Börsenteilnehmer. Wer Kaufoptionen erwirbt, erwartet eine sehr stark steigende Börse, denn er setzt auf die Hebelwirkung des geringen Kapitaleinsatzes bei einer Option. Der Käufer einer Kaufoption ist so sehr vom Steigen der Börse überzeugt, daß er einen eventuellen Totalverlust seines eingesetzten Geldes in Kauf nimmt, falls diese Spekulation nicht aufgeht. Zu dieser Überzeugung werden nur dann viele Anleger kommen, wenn die Stimmung für die Börse besonders gut ist - zu gut, als daß die Börse noch weiter steigen könnte. Wer nämlich überzeugt ist, daß die Börse steigt, hat bereits gekauft. Sobald also die Mehrzahl der Anleger sehr optimistisch ist, werden mehr und mehr die Käufer ausbleiben.

Ein hoher Spekulationsindikator (Umsatz in Kaufoptionen) ist also ein Warnzeichen im Verlauf der Hausse.

Berechnung

Der Spekulationsindikator ist der Umsatz der gehandelten Kaufoptionen. Er wird börsentäglich veröffentlicht.

Anwendungsregel

- Ein sehr starkes Anwachsen des Spekulationsindex ist Zeichen für eine Übertreibungsphase; typisch für das Ende einer Hausse.
- Der Rückgang des Spekulationsindex zeigt eine Beruhigung an. Niedrige Werte bedeuten nicht unbedingt ein Kaufsignal.

Aussagefähigkeit:

Der Spekulationsindikator kann allenfalls als Warnsignal in einer Haussephase verwendet werden. Niedrige Werte bedeuten kein Kaufsignal. Der Indikator kann lange Zeit im unteren Bereich verharren, bevor es zu einem Aufschwung kommt. Als Zusatzinformation zur Auswertung anderer Indikatoren ist er auch bei niedrigen Werten nützlich.

Beispiel

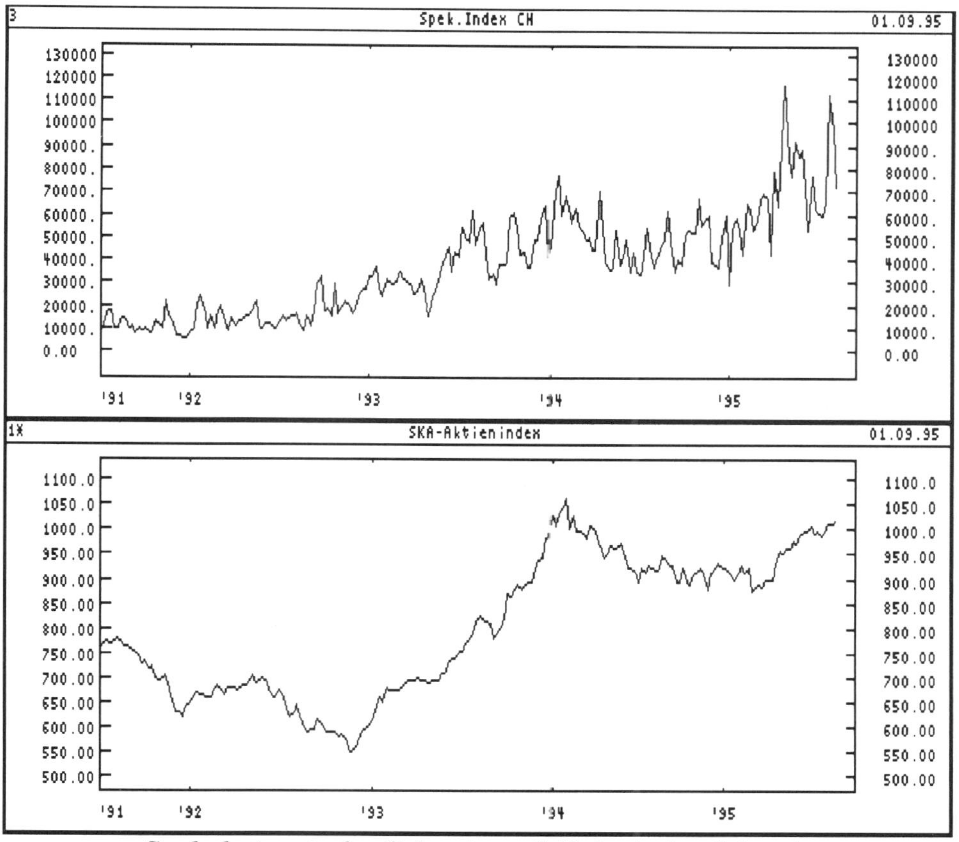

Spekulationsindex Schweiz und Aktienindex Schweiz

Interpretation

Das Beispiel zeigt den Spekulationsindex (Umsatz Kaufoptionen) für den Schweizer Aktienmarkt zusammen mit dem Aktienindex Schweiz.

Ein tendenzieller Gleichlauf ist durchaus erkennbar. Man kann aber keinen Grenzwert ablesen, bei dem der Aktienindex reagiert hätte.

Nach dem letzten Hoch beim Indikator und der Erholung am Aktienmarkt ist der Spekulationsindikator auf neue Höchstwerte gestiegen ohne daß der Aktienmarkt reagiert hätte.

Der Spekulationsindikator wächst möglicherweise zusammen mit dem weltweiten Umsatzzuwachs bei allen Derivaten. Eine Indikatorwirkung kann man aus diesem Beispiel nicht erkennen.

Verwandtes Thema

- Umsatz Optionsscheine

Short Interest Ratio (Leerverkaufsverhältnis)

Beschreibung

Der für den US Markt übliche Indikator Short Interest Ratio gibt an, wieviel Börsentage (beim aktuellen Tagesumsatz) benötigt werden, um alle Aktien umzusetzen, die leerverkauft (geshortet) sind. Er wird monatlich veröffentlicht. Man errechnet ihn, indem man das durchschnittliche Short Interest des Monats durch den durchschnittlichen Tagesumsatz des Monats teilt.

Diese Anzahl von Börsentagen wäre theoretisch nötig, um alle offenen Positionen einzudecken.

Bedeutung

In den USA kann man Aktien verkaufen, die man nicht besitzt (Leerverkauf). Man tut das in der Absicht, sie später billiger zurückzukaufen. Diese Art Geschäfte nennt man short. Mit ihnen kann man den Baissemarkt nutzen. Wenn der Markt sich allerdings anders entwickelt als erwartet, sind die Leerverkäufer gezwungen die geshorteten Aktien zurückzukaufen, damit die Verluste nicht ins Unermeßliche anwachsen. So bauen die Leerverkäufer latente Nachfrage auf für den Fall, daß der Markt dreht.

Ein hohes Short Interest Ratio von z.B. 4 bedeutet, daß der Umsatz von 4 Börsentagen notwendig wäre, um die lediglich alle geshorteten Aktien zurückzukaufen. Diese Kaufkraft würde bei einem Dreh des Markts nach oben zusätzlich zu der übrigen Nachfrage auftreten.

Berechnung

Anzahl der leerverkauften Aktien / durchschnittlichen Tagesumsatz des Monats

Anwendungsregel

- Ein sehr niedriges Short Interest Ratio zeigt, daß wenig latente Nachfrage besteht. Der Markt ist also gefährdet. Kursrückgänge sind möglich.
- Ein hohes Short Interest ratio zeigt mehr latente Nachfrage. Kursanstiege sind möglich.
- Wichtig sind insbesondere starke Änderungen des Indikators.

Aussagefähigkeit:

Der Indikator hat sich in den letzten Jahren (nach 1988) zu höheren Werten verschoben. Das resultiert wahrscheinlich aus zunehmenden Arbitragegeschäften. Diese Entwicklung hat die Aussagekraft beeinflußt. Eine abschließende Beurteilung ist derzeit noch nicht möglich

Beispiel

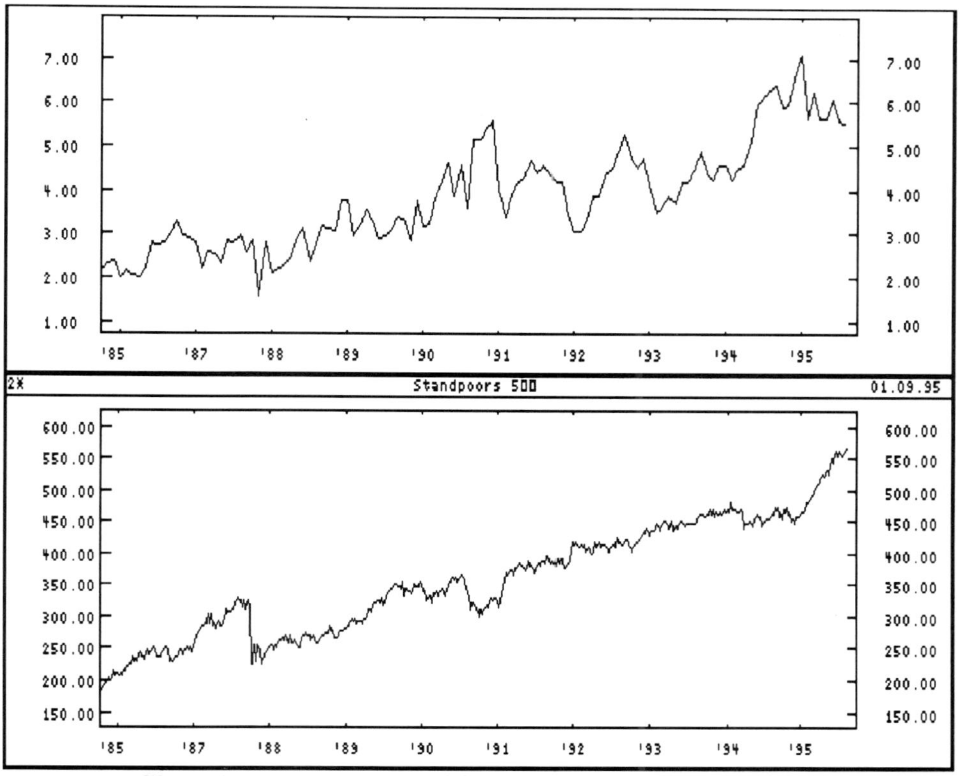

Short Interest Ratio und Standpoors 500 Aktienindex

Interpretation

Das Beispiel zeigt das Short Interest Ratio und den Standpoors 500 Aktienindex.
Auf den ersten Blick fällt auf, daß der Indikator im Laufe der dargestellten 10 Jahre in der Tendenz deutlich angestiegen ist. Werte des Short Interest Ratio von mehr als 3, die man früher als extrem angesehen hat, werden heute weit überschritten. Das hängt mit geänderten Geschäftsgewohnheiten an den Börsen zusammen. Das Risikobewußtsein ist durch den wachsenden Umgang mit Derivaten heute gegenüber früheren Zeiten deutlich verschoben. Deshalb ist der Indikator nur noch eingeschränkt nutzbar, weil mit dem neuen Niveau Erfahrungen fehlen.
Es wird aber deutlich, daß der Indikator weit vor den zyklischen Hochs im Aktienindex fallende Tendenz hat. Auch hier scheint noch nicht klar, was das bedeutet. In der Praxis würde es heißen, daß sich die Spezialisten im Verlauf einer längeren Hausse auch von der Euphorie mitreißen lassen und ihre Leerverkäufe bei steigenden Kursen zurückfahren. Man sieht an diesem Beispiel wie sich alte Erfahrungen über lange Zeit ändern können.

Verwandtes Thema

- Leerverkäufe Laien
- Laien / Spezialisten Leerverkäufe
- Leerverkäufe Members, Leerverkäufe Spezialisten

Umsatz Aktienindex (Trade Volume Stocks)

Beschreibung

Die Umsätze aller deutschen Börsen werden im Vergleich zum Aktienindex dargestellt. Die Umsätze können in absoluter Höhe (in DM) oder als Umsatzindex dargestellt werden.

Bedeutung

Eine der wichtigsten Regeln der Chartanalyse besagt:

Ein nennenswerter Kursanstieg kann nur von steigenden Umsätzen getragen werden. Nachlassende Umsätze bedeuten, daß bei steigenden Kursen die Käufer ausbleiben.

Ein Kursrückgang muß dagegen nicht notwendigerweise mit hohen oder steigenden Umsätzen verbunden sein. Wachsende Umsätze bei fallenden Kursen bedeuten allerdings zusätzliche Gefahr.

Die Untersuchung längerfristiger Zusammenhänge zeigt, daß extreme Börsenanstiege wie 1929 und 1987 auch mit extrem hohen Umsätzen verbunden sind, die lange nicht wieder erreicht werden.
Mittelfristige Börsengipfel sind ebenfalls mit längeren Perioden extrem hoher Umsätze verbunden.

Die Tiefstpunkte von Baissemärkten zeigen dagegen nur wenige Tage mit außerordentlich hohen Umsätzen, sogenannten Ausverkaufstagen (sellout). Diese schlagen sich deshalb in den längerfristigen Charts nicht nieder.

Berechnung

Die Umsätze werden von den Börsen täglich veröffentlicht.

Anwendungsregel

- Ein Kursanstieg kann nur nachhaltig werden, wenn die Umsätze zunehmen.
- Ein Kursverfall kann ohne große oder zunehmende Umsätze geschehen.
- Mit einem neuen Hoch im Aktienindex sollen jeweils höhere Umsätze einhergehen als beim vorigen Hoch. Das bestätigt den bestehenden Aufwärtstrend.
- Über längere Zeit extrem zunehmende Umsätze bei steigenden Kursen deuten auf ein Ende der Hausse (Euphorie - Phase).
- Tage mit extrem hohen Umsätzen in der Baisse sind oft Ausverkaufstage, leiten dann möglicherweise eine Bodenbildung ein.

Beispiel

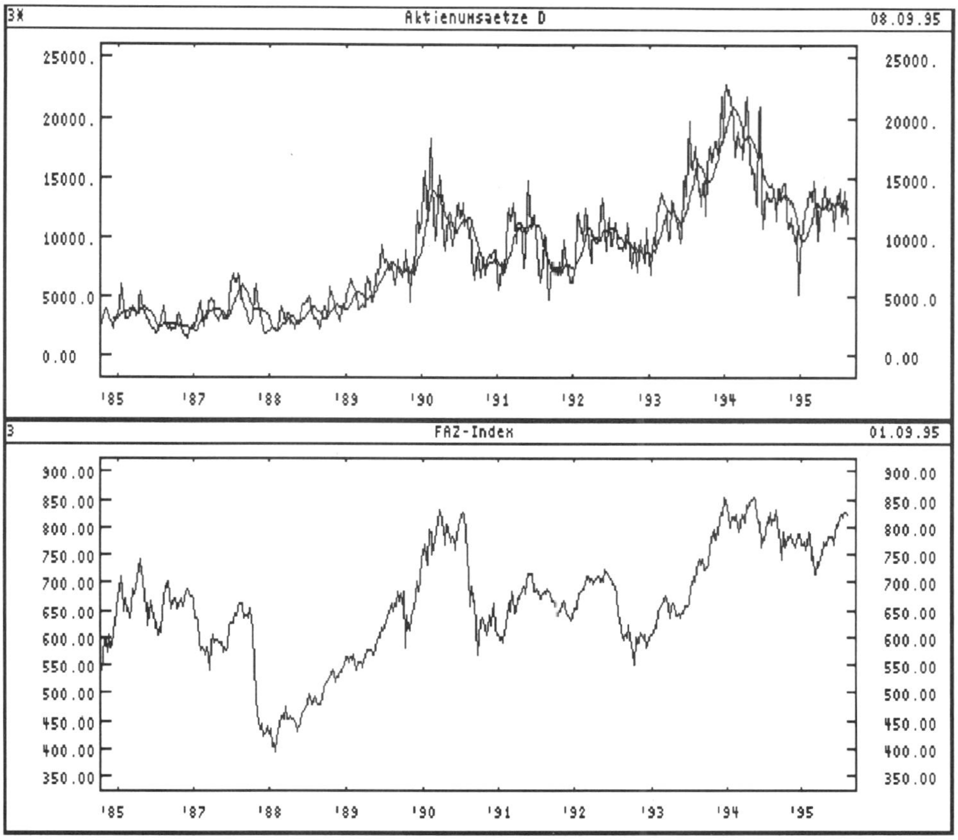

Umsatzindikator Deutschland und FAZ-Aktienindex

Interpretation

Das Beispiel zeigt der Umsatzindex Deutschland mit gleitendem Durchschnitt 10 Wochen und den FAZ Aktienindex. Noch besser wäre es, den zum Aktienindex gehörigen Umsatz zu verwenden. Der Chart verdeutlicht die Richtigkeit der Anwendungsregeln in den wesentlichen Punkten:

- Die Doppelhochs in den Jahren 1990 und 1994 sind durch nachlassende Umsätze bei der zweiten Spitze gekennzeichnet. Der Aufwärtstrend wird also nicht bestätigt. Das deutet auf ein Ende der Hausse. Man konnte also - aufgrund des Umsatzindikators - gleich nach dem zweiten Gipfel aussteigen.
- Die echten Wendepunkte von der Baisse zur Hausse sind jeweils von deutlicher Umsatzzunahme begleitet.
- Nachlassende Umsätze bei fallenden Kursen bedeuten nicht - wie oft behauptet wird - daß nur ein unbedeutender Kursrückgang folgt.

Generell nehmen die Umsätze an den deutschen Börsen über die letzten 10 Jahre zu.

Verwandtes Thema

- Umsatz Optionsscheine

Umsatz Optionsscheine

Beschreibung

Dieser Indikator stellt die Umsätze in Optionsscheinen als Indikator dar. Aus extremen Werten der Optionsscheinumsätze sollen Übertreibungsphasen an der Börse erkannt werden.

Bedeutung

Im Verlauf einer Hausse nimmt das Volumen an gehandelten Optionsscheinen stark zu.

Der Grund liegt darin, daß die Anleger zunehmend optimistisch werden. Wer überzeugt ist, daß der Markt stark steigen wird, greift zu Instrumenten mit hoher Hebelwirkung, um möglichst hohe Gewinne zu erzielen. Dazu gehören Optionsscheine.

Bei nachlassendem Auftrieb an der Börse geht das Volumen der gehandelten Optionsscheine überproportional zurück.
Dieser Indikator kann als Warninstrument für Zeiten der Übertreibung dienen. Er eignet sich nicht für das exakte Timing, weil er keine Grenzwerte bietet.

Berechnung

Die Optionsscheinumsätze werden von den Börsen täglich veröffentlicht.

Anwendungsregel

- Extrem hohe Optionsscheinumsätze sind Warnzeichen für Überhitzungsphasen.
- Sehr stark rückläufige Optionsscheinumsätze zeigen wachsende Skepsis. Das ist gesund für den Markt.
- Man verwendet zweckmäßig längerfristige gleitende Durchschnitte.

Aussagefähigkeit:

Der Indikator hat in der Hausse im wesentlichen die Funktion einer Warnung vor Übertreibungsphasen. In der Baisse zeigt er die wachsende Skepsis.
Es ergeben sich allerdings keine konkreten Grenzwerte, so daß der Indikator nicht als Timing Instrument geeignet ist.
Die Aussagekraft des Indikators für den US-Markt ist auch dadurch eingeschränkt, daß dort der Umsatz an Optionsscheinen kaum eine Rolle spielt. Für Deutschland werden inzwischen auch entsprechende Zahlen veröffentlicht

Beispiel

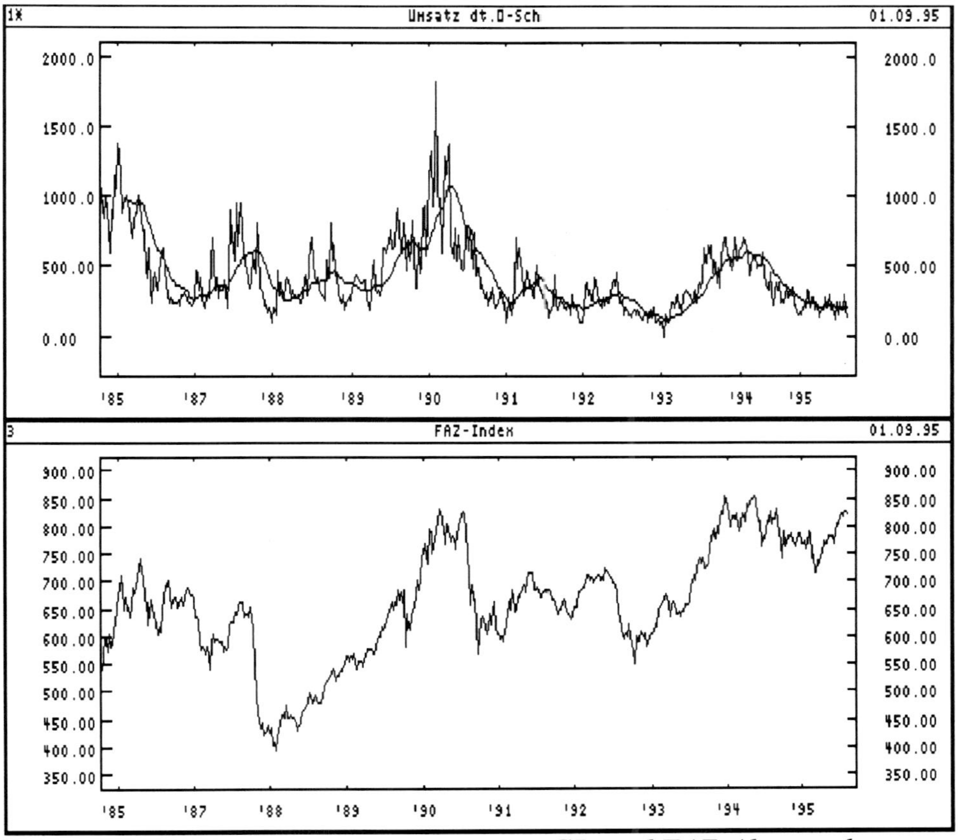

Umsatz Optionsscheine mit 90 Tage GD und FAZ-Aktienindex

Interpretation

Das Beispiel zeigt die Optionsschein Umsätze an den deutschen Börsen mit gleitendem Durchschnitt 90 Tage und den FAZ Aktienindex.
Die wesentliche Bedeutung dieses Indikators wird anhand des längerfristigen gleitenden Durchschnitts augenfällig. In Zeiten der Trendwende von Hausse zur Baisse gehen die Umsätze deutlich zurück. Sie bestätigen damit, daß die Trendwende beim Aktienindex vollzogen ist.

Ähnlich, aber nicht so eindeutig verhält sich der geglättete Indikator bei der Wende von der Baisse zur Hausse.
Der Indikator kann also nur einen neuen Trend stützen oder bestätigen.

Verwandtes Thema

- Spekulationsindex

Umsatzverhältnis Amex / NYSE

Beschreibung

Die Umsätze an der AMEX (American Stock Exchange) und der NYSE (New York Stock Exchange) werden miteinander verglichen. Der Indikator gibt an wieviel Prozent des NYSE Umsätze an der AMEX gemacht werden. Die NYSE ist die Börse, an der die großen Standardwerte gehandelt werden, an der AMEX werden die kleinen Unternehmen gehandelt.

Bedeutung

Die bekannte New York Stock Exchange (NYSE) ist der Ort, an dem Börsengeschichte geschrieben wird. Hier werden die bekannten Standardwerte gehandelt. Das ist Wall Street, wie man es kennt. Die American Stock Exchange (AMEX) ist Handelsort für die vielen kleinen und mittleren Unternehmen, aus denen möglicherweise im Einzelfall (Microsoft, Intel etc.) dereinst ein Standardwert werden kann. Diese kleineren Werte sind naturgemäß sehr viel riskanter, volatiler, damit spekulativer, als die Standardwerte.

In normalen Zeiten werden an der AMEX etwa 6% der Umsätze der NYSE gemacht, schließlich handelt es sich an der AMEX teilweise um die sogenannte „Pennystocks", die so heißen, weil sie wirklich nur Pennys kosten, während die gewichtigen Standardwerte durchaus über 100 Dollar kosten können. In Zeiten der Hausse steigt bei vielen Anlegern mit den Kursen auch der Optimismus und die Spekulationsbereitschaft. Sie glauben an der volatileren AMEX noch mehr Geld verdienen zu können als an der NYSE. Der Umsatzanteil der AMEX steigt. Das ist ein Maß für die Spekulationsbereitschaft des Publikums. In Zeiten der Baisse besinnen sich die Anleger wieder auf die Qualität. Sie kehren zu den Standardwerten zurück.

Berechnung

Umsatz AMEX / Umsatz NYSE

Anwendungsregel

- Ein hoher Indikatorwert (Umsatzanteil der AMEX) drückt hohe Spekulationsbereitschaft des Publikums. Werte über ca. 9 % sind ein Warnzeichen für zuviel Optimismus. Kursrückschläge werden immer wahrscheinlicher.
- Ein niedriger Indikatorwert (Umsatzanteil der AMEX) ist ein Zeichen für wenig Spekulationsbereitschaft (große Skepsis) des Publikums. Das sind Werte unter 6 %. Dies ist der Boden, aus dem Kursanstiege erwachsen.
- Ein Timing ist mit diesem Indikator allein nicht möglich.

Beispiel

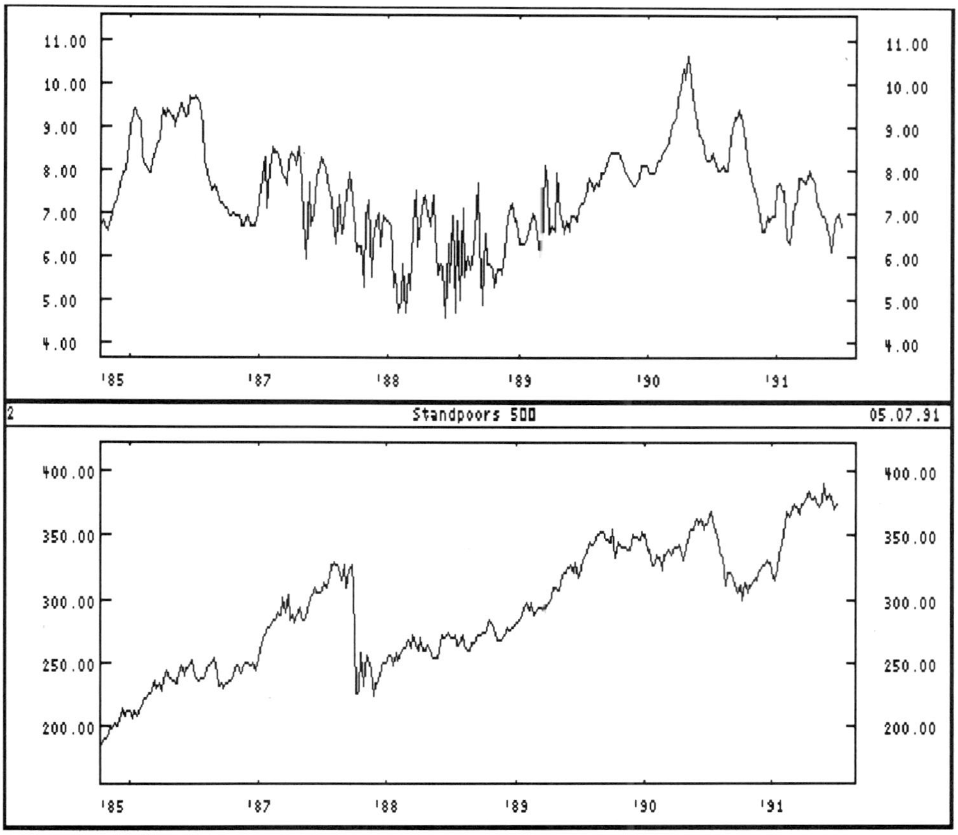

Umsatzverhältnis AMEX / NYSE und Aktienindex SP 500

Interpretation

Das Beispiel zeigt das Umsatzverhältnis AMEX / NYSE und den US-Aktienindex Standpoors 500.
Man sieht deutlich, daß der Umsatzanteil der AMEX im Verlauf einer Hausse stark zunimmt. Gegen Ende des Kursanstiegs nimmt das Umsatzverhältnis auf hohe Werte zu, die 9% übersteigen können. Es verlagern sich höhere Umsätze zu der spekulativeren AMEX, die Marktteilnehmer werden optimistischer, verlieren mehr und mehr ihre gesunde Skepsis.
Im Zuge der darauffolgenden Baisse fällt der Anteil sehr stark zurück. Die Marktteilnehmer flüchten in die Qualitätsaktien.
Genaue Grenzwerte für ein Timing am Aktienmarkt sind nicht auszumachen. Dieser Indikator kann nur als Warnsignal dienen.
Weil die Einzelwerte sehr stark schwanken können, ist es ratsam mit gleitendem Durchschnitt (etwa 12 - 20 Wochen) zu arbeiten.

Verwandtes Thema

- Aufgeld Terminaktienindex

US-Dollar, Währungskurs

Beschreibung

Der Kurs des US-Dollar gegenüber der D-Mark wird als Indikator für den Aktienmarkt verwendet.

Bedeutung

Dem Kurs des US-Dollar gilt in der deutschen Öffentlichkeit im Vergleich zu anderen Wirtschaftszahlen besondere Aufmerksamkeit. Das gilt insbesondere dann, wenn sich bedeutende Änderungen vollziehen. Diese besondere Aufmerksamkeit führt zu einer Überschätzung des Einflusses, den der Dollarkurs auf die deutsche Wirtschaft hat.

Sicher beeinflußt der Dollarkurs die Gewinne der exportierenden Unternehmen, insgesamt gehen aber nur etwa 10% des Exportvolumens der deutschen Wirtschaft in den Dollarraum. Die Exporte in die Länder der europäischen Union sind bedeutend größer. Dennoch hat die große Aufmerksamkeit, die der Dollarkurs erfährt einen gewissen psychologischen Einfluß auf die Aktienbörse.

Weil generell die Exportchancen durch eine schwache Währung steigen, profitieren die Aktienkurse in Ländern mit der schwächeren Währung. Dabei ist aus Sicht des deutschen Anlegers das Währungsrisiko zu beachten Beispielsweise hat der US-Aktienmarkt von der Dollarschwäche der letzten Jahre wegen der daraus erwachsenen Wettbewerbsvorteile profitiert. Für den deutschen Anleger zählt jedoch der Gewinn in D-Mark.

Berechnung

Der Kurs DM / US$ und anderer Währungen wird täglich und fortlaufend veröffentlicht.

Anwendungsregel

- Es gibt keine erkennbaren, festen Zusammenhänge zwischen US-Dollar und deutschem Aktienindex.
- Allenfalls deutliche Trendänderungen des Dollarkurses spielen für kurze Zeit eine Rolle bei der Kursbildung am deutschen Aktienmarkt.
- Der Dollarkurs ist nur zusammen mit einem Spektrum anderer Indikatoren für den Aktienmarkt nutzbar
- Generell steigen die Aktien bevorzugt in Ländern mit schwacher Währung.

Beispiel

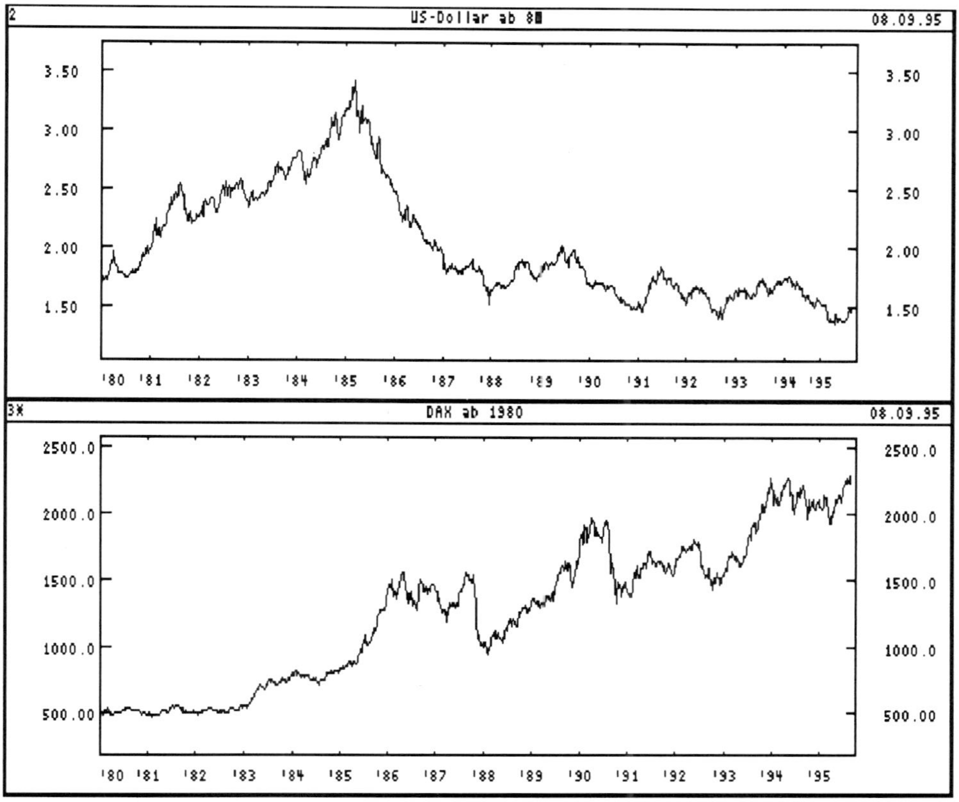

Kurs US-Dollar /D-Mark und Deutscher Aktienindex DAX

Interpretation

Das Beispiel zeigt den Kurs des US-Dollar gegenüber der D-Mark im Vergleich mit dem Deutschen Aktienindex DAX.

Auf den ersten Blick glaubt man Gleichlauf zwischen Dollarkurs und DAX zu erkennen. Wenn man jedoch weiter ins Detail geht, werden Diskrepanzen deutlich.

- Der tendenzielle Zusammenhang der ersten Hälfte der 80er Jahre zwischen Dollar und DAX bricht 1985 ab.
- 1985-87 fällt der Dollarkurs auf weniger als die Hälfte während der Aktienindex zunächst bis zum Börsenkrach weiter steigt..
- 1988 bis Mitte 89 laufen Dollarkurs und DAX etwa gleichgerichtet,
- ab Herbst 1989 ist die Tendenz gegenläufig.
- 1992 und 93 sind die kurzfristigen Trends gleich gerichtet, langfristig aber fällt in dieser Zeit der Dollar, während der DAX eher steigt.
- Seit Mitte 1992 gibt es wieder mehr Übereinstimmung in der tendenziellen Bewegung von Dollar und DAX.
- Auch bei den kürzerfristigen Kursbewegungen scheint die Übereinstimmung eher zufällig zu sein.

Zins

Beschreibung

Die durchschnittliche Anleihezins von öffentlichen Anleihen aller Laufzeiten wird für den deutschen Markt dargestellt und als Indikator für die Entwicklung des Aktienmarkts untersucht.

Bedeutung

Der durchschnittliche Anleihezins wird hier als Indikator benutzt. Die Höhe der Zinsen hat vielfältigen Einfluß auf die Aktienkurse:

Aktien und Anleihen sind am Kapitalmarkt Wettbewerber um die Gunst der Kapitalanleger. Steigt der Zins, muß die Aktienrendite auch steigen, sonst wechseln die Anleger von der Aktie zu Anleihen. Die Aktienrendite besteht aus Gewinn pro Aktie der Gesellschaft und der (möglichen) Kurssteigerung der Aktie.

Eine Anpassung der Aktienrendite an steigende Zinsen kann durch steigende Gewinne bzw. steigende Kurse der Aktie geschehen oder - bei konstantem Gewinn - durch Rückgang der Aktienkurse.

Bei steigenden Zinsen ist aber eher mit nachlassender Konjunktur - somit fallenden Gewinnen - zu rechnen. Also werden die Aktien auch aus diesem Grund tendenziell fallen.

Berechnung

Der Durchschnittszins der Anleihen wir täglich veröffentlicht. (%)

Anwendungsregel

- Steigende Zinsen bedeuten tendenziell fallende Aktienkurse.
- Fallende Zinsen bedeuten tendenziell steigende Aktienkurse.
- Die Beziehung zwischen Zinsen und Aktienkursen ist eng. Falls die Entwicklung auseinanderlaufen sollte (wie in Deutschland durch die Wiedervereinigung), wird das nur für begrenzte Zeit geschehen. Eine Korrektur dieser Fehlentwicklung ist zu erwarten.

- Die Zinsentwicklung ist auf mittlere Sicht einer der zuverlässigsten Indikatoren für die Aktienkurse. Eine Zinssenkung in der Baisse hat Signalwirkung auf den Aktienmarkt und die Konjunktur.

- Als Indikatoren eignen sich besonders die Rentenrendite und der Zinssatz für Dreimonatsgeld. Beide Werte sind aus dem Wirtschaftsteil der überregionalen Tageszeitungen zu entnehmen. Sie sollten als Chart jedem Anleger vorliegen.

Aussagefähigkeit:

Die Zinsentwicklung erlaubt kein genaues Timing am Aktienmarkt.

Beispiel

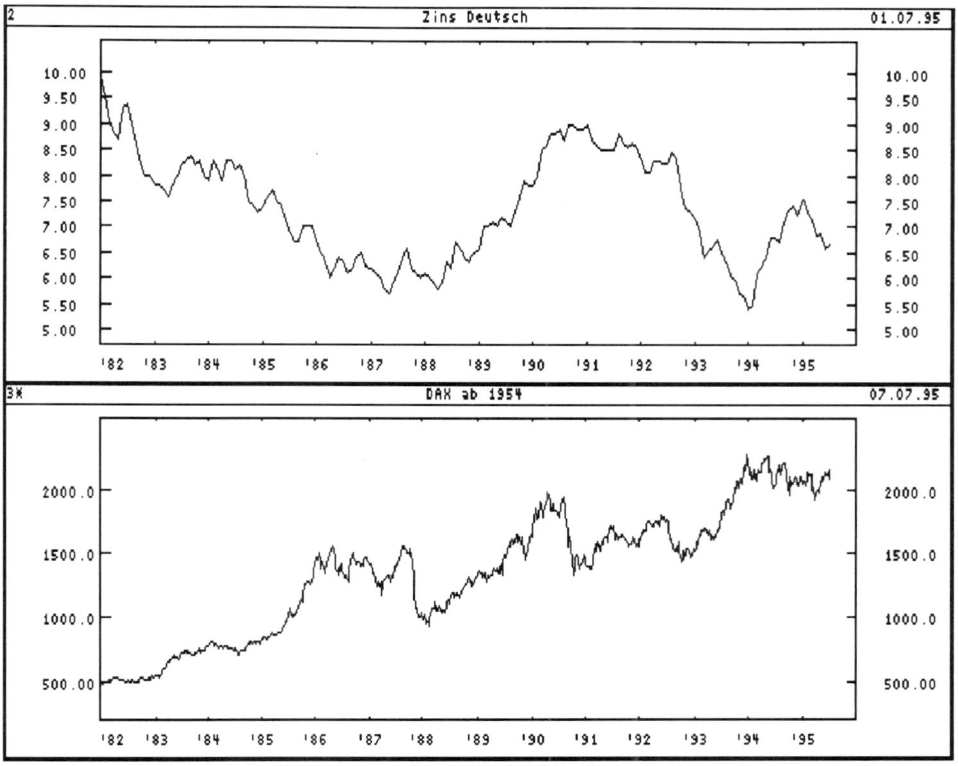

Anleihezins und Aktienindex Deutschland

Interpretation

Tendenziell steigt der Aktienindex mit sinkenden Anleihezinsen und umgekehrt. Bei genauem Hinsehen, ist die Übereinstimmung aber nur begrenzt. Folgendes fällt auf:

- Der Kursanstieg beim Aktienindex zwischen 1982 und 1987 ist vom Zinsrückgang mit gutem Gleichlauf begleitet. In der Tat war der starke Zinsrückgang nach Überwindung der hohen Inflationsraten der 70er Jahre ein fundamentaler Faktor für den wirtschaftlichen Aufschwung.
- In den Jahren 1989 und 1990 sind - entgegen allen Regeln - Aktien und Zinsen gleichzeitig gestiegen. Hintergrund ist die Wiedervereinigung. Der im Herbst 1989 begonnene Kursrückgang am Aktienmarkt wurde durch den Zusammenbruch des Ostblock und die damit verbundenen wirtschaftlichen Hoffnungen überspielt. Der entsprechenden Kursrückgang wurde im Herbst 1990 nachgeholt.

Seitdem ist wieder der normale Zusammenhang zwischen Zinsen und Aktienkursen erkennbar.

Verwandtes Thema:

- Dreimonatszins
- Rentenrendite, REX
- Zinsstruktur

Zinsstruktur

Beschreibung

Die Zinsstruktur, das ist der langfristige Zins abzüglich des kurzfristigen Zins (Anleihezins minus Dreimonatszins), wird als Indikator für die Zinsentwicklung verwendet.

Bedeutung

Die Zinsstruktur ist der Anleihezins abzüglich des Dreimonatszins also langfristiger Zins minus kurzfristiger Zins. Dieser Wert wird zu recht als Indikator für die Zinsentwicklung verwendet, weil er anzeigt, in welche Richtung die Zentralbank die Zinsen lenkt.

In ruhigen Zeiten mit normaler Zinsstruktur steigt der Zins mit der Laufzeit. Das heißt je länger die Laufzeit einer Anleihe oder eines Geldmarktzins, desto höher der Zins. Auf die beiden hier zu vergleichenden Laufzeiten von mehreren Jahren für die Anleihen und drei Monaten für den repräsentativen kurzfristigen Zins bezogen bedeutet das: In normalen Zeiten ist der Anleihezins über dem Dreimonatszins, der Indikator also positiv.

Wenn die Bundesbank das Zinsniveau steigern will, benutzt sie dazu den kurzfristigen Zins, er wird also im Extremfall über den Anleihezins hinaus steigen. Bei der Absicht die Zinsen zu senken wird die Tendenz umgekehrt sein.

Berechnung

Durschnittsrendite der Anleihen minus Dreimonatszins. Beide Werte werden täglich veröffentlicht. Eine wöchentliche Aufzeichnung (Wochenschluß) ist ausreichend.

Anwendungsregel

- Die Absicht der Bundesbank zur Zinssteigerung ist erkennbar, wenn der Indikator fällt und eventuell sogar unter Null fällt.

- Die Absicht der Bundesbank zur Zinssenkung ist erkennbar, wenn der Indikator steigt.

- Ein Indikator über Null ist normal.

Aussagefähigkeit:

Der Indikator gibt späte Signale, die erst nach den charttechnischen Signalen auftreten, weil der Markt die Tendenzen vorwegnimmt. Der Indikator hat also trendbestätigende Wirkung, keine Prognose.

Beispiel

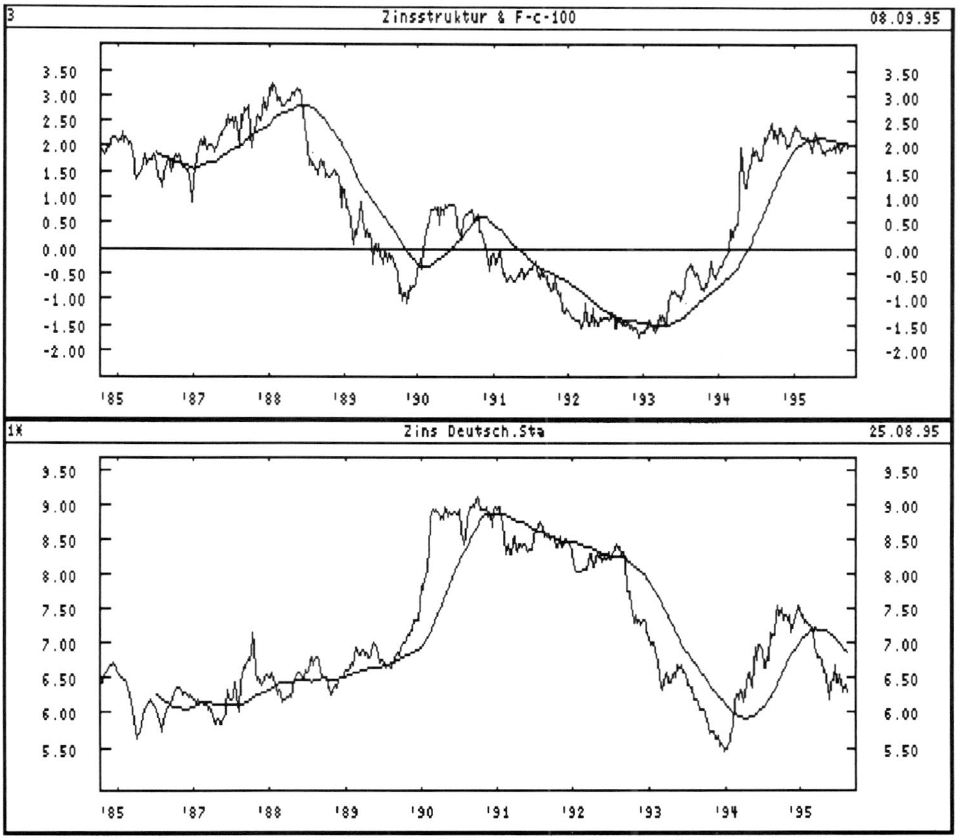

Zinsstruktur und Anleihezins Deutschland

Interpretation

Das Beispiel zeigt die Zinsstruktur (Anleihezins minus Dreimonatszins) und den durchschnittlichen Anleihezins aller Laufzeiten für Deutschland.

- Ab Mitte 1989 ist sichtbar, daß der Dreimonatszins in Richtung auf die Anleihezinsen angehoben wird und sogar darüber hinaus steigt, Daran ist die Tendenz zur Zinssteigerung deutlich erkennbar.
- Erst 1993 ist die Gegenbewegung aus der Zinsstruktur ablesbar. Der Beginn dieses Umsteuerns war am Anleihezins bereits 1991 erkennbar, als der Durchschnittszins seine 200-Tage-Linie, den langfristigen gleitenden Durchschnitt, unterschritt. Dies war ein charttechnisches Zeichen zur langfristigen Zinswende.

Verwandtes Thema

- Dreimonatszins
- REX
- Rentenrendite
- Zins

III Technische Indikatoren

Inhaltsverzeichnis Kapitel III

Technische Indikatoren

Technische Indikatoren sind das Ergebnis mathematischer Analyse, die in Computerprogrammen mit der Preis- und Umsatzentwicklung angestellt werden. Sie sind Bestandteil der handelsüblichen Börsen- Analyseprogramme.

In diesem Kapitel werden alle wesentlichen technischen Indikatoren in alphabetischer Reihenfolge vorgestellt. Dabei halte ich mich an ein Schema, damit die Darstellung jeweils in vergleichbarer Form ist. Dabei werden immer gleiche Überschriften verwendet:

Bedeutung

Die allgemeine Einordnung des Indikators im Bezug auf die Börse kurz und der Autor soweit er bekannt ist.

Beschreibung

Die genaue Beschreibung des Indikators mit Worten und seine rechnerischen Grundlagen.

Berechnung

Die Berechnungsformel zum genaueren Verständnis und als Basis für eigene Berechnungen. Nur da, wo die Berechnung zu kompliziert ist wurde auf die Wiedergabe der Formel verzichtet.

Einstellwerte für Analyseprogramm

Vom Autor des Indikators empfohlene Grundeinstellung für den Indikator. In Einzelfällen auch sinnvolle Variationen nach meiner eigenen Erfahrung oder neueren veröffentlichten Erkenntnissen anderer maßgeblicher Analysten.

Anwendungsregel

Die wichtigsten Anwendungsregeln für den Indikator. In Einzelfällen auch sinnvolle Variationen nach meiner eigenen Erfahrung oder neueren veröffentlichten Erkenntnissen anderer maßgeblicher Analysten.

Beispiel

Beispiel für den Indikator, wie er sich in einer konkreten Situation darstellt.

Interpretation

Meine Interpretation des Beispiels für die Anwendung des jeweiligen Indikators.

Verwandtes Thema

Verweis auf andere Indikatoren, die mit dem hier beschriebenen Indikator verwandt sind oder vergleichbar eingesetzt werden können.

Einsatz von Indikatoren

Leider gibt es für keine Börse **den** Indikator, den Stein der Weisen. Er würde die Funktion der Börse aufheben, wenn es ihn gäbe, denn wer würde gegen seine Aussage handeln? Es ist deshalb unabdingbar, daß Sie bei Ihren Analysen immer ein gewisses Spektrum von Indikatoren zu Rate ziehen, die sie für wichtig halten. Verlassen Sie sich nie auf einen einzigen Indikator. Sie können allerdings alle Ihre Aspekte zu einem einzigen Indikator aufsummieren, der Ihre persönlichen Prioritäten zusammenfaßt.

Wenn Sie einen solchen eigenen Gesamtindikator zusammenstellen wollen, können Sie folgendermaßen vorgehen:

- Suchen Sie für alle Aspekte, die bei Ihrer Anlagepolitik eine Rolle spielen (kurz-, mittel-, langfristig, spekulativ etc.) den jeweils passenden Indikator.
- Bewerten Sie wöchentlich den aktuellen Stand jedes einzelnen Indikators mit positiv +1, neutral 0, negativ -1
- Indikatoren mit mehr differenzierter Bewertungsmöglichkeit können Sie mit einer feineren Bewertungsskala ausstatten: Extrem positiv +3, sehr positiv +2, positiv +1, neutral 0, negativ -1, sehr negativ -2, extrem negativ -3.
- Besonders wichtige Indikatoren können Sie auch mit mehrfachem Gewicht versehen, beispielsweise 2 oder 3.
- Summieren Sie bei der wöchentlichen Bewertung den wöchentlichen Stand aller Indikatoren. Das ergibt Ihren technischen Gesamtindikator für die Börse oder einen Einzelwert.
- Glätten Sie den Gesamtindikator in angemessener, für Sie passender Weise, damit nicht einmalige Ausreißen Sie zu falschen Schlüssen führen.
- Nehmen Sie für die Bewertung der gesamten Börse eventuell auch Markt- und Konjunktur Indikatoren aus dem Kapitel II hinzu, um Ihren Gesamtindikator zu bilden.
- Verschaffen Sie sich einen Überblick über die charttechnische Lage.
- Dann handeln Sie nach diesen Erkenntnissen.

Accumulation / Distribution

Bedeutung

Accumulation / Distribution ist ein Momentum Indikator, der Veränderungen von Kurs und Umsatz miteinander verbindet. Die Aussage des Indikators unterstellt, daß eine Kursbewegung um so bedeutender ist, je stärker sie von Veränderungen des zugehörigen Umsatzes begleitet ist.

Beschreibung

Der Indikator wurde von Marc Chaikin entwickelt. Er stellt den Geldfluß in einen Wert hinein oder aus diesem Wert heraus dar. Zu diesem Zweck wird der Umsatz gewichtet. Liegt der Schlußkurs (close) über dem mittleren Kurs ((Höchstkurs H - Tiefstkurs T) / 2) des Tages, wird dieser Volumenanteil zum Vortagswert addiert. Liegt der Schlußkurs unter dem mittleren Kurs, wird er vom Vortagswert subtrahiert. Solange der Wert über seinem mittleren Kurs schließt, steigt dieser Volumen Indikator und umgekehrt. Je weiter der Schluß über dem mittleren Kurs liegt, desto größer die Gewichtung des Volumens. Ein Schluß über dem mittleren Kurs wird als Akkumulation (Ansammlung = gesund) interpretiert, ein Schluß darunter als Distribution (Verteilung = ungesund).
Es entsteht eine mit dem Kursverlauf gewichtete Advance-Decline-Linie des Volumens.

Ein ansteigender Indikator zeigt demnach einen Geldstrom in die Aktie an, also einen gesunden Aufwärtstrend. Umgekehrt soll ein fallender Indikator zeigen, daß Geld aus dem Basiswert abgezogen wird. Divergenz zwischen Basiswert und Indikator deuten danach also auf eine bevorstehende Trendänderung.

Berechnung

Acc / Distr. = [((close-low) - (high-close) / (high-low) *vol] + Vortagswert

Einstellwerte für Analyseprogramm

keine Voreinstellung möglich

Anwendungsregel

- Ein ansteigender Indikator zeigt, daß die zugrunde liegende Aktie akkumuliert, also gekauft wird, weil das steigende Volumen mit höheren Kursen verbunden ist.
- Ein fallender Indikator zeigt, daß verteilt (distributed) wird, weil der größere Teil des Volumens mit fallenden Kursen verbunden ist.
- Divergenzen zwischen dem Verlauf von Indikator und Aktie deuten auf einen bevorstehende Trendänderung.

Beispiel

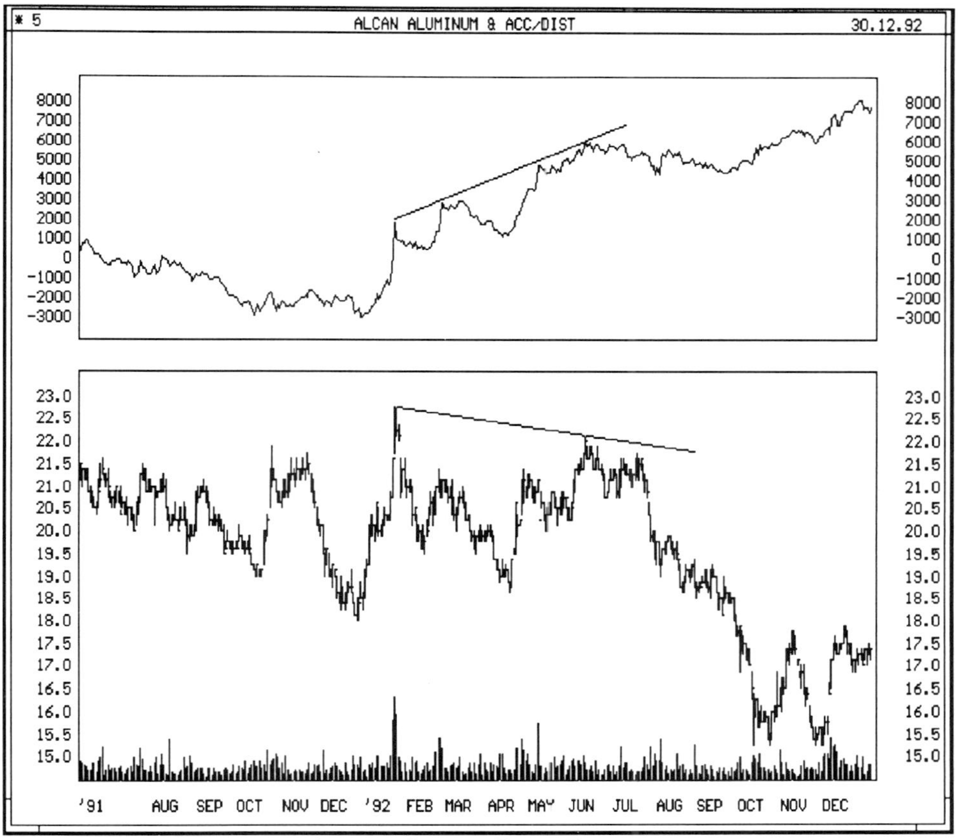

Accumulation-Distribution

Interpretation

Die Aktie kann trotz weiter steigenden Indikators keine neuen Höchstkurse erzielen. Das deutet auf ein nahendes Ende des Aufwärtstrends. Umgekehrt läßt der wieder steigende Indikator zum Ende des Charts einen Wiederanstieg der Aktie nach dem Doppeltief erwarten.

Verwandtes Thema

- Chaikin Oscillator
- On Balance Volume OBV
- Williams Accumulation / Distribution

Andrew's Pitchfork

Bedeutung

Andrew's Pitchfork (Mistgabel) ist eine Studie, die aus drei parallelen Trendlinien besteht. Die Linien werden von drei wählbaren Punkten aus gezogen.

Beschreibung

Andrew's Pitchfork ist eine, die aus drei parallelen Trendlinien bestehende Studie. Die Trendlinien werden von drei wählbaren Punkten aus gezogen, die einzeln im Chart des Computerbildes gewählt werden.
Üblicherweise wählt man als ersten Punkt ein bedeutendes Hoch oder Tief im linken Teil des Charts. Für den zweiten und dritten Punkt nimmt man jeweils ein wichtiges Hoch und Tief im rechten Teil des Charts. Die Linien werden dann vom Analyseprogramm automatisch gezogen.

Berechnung

Nach Wahl der Ausgangspunkte werden die Trendlinie vom Analyseprogramm automatisch gezogen.

Einstellwerte für Analyseprogramm

Einstellungen sind nicht möglich.

Anwendungsregel

Die drei Trendlinien von Andrew's Pitchfork beruhen auf der Funktion von Unterstützung und Widerstand passend gewählter Trendlinien.

Bei richtiger Wahl der Ausgangspunkte (an den bedeutenden Hochs und Tiefs) verdeutlichen die Trendlinien die wahrscheinlichen Grenzen eines Trends durch Trendkanäle. Der Ausbruch aus einem solchen Trendkanal hat Signalwirkung. Wesentliche Funktion ist aber die Eingrenzung der wahrscheinlichen Kursbewegung.

Beispiel

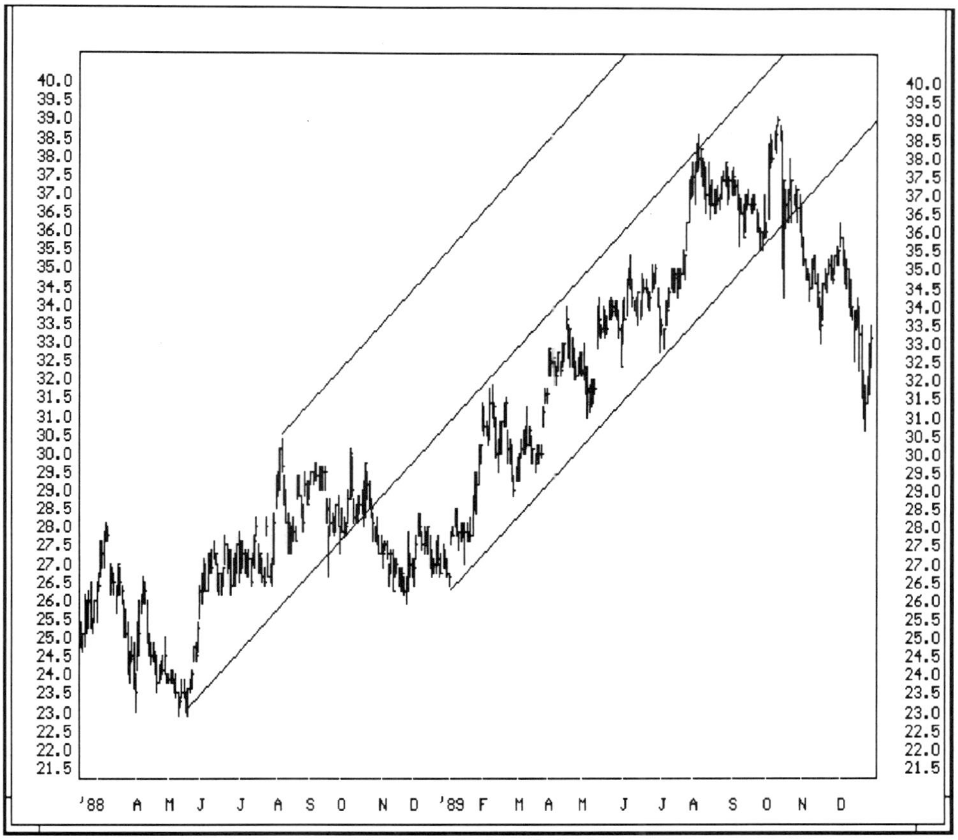

Andrew's Pitchfork

Interpretation

Das Beispiel zeigt eine Studie mit Andrew's Pitchfork an einer Aktie. Wenn man unterstellt, daß diese Studie zu Beginn des Jahres 1989, also nach dem Wiederanstieg von 26$ auf über 28$ gezeichnet wurde, machte sie klar, in welchen Grenzen sich die Kurse wahrscheinlich bewegen würden.

Die mittlere Trendlinie stellt dabei den ersten Widerstand (als Trend) dar. Wenn dieser überwunden wird, laufen die Kurse meistens bis zur oberen Trendlinie weiter.
In diesem Fall blieben die Kurse an der mittleren Trendlinie hängen. Sie stellte also künftig den oberen Rand des Trendkanals für diese Aktie dar.
Die untere Linie zeigte die Unterstützung des Trends. Sie hielt beinahe ein Jahr. Ihre Verletzung im Herbst signalisierte die Gefahr eines Kursrückgangs.

Verwandtes Thema

Arms Index

Bedeutung

Der Arms Index ist auch als TRIN (Trader Index) bekannt. Er wurde 1967 von Richard Arms entwickelt mit der Aufgabe anzuzeigen, wann außerordentlich hohes Volumen mit einem Anstieg oder Rückgang einer Aktie einhergeht.

Beschreibung

Der Index beruht auf der Annahme, daß Umsätze dazu neigen mit der Stimmung des Markts zu laufen.
Bei optimistischer Stimmung nehmen üblicherweise die Umsätze der steigenden Aktien zu.
Bei pessimistischer Marktstimmung steigen eher die Umsätze der Aktien mit fallenden Kursen.
Der Arms Index wurde für den Intraday Handel entwickelt, also extrem kurzfristige Geschäfte. Später wurde er als Indikator für längerfristige Marktbewegungen angewendet und bekannt.

Berechnung

$$\text{Arms Index} = \frac{\text{Zahl gestiegener Aktien / Zahl gefallener Aktien}}{\text{Umsatz gestiegener Aktien / Umsatz gefallener Aktien}}$$

Einstellwerte für Analyseprogramm

- kurzfristig: 4 Tage Gleitender Durchschnitt
- mittelfristig: Vergleich von 21 und 10 Tage Gleitendem Durchschnitt
- langfristig: Vergleich von 55 und 21 Tage Gleitendem Durchschnitt

Anwendungsregel

- Ein Indikatorwert unter 1 bedeutet, daß die steigenden Aktien mehr als den normalen Anteil am Umsatz haben.
- Ein Indikatorwert über 1 bedeutet, daß die fallenden Aktien einen überproportionalen Anteil am Umsatz haben.

Wichtiger als der absolute Wert ist die Schnelligkeit, mit der sich der Indikator ändert.

- Ein schneller Anstieg auf höhere Werte bedeutet eine Warnung vor einem möglichen Abwärtstrend des Markts.
- Ein schneller Rückgang auf niedrigere Werte bedeutet die Ankündigung eines möglichen Aufwärtstrend des Markts.

Beispiel

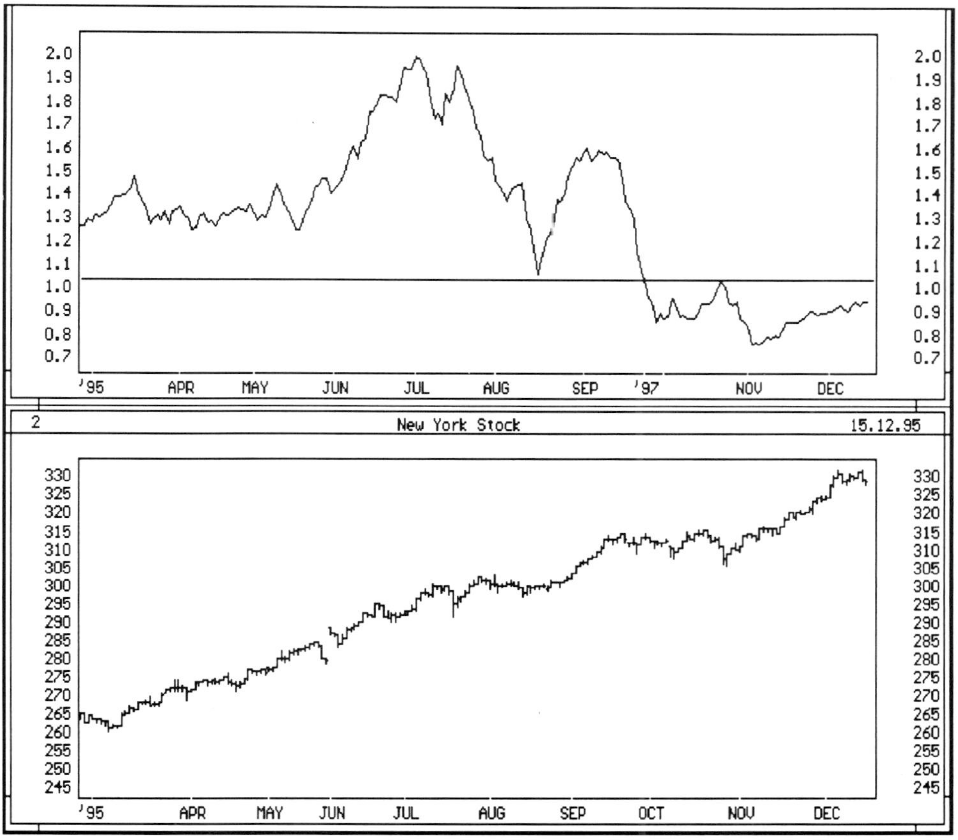

NYSE Index mit Arms Index als GD 21/10 Tage

Datenquelle: ECO-NET, Köln

Interpretation

Das Beispiel zeigt den Index der New York Stock Exchange (NYSE) und den zugehörigen Arms Index als GD 21/10 Tage.

Man erkennt sofort die hauptsächliche Funktion des Indikators. Jeweils nach einem steilen Anstieg des Indikators wechselt der Aktienindex den Trend. In diesem Fall geht der Aufwärtstrend jeweils in eine Konsolidierung mit Seitwärtsbewegung über.

Verwandtes Thema

Bollinger Bands

Bedeutung

Die von John Bollinger entwickelte Untersuchungsmethode zeichnet einhüllende Linien mittels gleitender Durchschnitte, die nach oben und unten verschoben werden. Gegenüber der normalen Verschiebung gleitender Durchschnitte um einen festen Prozentsatz nach oben und unten verwendet Bollinger bei seiner Methode die Standardabweichung als Maß für eine variable Verschiebung. Das berücksichtigt die Volatilität (gemessen als Standardabweichung) des zugrunde liegenden Werts.

Beschreibung

Bollinger Bands haben eine ähnliche Funktion wie gleitende Durchschnitte, die um einen festen Prozentsatz nach oben und unten verschoben werden. Sie bilden Umhüllende (envelopes). Sie sollen ein Maß darstellen für die zu erwartende Kursschwankung, die man ausnutzen kann.

Die Bollinger Bands enthalten demgegenüber zusätzlich ein Maß für die implizierte Volatilität des Untersuchungsobjekts, weil statt des festen Betrags der Verschiebung ein Vielfaches der Standardabweichung verwendet wird.
Dadurch wird die Abschätzung der zu erwartenden Kursbewegungen realistischer. Zudem wird noch die Beobachtung verdeutlicht, daß kurz vor bedeutenden Kursbewegungen die Volatilität häufig stark abnimmt. Das kommt in einer Verengung der Bandbreite zum Ausdruck.

Berechnung

Die mittlere Linie ist ein gleitender Durchschnitt, das obere Band ist das mittlere um eine gewählte Standardabweichung nach oben verschoben, das untere Band entsprechend nach unten verschoben.

Einstellwerte für Analyseprogramm

Bollinger empfiehlt einen gleitenden Durchschnitt von 20 Tagen und eine Verschiebung um 2 Standardabweichungen.

Anwendungsregel

- Normalerweise bewegen sich die Kurse innerhalb der Bandbreite von einer zur anderen Begrenzung.
- Ausbruch aus der Bandbreite deutet auf ein Fortbestehen des derzeitigen Trends.
- Nach Verengung des Bands durch gesunkene Volatilität steht oft eine heftige Preisbewegung bevor.
- Gipfel und Tiefpunkte, die sich außerhalb der Bandbreite bilden und innerhalb wiederholen, deuten auf eine bevorstehende Trendwende.

Beispiel

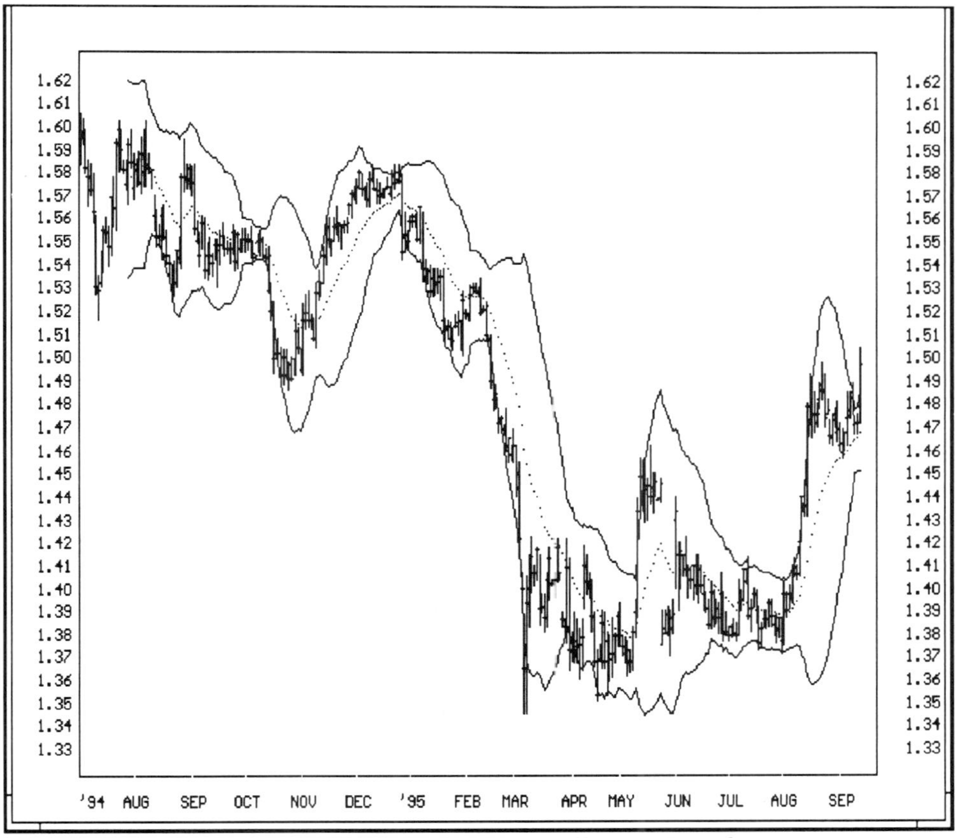

D-Mark / US-Dollar mit Bollinger Bands

Interpretation

Das Beispiel zeigt den Dollarkurs gegen die D-Mark mit den Bollinger Bands (20 Tage GD und Standardabweichung 2).

Im linken Teil des Charts bewegen sich die Kurse innerhalb der Bandbreite. Beide Seiten der Bandbreite werden berührt.

Das Tief im März bildet sich außerhalb der Bandbreite, es wiederholt sich innerhalb. Das ist ein Hinweis auf eine bevorstehende Trendwende. Der Ausbruch kommt kurz darauf. Nach dem erneuten Kursrückgang im Juni verringert sich die Bandbreite im Juli und August sehr stark, was auf eine bevorstehende kräftige Kursbewegung deutet. Auch diese ereignet sich kurz darauf.

Verwandtes Thema

- Envelope

Chaikin Oszillator

Bedeutung

Marc Chaikin hat im Rahmen seiner Umsatzstudien den Accumulation/Disribution Indicator (Einzelheiten siehe dort) weiterentwickelt. Er verwendet einen Oscillator, der durch die Differenz zwischen 10 Tage GD und 3 Tage GD des A/D Indicators gebildet wird.

Beschreibung

Chaikin hält den Umsatz für ein wesentliches Instrument zur Analyse von Marktbewegungen. Er postuliert folgendes:

- Wenn eine Aktie über ihrem Mittelkurs ((Hoch+Tief) / 2) schließt, findet eine Accumulation (Ansammlung) statt, die um so größer ist je näher der Kurs am oberen Ende schließt. Eine Distribution (Verteilung) findet dementsprechend statt, wenn der Schluß unter dem Mittelkurs liegt.
- Ein gesunder Aufschwung ist begleitet von steigendem Umsatz und starker Accumulation. Weil Volumen der Treibstoff für den Kursanstieg ist, bedeutet nachlassender Umsatz fehlenden Treibstoff für weitere Kursfortschritte.
- Durch Vergleich des Chaikin-Oscillators mit dem Preischart kann der Umsatzfluß in den Markt oder aus dem Markt identifiziert werden:

Chaikin empfiehlt die Verwendung dieses Oscillators zusammen mit Bollinger Bands und OBOS.

Berechnung

Der Oscillator ist die Differenz zwischen dem exponentiellen 3 Tage und dem 10 Tage GD des A/D Indicators. Das Ergebnis (die Differenz) ist eine Linie, die um Null schwankt.

Chaikin Osc = GD 3 *exp* A/D Indikator - GD10 *exp* A/D Indicator

Einstellwerte für Analyseprogramm

Für den Chaikin Oscillator sind keine individuellen Einstellwerte erlaubt.

Anwendungsregel

- Das wichtigste Signal entsteht, wenn bei einem neuen Hoch oder Tief des Kurses der Indikator seine Richtung wechselt ohne ein neues Hoch erreicht zu haben. Signale in Richtung des mittelfristigen Trends sind bedeutsamer als Signale gegen diesen Trend. Während des Aufwärtstrends sind die aufwärts gerichteten Teilschwingungen des Indikators wichtiger als die abwärts gerichteten.
- Eine zweite Möglichkeit den Indikator zu nutzen ist die, seine Richtungswechsel als Kauf- und Verkaufsignal zu nutzen. Das soll nur in Richtung des mittelfristigen Trends geschehen. Beispiele: Nur wenn die betreffende Aktie über ihrem 80 Tage Durchschnitt notiert, ist die Umkehr des Indikator nach oben (im negativen Bereich) ein Kaufsignal. Entsprechend gilt ein Verkaufsignal nur, wenn die Aktie bei Wende des Indikators nach unten im positiven Bereich unter dem 80 Tage GD notiert.

Beispiel

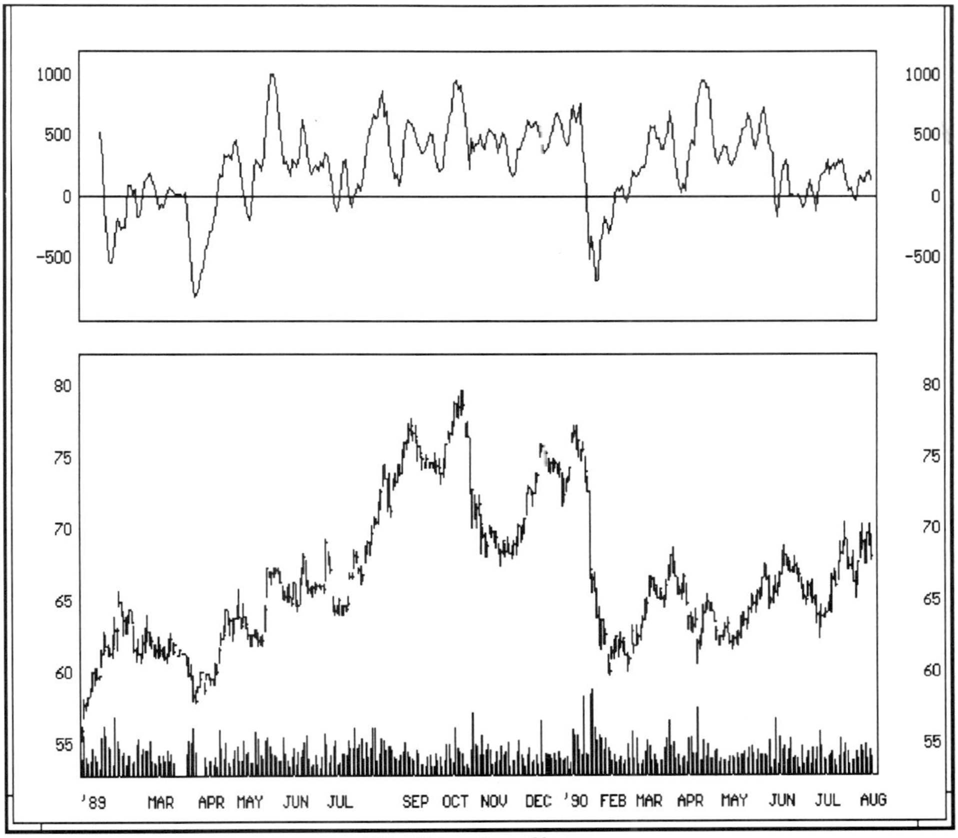

Chaikin Oscillator

Interpretation

Das Beispiel zeigt eine Aktien zusammen mit ihrem Chaikin Oscillator.

- Im linken Teil des Charts bestätigen die steigenden Höchstpunkte des Indikators den aufwärts gerichteten Trend bis zur ersten Konsolidierung im Juni.
- Auch der nächste Teil des Kursanstiegs findet jeweils an den erreichten neuen Hochs seine Bestätigung.
- Vom Höchstkurs an wird der neue Abwärtstrend vom Indikator bestätigt.
- Ab April ist der Indikator eher neutral.

Verwandtes Thema

- A/D Indicator

Commodity Channel Index CCI

Bedeutung

Der Commodity Channel Index CCI wurde 1980 von D. Lambert für den Warenterminmarkt entwickelt. Er ist ein Preis Momentum Indikator. Nachdem er sehr populär wurde, wird er auch für andere Märkte eingesetzt.

Beschreibung

Der Commodity Channel Index ist ein Preis Momentum Indikator, den der Autor zur Indikation von saisonalen Schwankungen an Warenterminmärkten entwickelt hatte. Daher rührt sein Name: Commodity = Rohstoff. Er wurde sehr populär. So wird er inzwischen auch für Aktien und Indices verwendet.
Lambert ging von der Beobachtung aus, daß Rohstoffwerte zyklische Schwankungen unterschiedlicher Zykluslänge zeigen, deren Idealform die Sinuswelle ist. Abweichungen von der Form sollten signalisiert werden.
Der CCI geht von einem „typischen Preis“ (Kurs) aus und ermittelt das Maß der Abweichung dieses typischen Kurses von einem gleitenden Durchschnitt. Der gleitende Durchschnitt hat den Wert der Zykluslänge (in Analyseprogrammen ist der Standardwert 14 Einheiten z.B. Tage) Die Berechnung ist einigermaßen komplex, weil die Abweichungen auf eine Standardskala bezogen werden. So entsteht ein Indikator mit normiertem Maßstab, dessen Ergebnis eine vergleichbare Analyse verschiedener Werte erlaubt.

Berechnung

$CCI = (M - \underline{M}) / (0{,}15\ \underline{D})$, darin sind:

$M = (Hoch+Tief+Schluß) / 3$ typischer Preis
$\underline{M}$ = der x Perioden gleitende Durchschnitt von M, x ist die wählbare Zykluslänge
D = mittlere Abweichung des Absolutwerts $M - \underline{M}$

Einstellwerte für Analyseprogramm

1. Grundsätzliche Empfehlung von Lambert: knapp 1/3 der Zykluslänge des Untersuchungsobjekt z.B. 11 bei einem Zyklus der Aktie von 35 Tagen.
2. Allgemein empfohlen: zwischen 5 und 25 in Anpassung an das Untersuchungsobjekt.

Anwendungsregel

- Der CCI wird sowohl für Tages- als auch für Wochencharts benutzt.
- Oszillator: Ist besonders wirksam in einer Tradingzone. Überkauft, wenn aktueller Wert über +100, überverkauft, wenn aktueller Wert unter -100.
- Divergenz: Die Untersuchung auf Divergenzen zwischen Aktie und Indikator ist besonders beliebt. Divergenz deutet auf bevorstehenden Trendwechsel.
- Mehrfachüberlagerung: Überlagerung des Indikators von 2-3 verschiedenen Zykluslängen. Gesamtsignale da, wo alle gleichzeitig ein Signal geben.

Beispiel

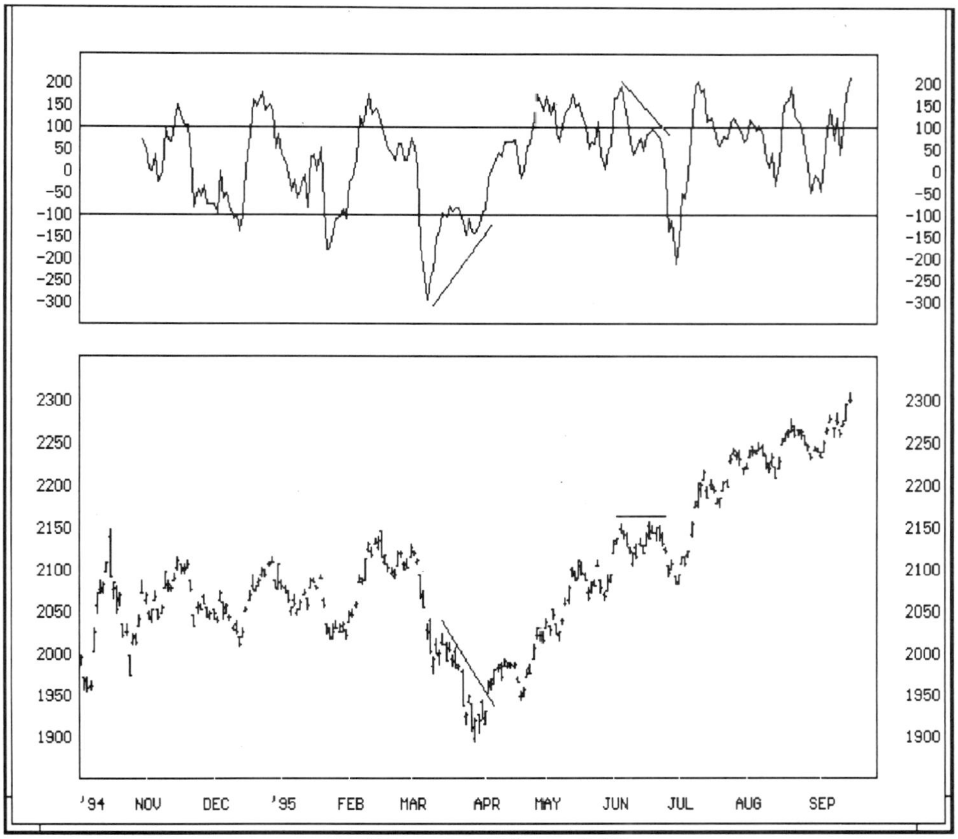

DAX und 20 Tage CCI

Interpretation

Das Beispiel zeigt den DAX zusammen mit seinem 20 Tage CCI.

Im linken Teil des Charts hat sich eine Tradingzone gebildet. In dieser Zeit werden die überkaufte und überverkaufte Lage jeweils deutlich angezeigt. Sie wird besonders gut nutzbar. Kaufsignal ist jeweils das Überschreiten der Signallinie bei -100 aus der überverkauften Zone heraus. Verkaufsignal das Unterschreiten der Signallinie bei +100 nach dem Erreichen der überkauften Zone.
Die Trendwende wird durch Divergenz zwischen DAX und Indikator signalisiert.

Während des stabilen Trends liefert der CCI keine brauchbaren Signale. Das ist im Beispiel erkennbar.

Verwandtes Thema

- Zyklusfinder

Coppock Indikator

Bedeutung

Der Coppock Indikator ist ein langfristiger Preis Momentum Indikator. Er filtert kurz- und mittelfristige Marktbewegungen aus für eine klare Indikation der Bodenbildung bei dem zugrunde liegenden Langfristtrend.

Beschreibung

Der Coppock Indikator wurde in den 60er Jahren zur Identifizierung der Bodenbildung bei langfristigen Trends entwickelt.

Der Coppock Indikator wird auf Monats Schlußkurse angewendet. Er addiert die 14-monatige Veränderungsrate (ROC) und die 11-monatige Veränderungsrate, das Resultat wird mit einem exponentiellen durchschnitt von 10 Monaten geglättet.
Schon aus der Verwendung von Monatsdaten wird deutlich, daß es wirklich nur um langfristige Entwicklungen geht.

Besonders gut sind die Ergebnisse der Kaufsignale an der Wende von Baisse auf Hausse. Sie sind gegeben, wenn der Coppock Indikator im negativen Bereich ist und nach oben dreht. Es wird also nicht gewartet bis der Indikator die Nullinie überschreitet.
Weniger präzise sind die Verkaufsignale. Nach einer Abschwächung des Indikators am oberen Kulminationspunkt folgt der Trendwechsel des Aktienmarkts oft erst verzögert, während das Unterschreiten der Nullinie manchmal sehr spät kommt.

Berechnung

Coppock = GD10 *exp.* * (ROC 11 + ROC 14)

Einstellwerte für Analyseprogramm

10 Monate für den GD
11 und 14 Monate für das Momentum

Anwendungsregel

- Das Kaufsignal entsteht bei Umkehr des Indikators nach oben unterhalb der Nullinie. Überschreiten der Nullinie ist Bestätigung dieses Kaufsignals.
- Das Verkaufsignal nach dem oberen Kulminationspunkt und Wende des Indikators nach unten ist weniger präzise. Es sollte nur zur Warnung dienen. Der Indikator wendet oft weit vor einem Kursrückgang am Aktienmarkt.

Aussagefähigkeit:

Besonders gut bei Kaufsignal für mehrjährigen Anlagehorizont. Der Indikator sollte dann zusammen mit der Chartanalyse zu Kaufentscheidungen herangezogen werden.

Beispiel

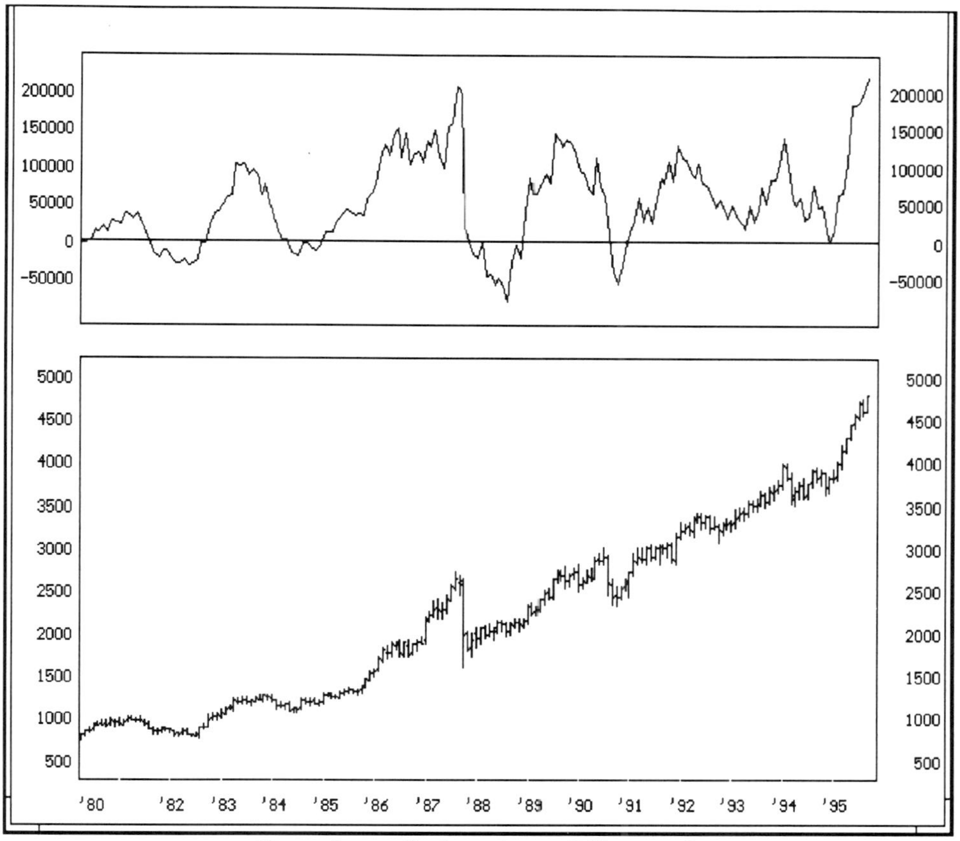

Dow Jones Industrie und Coppock

Interpretation

Das Beispiel zeigt die langfristige Darstellung des Dow Jones Industrie mit dem zugehörigen Coppock Indikator.
Das Bild ist einfach zu lesen. Jeweils beim Wendepunkt nach der Baisse mit Abschluß der Bodenbildung wendet der Indikator im negativen Bereich nach oben. Das ist das Kaufsignal.
Insbesondere in der Zeit ab 1990 wird aus dem Chart klar wie wenig brauchbar die obere Umkehr des Indikators als Verkaufsignal ist.
Wer lediglich die Kaufsignale des Coppock Indikators benutzt hätte, wäre nach diesem Chart seit 1990 (Dow Industrie ca. 2.500) engagiert. Danach hat sich der Index verdoppelt.

Ein entscheidender Vorteil des Coppock Indikator ist seine langfristige Wirkung. Er ist für den ruhigen, langfristig orientierten Anleger ideal geeignet.

Verwandtes Thema

- ROC

Correlations Analyse

Bedeutung

Die Correlations Analyse mißt den Zusammenhang (die Correlation) zwischen zwei Variablen, beispielsweise zwischen zwei Aktien oder einer Aktie und einem Index oder Indikator.

Beschreibung

Wenn man die mathematische Correlation zwischen zwei Variablen darstellt, verschafft man sich auf eine Blick ein Bild über die Tatsächlichen Zusammenhänge. Es gibt viele Zusammenhänge, die jedem Börsianer mehr oder weniger geläufig sind, weil sie von Einem zum Anderen weitergegeben werden ohne, daß sie jemals nachgeprüft worden wären.

Da ist beispielsweise der „allgemein bekannte" enge Zusammenhang zwischen der deutschen Börse und dem Dollarkurs oder dem Dow Jones Industrie. Wenn diese „Börsenweisheiten" überprüft werden, lösen sie sich oft in Luft auf. Sehen Sie den echten Zusammenhang DAX und US-Dollar im Beispielchart an.
Auf der anderen Seite geben die tatsächlichen Correlationen dem Anaysten viele Möglichkeiten für mathematische Modelle zur Prognose.

Wesentliche Erkenntnis solcher Untersuchungen ist aber, daß es keinerlei konstante Correlationen zwischen mehreren Variablen an der Börse gibt. Jeder Wert ist zu jeder Zeit in unterschiedlichem Maß von Marktverhältnissen, Stimmungen und Moden beeinflußt. Alles fließt, sonst wäre die Börsenkursprognose ein Kinderspiel.

Berechnung

Die beiden gewählten Werte werden nach den Gesetzen der Statistik miteinander verglichen. Ergebnis ist der Korrelationskoeffizient.

Einstellwerte für Analyseprogramm

keine

Anwendungsregel

- Der Korrelationskoeffizient kann zwischen +1 (totaler Gleichlauf) und -1 (total gegeneinander gerichtet) schwanken.
- Ein Stand des Korrelationskoeffizienten über +0,5 bedeutet einen engen Zusammenhang.
- Ein Stand des Korrelationskoeffizienten unter -0,5 bedeutet einen starken negativen Zusammenhang. Der Verlauf ist mehr gegeneinander gerichtet.

Beispiel

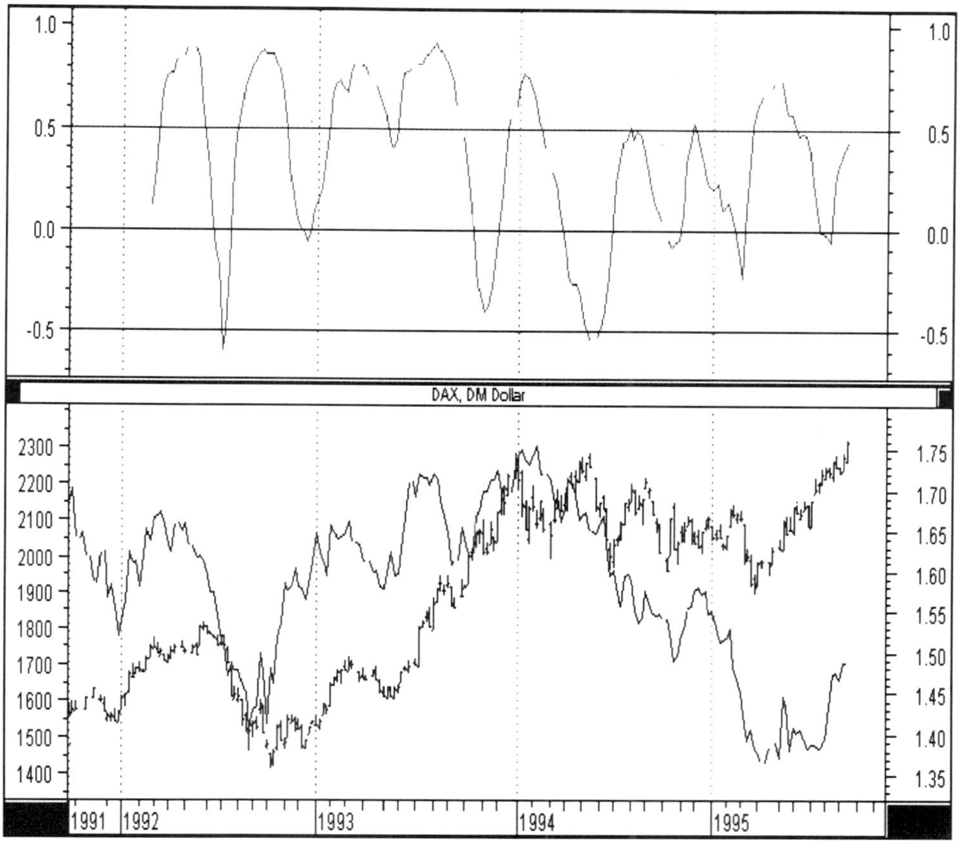

DAX und US-Dollar mit Korrelationskoeffizient

Interpretation

Das Beispiel zeigt über mehrere Jahre die Korrelation zwischen DAX und Dollarkurs.

Gerade auf diesen, angeblich so engen Zusammenhang wird bei passender Gelegenheit immer wieder verwiesen.
Die wirkliche Korrelation läßt keinerlei konstante Zusammenhänge erkennen. Es ist auch wenig Regelmäßigkeit feststellbar. Im Jahr 1993 gab es zwar bis zum Herbst eine hohe positive Korrelation (0,5 und höher), sie schlug im Herbst aber unvermittelt in eine stark negative um. In den folgenden Monaten schwankte die Korrelation zwischen stark negativ (gegeneinander gerichteter Verlauf) und stark positiver Korrelation (gleichgerichteter Verlauf). Seit Mitte 1994 gibt es eine leicht positive Korrelation.

Eine wirklich enge, verläßliche Korrelation zwischen DAX und US-Dollar Kurs ist aus den Kursen der letzten 4 Jahre nicht abzuleiten.

Verwandtes Thema

- Relative Stärke

Cycle Lines (Zykluslinie)

Bedeutung

Zyklisch wiederkehrende Ereignisse in einem Chart lassen sich durch Zykluslinien markieren.

Beschreibung

Ein Zyklus ist definiert als eine Periode, in der sich eine Runde wiederkehrender Ereignisse einmal vollendet. An den Börsen werden solche wiederkehrenden Ereignisse durch Preis- oder Umsatzmuster gebildet.

Zyklen kommen in biologischen, klimatischen, astronomischen aber auch in wirtschaftlichen Phänomenen vor. Sie werden schon seit geschichtlicher Zeit von Menschen untersucht. Es ist deshalb nicht verwunderlich, daß Zyklen auch im Börsengeschehen gesucht werden. An den Warenterminmärkten sind sie wegen der Erntezyklen aus der Natur heraus vorhanden. Sie können aber auch in anderen wirtschaftlichen Vorgängen beobachtet werden. Zyklen von wenigen Tagen und Wochen bis zu langen Wellen von 60 Jahren (Kondratieff-Zyklus) wurden beobachtet und nachgewiesen. Man kann sie nur zum Teil mit mathematischen Methoden isolieren (Fourier-Analyse und Fibonnacci-Verfahren) im Chartbild sind sie am leichtesten zu erkennen, wenn man (einigermaßen) regelmäßige Abstände zwischen Hochs oder Tief feststellt.
Als Hilfsmittel können die Zykluslinien dienen.

Es gibt ausführliche Literatur über wirtschaftliche Zyklen an den Börsen im Handbook of Economic Cycles (s.Lit.). Beim Standpoors 500 Aktienindex sind demnach mehrere Zyklen zwischen 17,2 Wochen und 9,2 Jahren überlagert.

Berechnung

Es werden senkrechte Linien mit regelmäßigem Abstand (der Anzahl der gewählten Tage, Wochen oder Monate - der gewählten Zykluslänge) den Chart gezeichnet. Viele Analyseprogramme machen das nach Wahl der Zykluslänge und des Zyklusbeginns automatisch.

Einstellwerte für Analyseprogramm

Zykluslänge in Tagen, Wochen oder Monaten und Zyklusbeginn werden gewählt. Viele Handelsobjekte an den Aktienbörsen haben Zykluslängen in den Bereichen 30 - 40 Tage und Vielfache davon.

Anwendungsregel

- Zykluslänge nach Augenschein ausprobieren, einzeichnen.
- Die Länge der kurzen Zyklen schwankt, deshalb regelmäßig überprüfen.
- Zyklen in Tages-, Wochen- und Monatscharts untersuchen.
- Meistens sind mehrere Zyklen unterschiedlicher Dauer überlagert (kurz-, mittel- und langfristige Zyklen). Hilfe durch ⇨ Zyklusfinder.

Beispiel

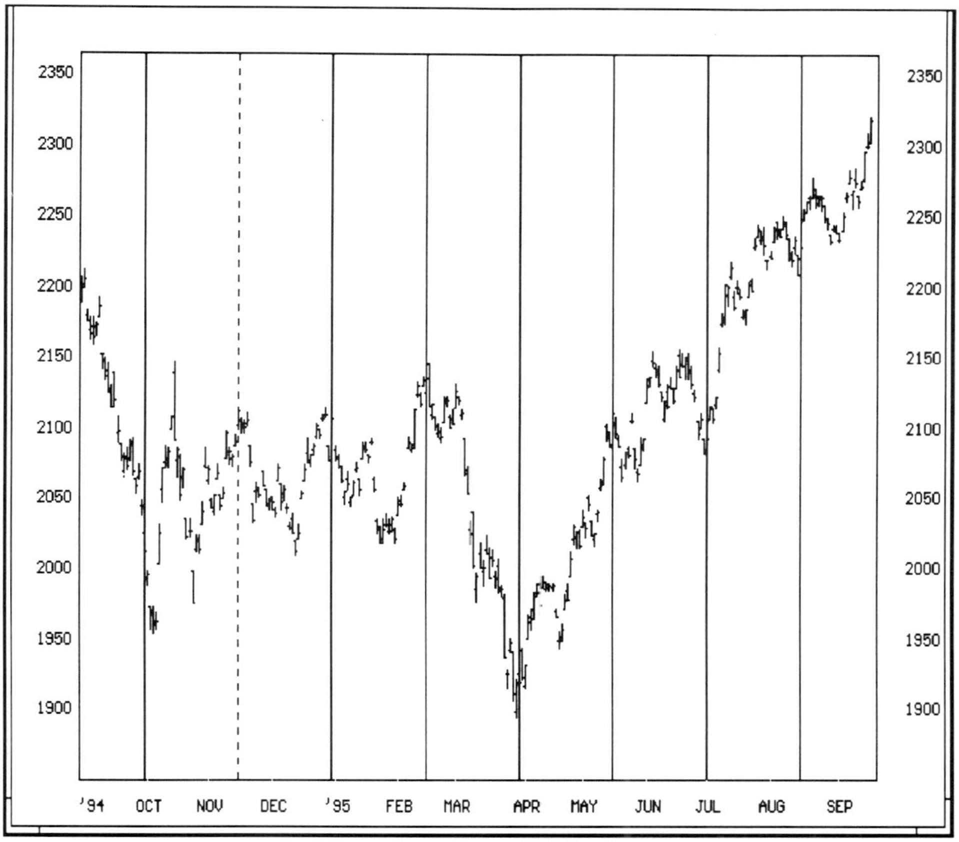

DAX und 30 Tage Zykluslinien

Interpretation

Das Beispiel zeigt den Deutschen Aktienindex DAX und 30 Tage Zykluslinien. Sie wurden rein optisch mit einigen Versuchen aus dem Chartbild gefunden, indem ein markantes Tief als Ausgangspunkt gewählt und passende Abstände zu den nächsten Tiefs festgestellt wurden.

Es gibt keine absolute Regelmäßigkeit doch einige auffällige Wiederholungen von Hochs und Tiefs in dieser relativ kurzen Zeitspanne.

Wegen der Überlagerung von kurz-, mittel- und langfristigen Zyklen und ihrer Einflüsse halten sich diese Regelmäßigkeiten nur über kurze Zeit. Dann muß der Zyklus neu bestimmt werden.

Diese einfache, rein optische Untersuchungsmethode hat nur wenig Aussagekraft, kann aber in einigen Fällen hilfreich sein.

Verwandtes Thema

- Fibonnacci Studien
- Fourier-Analyse
- Zyklusfinder

Demand Index

Bedeutung

Der Demand Index ist ein Preis- und Volumen Momentum Indikator. Er wurde von James Sibbet entwickelt mit dem Ziel Trendänderungen zu prognostizieren.

Beschreibung

Der Demand Index erhebt den Anspruch „Leading Indicator“ für den Trend des Untersuchungsobjekts zu sein. Er untersucht zu diesem Zweck den Preis und den Umsatz in einer sehr aufwendigen und komplexen Art.

Über Einzelheiten und Berechnungsverfahren dieses Indikators ist sehr wenig veröffentlicht. Eine Studie zur Überprüfung des Indikators auf seine Gewinnmöglichkeiten ergab schlechtere Ergebnisse als weit einfachere Verfahren z.B. die Anwendung der 200-Tage-Linie als Trendindikator. ⇨ Siehe Gleitende Durchschnitte.

Berechnung

Sehr komplex, zu aufwendig für eine Beschreibung im Rahmen dieses Buchs.

Einstellwerte für Analyseprogramm

Keine Voreinstellung möglich

Anwendungsregel

Sibbet formuliert 6 Anwendungsregeln:

1. Divergenz zwischen Indikator und Untersuchungsobjekt deuten auf bevorstehende Schwäche.
2. Auf ein extremes Hoch im Indikator folgt oft ein neues Hoch im Untersuchungsobjekt.
3. Höhere Kurse bei fallendem Indikator deuten auf ein bedeutendes Hoch.
4. Der Nulldurchgang des Indikators zeigt eine Trendwende an.
5. Ein Wert des Indikators von ca. Null über längere Zeit deutet auf eine kurzfristige Schwäche der Kurse.
6. Ein lang anhaltende Divergenz zwischen Indikator und Kursen deutet auf eine bedeutendes Hoch oder Tief.

Aussagefähigkeit:

Bei Anwendung über lange Zeit ergab die Anwendung des Demand Index keine überzeugenden Ergebnisse.

Beispiel

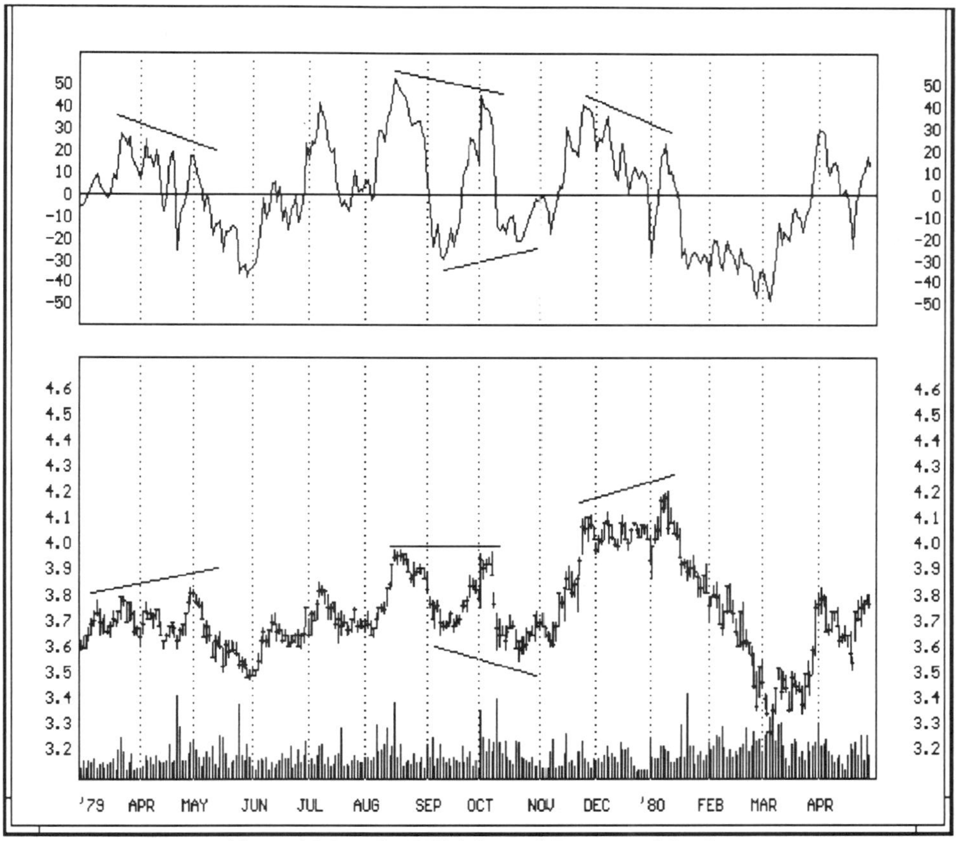

Aktie (Merck, USA) und Demand Index

Interpretation

Das Beispiel zeigt die Merck Aktie und ihren Demand Index.

Zu Beginn des Charts deutet die Divergenz zwischen Indikator und Aktienkurs auf die bevorstehende Trendwende. (Regel 1) Sie tritt auch ein.
Nach dem Tief läuft der Indikator (trendbestätigend) mit dem Kurs. Das außerordentliche Hoch des Indikators Mitte August deutet auf ein neues Kurshoch (Regel 2). Nachdem dies eingetreten ist zeigt die Divergenz zwischen Indikator und Kurs wieder eine Wende an. (Regel 1).

Auch die Wende zum Wiederanstieg der Kurse wird durch Divergenz angezeigt. etc.

Verwandtes Thema

Detrend

Bedeutung

Der aktuelle Kurs wird um den Trend bereinigt. So erhält man die Schwankungen der Kurse um den Trend herum.

Beschreibung

Es gibt mindestens drei verschiedene Methoden für das „Detrend" (einen passenden deutschen Ausdruck gibt es leider nicht).

1. Nach Berechnung der Trendlinie zieht man diese von der bestehenden Kursreihe ab.
2. Man wählt einen passenden gleitenden Durchschnitt als Trend und zieht diesen von den Kursen ab.
3. Man bildet die gleitende Differenz zwischen den Daten von zwei verschiedenen Tagen mit konstantem Abstand.

Die zweite Methode ist die am weitesten verbreitete Anwendung. Sie ist auch die sinnvollste Vorgehensweise, weil die Kursentwicklung in Form von überlagerten Schwingungen vor sich geht ⇨ (siehe verwandte Themen). Wenn man einen gleitenden Durchschnitt vom Kurs abzieht, bereinigt man die Kursreihe um die entsprechende (gewählte) Grundschwingung und erhält die überlagerte kurzzeitige Schwingung.

Berechnung

Detrend Oscillator = Schlußkurs - (Gleitender Durchschnitt x Tage)

Einstellwerte für Analyseprogramm

kurzfristig: ca. 14-20 Tage
mittelfristig: ca. 25-50 Tage
langfristig: ca. 100-200 Tage
Die jeweils genau passenden Werte müssen herausgefunden werden. Hierbei helfen Fibonnacci Studien, Fourier-Analyse und Zyklusfinder.

Anwendungsregel

- Kaufsignal: Wendepunkt nach sehr großem negativen Oszillatorwert (aktueller Kurs ist weit unter dem GD).
- Verkaufsignal: Wendepunkt nach sehr großem positiven Oszillatorwert (aktueller Kurs ist weit über dem GD).
- Signale in Richtung des bestehenden Trends sind erfolgreicher als Signale gegen den Trend.

Aussagefähigkeit:

Im Prinzip ist dieser Indikator eher zur Detailuntersuchung auf unterlagerte Schwingungen geeignet als zum Timing.
Für das Timing ist der TBI besser geeignet. ⇨siehe TBI. Bei diesem Indikator wird nicht die Differenz zwischen GD und aktuellem Kurs benutz sondern die Differenz zwischen einem langfristigen und einem kurzfristigen GD. Das gibt stetigere Trends.

Beispiel

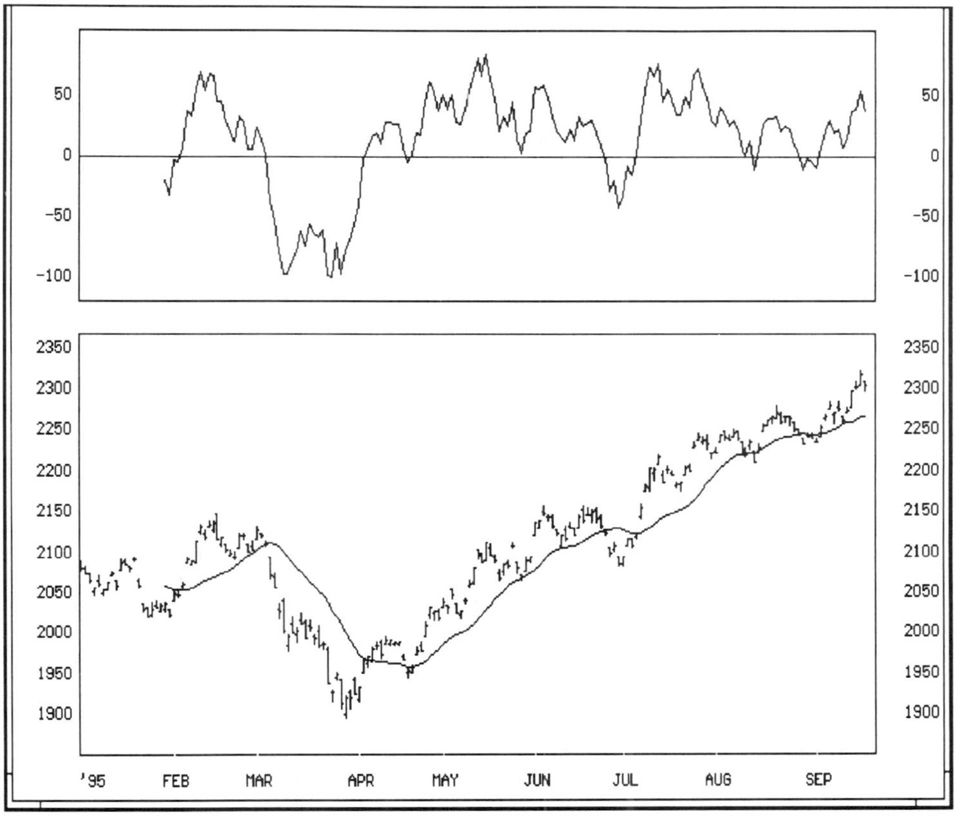

DAX mit 20 Tage GD und 20 Tage Detrend

Interpretation

Der Detrend Oszillator stellt die Schwankungen des DAX um seinen 20-Tage GD dar. Wenn man sich vor Augen führt, daß die Basis einen gleitenden Durchschnitt darstellt, ist es klar, daß die Kurse immer wieder auf diesen Durchschnitt zurückfallen müssen, das ist schließlich die Definition eines Durchschnitts. Besonders starke Abweichungen von dem passenden gleitenden Durchschnitt zeigen demnach Übertreibungen an. Extreme Abweichungen nach unten sind also Kaufgelegenheiten, nach oben entsprechend Verkaufsgelegenheiten. Genau das zeigt der Beispielchart.

Naturgemäß sind die gegen den bestehenden Trend gerichteten Signale weniger erfolgreich als die mit dem Trend laufenden. Im Aufwärtstrend des rechten Chartteils ergeben die Verkaufsignale keine guten Gewinne. Man arbeitet besser mit dem Trend.

Verwandtes Thema

- Fibonnacci Studien
- Fourier-Analyse
- TBI
- Zyklusfinder

Directional Movement Index, DMI

Beschreibung

Der Indikator wurde von Welles Wilders in seinem Buch „New Concepts of Technical Trading Systems“ vorgestellt. Er soll anzeigen, ob das Untersuchungsobjekt einen Trend besitzt.

Bedeutung

Wilders definiert den Aufwärtstrend als Folge neuer Höchstkurse - die Differenz zwischen den Hochs als „Aufwärts Directional Movement“ +D. Der Abwärtstrend ist die Folge neuer Tiefstkurse - „Abwärts Directional Movement“ -D die Differenz aufeinander folgender Tiefstkurse.
Daraus wird in verschiedenen Rechengängen der Directional Movement Index (DMI) errechnet. Er stellt eine normierte Differenz zwischen der Aufwärts- und der Abwärts Directional Movement dar. Über einen vom Anwender wählbaren Faktor die Anzahl der Perioden (Tage, Wochen) festgelegt wird, die zur Berechnung herangezogen werden.
Das Ergebnis ist ein Indikator für die Bewegungsstärke des Untersuchungsobjekts. Ein hoher Wert des Indikators zeigt einen starken Trend an, ein Indikatorwert Null bedeutet einen trendlosen Zustand. Der Indikator sagt nichts über die Richtung des Trends aus.
Wenn man diesen Indikator glättet, erhält man der Average Directional Movement Index (ADX).

Berechnung

DMI = ((+DX) - (-DX) / (+DX) + (-DX)) * 100

+DX = +D/TR   -DX = -D/TR ; wird über x Tage geglättet, x ist wählbar. Wilders schlägt 14 Tage (bzw. Wochen) vor.
TR = Höchster Wert aus: - H-T, Hoch (Heute)-Schluß (Vortag), T - Schluß (gestern);

Einstellwerte für Analyseprogramm

Wilders schlägt 14 vor. Der Indikator kann auf Tages- oder Wochencharts mit dieser Einstellung angewendet werden.

Anwendungsregel

- Der DMI zeigt an ob und wann ein Trend besteht und wie stark dieser Trend ist. Die Richtung des Trends wird nicht angezeigt.
- Der Indikator zeigt an, wann die Stärke des Trends nachläßt oder anwächst. Das läßt auf Ende und Neubeginn eines Trends schließen.
- Extrem niedrige Werte (praktisch trendlose Kurse) gehen häufig starken Kursbewegungen voraus.
- Ein extrem hoher Indikator läßt auf das nahe Ende des Trend schließen.

Beispiel

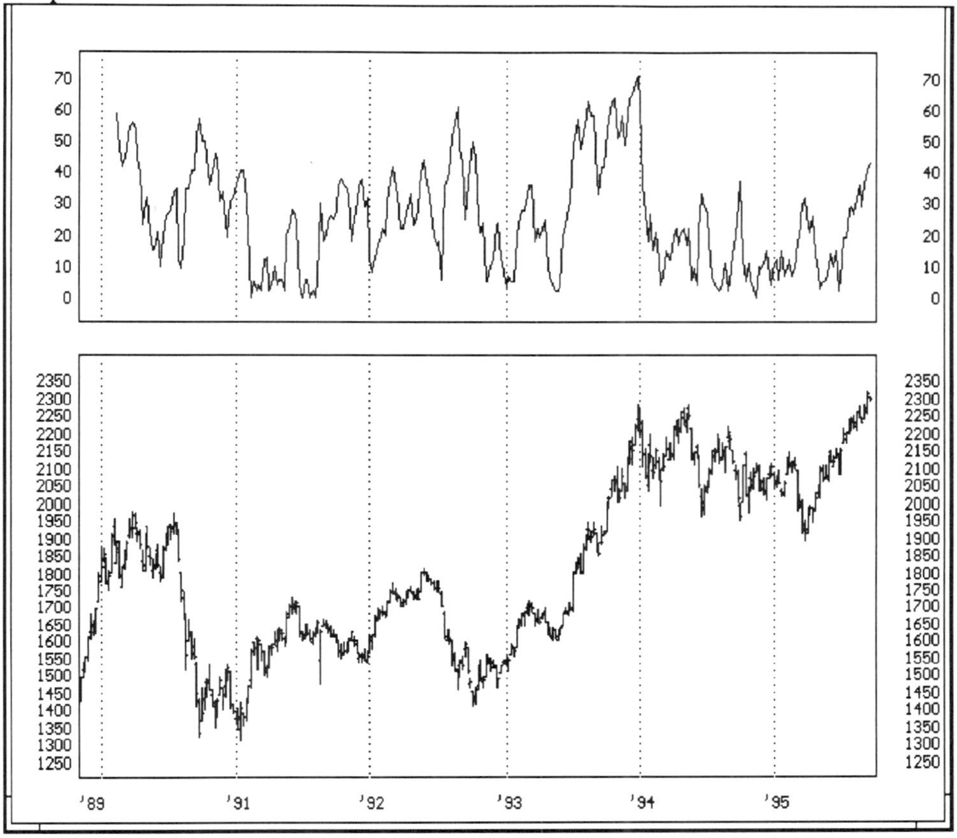

DAX und 14 -Wochen Directional Movement Index DMI

Interpretation

Das Beispiel zeigt den Wochenchart des DAX und den 14 Wochen DMI.

Man muß sich daran gewöhnen, daß der Indikator keinen Zusammenhang mit der Richtung des Trends hat.

Die Indikatorfunktion ist in folgenden Punkten erkennbar:

1. Ein extrem hoher Indikator deutet auf das bevorstehende Ende des Trends.
2. Ein äußerst niedriger Indikator weist auf einen bevorstehenden Ausbruch hin.
3. Solange der Indikator ansteigt und noch nicht ein extremes Hoch erreicht ist, setzt sich der bestehende Trend fort.
4. Der Indikator ist sehr volatil, für eine langfristige Analyse also wenig geeignet. Hierzu verwendet man besser den geglätteten ADX.

Verwandtes Thema

- Plus Directional Movement Index
- Volatilität nach Chaikin
- Volatilität nach Wilders

Ease of Movement, EMV

Beschreibung

Der Ease of Movement (Leichtigkeit der Bewegung) Indikator stellt über die Kombination der Kursentwicklung mit dem zugehörigen Umsatz die Leichtigkeit einer Kursbewegung dar.

Bedeutung

Der Ease of Movement Indicator (EMV) wurde von Richard Arms entwickelt. Die Grundüberlegung bei der Entwicklung des Indikators ist diese:
Je größer die Kursbewegung und je kleiner das damit verbundene Volumen, desto leichter ist es die Kurse zu bewegen.
Eine solchermaßen definierte Situation würde durch einen hoher positiver oder negativer Wert des EMV Indikators angezeigt.
Umgekehrt zeigt ein EMV nahe Null an, daß die Kurse sich selbst bei großem Volumen nur (noch) wenig bewegen.
Dieser Indikator wird häufig zusammen mit einem Equivolume Chart dargestellt, ist aber im Prinzip mit jeder Art von zeitproportionalem Chart darstellbar und lesbar (also nicht mit Point & Figure Charts).

Berechnung

EMV = mittlere Bewegung / Umsatzverhältnis

mittlere Bewegung = ((Hoch + Tief / 2) - (Hoch *Vortag* + Tief *Vortag* / 2))
Umsatzverhältnis = (Umsatz (in 10.000) / (Hoch - Tief))

Einstellwerte für Analyseprogramm

Es ist sowohl der Glättungszeitraum wählbar als auch die Glättungsmethode.
Glättungszeitraum: Standard 14 (Tage oder Wochen je nach gewähltem Chart)
Glättungsmethode: einfach, gewichtet oder exponentiell geglättet.

Anwendungsregel

- Hoher positiver Wert des Indikators bedeutet große Leichtigkeit des Kursanstiegs.
- Stark negativer Indikator bedeutet große Leichtigkeit des Kursrückgangs.
- Indikator gleich oder nahe Null bedeutet geringste Kursbewegung bei hohem Volumen.
- Kaufsignal: Indikator überschreitet die Nullinie.
- Verkaufsignal: Indikator fällt unter die Nullinie.

Aussagefähigkeit:

Der Indikator gewinnt an Aussagekraft, wenn er zusammen mit anderen Indikatoren verwendet wird, die z.B. eine Aussage über die zu erwartende Stärke einer Kursbewegung zulassen wie der Directional Movement Index DMI.

Beispiel

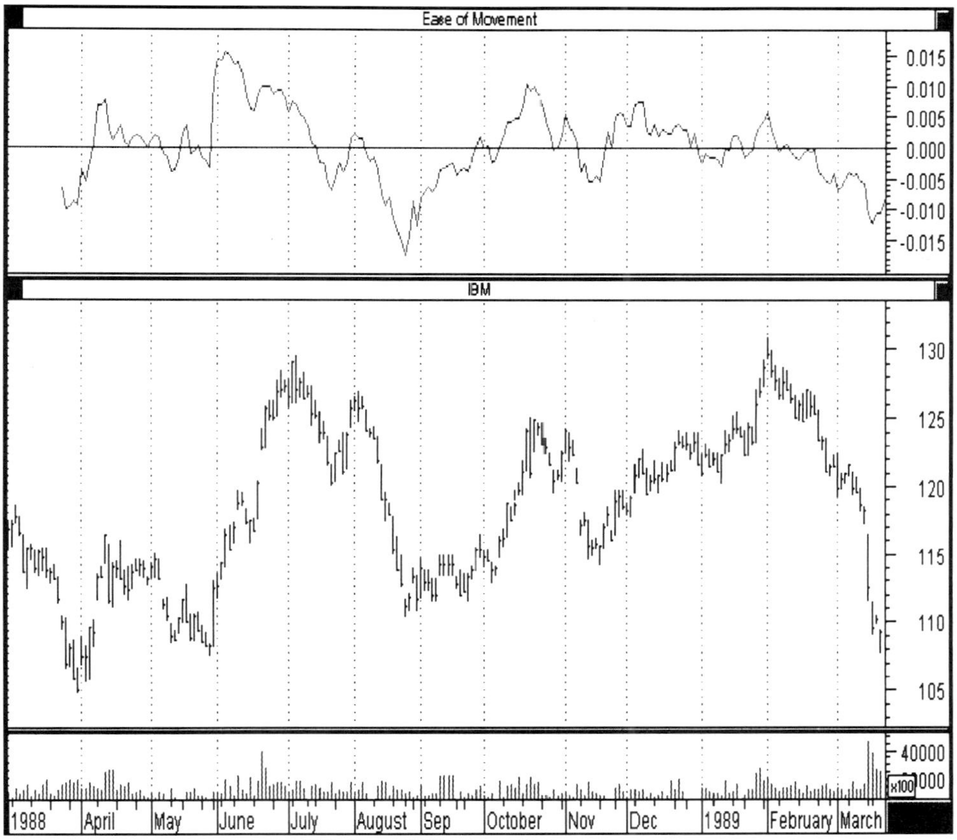

IBM und Ease of Movement

Interpretation

Das Beispiel zeigt den Chart der IBM-Aktie mit dem Indikator Ease of Movement (EMV).

Der Indikator zeigt zuverlässig die jeweilige Trendwende an, auch wenn sie nur kleine Bewegungen nach sich zieht. Das ist insofern von Nachteil, als der Anwender sehr häufig seine Position drehen muß ohne die Größe der zu erwartenden Kursbewegung abschätzen zu können. Deshalb ist es ratsam diesen Indikator zusammen mit anderen Indikatoren zu verwenden, die hierüber eine Prognose zulassen.

Verwandtes Thema

- Directional Movement Index DMI

Envelope (Variable Tradingzonen)

Beschreibung

Envelopes (Einhüllende) werden durch passende gleitende Durchschnitte gebildet, die angemessen nach oben und unten verschoben, die Kursentwicklung einhüllen. Dadurch sollen die wahrscheinlichen Kursschwankungen eingegrenzt werden.

Bedeutung

Envelopes (Einhüllende) markieren - bei passender Wahl - die obere und untere Bewegungsgrenze der Kurse. Sie bilden eine Tradingzone, die nicht in üblicher Weise durch gerade Linien (Trendlinien) begrenzt ist sondern durch gleitende Durchschnitte. Bei unveränderten Randbedingungen ist zu erwarten, daß sich die Kursentwicklung auch künftig innerhalb dieser Einhüllenden bewegen werden.

Daraus kann man durch Traden zwischen dem oberen und dem unteren Rand Gewinn ziehen.

Eine Weiterentwicklung dieser Methode Tradingzonen einzugrenzen sind die Bollinger Bands. Diesen wird die mögliche Erweiterung und Verengung der Bandbreite abhängig von der Volatilität zusätzlich berücksichtigt. ⇨ (siehe Bollinger Bands).

Berechnung

1. Ein passender gleitender Durchschnitt wird durch Ausprobieren oder durch mathematische Verfahren ⇨ (Fourier-Analyse, Fibonnacci Analyse, Zyklusfinder) festgestellt.
2. Die notwendige Verschiebung wird ebenfalls durch Versuch festgestellt.

Einstellwerte für Analyseprogramm

- Gleitender Durchschnitt in Anpassung an das Untersuchungsobjekt Es können gewählt werden: Zahl der Einheiten (Anzahl Tage, Wochen), Art der Einheiten (Tage, Wochen), Art des Durchschnitts (einfach, exponentiell, gewichtet etc.), Bezug auf Schlußkurs, Höchstkurs, Eröffnungskurs, Tiefstkurs).
- Verschiebung des Durchschnitts in Anpassung an das Untersuchungsobjekt.

Anwendungsregel

- Es ist sinnvoll bei Berührung des unteren Rands des Bandes zu kaufen und bei Berührung des oberen Randes zu verkaufen.
- Solange der gleitende Durchschnitt steigt, wird nicht verkauft.
- Diese Methode ist bei Seitwärtsbewegungen sinnvoll anzuwenden weniger während intakter Trends.

Beispiel

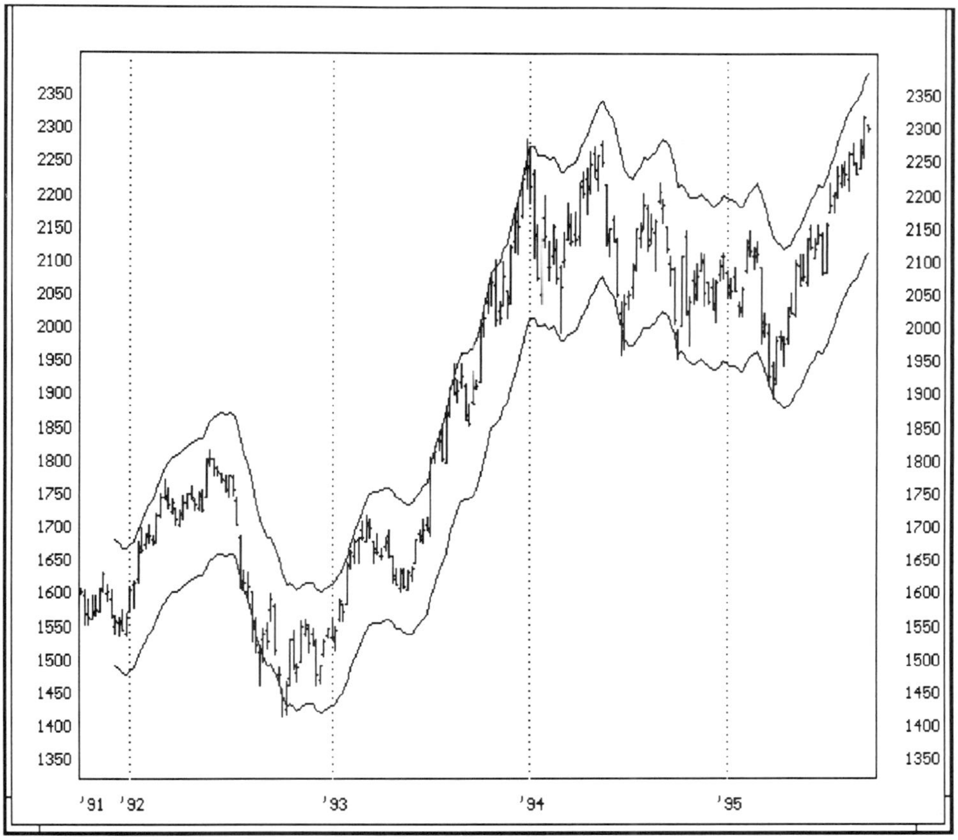

DAX Wochenchart mit 10 Wochen GD jeweils um 6% nach oben und unten verschoben

Interpretation

Das Beispiel zeigt den Wochenchart des DAX zusammen mit dem 10 Wochen gleitenden Durchschnitt jeweils um 6% nach oben und unten verschoben.

Hier wurde nach einigen Versuchen der exponentielle gleitende Durchschnitt von 10 Wochen bezogen auf den Schlußkurs als passend herausgefunden.

Es wird deutlich, daß es nicht sinnvoll ist bei Erreichen des oberen Rands zu verkaufen solange der gleitende Durchschnitt bzw., der lineare Trend noch steigt.
Diese Methode wird mit größtem Erfolg in Seitwärtsbewegungen angewendet.

Verwandtes Thema

- Bollinger Bands

Fibonnacci Studien

Beschreibung

Leonardo Fibonnacci war ein Mathematiker des 12. Jahrhunderts. Er entdeckte die nach ihm benannten Zusammenhänge, die unter anderem die Fibonnacci Zahlenreihe enthalten. Sie wird dadurch gebildet, daß die folgende Zahl immer die Summe der beiden vorausgegangenen Zahlen bildet.
1, 1, 2, 3, 5, 8, 12, 21, 34, 55, 89, etc. Sie zeigen außerdem das Phänomen, daß jeweils der Faktor 1,618 (bzw. 0,618) zwischen den beiden letzten Zahlen liegt. Das wiederum ist das Seitenverhältnis beim „Goldenen Schnitt". Es liegt nahe solche Phänomene auf alle möglichen Bereiche zu übertragen, so auch auf die Wirtschaft und Börse.

Bedeutung

R.N. Elliott hat in seinen Untersuchungen Fibonnacci Zahlenreihen in den Konjunktur- und Börsenzyklen entdeckt und zur Basis seinem Elliott Wellen Theorie gemacht. Die Zahlenfolgen lassen sich auf Kursabstände und Winkel anwenden, die in der graphischen Chartanalyse für verschiedene Studien dienen (siehe Beispiel). Sie werden von den Analyseprogrammen nach Vorgabe der Extrempunkte automatisch eingezeichnet:

Arcs (Bögen): Vom Extrempunkt werden Teilkreise gezeichnet, die mögliche Unterstützungs- und Widerstandszonen markieren bei 38,2 %, 50 % und 61,8 % Kursanstieg bzw. Kursrückgang.

Fans (Fächer): Es werden Winkel eingezeichnet, die jeweils dem Kursrückgang von 38,2 %, 50 % und 61,8 % entsprechen.

Retracements (Rückgänge): Die wahrscheinlichen Unterstützungs- bzw. Widerstandszonen werden durch waagerechte Linien bei 38,2 %, 50 % und 61,8 % Kursanstieg bzw. Kursrückgang markiert.

Berechnung

Die Berechnung erfolgt über Fibonnacci Zahlen durch das Programm.

Einstellwerte für Analyseprogramm

Keine Einstellung möglich.

Anwendungsregel

Die Arcs, Fans und Retracements kennzeichnen die zu erwartenden Unterstützungs- und Widerstandszonen gemäß den Fibonnacci Zahlen.

Aussagefähigkeit:

Gemäß den Erfahrungen der Chartanalyse sind die Unterstüzungs- und Widerstandslinien durchaus so, daß es sich lohnt sie einzuzeichnen. Als Darstellungsform sind die Retracements besonders praxisgerecht.

Beispiel

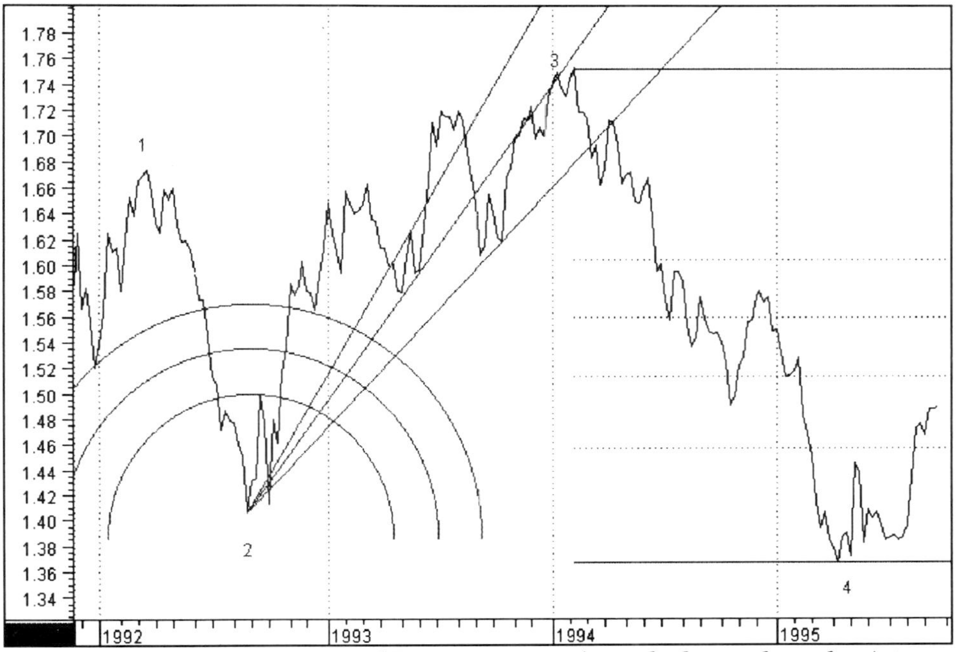

Fibonnacci Arcs, Fans und Retracements (von links nach rechts) im Dollar-Chart

Interpretation

Das Beispiel zeigt den Dollarchart mit Fibonnacci Arc, -Fan und Rectracement Studie.

Nach dem Kursverfall von Punkt 1 auf 2 wird am tiefsten Punkt mit Fibonnacci Arcs untersucht, wie weit und bis zu welchen Widerstandszonen sich der Kurs vermutlich erholen wird. Die Kreise (Arcs) werden jeweils bei 38,2 %, 50 % und 68,2 % Erholung eingezeichnet.

Nach der ersten Erholung werden von Punkt 2 aus Fans angesetzt (fächerförmige Trendlinien, die mittlere an das Tiefstniveau der ersten größeren Reaktion angelehnt), um festzustellen, bis zu welchen Auffanglinien der Trend zurückfallen darf.

Nach Rückgang des Kurses von Punkt 3 auf 4 wird über die Kursspanne das Retracement eingezeichnet, um die Stufen der möglichen Erholung abschätzen zu können.

Verwandtes Thema

- Cycle Lines

Fourier-Analyse

Beschreibung

Jean Baptiste Fourier (1768-1830) französischer Mathematiker und Physiker entwikkelte mathematische Methoden zur Zerlegung komplexer Schwingungen in ihre sinusförmigen Grund- und Oberschwingungen. Auch die Kursentwicklung in Abhängigkeit von der Zeit ist - mathematisch gesehen - eine komplexe Schwingung.

Bedeutung

Mit Hilfe der Fourier-Analyse kann man die komplexe Schwingung einer Preisentwicklung in ihre sinusförmigen Grundschwingungen unterschiedlicher Zykluslänge und Stärke zerlegen. Das zahlenmäßige Ergebnis kann beispielsweise folgendermaßen aussehen:

Zyklusdauer 256 Tage Gewicht 2,5
Zyklusdauer 93 Tage Gewicht 1,3
Zyklusdauer 54 Tage Gewicht 1,8
Zyklusdauer 30 Tage Gewicht 2,5

Wenn man alle einzelnen Zyklen mit ihrem Gewicht in jedem Zeitpunkt addiert, erhält man wieder die Preiskurve des Charts.

Berechnung

Die Berechnung erfolgt in den meisten Börsenprogrammen auf unterschiedliche Umwege z.B. über Detrend. Die mathematischen Grundlagen hier zu erläutern geht an dieser Stelle zu weit.

Einstellwerte für Analyseprogramm

keine

Anwendungsregel

Das wesentliche Ergebnis der Fourier-Analyse ist:

- Die Ermittlung passender gleitender Durchschnitte
- Die Ermittlung passender Zykluslängen.

Beispiel

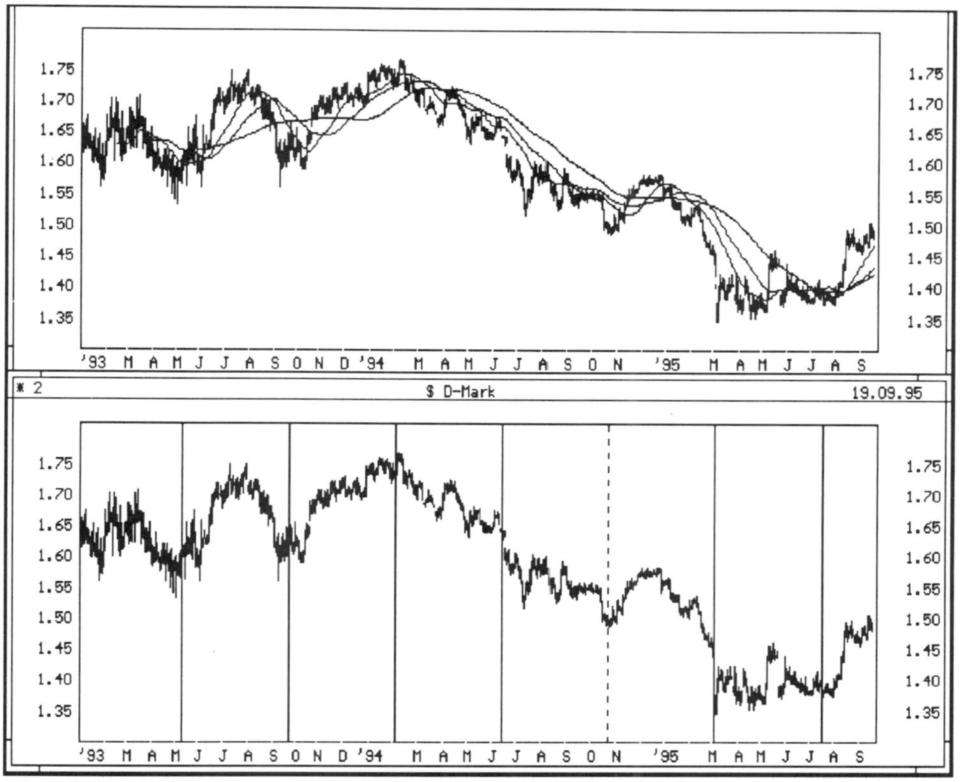

Ergebnisse der Fourier-Analyse sind passende GD (93, 54, 30 Tage) im oberen Bild und passende Zykluslängen - hier 93 Tage - im unteren Bild

Interpretation

Das Beispiel zeigt nicht direkt das Ergebnis einer Fourier-Analyse - das ist uninteressant - sondern seine Nutzanwendung. Die ist für den Anwender sehr viel wichtiger. Wesentliches Ergebnis der Fourier-Analyse ist die Ermittlung der Zyklusdauern mit den gewichtigsten Anteilen. Die Berechnung ergab für diesen Zeitraum des Dollarkurs gegen die D-Mark einen besonders hohen Anteil der Schwingungen mit 93, 54 und 30 Tagen. Sie geben die am besten passenden gleitenden Durchschnitte an und die Zyklusdauern für ⇨ Cycle Lines. Diese beiden Möglichkeiten wurden in der Darstellung gewählt. Im oberen Teil wurden die gleitenden Durchschnitte 93, 54 und 30 Tage eingezeichnet. Sie passen sich ersichtlich gut dem Kursverlauf an. Im unteren Teil wurden die Zykluslinien mit 93 Tagen Abstand eingezeichnet. Der Zyklus von 93 Tagen ist erkennbar bedeutsam.

Verwandtes Thema

- Cycle Lines
- Detrend
- Gleitender Durchschnitt
- Zyklusfinder

Gann Angles (Gann Methode)

Beschreibung

W. D. Gann (1878 - 1955) war ein sehr erfahrener Börsenhändler, der zeitlebens versucht hat das Börsengeschehen zu verstehen und in verständliche Regeln zu fassen. Eine seiner Regeln war, daß ein gesunder Anstieg mit einem bestimmten Winkel in Chart vonstatten geht. Wird dieser Winkel unterschritten, ändert sich nach seiner Erfahrung der Trend.

Bedeutung

Gann hat viele Regeln aufgestellt unter anderem auch zeichnerische Methoden zur Ermittlung eines zu erwartenden Kursziels.
Gann teilt für seine Methode die beiden Achsen des Charts in gleiche Einheiten, d.h. er wählt für den Preis und die Zeit gleich lange Unterteilungen. In diesem Fall verläuft nach seiner Erfahrung ein gesunder Anstieg im Verhältnis 1:1. Es ergibt sich also ein Anstiegswinkel von 45 Grad.

Wird dieser Anstiegswinkel im Verlauf der Rallye unterschritten, ändert sich der Trend, der Anstieg fällt die nächst flachere Steigung 2:1 (26,25 Grad) zurück . Bei weiter abflachendem Trend fängt die Steigung 3:1 (= 18,75 Grad) den Trend auf etc. Für steiler werdende Trends gilt die umgekehrte Folge.

Gann kennt 9 Steigungen, deren Mittelpunkt 1:1 ist:
1:8 (82,5 Grad); 1:4 (75 Gd); 1:3 (71,25 Gd); 1:2 (63,75 Gd); 1:1 (45 Gd); 2:1 (26,25 Gd); 3:1 (18,75 Gd); 4:1 (15 Gd) und 8:1 (7,5 Gd).

Alle Steigungen werden am tiefsten Punkt des Kurscharts angesetzt. Sie werden gleichzeitig gezeichnet.
In einer erweiterten Methode wird durch ein Gitter von sich kreuzenden 45 Grad Linien neben dem Kursziel auch die Zeit abzuschätzen versucht. (Gann Grid oder Gann Gitter)

Berechnung
Es werden die genannten festen Winkel vom Ausgangspunkt aus gezeichnet.

Einstellwerte für Analyseprogramm
Keine Einstellmöglichkeit.

Anwendungsregel

- Die Hilfslinien sollen eine Stütze für die mögliche Kursentwicklung und die Einschätzung der Trendstärke sein.
- Sie sind zu Beginn eines neuen Trends besonders hilfreich, wenn sich der endgültige Trend noch nicht etabliert hat. Dann erlauben die Hilfslinien eine erste Orientierung.

Aussagefähigkeit:
Optische Orientierung im Trend.

Beispiel

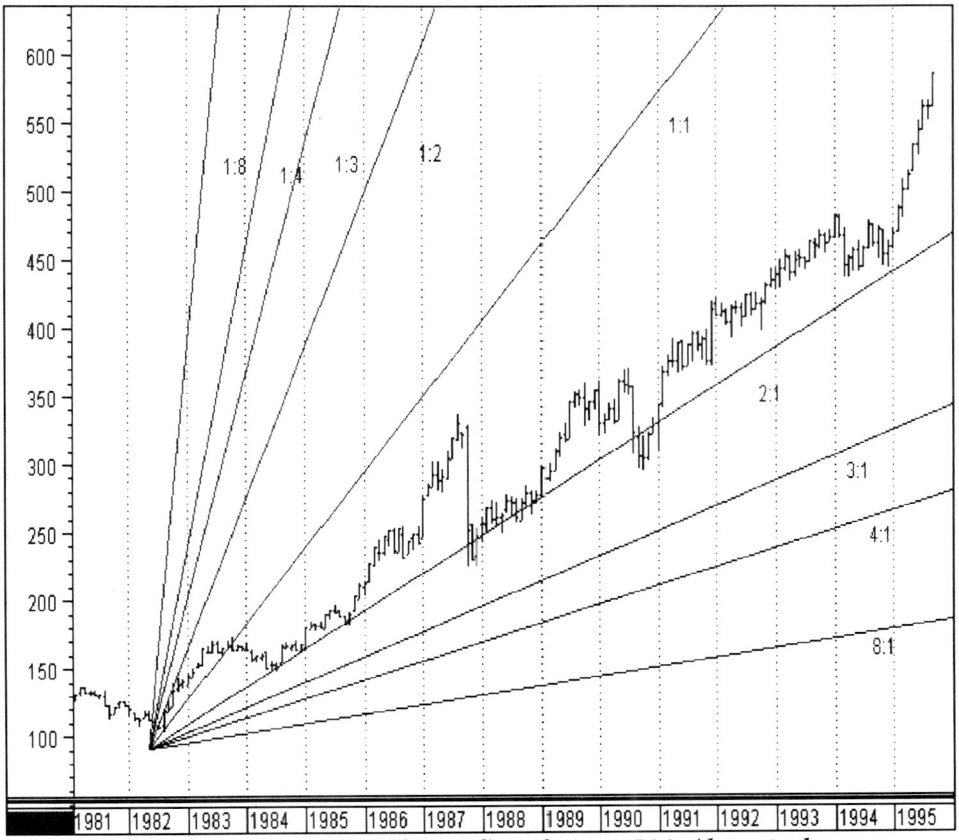

Gann Angles (Winkel) im Standpoors 500 Aktienindex

Interpretation

Das Beispiel zeigt den Monats Balkenchart des US-Aktienindex Standpoors 500 mit einer Gann Angles Studie.

Der Fächer ist am tiefsten Punkt angesetzt, die Winkel wurden automatisch vom Analyseprogramm gezeichnet.

Zunächst folgt der Anstieg wirklich der 1:1 Linie. Dabei ist zu beachten, daß es sich bei diesem Chart um eine sehr langfristige Darstellung handelt. Wenn im Beispiel der Haupttrend schon nach kurzer Dauer des Charts verlassen wird, beträgt diese „kurze Dauer“ immerhin ein gutes Jahr.

Nachdem dieser Haupttrend unterschritten ist, folgt der neue Trend der nächst niedrigeren Steigung 1:2. Diese wurde zwar zwischendurch verletzt aber nicht dauerhaft unterschritten.

So folgt der sehr langfristige Trend der US-Aktien schon seit mehr als 11 Jahren dem 1:2 Gann Winkel.

Verwandtes Thema

- Speed Resistance

Gleitende Durchschnitte (Moving Averages)

Beschreibung

Gleitende Durchschnitte sind beliebte und verbreitete Hilfsmittel zur Orientierung und zur Bildung von Signalen an allen Börsen.

Bedeutung

Ein gleitender Durchschnitt ist der Durchschnitt über eine gewählte Anzahl von Perioden. Er heißt so, weil der Zeitraum gleitet (bei konstanter Anzahl von Perioden). Zu diesem Zweck wird bei Hinzukommen einer neuen Periode (Tag oder Woche) die älteste aus der Berechnung gestrichen.
Gleitende Durchschnitte stellen den Kursverlauf geglättet dar, verdeutlichen dadurch den Trend. Sie lassen sich sehr gut zur Analyse nutzen. Gern verwendet man auch das Verhältnis zweier gleitender Durchschnitte ⇨ (TBI).
Der GD muß dem Trend und dem Untersuchungsobjekt angepaßt sein. Entsprechend dem Trend allgemein verwendet man die unten genannten Voreinstellungen. Die Anpassung ans Objekt geschieht am besten mit Hilfe der ⇨ Fourier-Analyse.
Es gibt verschiedene Arten gleitender Durchschnitte. Die wichtigsten sind:
einfache GD, gewichtete GD und exponentielle GD.

Berechnung

Einfacher GDs = (C1 + C2 + C3 + ...Cn) / n; n = Anzahl Perioden, C = Schlußkurs
Gewichteter GDg = (C1*G1 + C2*G2 +... Cn*Gn) / n G = Gewichtungsfaktor
Exponentieller GDe = ((Cn * F + Vortags-GD * (1-F)) F = 2 / (n + 1)

Einstellwerte für Analyseprogramm

sehr kurzfristig: 4 - 9 Tage
kurzfristig: ca. 20 Tage
mittelfristig: 40-80 Tage
langfristig: 200 Tage, in den USA allgemein üblich: 150 Tage

Anwendungsregel

- Gleitende Durchschnitte verdeutlichen den Trend. Die Länge des Trend wird von der Periodenzahl des gewählten Durchschnitts bestimmt.
- Die einfachste Regel ist die Über- und Unterschreitungs- Regel (Moving Average Crossover):
  Ein Kaufsignal entsteht, wenn der aktuelle Kurs den gleitenden Durchschnitt überschreitet.
  Ein Verkaufsignal entsteht, wenn der aktuelle Kurs den gleitenden Durchschnitt unterschreitet.
- Die zweite Funktion der gleitenden Durchschnitte ist die der Trendbestätigung:
  Wenn die aktuellen Kurse auf den gleitenden Durchschnitt zurückfallen, diesen aber nicht über- oder unterschreiten, wird dadurch der bestehende Trend bestätigt.
- Die dritte Funktion ist die Warnfunktion:
  Wenn sich die Kurse sehr weit vom gleitenden Durchschnitt entfernt haben, ist dies eine Übertreibung, die korrigiert werden wird. Die Kurse müssen an den Durch-

schnitt zurückkehre, daher rührt ja der Name. Die Annäherung kann durch Kursrückgang oder längere Seitwärtsbewegung geschehen.

- Gleitende Durchschnitte sind in trendlosen Zeiten nicht sinnvoll anzuwenden.

Aussagefähigkeit:
Bei passend gewähltem Durchschnitt ist die Aussagekraft sehr hoch. Es ist nicht leicht den langfristigen Erfolg der 200 Tage Crossover Strategie zu schlagen. Die Periodenzahl muß dem Trend und dem Untersuchungsobjekt angepaßt werden.

Beispiel

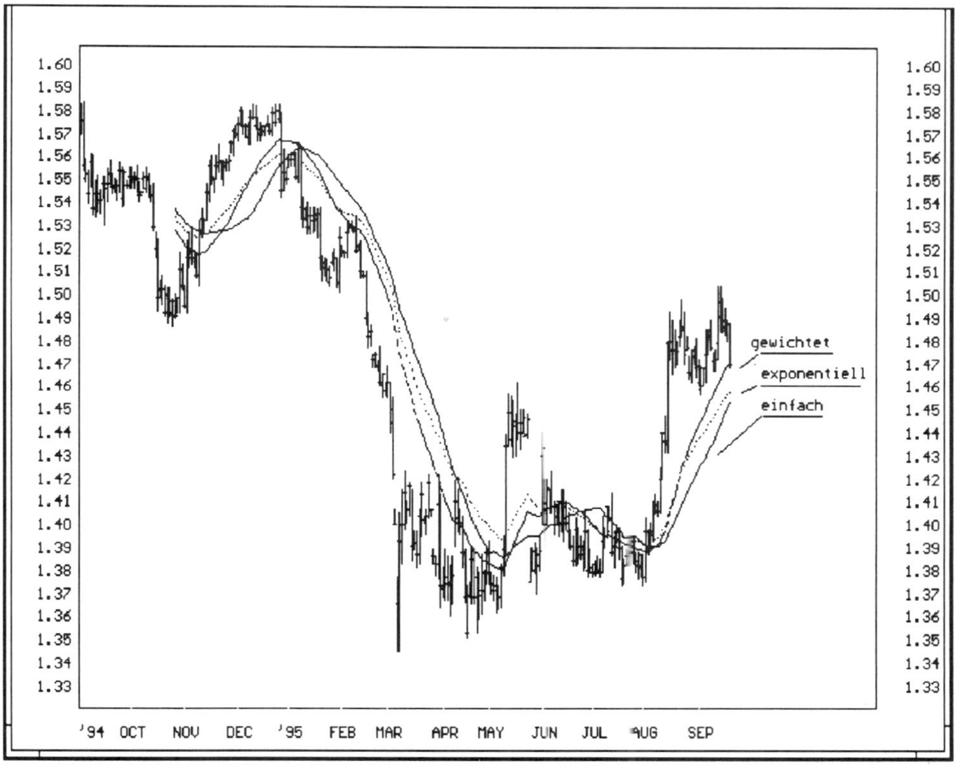

Verschiedene Arten Gleitender Durchschnitte

Interpretation

- Einfacher gleitender Durchschnitt ist die normale, üblicherweise gewählte Art des GD. Er bildet einen geglätteten Kursverlauf .
- Exponentiell geglätteter Durchschnitt verlagert das Gewicht mehr auf die jüngere Kursentwicklung. Der Schnittpunkt mit dem aktuellen Kurs ist deshalb früher als beim einfachen GD.
- Gewichteter Gleitender Durchschnitt kann das Gewicht (je nach Gewichtungsfaktor) noch stärker auf die jüngste Kursentwicklung verlagern, den Schnittpunkt noch schneller herbeiführen.

Verwandtes Thema

- Bollinger Bands
- Envelopes

MACD (Moving Average Convergence / Divergence)

Beschreibung

Der MACD wurde 1979 von G. Appel entwickelt und veröffentlicht. Er bildet Signale für überkaufte / überverkaufte Situationen und Trendwechsel. Die Methode nutzt die Differenz zwischen zwei gleitenden Durchschnitten unterschiedlicher Periodenzahl.

Bedeutung

Der MACD wird errechnet, indem man vom gleitenden Durchschnitt 12 Tage (exponentiell) den gleitenden Durchschnitt 26 Tage (exponentiell) abzieht. Diese Differenz bildet die „MACD Linie“. Von dieser MACD Linie wird ein gleitender Durchschnitt von 9 Tagen als "Signallinie" verwendet.
Sachlich besteht eine gewisse Ähnlichkeit zum ⇨ Trendbestätigungsindikator TBI. Während dort aber das Verhältnis beliebig wählbarer, einfacher Durchschnitte benutzt wird, handelt es sich beim MACD um die Differenz zweier ganz bestimmter Durchschnitte, die zudem noch exponentiell gebildet sind. Die Durchschnitte sind immer 26 und 12 Tage. Als Signal verwendet man die Schnittpunkte mit dem 9 Tage Durchschnitt dieses Indikators.

Durch Anwendung exponentieller Durchschnitte wird die jüngste Entwicklung betont. Zu den verschiedenen ⇨ gleitenden Durchschnitten siehe dort.

Der Indikator hat den Vorteil, daß er klar ablesbare Signale erzeugt.

Berechnung

MACD = GD_{e12} - GD_{e26}, dabei ist:

GD_{e12} = (C_{12} + GD_{11} * 0,15); (C_{26} + GD_{25} * 0,075);
Gd_{e12} = exponentieller GD 12 Perioden
Gd_{e26} = exponentieller GD 26 Perioden

Einstellwerte für Analyseprogramm

Feste Einstellung ist: 12, 26 und 9 Perioden (Tage oder Wochen)

Anwendungsregel

- Ein Kaufsignal ist gegeben, wenn der Indikator (die MACD Linie) seine Signallinie (den gleitenden Durchschnitt) überschreitet.
- Ein Verkaufsignal ist gegeben, wenn der Indikator (die MACD Linie) seine Signallinie (den gleitenden Durchschnitt) unterschreitet.
- Der Gesamttrend des Indikators (MACD Linie) soll dem des untersuchten Objekts entsprechen. Divergenzen deuten auf Trendwechsel.

Aussagefähigkeit:
Wegen der verwendeten kurzfristigen gleitenden Durchschnitte sind die erzeugten Signale ebenfalls kurzfristig.
Die Verwendung des Indikators bei Wochenkursen statt Tageskursen erlaubt es längerfristige Aspekte zu erkennen.

Beispiel

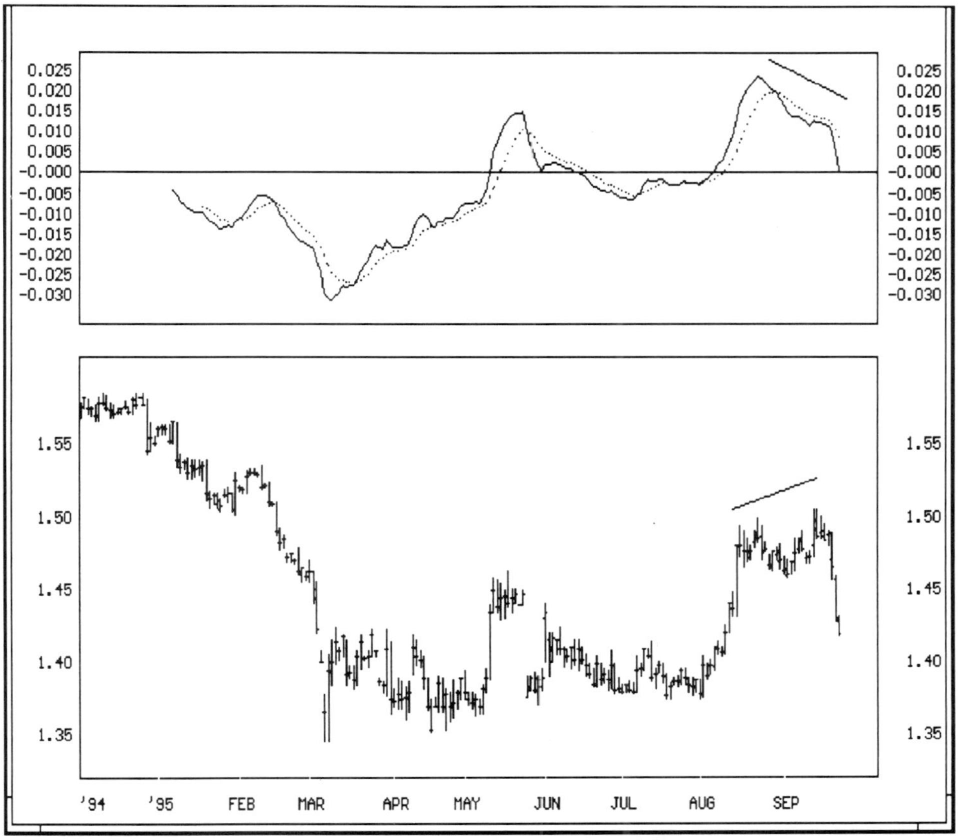

D-Mark / US-Dollar und MACD

Interpretation

Das Beispiel zeigt den Dollarkurs zur D-Mark mit dem MACD.
Zu Beginn des Charts ist der steile Abwärtstrend des Dollarkurs von einem Verkaufsignal des MACD (Unterschreiten der Signallinie) signalisiert worden. Erst nach einem Kursrückgang von 12 Pfennigen gibt der Indikator im März ein Kaufsignal durch Überschreiten der Signallinie. Es wird im weiteren Verlauf durch den steigenden Trend des Indikators unterstützt.
Im Mai und Juli wird der Trendwechsel jeweils in gleicher Weise signalisiert. Das Niveau der Indikators signalisiert zusätzlich, daß die stark überverkaufte Situation aus dem März bereits teilweise abgebaut ist.
Den scharfen Kursrückgang im September kündigt der MACD vor den eigentlichen Verkaufsignal bereits früh durch aufkommende Divergenz an.

Verwandtes Thema

- Gleitende Durchschnitte
- TBI

Mass Indikator

Beschreibung

Der Mass Indikator wurde von Donald Dorsey mit dem Ziel entwickelt Trendumkehrpunkte zu signalisieren. Er nutzt dazu die Spanne zwischen Tages Höchst- und Tages Tiefstkursen. Ein Ausweitung dieser Kursspanne kündigt nach Erfahrung von Dorsey eine Trendwende an.
Dieser Indikator ist eine der ganz wenigen technischen Methoden, welche die Tagesspanne untersucht und zum Kriterium macht.

Bedeutung

Der Mass Indikator wertet die Spanne zwischen täglichem (wöchentlichem) Höchst- und Tiefstkurs zur Indikation aus.

Er summiert gleitend über 25 Tage das Verhältnis zweier gleitender Durchschnitte dieser täglichen oder wöchentlichen Kursspanne. Im Zähler steht der 9 Tage gleitende exponentielle Durchschnitt, im Nenner ist der Zähler ein zweites mal auf dieselbe Weise geglättet.

Wenn die tägliche Kursspanne steigt, wächst der Zähler schneller als der Nenner, der Indikator steigt. Die gleitende Summe wird über 25 steigen. Wenn sie 27 überschreitet und anschließend unter 26,5 fällt, ist die Trendwende angezeigt.

Berechnung

Mass Indikator = Summe (GD_{9e} (H - T)) / GD_{25} (GD_{9e} ((GD_{9e} (H - T)))

H = Höchstkurs; T = Tiefstkurs; GD_{9e} = Gleitender Durchschnitt 9 Tage exponentiell

Einstellwerte für Analyseprogramm

Die Einstellung ist fest.

Anwendungsregel

- Der Anstieg des Indikators über 27 kündigt die Trendwende an, der Rückfall unter 26,5 signalisiert die vollzogene Wende.
- Das Signal unterscheidet nicht zwischen Kaufsignal (Wende zur Hausse) und Verkaufsignal (Wende zur Baisse). Dieser Unterschied soll nach dem Vorschlag des Autors anhand des gleitenden Preis Durchschnitts 9 Tage festgestellt werden. Die Richtung des GD soll die künftige Tendenz anzeigen.

Aussagefähigkeit:

Die Unterscheidung zwischen Kauf- und Verkaufsignal geschieht besser anhand der Chartanalyse.

Beispiel

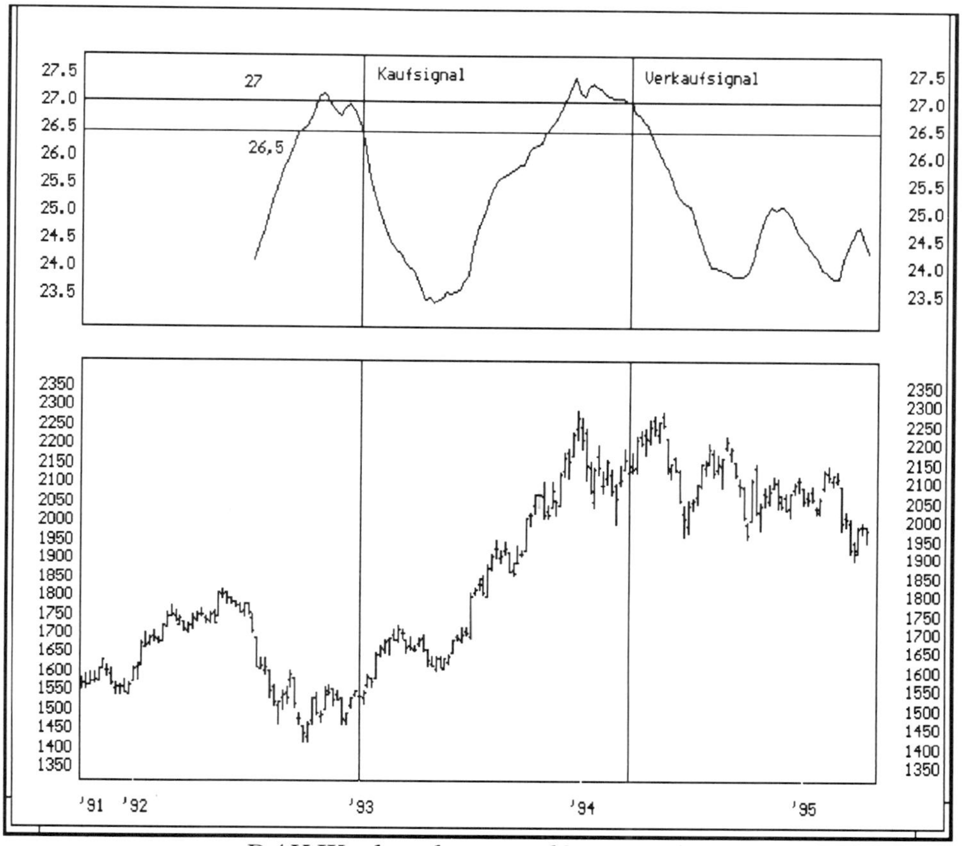

DAX Wochencharts und Mass Index

Interpretation

Das Beispiel zeigt des DAX Wochen Balkenchart und seinen Mass Index.
Im linken Teil des Charts signalisiert der Anstieg des Mass Index und sein anschließender Rückfall unter 26,5 ein Kaufsignal. Die Signallinie liegt kurz nach dem Boden zugleich mit dem charttechnischen Trendwendesignal einer Kopf-Schulter Formation.

Das Verkaufsignal des Mass Index sieht im Indikator gleich aus wie ein Kaufsignal. Zur Unterscheidung muß man den Kurschart hinzuziehen.
Daß es sich im rechten Teil des Chart (anfangs 1994) um ein Verkaufsignal handelt, ist deshalb eindeutig.
Beide Signale bieten ein gutes Timing.

Verwandtes Thema

McClellan Oszillator

Beschreibung

Der McClellan Oscillator wurde von S. und M. McClellan entwickelt. Er ist ein Indikator für die Marktbreite, beruhend auf der Differenz zwischen der Anzahl gefallener und gestiegener Aktien eines Aktienindex. Er ist eine Ableitung aus der ⇨ A-D-Linie

Bedeutung

Der McClellan Oszillator ist ein mittelfristig orientierter Indikator für die Marktbreite. Er benutzt die Differenz zwischen gestiegenen und gefallenen Aktien eines Aktienindex wie die ⇨ A-D-Linie. Er zeigt an ob der Trend gesund ist. Wenn der Anstieg eines Index nicht von der breiten Zahl der Aktien getragen wird, sondern von wenigen, hoch gewichteten Aktien, ist das ein Zeichen für nachlassende Auftriebskräfte. Das liegt häufig daran, daß die Anleger in wenige Aktien höchster Qualität flüchten, weil sie unterschwellig Angst vor einem Ende der Hausse haben. Diese Erfahrung liegt dem Oszillator zugrunde.

Rechnerisch wird vom 19 Tage exponentiellem GD der Differenz zwischen gestiegenen und gefallenen Aktien der 39 Tage exponentielle GD abgezogen.
Der Oszillator zeigt überkaufte und überverkaufte Situationen an. Typischerweise läuft er dem Aktienindex voraus.

Berechnung

McCl Osz = (GD $_{19\,exp}$ (A - D)) - (GD $_{39\,exp}$ (A - D))

A - D = Anzahl gestiegene minus Anzahl gefallene Aktien eines Index
GD $_{19\,exp}$ = exponentieller gleitender Durchschnitt 19 Tage

Einstellwerte für Analyseprogramm

keine

Anwendungsregel

- Wenn der Oszillator in die überverkaufte Region zwischen -70 und -100 fällt und dann wieder ansteigt, ist dies ein Kaufsignal.
- Wenn der Oszillator in die überkaufte Region zwischen 70 und 100 steigt und dann fällt, ist dies ein Verkaufsignal.
- Wenn der Oszillator sich über diese Regionen hinaus in die Extremzonen bewegt, ist das ein Signal, daß der bestehende Trend weiter geht.

Aussagefähigkeit:

Der McClellan Oszillator ist wichtiger Indikator für die Marktbreite. Er ergänzt sinnvoll die Analyse mit Hilfe der A-D-Linie, auf der er aufbaut.

Beispiel

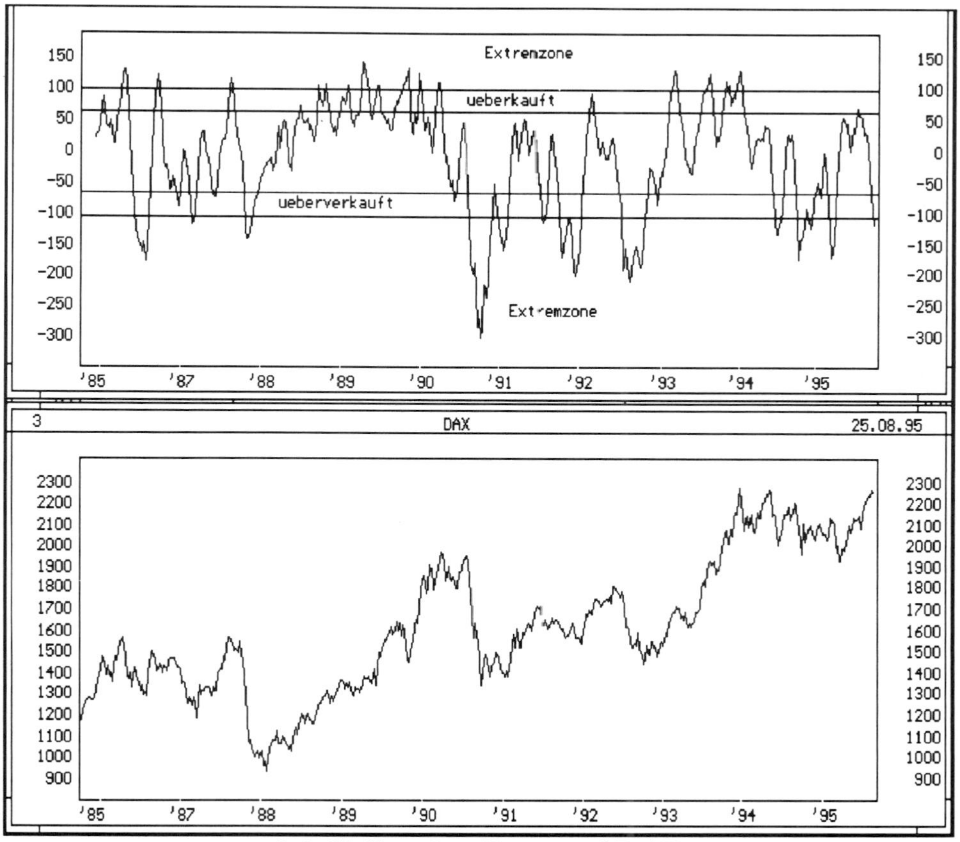

McClellan Oszillator und DAX

Interpretation

Das Beispiel zeigt den Deutschen Aktienindex DAX als Wochenchart mit dem McClellan Oszillator für den deutschen Aktienmarkt.

Das Beispiel verdeutlicht die überwiegend mittelfristige Aussagefähigkeit des Oszillators und die Anwendungsregeln.

Verwandtes Thema

- A-D-Linie
- McClellan Summation Index

McClellan Summation Index

Beschreibung

Der McClellan Summation Index wurde von S. und M. McClellan entwickelt. Er kumuliert den McClellan Oszillator, ist damit ebenfalls ein Indikator für die Marktbreite, beruhend auf der Differenz zwischen der Anzahl gefallener und gestiegener Aktien eines Aktienindex. Er ist auch eine Ableitung aus der ⇨ A-D-Linie

Bedeutung

Der McClellan Summation Indikator ist ein langfristig orientierter Indikator für die Marktbreite. Er kumuliert den McClellan Oszillator, das ist die Differenz zwischen gestiegenen und gefallenen Aktien eines Aktienindex (⇨ A-D-Linie). Somit ist er ein Indikator für die Stabilität eines Trends.
Wenn der Anstieg eines Index nicht von der breiten Zahl der Aktien getragen wird, sondern von wenigen, hoch gewichteten Aktien, ist das ein Zeichen für nachlassende Auftriebskräfte. Das liegt häufig daran, daß die Anleger in wenige Aktien höchster Qualität flüchten, weil sie unterschwellig Angst vor einem Ende der Hausse haben. Diese Erfahrung liegt dem Oszillator zugrunde.
Rechnerisch wird vom 19 Tage exponentiellem GD der Differenz zwischen gestiegenen und gefallenen Aktien der 39 Tage exponentielle GD abgezogen.
Der Oszillator zeigt überkaufte und überverkaufte Situationen an. Typischerweise läuft er dem Aktienindex voraus.

Berechnung

MSI = McCl Osz + (GD $_{19exp}$ (A - D)) - (GD $_{39exp.}$ (A - D))

A - D = Anzahl gestiegene minus Anzahl gefallene Aktien eines Index
GD$_{19exp}$ = exponentieller gleitender Durchschnitt 19 Tage

Einstellwerte für Analyseprogramm

keine

Anwendungsregel

- Kaufsignale entstehen nach der Bildung eines Boden im Anschluß an ein bedeutendes Tief des Indikators bzw. nach sehr starkem Rückgang des Indikators auf ein neues Tief und anschließender Trendwende des Indikators.
- Verkaufsignale entstehen nach der Bildung einer Umkehrformation im Anschluß an ein bedeutendes Hoch des Indikators bzw. nach sehr starkem Anstieg des Indikators auf ein neues Hoch und anschließender Trendwende des Indikators.
- Divergenz zwischen Indikator und Index kündigen eine Trendwende des Index an.

Aussagefähigkeit:

Der McClellan Summation Index analysiert die A-D-Linie. Er liefert oft - aber nicht immer - voreilende Signale für den langfristigen Trend des Index. Divergenzen müssen ernst genommen werden.

Beispiel

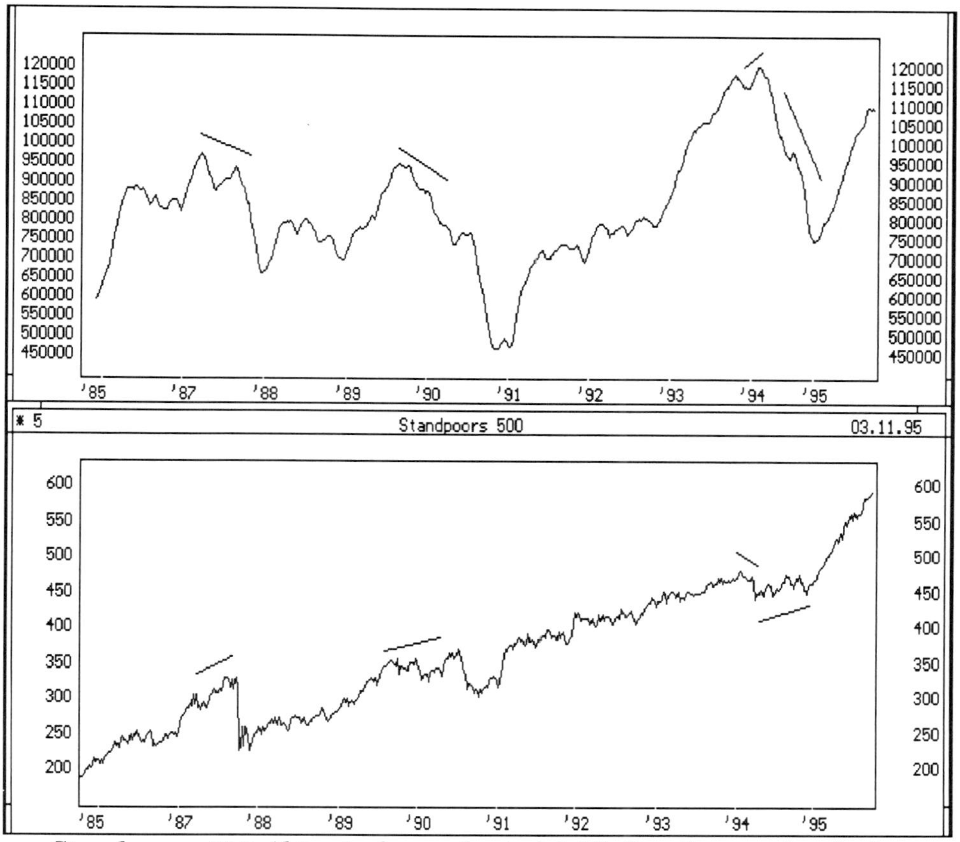

Standpoors 500 Aktienindex und sein McClellan Summation Index

Interpretation

Das Beispiel zeigt den amerikanischen Standpoors 500 Aktienindex und seinen McClellan Summation Index.

Der Chart verdeutlicht den langfristigen Charakter des Indikators. Er reagiert nur auf bedeutsame Trendwenden beim Aktienindex.

Im Beispiel werden die meisten Umkehrpunkte des Aktienindex durch Divergenz zum Indikator frühzeitig angekündigt. Der Indikator erfüllt also seine Prognosefunktion. Der Wiederanstieg des Aktienindex nach dem scharfen Kursrückgang 1990 wird allerdings vom Indikator lediglich bestätigt, aber auch das kann im Zweifelsfall sehr wertvoll sein.

Aus der absoluten Höhe des Indikators lassen sich keine Schlüsse ziehen. Das gilt für diesen - aus der A-D-Linie abgeleiteten Indikator - in gleicher Weise wie für die A-D-Linie selbst.

Verwandtes Thema

- A-D-Linie
- McClellan Oszillator

Momentum

Beschreibung

Das Momentum ist die relative Veränderung des Preises über eine spezifische Periode, die wählbar ist. Sie wird in Prozent ausgedrückt. Es ergeben sich Schwankungen um 1 bzw. 100 herum.

Bedeutung

Der Indikator stellt die Stärke der Kursschwankungen als Verhältnis dar.
Ein Phänomen ist die Tendenz der Kurse zu zyklischen, wellenförmigen Schwankungen. Diese werden durch den Indikator verdeutlicht. Ein Momentum über 1 bzw. 100% bedeutet eine positive Kursänderung, ein Momentum unter 1 bzw. 100% eine negative Kursänderung.
Für die kurzfristigen Schwankungen an Aktienmärkten hat sich ein Momentum zwischen 12 und 30 Tagen bewährt.

Berechnung

Momentum = (aktueller Kurs / Kurs vor x Tagen) * 100

Einstellwerte für Analyseprogramm

Muß nach Anwendungshorizont gewählt werden.
Kurzfristig ca. 12 - 20
Mittelfristig ca. 20 - 35
Spezielle Einstellungen in Anpassung an Betrachtungszeitraum und Untersuchungsobjekt. Anwendbar auf Tages-, Wochen- und Monatscharts.

Anwendungsregel

- Solange das Momentum über 1 bzw. 100% bleibt, ist die Aufwärtsbewegung intakt.
- Solange das Momentum unter 1 bzw. 100% bleibt, besteht der Abwärtstrend weiter.
- Verlaufen Kurs und Momentum in die gleiche Richtung, bleibt der bestehende Kurstrend erhalten.
- Divergenzen zwischen Kursverlauf und Momentum deuten auf eine Trendwende.

Aussagefähigkeit:

- Der Indikator ist sehr nützlich für kurz- und mittelfristige Marktbewegungen.
- Trendwenden werden dann zuverlässig und frühzeitig angezeigt, wenn Divergenzen zwischen Kurs und Momentum auftreten.
- Auch die Trendbestätigung durch ein beständiges Momentum über oder unter 100 ist zuverlässig.
- Von der - in den USA gebräuchlichen - Verwendung als Oszillator mit dem Signal bei Über- und Unterschreiten der Nullinie ist abzuraten. Diese Signale sind zu spät und zu ungenau.

Beispiel

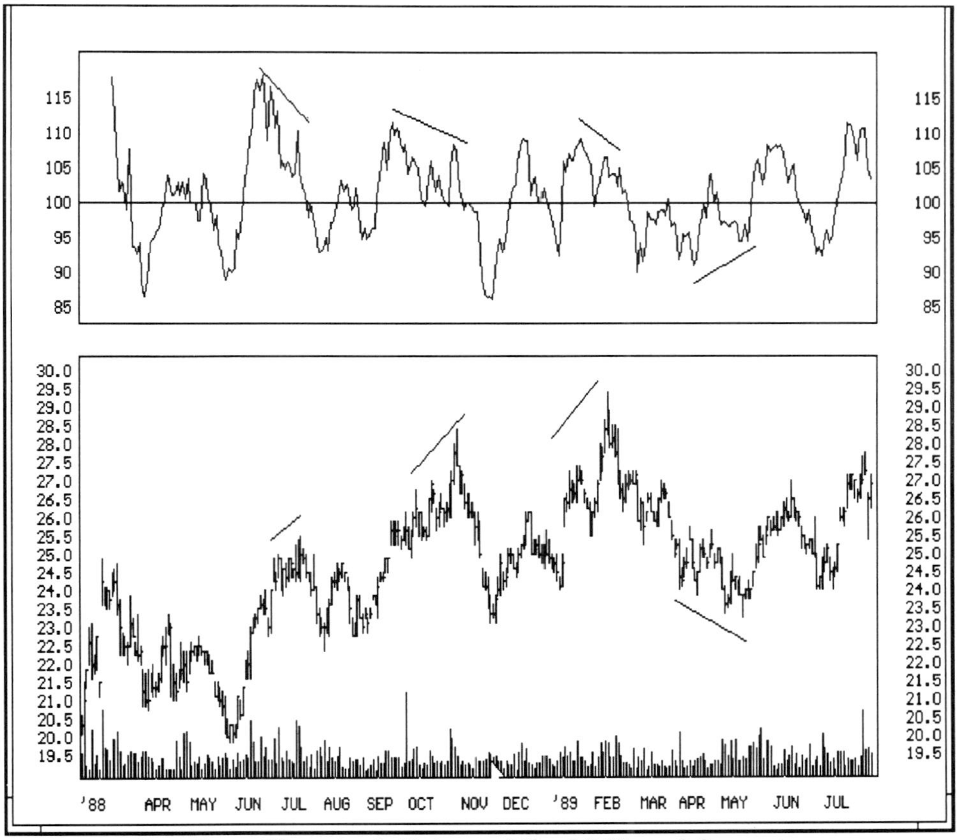

Die Dow Chemical Aktie und ihr 12 Tage Momentum

Interpretation

Das Beispiel zeigt die Dow Chemical Aktie und ihr 12 Tage Momentum.

Die Aussagekraft und Prognosequalität des Momentum als Indikator ist hervorragend, das wird am Beispielchart klar. Bei allen bedeutenden Umkehrpunkten weist das Momentum auf den bevorstehenden Wechsel durch zwei Indikationen hin:

Das Erreichen eines Extremwerts des Momentum ist eine Warnung. Eine erkennbare Divergenz läßt auf den Beginn des Wechsels schließen.

Das Momentum hat ein sehr weites Anwendungsfeld. Bei angepaßter Einstellung ist es Tages-, Wochen- und Monatscharts anwendbar. Die Signalwirkung bezieht sich naturgemäß auf den eingestellten Zeitraum von 12 Tagen im Beispiel.

Verwandtes Thema

- Rate of Change (ROC)

Money Flow Index (MFI)

Beschreibung

Der Money Flow Index ist eine umsatzgewichtete Variante des Relative Stärke Index (RSI).

Bedeutung

Der Money Flow Index soll - seinem Namen entsprechend - den Geldfluß messen, der in eine Aktie fließt und der sie verläßt. Er vergleicht dazu den heutigen Durchschnittspreis mit dem des Vortags, gewichtet das Verhältnis mit dem Umsatz, um den Geldfluß zu messen. Wenn der heutige Durchschnittspreis höher ist als der des Vortags, ist der Geldfluß (Money Flow) positiv. Wenn er niedriger ist, ist der Geldfluß negativ. Das Verhältnis positiver zu negativer Geldflüsse wird über die gewählte Periode kumuliert und auf eine Skala von Null bis 100 normiert.

Der verwandte RSI vergleicht dagegen die aufsummierten gestiegenen Kurse mit den gefallenen.

Berechnung

MFI = 100 - (100 / (1 + Money Ratio))

Durchschnittspreis TP = (Hoch+Tief+Schluß) / 3
Money Flow MF = TP * Umsatz
Money Ratio MR = Positive MF / Negative MF

Einstellwerte für Analyseprogramm

Der Autor empfiehlt 14 Einheiten als Standardwert. Es sind auch Werte bis zu 25 erfolgreich verwendet worden.

Anwendungsregel

Sie ähnelt der Anwendung des RSI.

- Werte des Indikators über 100 zeigen Preisspitzen an.
- Werte des Indikators unter 20 zeigen Preisausreißer nach unten an.
- Divergenz zwischen Indikator und Preis deuten auf eine bevorstehende Trendwende.
- Auf Unterstützungs- und Widerstandslinien beim Indikator ist zu achten

Aussagefähigkeit:

Der MFI hat sich als aussagefähiger Indikator mit guter Prognosequalität bewährt.

Beispiel

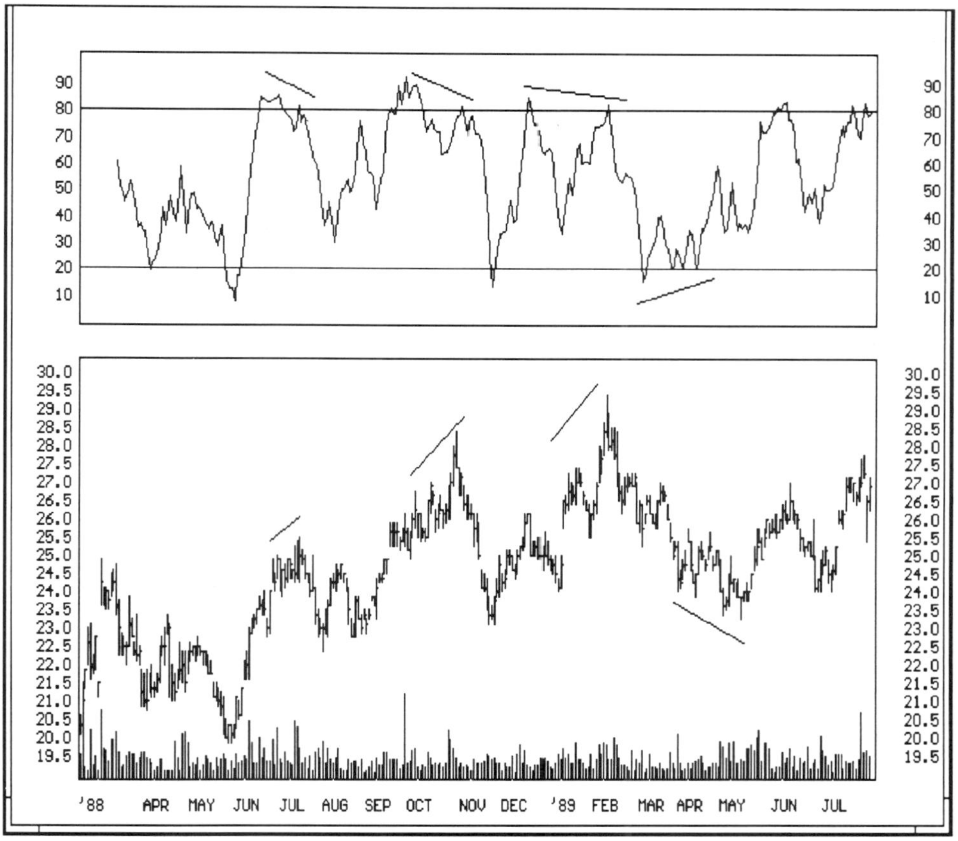

Die Dow Chemical Aktie und ihr 14 Tage Money Flow Index

Interpretation

Das Beispiel zeigt die Aktie Dow Chemical und den zugehörigen 14 Tage Money Flow Index MFI.

Der Chart läßt sehr gut die Prognosefunktion des Indikators erkennen. Die Extremwerte weisen frühzeitig auf die überkaufte oder überverkaufte Situation hin, noch vor der eigentlichen Trendwende wird die kommende Gefahr durch Divergenzen angezeigt. Das wird sicher nicht zu allen Zeiten und bei allen Aktien gleich gut funktionieren, der Indikator hat aber im allgemeinen überdurchschnittliche Prognosequalität.

Die hohe Qualität beruht auf der guten Grundüberlegung bei der Konstruktion des Indikators. Er nutzt nämlich nicht nur die Preisinformation sondern auch die Umsatzinformation des Charts. Das steigert bei richtiger Konzeption die Qualität des Indikators.

Verwandtes Thema

- RSI

Negative Volume Index (NVI)

Beschreibung

Der Negative Volume Index NVI ist auf Tage mit rückläufigen Umsätzen konzentriert. Dabei unterstellt der Autor N. Fosback, daß gut informierte Anleger („starke Hände“) an Tagen mit geringen Umsätzen handeln während die uninformierten Anleger („schwache Hände“) mit der Masse laufen. Sie handeln an Tagen mit hohen Umsätzen.

Bedeutung

Alle Börsenerfahrung lehrt, daß nur wenige Anleger Gewinne machen, während die große Masse der Anleger verliert. Die Wenigen, die Gewinne einfahren, handeln nach der Devise, daß man kaufen muß, wenn Niemand sonst kauft. Dann sind die Preise niedrig. Mit Gewinn verkaufen kann man am besten, wenn alle Anderen kaufen wollen. Dann erhält man die höchsten Preise.
Dieses Verhalten ist immer gegen die Mehrheitsmeinung gerichtet, man nennt die entsprechende Börsenstrategie „Contrary Opinion“, die gegenteilige Meinung.
Bei der Interpretation des NVI unterstellt man, daß an Tagen mit wachsenden Umsätzen die „Dummen“ sich engagieren. Der NVI zeigt an, wann die „Kenner“ am Markt sind. Fosback stellt fest, daß in einer Hausse die „Dummen“ den Markt beherrschen, wenn der NVI über seinem Jahresdurchschnitt (200 Tage) liegt. Solange er darunter liegt, ist der Markt von den „Kennern“ geführt.
Es ist zu beachten, daß sich der Indikator nur bei nachlassendem Umsatz ändert. Man verwendet ihn zusammen mit einem passenden gleitenden Durchschnitt.
Weil die Anwendung dieses Indikators ungewohnt und einigermaßen kompliziert ist, empfiehlt sich ggf. Die Lektüre der Originalliteratur des Autors Norman Fosback: „ Stock Market Logic“.

Berechnung

Bei unverändertem Umsatz: NVI = Vortags-NVI

Bei gefallenem Umsatz:
$NVI = Vortags\text{-}NVI + ((C - C_{Vortag}) / C_{Vortag}) * Vortags\text{-}NVI$

C = Close (Schußkurs)

Einstellwerte für Analyseprogramm

Fosback schlägt 14 Tage Voreinstellung und einen 200 Tage GD vor. Für die meisten Anwendungsfälle fand ich kürzere gleitende Durchschnitte (40 Tage) besser.

Anwendungsregel

- Bei Anstieg des NVI über seinen GD ist mit steigenden Kursen zu rechnen.
- Bei Rückgang des NVI unter seinen GD ist mit fallenden Kursen zu rechnen.

Aussagefähigkeit:

Sehr unterschiedlich, je nach genauer Situation. Es ist zweckmäßig diesen Indikator nicht allein sondern nur zusammen mit anderen Indikatoren zu nutzen.

Beispiel

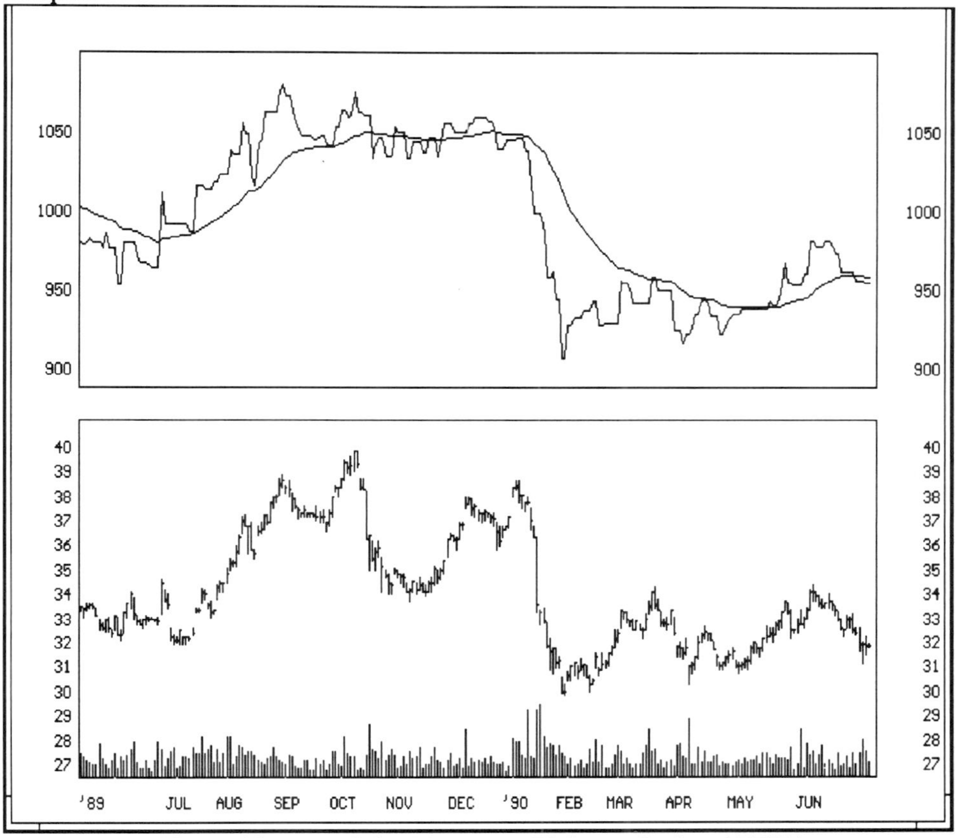

Alcoa Aktie und ihr Negative Volume Index (NVI)

Interpretation

Das Beispiel zeigt die US-Aktie Alcoa mit ihrem Negative Volume Index NVI. Zum NVI wurde der gleitende Durchschnitt 40 Tage eingezeichnet.

Zur Interpretation verwendet man den NVI zusammen mit einem passenden gleitenden Durchschnitt. Hier wurde ein GD von 40 Tagen gewählt. Überschreitet der NVI seinen gleitenden Durchschnitt, ist mit steigenden Kursen zu rechnen und umgekehrt.
Das erste Kaufsignal im Juli ist etwas verfrüht.
Es wurde durch den sehr steilen Kursanstieg ausgelöst. Das folgende Verkaufsignal im Oktober kommt genau passend.
Die folgenden drei Signale im November, Dezember und Mai sind ebenfalls gut getimt.
Es ist - wie immer - zweckmäßig, daß der Indikator nicht allein verwendet wird, sondern immer zusammen mit anderen Indikatoren.

Verwandtes Thema

- Positives Volume Index

Notis % V

Beschreibung

S. Notis entwickelte je einen Indikator die Aufwärts- und die Abwärts-Volatilität. Sie werden nach ihrem Autor und ihrer Aussagen Notis %V genannt. +%V für die Aufwärts Volatilität und -%V für die Abwärts-Volatilität.

Bedeutung

Die Volatilität ist ein Maß für die Kursbeweglichkeit ⇨siehe Volatilität. Natürlich können die Kurse aufwärts und abwärts volatil sein. Aufwärts Volatilität (+%V) ist der Abstand zwischen Höchst- und Schlußkurs, Abwärts-Volatilität (-%V) der Abstand zwischen Schluß- und Tiefstkurs. Als Basisüberlegung für die Nutzung der Volatilität dient die Beobachtung, daß im Aufwärtstrend die Kurse nahe am Tageshoch schließen, in Abwärtstrend dagegen beim Tagestief. Hohe Volatilität bedeutet also einen starken Trend in die betreffende Richtung.

Beim Seitwärtstrend liegen Hoch, Tief und Schluß meistens dicht beieinander. Das ergibt eine Volatilität nahe bei Null.

Die beiden Volatilitäts Indikatoren sind einzeln nur sehr eingeschränkt verwendbar. Man benutzt zweckmäßig das Verhältnis beider Indikatoren als Oszillator. Wegen der logischeren Lesbarkeit wird das Verhältnis noch von 1 subtrahiert. Der Oszillator gibt Schwankungen um Null herum. Beide Einzelindikatoren sollten angemessen geglättet verwendet werden.

Berechnung

+% V = H - C;   -% V = C -L

Oszillator % V = 1 - (+% V / -% V)

Einstellwerte für Analyseprogramm

Einzelindikatoren mit Glättung von 14 Tagen

Anwendungsregel

- Divergenz zwischen Indikator und Untersuchungsobjekt deutet auf bevorstehende Trendwende.
- Kreuzung der Nullinie signalisiert die vollzogene Trendwende.

Aussagefähigkeit:

Die einzelnen Indikatoren und der Oszillator sind in Ihrer Grundlage zu simpel. Sie können deshalb nicht allein verwendet werden, dienen nur als Ergänzung zu anderen Indikatoren.

Beispiel

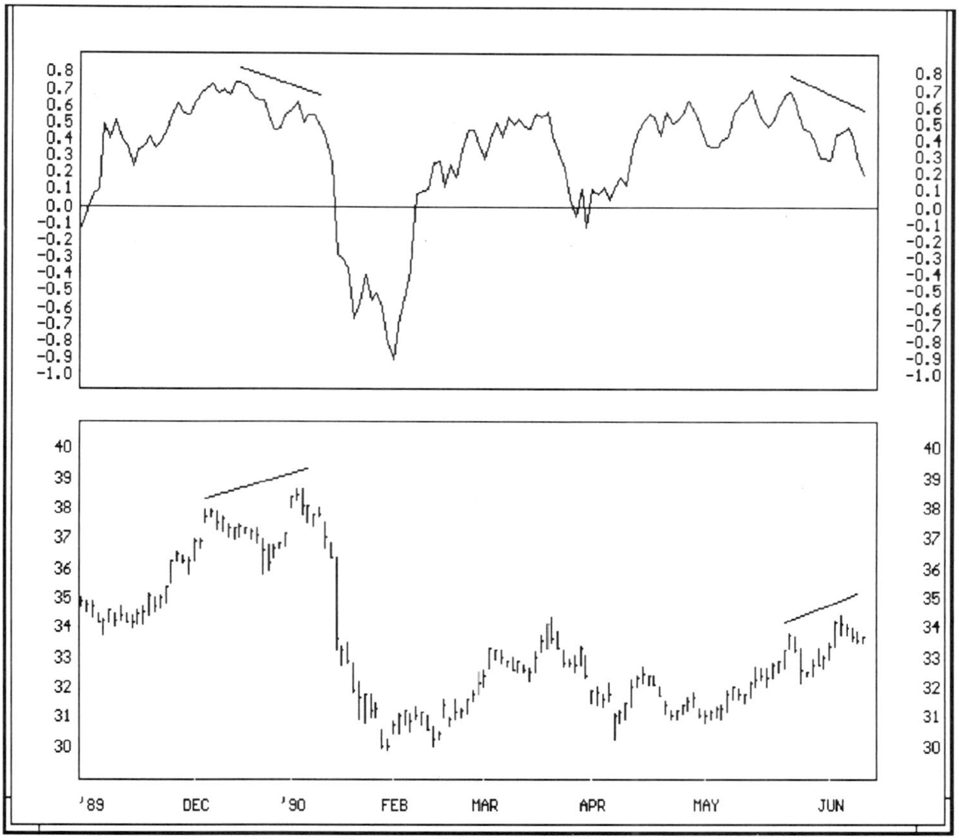

Alcoa Aktie und Notis %V Oszillator

Interpretation

Das Beispiel zeigt die Alcoa Aktie mit dem Notis %V Oszillator bei 14-tägiger Glättung der Einzelindikatoren.

Die Divergenz zwischen Oszillator und Preiskurve deutet hier jeweils frühzeitig auf einen bevorstehenden Trendwechsel hin.
Das Kreuzen der Nullinie kommt als Kauf- und Verkaufsignal zu spät. Es kann lediglich als Bestätigung für eine bereits vollzogene Trendwende dienen.
Der Indikator ist deshalb nur im Zusammenhang mit anderen Indikatoren zu verwenden.

Verwandtes Thema

- Volatilitäts Index nach Wilders
- Volatilitäts Index nach Chaikin

OB/OS (Overbought / Oversold) (Überkauft / Überverkauft)

Beschreibung

Es gibt verschiedene Overbought/Oversold (Überkauft / Überverkauft) Indikatoren Sie sollen einen überkauften oder überverkauften Markt anzeigen. Der ursprüngliche Overbought / Oversold Indikator ist ein Indikator für die Marktbreite. Er beruht auf der geglätteten Differenz zwischen der Anzahl der gestiegenen und gefallenen Aktien. Da er aber eine exakte, anspruchsvolle Datenversorgung benötigt, die nicht immer vorhanden ist hat man als Ersatz verschiedene OBOS Indikatoren kreiert.

Der hier vorgestellte OBOS Indikator kommt mit reinen Kursdaten aus, ist deshalb sehr weit verbreitet. Er stellt die relative Kursveränderung zu einen wählbaren Zeitraum der Vergangenheit dar.

Bedeutung

Die Grundüberlegung ist, daß zu steile Kursbewegungen eine momentane Übertreibung darstellen, die über kurz oder lang korrigiert werden muß. So leitet man aus schnellen, steilen Kursänderungen ab, daß ein Wert oder ein Markt überkauft bzw. überverkauft ist. Dies Überlegung scheint etwas zu simpel, um daraus schlüssige Entscheidungshilfen ziehen zu können.
Wenn dann noch eine allzu simple Anwendungsregel hinzukommt, wie das in den USA so beliebte Kreuzen der Mittellinie, kann keine gute Indikation entstehen. Deshalb gebe ich Ihnen hier mehr differenzierte Anwendungsregeln.
Dieser Indikator ist - wenn überhaupt - in Zeiten mit trendlosen Märkten verwendbar.

Berechnung

$OBOS = (C_{aktuell} - Min_{x\text{-}aktuell}) / (Max_{x\text{-}aktuell} - Min_{x\text{-}aktuell}))$

$C_{aktuell}$: aktueller Schlußkurs;
$Min_{x\text{-}aktuell}$: Minimum im Zeitraum vor x Tagen bis aktuell;
$Max_{x\text{-}aktuell}$: Maximum im Zeitraum vor x Tagen bis aktuell

Einstellwerte für Analyseprogramm

Der wählbare Zeitraum muß sehr sorgfältig auf Untersuchungsobjekt abgestimmt und immer wieder angepaßt werden. Der Einstellwert sollte einem gut passenden gleitenden Durchschnitt entsprechen.

Anwendungsregel

- Einfachste Signal ist das Über- und Unterschreiten der 50%-Linie (Mittellinie). Das Signal ist aber sehr spät und uneffektiv.
- Besser ist das Verlassen der Extremposition als Signal.
- Divergenzen zwischen Indikator und Untersuchungsobjekt sind seltene aber wirksame Hinweise auf eine bevorstehende Tendwende.

Aussagefähigkeit:
Der Wert eines derart einfachen Indikators ist auf Tradingzonen beschränkt.

Beispiel

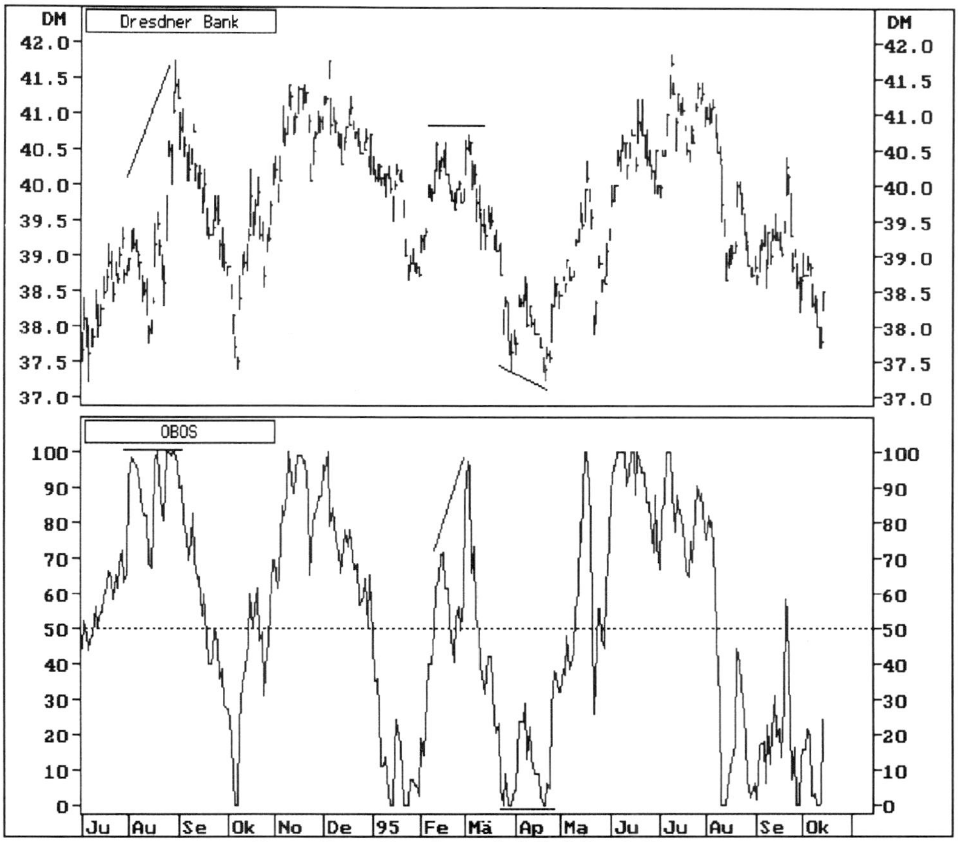

Dresdner Bank und OBOS 40 Tage

Interpretation

Das Beispiel zeigt die Aktie der Dresdner Bank mit ihrem 40 Tage OBOS.

Das Beispiel hat nur deshalb einige Aussagekraft, weil in einem Seitwärtstrend ein passender Zeitraum als Einstellwert gewählt wurde.
Der Gleichlauf zwischen Indikator und Aktie bestätigt das Fortbestehen des jeweiligen Trends. Der Indikator läuft sehr schnell in seine Endposition, verharrt dort ohne Ausschlag, verliert damit seine weitere Aussagekraft bis er sich wieder aus dieser Endposition befreit. Das ist erkennbar jeweils ein Signal für die Umkehr der Kursbewegung.
Die Kreuzung des Mittellinie kommt viel zu spät für ein wirksames Signal.
Divergenz deutet rechtzeitig auf die kommende Trendwende hin.

Verwandtes Thema

- Stochastics
- Momentum

On Balance Volume OBV

Beschreibung

On Balance Volume (mit der Kursbewegung gleichgerichteter Umsatz) ist ein Momentum Indikator, der Umsatz- und Kursänderungen verbindet. Er wurde von J. Granville entwickelt.

Bedeutung

Der Indikator ist die kumulierte Summe des Umsatzes (ähnlich der A-D-Linie). Dabei wird an Tagen mit (gegenüber dem Vortag) gestiegenem Schlußkurs der Tagesumsatz zum letzten Wert addiert. Er wird an Tagen mit rückläufigem Schlußkurs subtrahiert. Granvilles Interpretation ist, daß an Tagen mit steigendem Kurs der Umsatz in die Aktie fließt, während er bei fallendem Kurs aus der Aktie abgezogen wird. Seine Annahme ist, daß das OBV mit dem Handeln der „Starken Hände“ beginnt seine Richtung zu wechseln, und daß er damit die Trendumkehr bei der Aktie voraussagt. Wenn danach das Publikum in die Aktie einsteigt, bewegen sich Aktie und OBV gleichermaßen aufwärts. Beim Wechsel zur Baisse ist der Vorgang umgekehrt.

Es kommt bei der Analyse also darauf an Trendwechsel des OBV und Divergenzen zum Kursverlauf zu entdecken.

Berechnung

$$OBV = \sum ((C-C_{Vortag}) / (\text{Absolutwert } C - C_{Vortag}) * \text{Umsatz})$$

C = Close (Schlußkurs);
Der Klammerausdruck ergibt entweder plus 1, wenn der Kurs gestiegen ist oder minus 1, wenn der Kurs gefallen ist.

Einstellwerte für Analyseprogramm

Tages- oder Wochencharts

Anwendungsregel

- Divergenzen zwischen Kursverlauf und OBV sagen einen bevorstehenden Trendwechsel voraus.
- Die Trendumkehr des OBV ist Signal für den vollzogenen Trendwechsel beim Untersuchungsobjekt (Aktie oder Index). Diese Trendumkehr des OBV kann mit einem passenden gleitenden Durchschnitt festgestellt werden.
- Trendlose Zeiten des OBV sind ein Zeichen für einen trendlosen Zustand des Untersuchungsobjekts. In solchen Zeiten sollte man nicht handeln.

Aussagefähigkeit:

Der OBV ist ein komplexer Indikator mit vielfältigen Analysemöglichkeiten, die hier nur angedeutet werden können. Zur Vertiefung empfiehlt sich die Ursprungsliteratur: Joe Granville „New Strategies of Daily Stock Market Timing for Maximum Profit“.

Beispiel

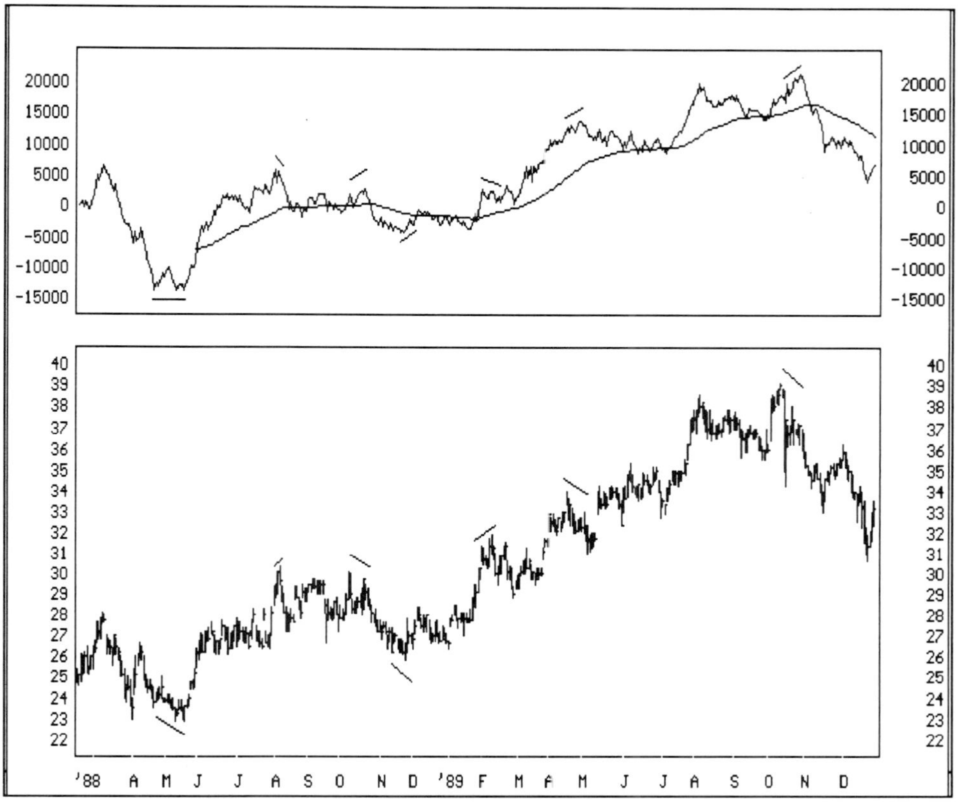

American Express und OBV mit GD 60 Tage

Interpretation

Das Beispiel zeigt die American Express Aktie mit ihren täglichen OBV und dem gleitenden Durchschnitt 60 Tage des OBV. Dazu sind Divergenzen zwischen OBV und Aktienkursverlauf kenntlich gemacht.

Die einfachste Methode aus dem Indikator Nutzen zu ziehen ist zu Handeln wenn der OBV seinen gleitenden Durchschnitt überschreitet (kaufen) bzw. unterschreitet (verkaufen). In Zeiten eines trendlosen OBV - bei waagerecht verlaufendem GD - hält man sich vom Markt fern. Mit dieser Methode erhält man späte aber sichere Signale. Die Gewinnmarge wird natürlich beschnitten. Es ist wichtig sich nur bei deutlichen Trends zu engagieren.

Die Signale werden früher erkennbar, wenn man auf Divergenzen zwischen OBV und Untersuchungsobjekt achtet. Sie ereignen sich vornehmlich unmittelbar vor der Trendwende. Das Kreuzen des gleitenden Durchschnitts dient dann nur noch zur Trendbestätigung. Diese Art der Nutzung ist zweifellos effektiver als die im vorigen Abschnitt geschilderte Methode.

Verwandtes Thema

- A-D-Linie
- Positive Volume Index; Negative Volume Index

Parabolic Stop And Reverse (SAR)

Beschreibung

Der Parabolic SAR Indikator wurde bereits 1978 von Welles Wilders in seiner Veröffentlichung „ New Concepts in Technical Trading Systems“ vorgestellt. Das Konzept des Parabolic SAR ist ein automatisches Umkehrsystem, in dem der Trader immer eine Position einnimmt. Im Aufwärtstrend ist das eine Kaufposition, die bei der Trendumkehr in eine Verkaufsposition gedreht wird und umgekehrt. Der Indikator setzt jeweils die Stop Marke für die Umkehr der Position.

Bedeutung

Das Konzept des Parabolic SAR ist ein progressiver Stopkurs, der zu Beginn einer neuen Position mit einem normalen Abstand zum Kurs beginnt, somit zunächst genügend Spielraum läßt für gegenläufige Kursbewegung am Beginn eines neuen Trends. Dieser Abstand wird täglich progressiv verringert. Das schützt den durch Preisfortschritt erzielten Gewinn.
Das Stop einer Kaufposition liegt am ersten Tag beim extremen Preis der vorherigen Gegenposition (Verkaufsposition). Der Abstand wird durch den Beschleunigungsfaktor AF täglich verringert. Das Beispiel macht diesen Zusammenhang deutlicher als jede Beschreibung.

Berechnung

$$SAR_{long} = SAR_{Vortag} + AF\ (H - SAR_{Vortag})$$

$$SAR_{short} = SAR_{Vortag} + AF\ (L - SAR_{Vortag})$$

SAR_{long}: Stopkurs, bei dem die Kaufposition in eine Verkaufsposition gedreht wird.
SAR_{short}: Stopkurs, bei dem die Verkaufsposition in eine Kaufposition gedreht wird.
AF: Accellerations Faktor (Beschleunigungsfaktor). Beginnt mit 0,02 am Tag nach dem Stop. Wächst mit jedem Tag der Kurssteigerung um 0,02, bleibt bei unveränderter Kurs konstant.
H: Neuester Höchstkurs seit Eröffnung der Kaufposition.
L: Neuester Tiefst seit Eröffnung der Verkaufsposition.

Einstellwerte für Analyseprogramm

Der Beschleunigungsfaktor kann variiert werden.
Standardeinstellung: 0,02.
Optimierung im Bereich von 0,02 bis 0,2 kann die Gewinne dramatisch verändern.

Anwendungsregel

- Bei Erreichen der Stopmarke wird jeweils die Position gedreht.

Aussagefähigkeit:

Kann für kurzfristige Geschäfte erfolgreich eingesetzt werden, wenn der Beschleunigungsfaktor passend gewählt ist.

Beispiel

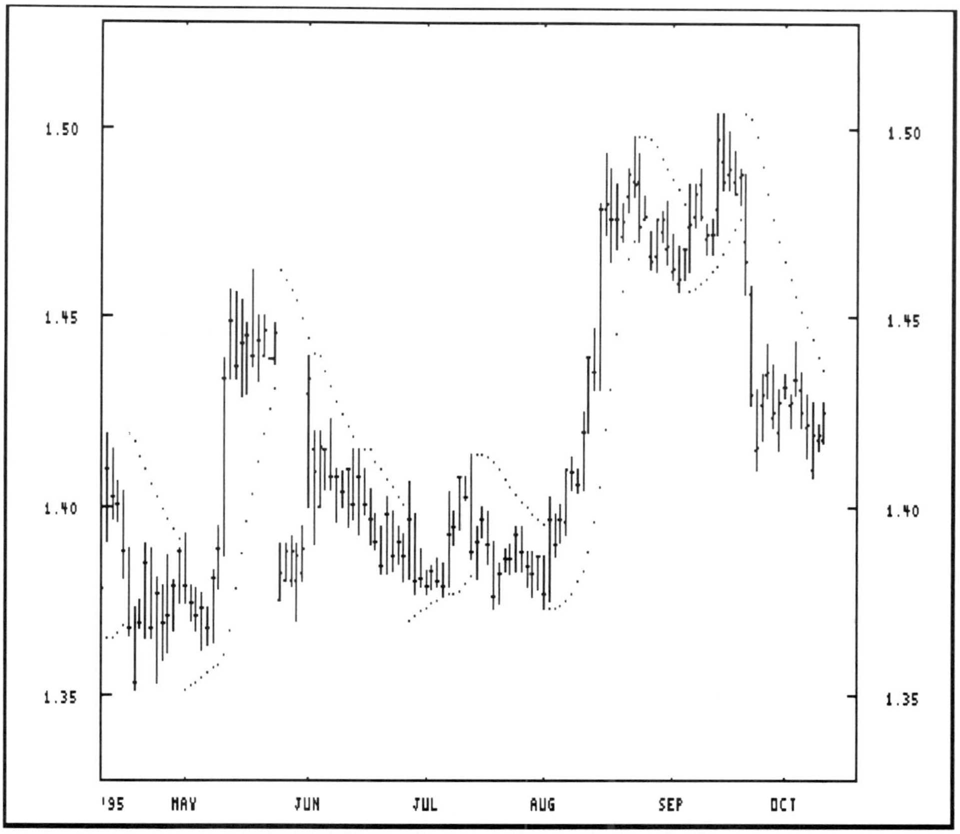

DM / US-Dollar und Parabolic SAR

Interpretation

Das Beispiel zeigt den Kurs der DM gegen den US-Dollar und das Parabolic SAR mit einem Beschleunigungsfaktor von 0,02.

Jeweils mit erreichen des Stopkurses - gekennzeichnet durch die gestrichelte Linie - wird die Position gedreht. Alles weitere ist aus der Abbildung ohne weiteres erkennbar, bedarf keiner Erläuterung.

Verwandtes Thema

- Directional Movement DMI

Performance Function

Beschreibung

Performance bedeutet (in diesem Zusammenhang) Leistung. Der Performance Indikator mißt die prozentuale Kursveränderung des untersuchten Objekts seit Beginn der Chartdarstellung.

Bedeutung

Der Indikator zeigt die „Performance", das ist der Kursfortschritt ab Beginn der Darstellung in Prozent.
Daraus kann keine Indikation auf die künftige Kursentwicklung abgeleitet werden. Der Indikator dient nur zu Darstellung des erreichten Ergebnisses.

Berechnung

$$Performance = ((C - C_{erster\ Tag}) / C_{erster\ Tag}) * 100$$

C: Schlußkurs

Einstellwerte für Analyseprogramm

keine

Anwendungsregel

Der Indikator zeigt lediglich die prozentuale Kursveränderung seit Beginn der Chartdarstellung. Eine Indikatorwirkung gibt es nicht.

Beispiel

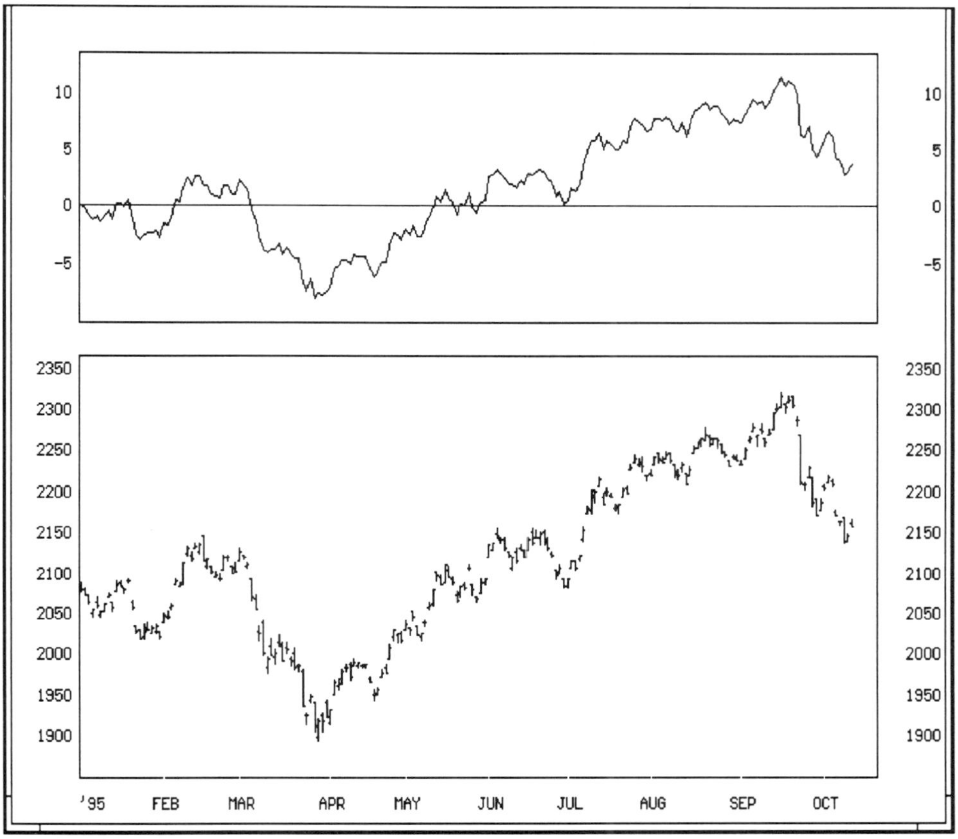

DAX und Performance ab 1.1.1995

Interpretation

Das Beispiel zeigt den Deutschen Aktienindex DAX und seine Performance ab 1.1.1995.

Der Indikator zeigt den Kursfortschritt ab Beginn der Darstellung in Prozent. Daraus kann keine Indikation auf die künftige Kursentwicklung abgeleitet werden. Der Indikator dient nur zu Darstellung des erreichten Ergebnisses.

Verwandtes Thema

Positive Volume Index (PVI)

Beschreibung

Der von N. Fosback entwickelte Positive Volume Index ist auf Tage mit steigenden Umsätzen konzentriert. Dabei wird unterstellt, daß die uninformierten Kleinanleger („schwache Hände“) mit der Masse laufen, also an Tagen mit hohen Umsätzen handeln während gut informierte Anleger („starke Hände“) an Tagen mit geringen Umsätzen handeln. Siehe hierzu auch Negative Volume Index (NVI).

Bedeutung

Alle Börsenerfahrung lehrt, daß nur wenige Anleger Gewinne machen während die große Masse der Anleger verliert. Die Wenigen, die Gewinne einfahren handeln nach der Devise, daß man kaufen muß, wenn Niemand sonst kauft. Dann sind die Preise niedrig. Mit Gewinn verkaufen kann man am besten, wenn alle Anderen kaufen wollen. Dann erhält man die höchsten Preise.
Der PVI zeigt an, wann die „Masse“ am Markt ist. Fosback stellt fest, daß in einer Hausse die „Masse“ den Markt beherrscht, wenn der PVI über seinem Jahresdurchschnitt (200 Tage) liegt. Wenn er darunter liegt, ist der Markt von den „Kennern“ geführt.
Es ist zu beachten, daß sich der Indikator nur bei steigendem Umsatz ändert. Man verwendet ihn zusammen mit einem passenden gleitenden Durchschnitt.
Weil die Anwendung dieses Indikators ungewohnt und einigermaßen kompliziert ist, empfiehlt sich ggf. Die Lektüre der Originalliteratur des Autors Norman Fosback: „ Stock Market Logic“.

Berechnung

Bei unverändertem Umsatz: PVI = Vortags-PVI

Bei gestiegenem Umsatz:
PVI = Vortags-PVI + ((C - C_{Vortag} / C_{Vortag}) * Vortags-PVI

Einstellwerte für Analyseprogramm

Fosback schlägt 14 Tage Voreinstellung und einen 200 Tage GD vor. Für die meisten Anwendungsfälle fand ich kürzere gleitende Durchschnitte (etwa 40 Tage) zweckmäßiger.

Anwendungsregel

- Bei Anstieg des PVI über seinen GD ist mit steigenden Kursen zu rechnen.
- Bei Rückgang des PVI unter seinen GD ist mit fallenden Kursen zu rechnen.

Aussagefähigkeit:

Sehr unterschiedlich je nach genauer Situation. Es ist zweckmäßig diesen Indikator nicht allein sondern nur zusammen mit anderen Indikatoren zu nutzen.

Beispiel

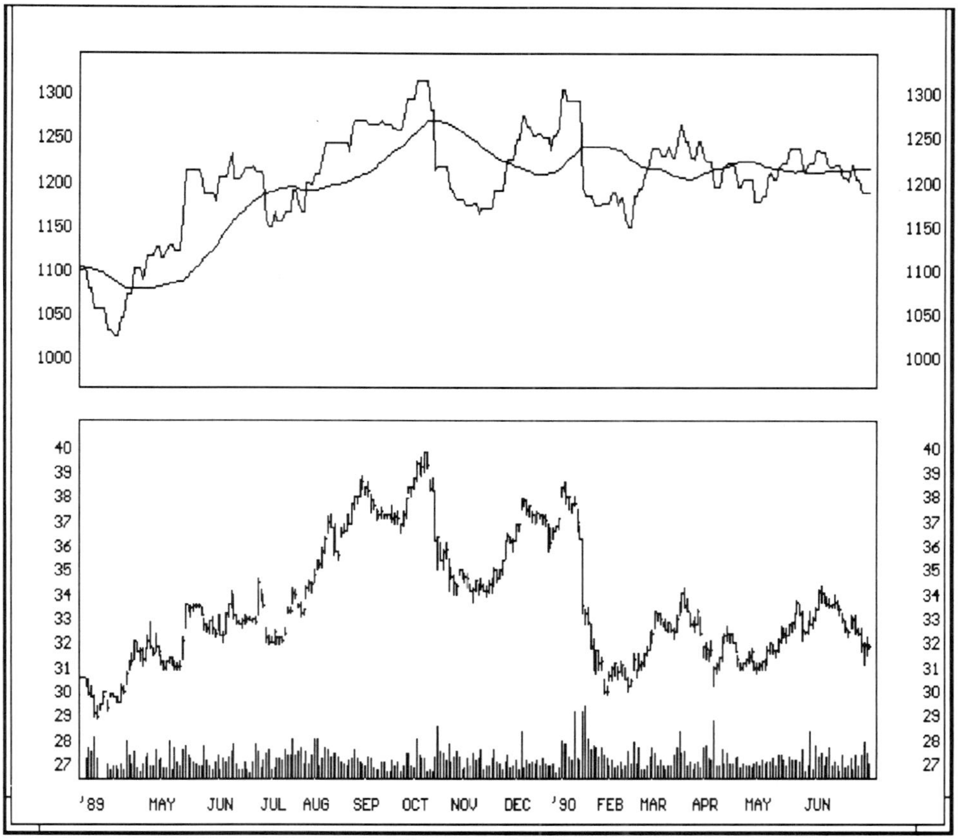

Alcoa und PVI

Interpretation

Das Beispiel zeigt die US-Aktie Alcoa mit ihrem Positive Volume Index PVI. Zum PVI wurde der gleitende Durchschnitt 40 Tage eingezeichnet.
Zur Interpretation verwendet man den PVI zusammen mit einem passenden gleitenden Durchschnitt. Hier wurde ein GD von 40 Tagen gewählt. Überschreitet der PVI seinen gleitenden Durchschnitt, ist mit steigenden Kursen zu rechnen und umgekehrt.

Die Signale ergeben ein erkennbar gutes Timing. Eine ausreichende Spanne zwischen Kauf- und Verkaufsignalen ergibt sich aber nur bei ausreichender Volatilität und eindeutigen Trends. Bei Seitwärtsbewegungen ist - wie immer - die Anwendung eines einzelnen Indikators nicht ausreichend.

Sehen Sie in diesem Zusammenhang auch den ⇨ Negative Volume Index NVI an. Verwenden Sie den PVI nicht als einzigen Indikator zur Analyse.

Verwandtes Thema

- NVI

Phasenalalyse

Beschreibung

Das Konzept der Phasenanalyse ist ein automatisches Umkehrsystem, in dem der Trader immer eine Position einnimmt. Im Aufwärtstrend ist das eine Kaufposition, die bei der Trendumkehr in eine Verkaufsposition gedreht wird und umgekehrt. Der Indikator setzt jeweils die Stop Marke für die Umkehr der Position. Diese Funktion gleicht dem Parabolic SAR. Der Abstand des Stopkurses vom aktuellen Kurs bleibt bei der Phasenanalyse jedoch konstant.

Bedeutung

Das Konzept der Phasenanalyse ist ein Stopkurs, der durch Verschiebung eines gleitenden Durchschnitts gebildet wird.
Man wählt einen gleitenden Durchschnitt, der dem zeitlichen Spekulationshorizont und der Volatilität des Untersuchungsobjekts angepaßt sein muß. Dieser gleitende Durchschnitt wird im Aufwärtstrend unter den Trend verschoben, im Abwärtstrend wird er über den Trend verschoben. Dieser verschobene gleitende Durchschnitt dient so quasi als variable Trendlinie. Das Kreuzen dieses verschobenen Durchschnitts ist jeweils Signal für das Drehen der Position. Man nutzt das Kreuzen des Gleitenden Durchschnitts als Signal und die Verschiebung als Filter.

Das Beispiel macht diesen Zusammenhang deutlicher als jede Beschreibung.

Berechnung

Entsprechend gleitenden Durchschnitten.

Einstellwerte für Analyseprogramm

Gleitender Durchschnitt und Verschiebung müssen sorgfältig dem Objekt und dem Spekulationszeitraum angepaßt werden. Schon geringe Änderungen können das Ergebnis wesentlich beeinflussen.

Anwendungsregel

- Bei Erreichen der Stopmarke wird jeweils die Position gedreht.

Aussagefähigkeit:

Anwendung kann nur erfolgreich sein, wenn ein Trend vorhanden ist. Das gilt generell für jede Anwendung von Gleitenden Durchschnitten. In trendlosen Zeiten sind gleitende Durchschnitte als Signalgeber nutzlos.

Beispiel

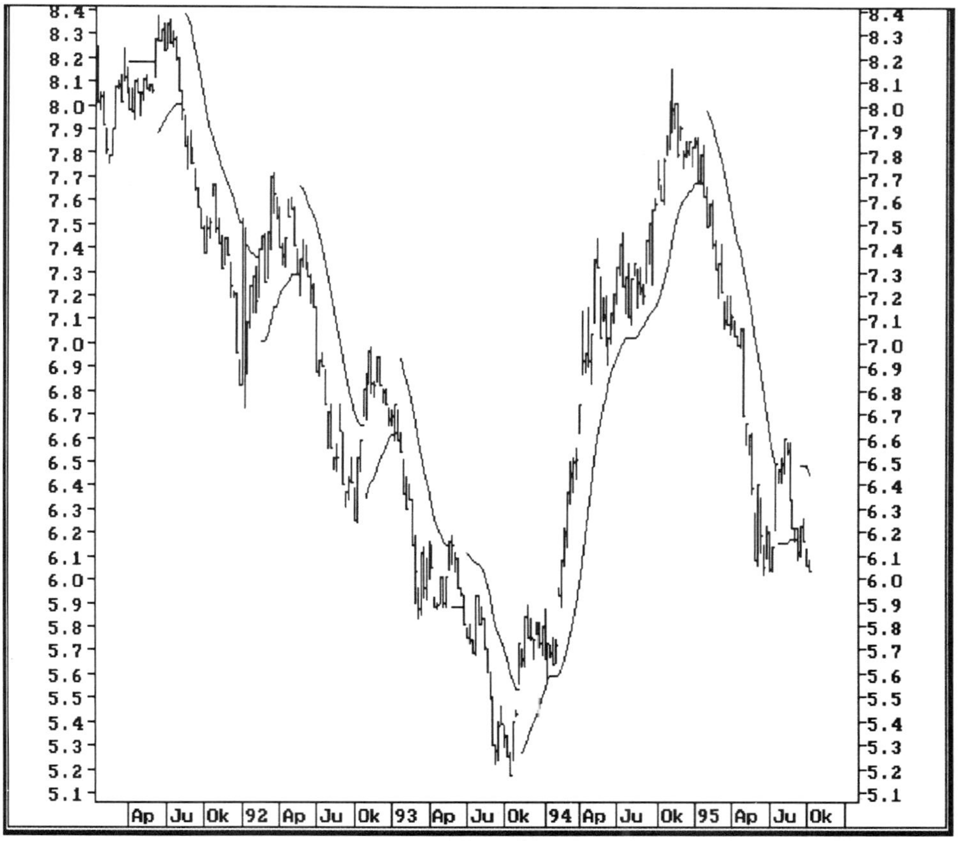

Zins US T-Bonds
und Phasenanalyse 12 Wochen GD mit 2,5% Verschiebung

Interpretation

Das Beispiel zeigt einen Wochenchart der Rendite der US T-Bonds mit einer Phasenanalyse, bei der ein gleitender Durchschnitt von 12 Wochen um 2,5% nach unten und oben verschoben den Stopkurs bilden.

Jeweils mit erreichen des Stopkurses - gekennzeichnet durch die gestrichelte Linie - wird die Position gedreht. Alles weitere ist aus der Abbildung erkennbar, bedarf keiner Erläuterung.
Die Phasenanalyse funktioniert nicht in trendlosen Situationen.

Verwandtes Thema

- Parabolic SAR
- Gleitender Durchschnitt

Price Oszillator (Trendbestätigungsindikator, TBI)

Beschreibung

Das Verhältnis zweier gleitender Durchschnitte eines Wertes wird dargestellt und als Indikator benutzt. Er wird auch Trendbestätigungsindikator (TBI) genannt.

Bedeutung

Wenn ein kurzfristiger gleitender Durchschnitt einen längerfristigen gleitenden Durchschnitt überschreitet, ist das ein Kaufsignal. Das ist die Analogie zum Überschreiten des gleitenden Durchschnitts durch den aktuellen Kurs.

In der Darstellung dieses Indikators wird das Verhältnis eines kurzfristigen zu einem längerfristigen Durchschnitt gewählt. Das gibt Schwankungen um 100 % herum. Je kleiner der kurzfristige GD gewählt wird, desto häufiger wird die 100 % Linie über- und unterschritten.
Kurzfristiger Durchschnitt über langfristigem Durchschnitt bedeutet: Indikator über 100 % .

Berechnung

TBI = GD *kurz* / GD *lang*

Einstellwerte für Analyseprogramm

Die gleitenden Durchschnitte müssen dem Untersuchungszeitraum und Objekt angepaßt werden. Hilfsmittel hierzu kann ⇨ Fourier Analyse und Zyklusfinder sein (siehe dort). Es empfiehlt sich ein Verhältnis des Zeitraums des langfristigen GD zum kurzfristigen GD von 2,5 bis 3. Experimentieren Sie.

Anwendungsregel

- Überschreitet der kurzfristige den langfristigen Durchschnitt (Indikator überschreitet 1), ist ein Kaufsignal gegeben.
- Unterschreiten des langfristigen Durchschnitts (Indikator unterschreitet 1) bedeutet ein Verkaufsignal.
- Der bestehende Trend bleibt erhalten, solange der Indikator nicht die Grenze von 1 über- oder unterschreitet.
- Eine Trendwende des Untersuchungsobjekts wird angekündigt, sobald der Indikator die Richtung wechselt.

Aussagefähigkeit:

Die Aussagefähigkeit des Indikators entspricht der von gleitenden Durchschnitten. Der Spekulationshorizont richtet sich nach der Wahl der gleitenden Durchschnitte. Kurze Durchschnitte entsprechen kurzfristiger Reichweite.
Die amerikanische Methode die Kreuzung der Nullinie jeweils Signal zu werten gibt späte Signale. Das Handeln jeweils beim Wendepunkt kann zu früh sein. Es ist zweckmäßig bei den Signalen besonders auf die charttechnische Situation zu achten.

Beispiel

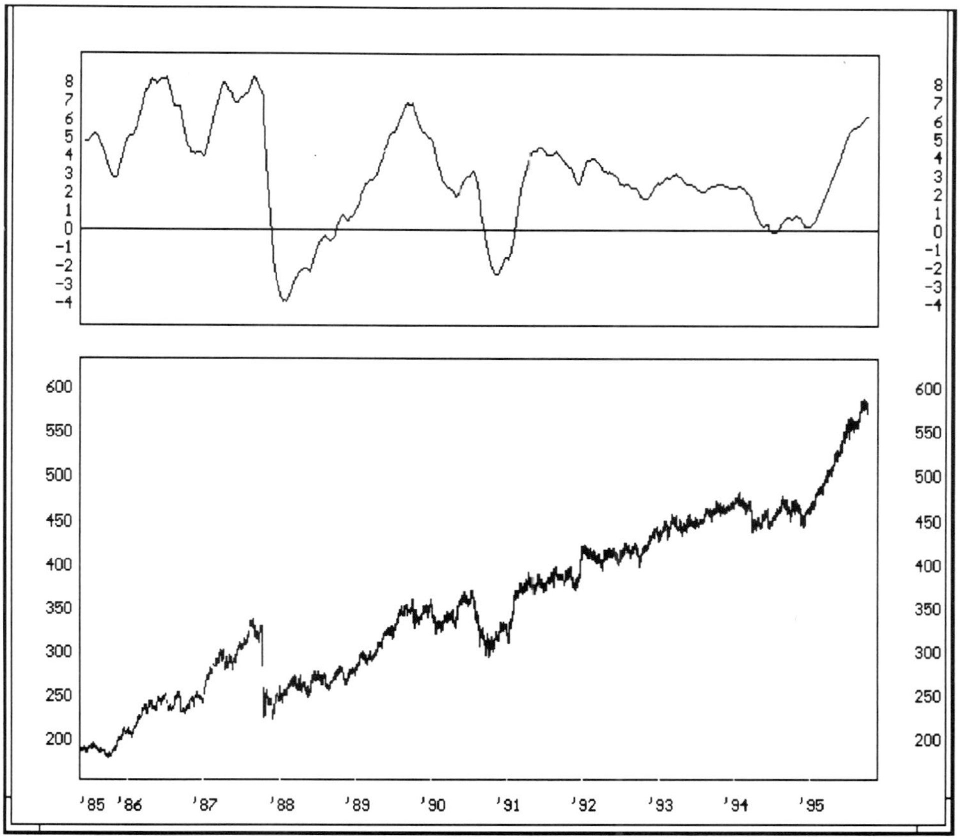

SP 500 Aktienindex Wochenchart und TBI 20 / 50 Wochen

Interpretation

Das Beispiel zeigt den Wochenchart des Standpoors 500 Aktienindex mit seinem TBI (Price Oscillator) 20 / 50 Wochen. Dieses Beispiel gibt einen langfristigen Überblick von 10 Jahren. Der TBI zeigt die Wendepunkte des Aktienindex deutlich an. Bei genauerem Hinsehen erkennt man, daß in der Baisse die Unterschreitung der Indikator Nullinie späte Signale gibt. In diesen Fällen ist schon die Hälfte der Kursrückgänge eingetreten.
In der Hausse kommen die Signale noch akzeptabel frühzeitig, weil es sich um ausgeprägte Haussetrends handelt, die ausreichendes Gewinnpotential bergen.
Der so gewählte, langfristige Indikator gibt auch während der Reaktion im Jahr 1994 kein Verkaufsignal. Man kann den langen Aufwärtstrend voll ausnutzen.
Die Nutzung der Wendepunkte als Signal ist schwierig und nur in Verbindung mit der Chartanalyse möglich.

Verwandtes Thema

- Gleitender Durchschnitt
- Price Oscillator

Price and Volume Trend (PVT)

Beschreibung

Der Price and Volume Trend kumuliert das mit der täglichen Kursveränderung gewichtete Volumen (den Umsatz).

Bedeutung

Der Price and Volume Trend ähnelt im Prinzip dem On Balance Volume OBV. Es wird der tägliche Umsatz zum Vortagswert addiert, wenn der Kurs gestiegen ist, er wird subtrahiert, wenn der Kurs gefallen ist. Im Unterschied zum OBV wird beim PVT jedoch der Umsatz mit der täglichen Kursveränderung gewichtet. Bei großen Kursänderungen hat das Tagesvolumen größeres Gewicht im Indikator PVT als bei geringen Kursänderungen. Das macht die Indikatorwirkung deutlicher. Es zeigt klarer in welche Richtung die Geldströme fließen, in die Aktie hinein oder aus ihr heraus.

Berechnung

$$PVT = ((C - C_{Vortag}) / (C_{Vortag})) * Umsatz + PVT_{Vortag}$$

Einstellwerte für Analyseprogramm

Für den Indikator selbst keine. Ein passender gleitender Durchschnitt zum Indikator kann gewählt werden.

Anwendungsregel

- Divergenz zwischen Indikator und Untersuchungsobjekt deutet auf bevorstehende Trendwende.

Das Signal für die eingetretene Trendwende beim Untersuchungsobjekt resultiert aus einer Trendwende des Indikators. Sie kann wie folgt festgestellt werden:

- Bei passender Wahl eines gleitenden Durchschnitts ist die Kreuzung von Indikator und dem gleitendem Durchschnitt das Signal für die Trendwende.
- Der Indikator kann auch mittels Trendlinie und den Regeln der Chartanalyse auf Signale zur Trendwende untersucht werden.

Aussagefähigkeit:

Aus der kombinierten Nutzung von Preis und Umsatz ergibt sich ein guter Indikator.

Beispiel

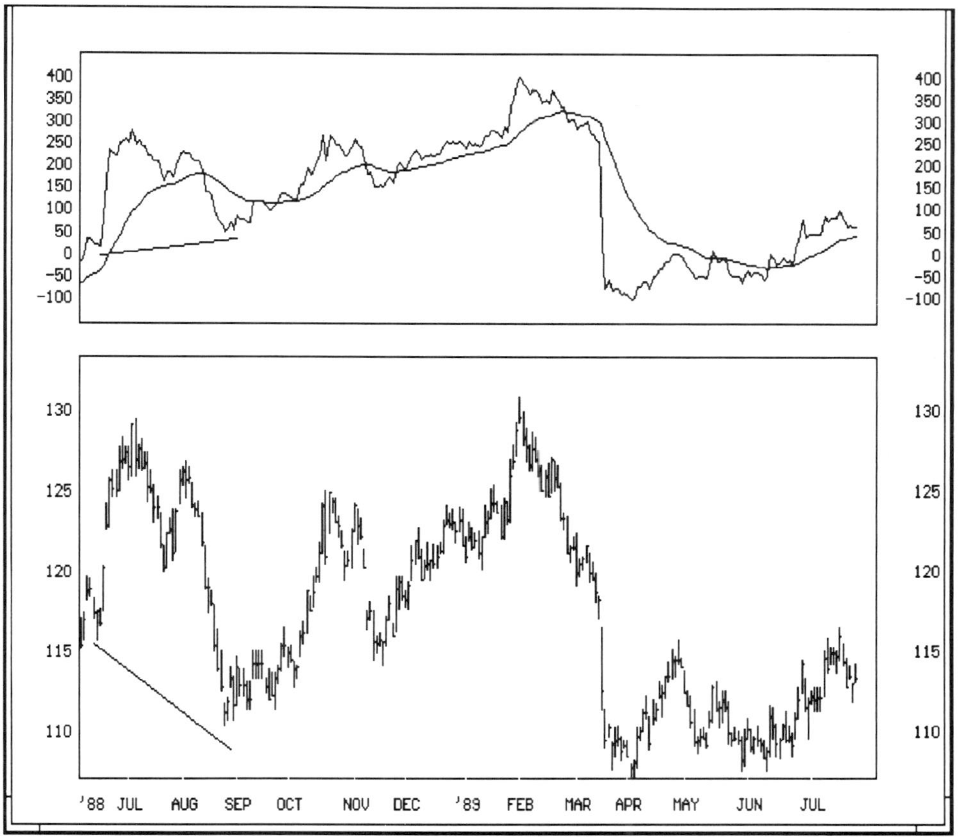

IBM Aktie und PVT mit GD 30 Tage

Interpretation

Das Beispiel zeigt die IBM Aktie mit ihrem Price and Volume Trend. Zum PVT wurde ein gleitender Durchschnitt 30 Tage eingezeichnet.

Der Indikator bietet sowohl die Möglichkeit Divergenzen zwischen Indikator und Aktie zu nutzen als auch das Über- und Unterschreiten gleitender Durchschnitte. Dieses Beispiel verdeutlicht wie beide Möglichkeiten zusammenwirken können.

Zunächst ist eine deutliche Divergenz zu vermerken, die auf eine bevorstehende Trendwende hindeutet. Dann übersteigt der Indikator seinen gleitenden Durchschnitt, damit wird signalisiert, daß die Trendwende vollzogen ist.

Verwandtes Thema

- A-D-Linie
- On Balance Volume, OBV
- Negative Volume Index, NVI
- Positive Volume Index, PVI

Pring's KST (Know Sure Things) Summierte Änderungsrate

Beschreibung

Der KST Indikator (Know Sure Things) wurde von Martin Pring entwickelt. Er stellt einen gewichteten und summierten Rate of Change Oszillator ⇨ (ROC siehe dort) dar.

Bedeutung

Die Kurstendenz ist von einer Reihe verschiedener Zeitzyklen beeinflußt. Bedeutende Trendwenden ereignen sich, wenn eine ganze Reihe dieser Zyklen gleichzeitig ihre Richtung ändert. Das ist beispielsweise der Fall, wenn kurz-, mittel-, langfristiger und sehr langfristiger Trend gleichzeitig drehen. Der KST ist ein Indikator, der solche bemerkenswerten Umkehrpunkte identifizieren soll.
Zu diesem Zweck werden vier verschiedene ROC berechnet, geglättet, gewichtet und zu einem Indikator zusammengezählt.
Der Indikator ist die Summe aus folgenden Faktoren:
GD 10 vom ROC 10 einfach gewichtet, GD 10 vom ROC 15 zweifach gewichtet,
GD 10 vom ROC 20 dreifach gewichtet, GD 15 vom ROC 30 vierfach gewichtet.
Für die kurzfristige Analyse verwendet man Tageswerte, für die mittelfristige Analyse Wochenwerte, für die sehr langfristige Analyse Monatswerte mit etwas veränderten Zahlen.

Berechnung

$KST = GD_{10}(ROC_{10}) + 2*GD_{10}(ROC_{15}) + 3*GD_{10}(ROC_{20}) + 4*GD_{15}(ROC_{30})$

GD: Gleitender Durchschnitt; ROC: Rate of Change;

Einstellwerte für Analyseprogramm

Kurz- und mittelfristig Tages- bzw. Wochenwerte:
GD_{10} ROC_{10}; $2*GD_{10}$ ROC_{15}; $3*GD_{10}$ ROC_{20}; $4*GD_{15}$ ROC_{30}.
Langfristig, Monatswerte:
GD_{6} RPC_{9}; $2*GD_{6}$ ROC_{12}; $3*GD_{6}$ ROC_{18}; $4*GD_{9}$ ROC_{24}.

Anwendungsregel

Der Indikator bietet verschiedene Analysemöglichkeiten:

- Die Wendepunkte des Indikators kündigen Trendumkehr beim Untersuchungsobjekt an.
- Divergenz zwischen Indikator und Untersuchungsobjekt kündigen früher als die Wendepunkte auf eine kommende Trendwende hin.
- Zum Indikator können passende gleitende Durchschnitte verwendet werden, die bei Über- und Unterschreiten eine vollzogene Trendwende signalisieren.

Aussagefähigkeit:

Der KST ist ein zuverlässiger Indikator mit deutlicher Signalwirkung wie das Beispiel zeigt.

Beispiel

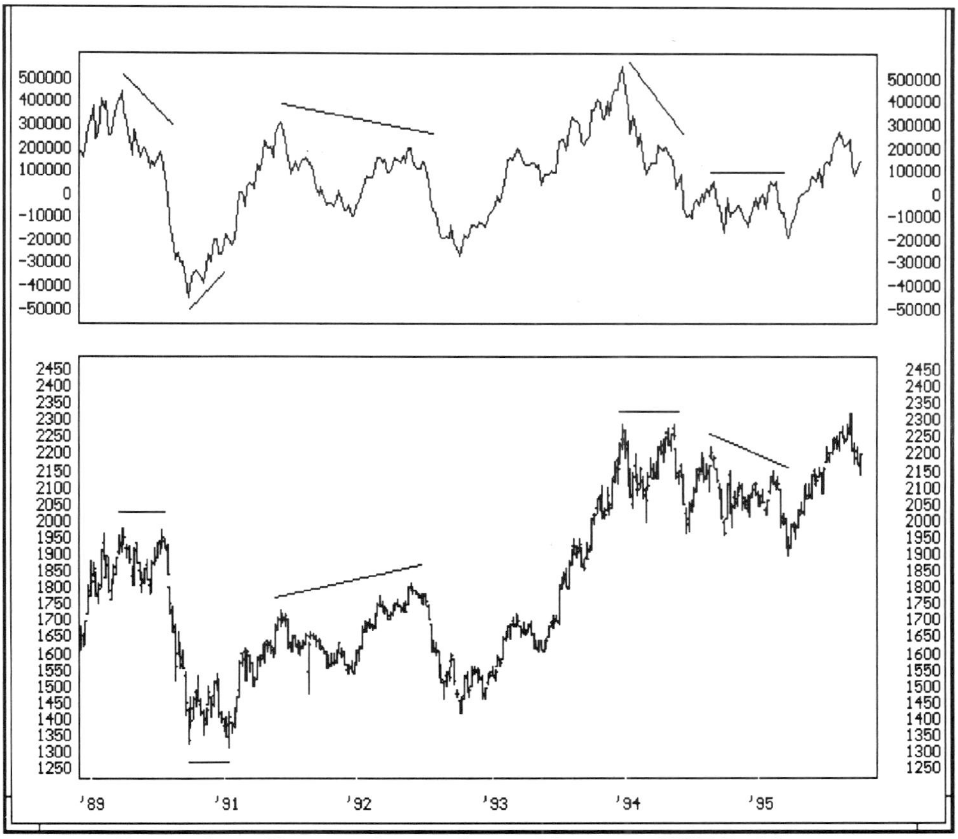

Deutscher Aktienindex und mittelfristiger KST Indikator

Interpretation

Das Beispiel zeigt der Deutschen Aktienindex DAX als Wochenchart mit seinem mittelfristigen (auf den Wochenchart bezogenen) KST.

Die Indikatorfunktion und der zeitliche Vorlauf des KST läßt an Deutlichkeit kaum Wünsche offen:

- Die Trendwende beim Indikator liegt jeweils vor der Wende des DAX.
- Divergenz zwischen Indikator und DAX kündigen eine Trendwende frühzeitig an.
- Der Indikator kann bei Bedarf noch um einen gleitenden Durchschnitt (ähnlich dem beim Stochastik Indikator) ergänzt werden, um den Vollzug der Trendwende jeweils deutlich zu machen. Darauf wurde hier der Übersichtlichkeit halber verzichtet.

Verwandtes Thema

- ROC
- Stochastic

Rate of Change, ROC (Veränderungsrate)

Beschreibung

Die Veränderungsrate (ROC Indikator) zeigt die Differenz zwischen dem aktuellen Kurs und dem Kurs x Tage vorher in Prozent oder in Punkten. Der Zeitraum x ist frei wählbar. Dies unterscheidet das ROC vom ⇨ Momentum. Das Momentum zeigt das Verhältnis beider Kurse.

Bedeutung

Der Indikator stellt die Stärke der Kursschwankungen als Verhältnis dar.
Ein Phänomen ist die Tendenz der Kurse zu zyklischen, wellenförmigen Schwankungen. Diese werden durch den Indikator verdeutlicht. Ein ROC über Null bedeutet eine positive Kursänderung, ein ROC unter Null eine negative Kursänderung gegenüber dem gewählten Zeitpunkt.

Berechnung

$ROC = ((C - Cx) / Cx) * 100$

C: Schlußkurs aktuell; Cx: Schlußkurs vor x Tagen.

Einstellwerte für Analyseprogramm

Für die kurzfristigen Schwankungen an Aktienmärkten hat sich ein ROC zwischen 12 und 30 Tagen bewährt.

Anwendungsregel

- Solange das ROC über Null bleibt, ist die Aufwärtsbewegung intakt.
- Solange das ROC unter Null bleibt, besteht der Baissetrend weiter.
- Verlaufen Kurs und ROC in die gleiche Richtung, bleibt der bestehende Kurstrend erhalten.
- Divergenzen zwischen Kursverlauf und ROC deuten auf eine bevorstehende Trendwende.

Aussagefähigkeit:

- Der Indikator ist sehr nützlich für kurz- und mittelfristige Marktbewegungen.
- Trendwenden werden dann zuverlässig und frühzeitig angezeigt, wenn Divergenzen zwischen Kurs und ROC auftreten.
- Auch die Trendbestätigung durch ein beständiges ROC über oder unter Null ist zuverlässig.

Beispiel

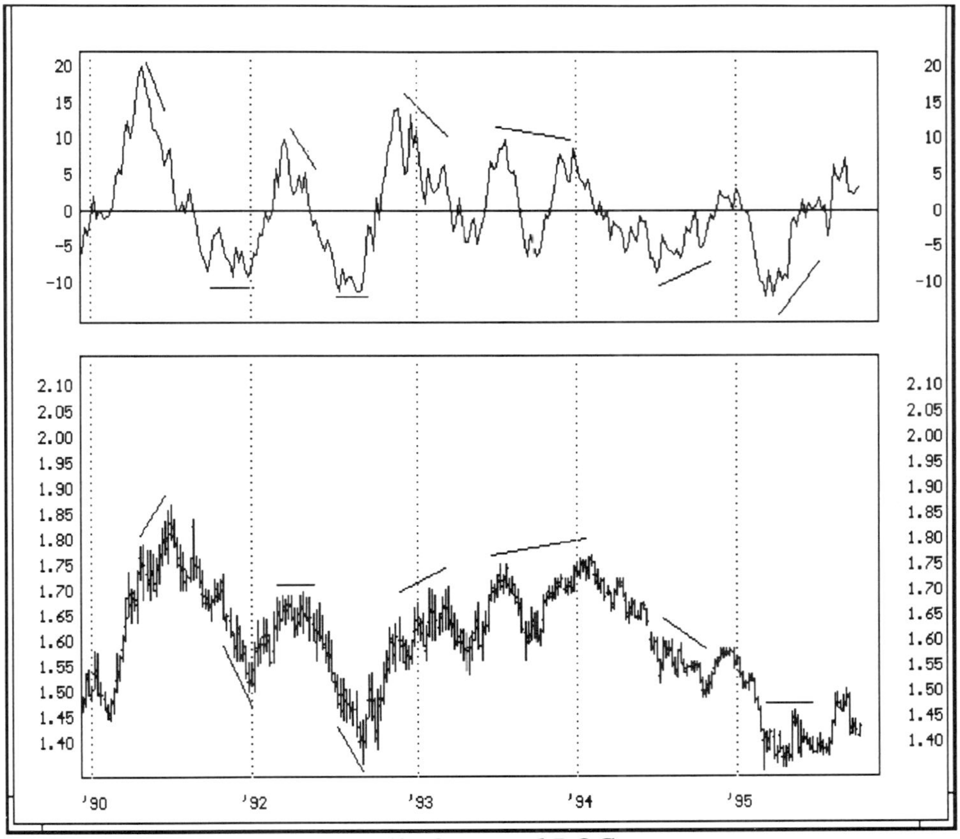

Dollarkurs und ROC

Interpretation

Das Beispiel zeigt den Dollarkurs gegenüber der D-Mark zusammen mit seiner ROC 12 Wochen.
Die Interpretation bezieht sich auf alle Punkte der Anwendungsregel.

- Solange das ROC über 0 bleibt, ist die Aufwärtsbewegung intakt.
- Solange das ROC unter 0 bleibt, besteht der Baissetrend weiter.
- Verlaufen Kurs und ROC in die gleiche Richtung, bleibt der bestehende Kurstrend erhalten.
- Divergenzen zwischen Kursverlauf und ROC deuten auf eine Trendwende.

Verwandtes Thema

- Pring's KST
- Momentum

Relative Stärke RS (vergleichend)

Beschreibung

Es werden zwei Werte in Relation zueinander gesetzt, z.B. zwei Aktien oder eine Aktie zu ihrem zugehörigen Index. Das zeigt, welcher der Werte sich stärker oder schwächer entwickelt.

Bedeutung

Die Theorie der Relativen Stärke besagt, daß die Werte, die derzeit stärker gestiegen sind als die Mehrzahl auch in Zukunft diese Tendenz beibehalten werden. Es ist also sinnvoll in die stärksten Aktien zu investieren, weil diese auch künftig die größten Gewinne versprechen. Untersuchungen von Levy zu diesem Thema bestätigen das. Dieses Ergebnis spricht eindeutig gegen die Neigung zurückgebliebene Werte zu kaufen.

Auch unter Aktienmärkten ist es wichtig die Stärksten herauszusuchen.

Zusätzlich ist der Vergleich verschiedener US Indices wichtig. Der Amex Index repräsentiert den breiten Markt, der Dow Average die Blue Chips. Der Vergleich zeigt auch, in welcher Phase der Hausse der Markt sich befindet. In der Spätphase einer Hausse steigt der breite Markt nicht mehr mit, während die Blue Chips noch zulegen.

Berechnung

RS = (C1 / C2) / ($C1_x$ / $C2_x$)

C1: Schlußkurs Wert 1; C2: Schlußkurs Wert 2 (Vergleichswert); Beide Werte aktuell $C1_x$, $C1_x$: Werte wie oben jedoch vor x Tagen, Wer wählbar.

Einstellwerte für Analyseprogramm

- Auswahl des Vergleichswerts ist möglich
- Wahl des Vergleichszeitraums wischen 20 und 68 Tagen bzw. Wochen.

Anwendungsregel

- Investieren Sie in die relativ stärksten Märkte. Kaufen Sie dort die stärksten Aktien.
- Verkaufen Sie die Aktien, deren relative Stärke fällt.
- Auf dieser Basis arbeitet das Konzept der relativen Stärke nach Levy. Die Erfahrung bestätigt eindeutig die wesentlichen Aussagen dieser Anlagestrategie. Sie funktioniert nur nicht an Wendepunkten der Märkte.
- Grundsätzlich ist es aber richtig im Zweifelsfall die stärkere Aktie der schwächeren vorzuziehen.

Aussagefähigkeit:
Wenn Sie hierüber Näheres wissen wollen, studieren Sie:
"The Relative Strength Concept of Common Stock Price Forecasting" von R.A. Levy

Beispiel

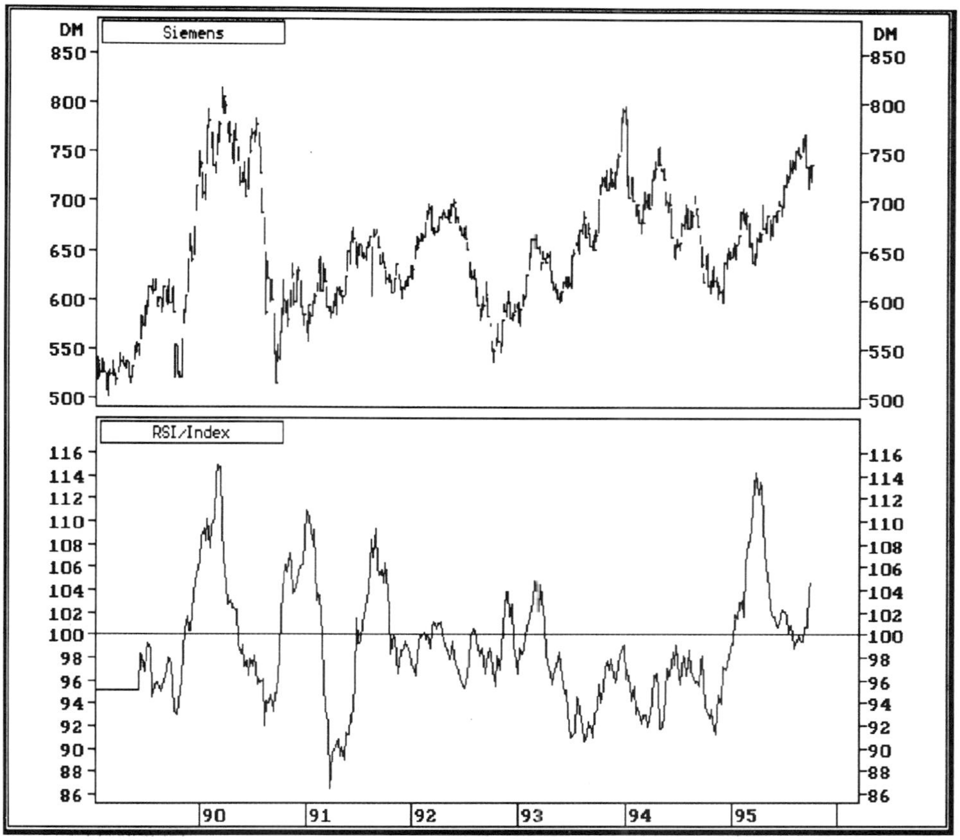

Siemens und seine Relative Stärke zum DAX

Interpretation

Das Beispiel zeigt die Siemens Aktie (oben) als Wochen Balkenchart und ihre Relative Stärke zum Deutschen Aktienindex DAX (unten).

Das Bild macht deutlich wie stark die Siemens Aktie relativ zum DAX in der Gunst der Anleger geschwankt hat. Es gab Zeiten, in denen die Siemens Aktie erheblich stärker nachgefragt wurde als die übrigen Aktien, die den DAX bilden. Die Siemens Aktie stieg infolgedessen stärker als der DAX. Ihre Relative Stärke lag über 100%. Zu anderen Zeiten war das umgekehrt. Die Relative Stärke war unter 100% relativ zum DAX.

Das Beispiel legt es nahe die Aktie zu kaufen sobald ihre relative Stärke nach eine starken Rückfall in den negativen Bereich wieder zu steigen beginnt. Sie muß aber konsequenterweise auch verkauft werden sobald ihre Relative Stärke zu fallen beginnt.

Verwandtes Thema

- Relative Stärke Index nach Wilders, RSI
- Relative Stärke nach Levy, RSL

Relative Stärke Index nach Levy (RSL)

Beschreibung

Die Relative Stärke nach Levy stellt den aktuellen Kurs in Relation zu einem gleitenden Durchschnitt. Die Skalierung ist in %. Es ergeben sich Schwankungen um 100 % herum.

Bedeutung

Der gleitende Durchschnitt hat drei Indikatorfunktionen:

1. Das Überschreiten des gleitenden Durchschnitts bedeutet ein Kaufsignal, das Unterschreiten ein Verkaufsignal.
2. Das Abstoßen des aktuellen Kurses am gleitenden Durchschnitt bedeutet eine Trendbestätigung.
3. Ein übertrieben großen Abstand des aktuellen Kurses vom gleitenden Durchschnitt signalisiert eine Übertreibungsphase, denn die Kurse müssen an ihren Durchschnitt zurückkehren.

Entsprechend ist der RSL als Relation des aktuellen Kurs zum gleitenden Durchschnitt zu interpretieren.
Das Kreuzen der 100% Linie bedeutet Kreuzen des gleitenden Durchschnitts (1), Abstoßen an der 100%-Linie (2) die Trendbestätigung und extremer Abstand die Warnung vor der Übertreibungsphase (3).

Berechnung

RSL = C / GD

C: Schlußkurs; GD: wählbarer gleitender Durchschnitt.

Einstellwerte für Analyseprogramm

Der gleitende Durchschnitt wird nach dem Spekulationszeitraum gewählt.
sehr kurzfristig: 4 - 9 Tage
kurzfristig: ca. 20 Tage
mittelfristig: 40-80 Tage
langfristig: 200 Tage, in den USA allgemein üblich: 150 Tage

Anwendungsregel

- Das Überschreiten der 100%-Linie bedeutet ein Kaufsignal, das Unterschreiten ein Verkaufsignal.
- Das Abstoßen des aktuellen Kurses an der 100%-Linie bedeutet eine Trendbestätigung.
- Ein übertrieben großen Abstand des aktuellen Kurses von der 100%-Linie signalisiert eine Übertreibungsphase, denn die Kurse müssen an ihren Durchschnitt zurückkehren.
- Gleichlauf von RSL und Kurs deutet auf Fortbestand des Trends, Divergenz auf eine bevorstehende Trendwende.

Beispiel

Allianz und seine Relative Stärke nach Levy (RSL)

Interpretation

Das Bild zeigt die Allianz Aktien als Wochen Balkenchart und ihre Relative Stärke nach Levy (RSL) zum gleitenden Durchschnitt 40 Wochen (entspricht 200 Tagen). Die genannten Anwendungsregeln sind allesamt in Ihrer Signalwirkung zu erkennen. Zu Beginn des Charts zeigen Aktie und Indikator gleichsinnig an. Es folgt ein Rückgang des Indikators verbunden mit einer Konsolidierung der Kurse. Der Indikator stößt sich (nach nur kurzer Unterschreitung) an der 100% Linie ab, die Kurse beginnen wieder zu steigen, der Aufwärtstrend ist bestätigt.
Die nächste Konsolidierung wird durch Divergenz zwischen Indikator und Kursverlauf angekündigt. Sie bleibt deshalb eine Konsolidierung, weil der Indikator über 100% wieder nach oben dreht. Die erste Trendwende (1990) wird ebenfalls durch eine Divergenz angekündigt bevor Indikator und Kurs umkehren. Das gleiche gilt für die Trendumkehr zum ersten Wiederanstieg und so weiter.

Verwandtes Thema

- Gleitende Durchschnitte
- Momentum

Relative Stärke Index RSI nach Wilders

Beschreibung

Der Relative Stärke Index (RSI) einer Aktie (oder eines Index) ist ein Preis-Momentum Indikator, der von J. Welles Wilders 1978 entwickelt wurde. Er ist einer der populärsten technischen Indikatoren.

Bedeutung

Der RSI ist ein Preisfolgeoszillator, der theoretisch zwischen 0 und 100 schwanken kann.
Wilders bezeichnet Werte von 70 und darüber als einen überkauften Markt, während er Werte von 30 und darunter als überverkauften Markt kennzeichnet. Nur volatile Märkte erreichen diese Grenzregionen.
Die Interpretation bietet aber verschiedene Möglichkeiten, nämlich nach Grenzwerten, Formationen und Divergenzen.

Berechnung

RSI = (h / h+n) * 100

h = Durchschnitt der Kurssteigerungen der letzten x Börsentage.
n = Durchschnitt der Kursrückgänge der letzten x Börsentage.

Am nächsten Tag werden die Faktoren wie folgt fortgeschrieben:
h (heute) = (h (gestern) * x-1) + h (heute) / x
n - Berechnung entsprechend.
Aus der Fortschreibung ist ersichtlich, daß die Faktoren der Rechnung exponentiell geglättete gleitende Durchschnitte darstellen.

Einstellwerte für Analyseprogramm

Wilders schlägt den Durchschnitt von 14 vor.
Für kürzere Zeiträume hat sich ein Wert von etwa 8 bewährt.
Auch längere bis sehr lange Einstellwerte sind erfolgreich untersucht worden.

Anwendungsregel

- Grenzwerte: Werte von 70 und höher kennzeichnen den überkauften Bereich, Werte unter 30 den überverkauften Bereich. In diese Grenzbereiche entwickelt sich der Indikator normalerweise vor den zugehörigen Wendepunkten bei der untersuchten Aktie.
- Der Indikator bildet Chartformationen wie Kopf Schulter, die bei der Aktie nicht ohne weiteres erkennbar sind. Sie sind wie bei der Aktie selbst zu interpretieren.
- Unterstützung und Widerstand beim Indikator sind so zu werten wie bei der Aktie selbst. Häufig sind sie beim Indikator besser erkennbar.
- Divergenz zwischen Kurs und Index deutet auf eine bevorstehende Trendwende hin.

Aussagefähigkeit:
Der Indikator ist ein sehr aussagekräftiger Oszillator für das Erkennen von Gipfeln und Böden kurzfristiger Kursbewegungen. Er unterstützt wirkungsvoll das Erkennen von Trendwendepunkten beim untersuchten Objekt.

Beispiel

DAX Wochenchart und RSI

Interpretation

Das Beispiel zeigt den DAX Wochenchart und seinen Relative Stärke Index RSI 14 Wochen.

Das Beispiel macht die Wirksamkeit dieses Indikators klar.
Zu Beginn des Charts deutet der extrem hohe Wert des Indikators auf eine Übertreibungsphase. Die Divergenz kündigt dann das nahe Ende des Aufwärtstrends an. Der Rückfall des Indikators unter 70 stellt frühzeitig klar, daß es keine weiteren Kurszuwächse gibt. Während der Gipfelbildung des DAX im Jahr 1990 fällt der Indikator weiter. Es wird also keinen Kursanstieg über 2.000 geben.
Als der Indikator unter 30 fällt, kündigt das an, daß das Schlimmste vorüber ist. Die folgende positiver Divergenz bestätigt dies. Die Kurse steigen wieder bis der Indikator an 70 scheitert, damit Schwäche ankündigt. Die Kurse fallen wieder, etc.

Der RSI ist einer der wirksamsten Indikatoren, wenn er richtig interpretiert wird.

Verwandtes Thema

- Stochastics

Speed Resistance Lines

Beschreibung

Speed Resistance Lines sind Trendlinien, die eine Kursbewegung in drei gleiche Abschnitte unterteilen. Die Konstruktion ähnelt der von Fibonnacci Linien.

Bedeutung

Speed Resistance Linien stellen Unterstützungslinien dar. Sie werden bei 2/3 und 1/3 des Kursanstiegs gezeichnet. Damit wird dargestellt, daß nach einem Kursanstieg normalerweise 1/3 des Kursgewinns durch die folgenden technischen Reaktion wieder verlorengehen. Die Kurse fallen auf die Unterstützungslinie bei 2/3 zurück. Wird diese Unterstützung unterschritten, fallen die Kurse meistens bis auf die nächste Unterstützung bei 1/3 weiter.

Berechnung

Falls das Chartprogramm diese Linien nicht automatisiert anzeigt gehen Sie wie folgt vor:

1. Eine Verbindungslinie vom bedeutenden Tief zum entsprechenden darauffolgenden Hoch zeichnen.
2. Eine vertikale Linie am Hoch nach unten zeichnen. Den vertikalen Abstand vom Tief zum Hoch auf dieser Linie in drei gleiche Teile einteilen.
3. Vom bedeutenden Tief jeweils eine Trendlinie bei 1/3 und 3/3 einzeichnen.

Siehe Beispielchart.

Bei einer Erholung nach einem Kursrückgang gilt die Konstruktion sinngemäß umgekehrt.

Einstellwerte für Analyseprogramm

Keine.

Anwendungsregel

- Nach einem Kursanstieg fallen die Kurse in einer technischen Reaktion erfahrungsgemäß auf die erste Speed Resistance Linie zurück.
- Sollte diese Line unterschritten werden, ist ein weiterer Rückfall auf die untere Linie bei 1/3 wahrscheinlich.
- Die Regel gilt sinngemäß für die Erholungen nach einem Kursrückgang.

Beispiel

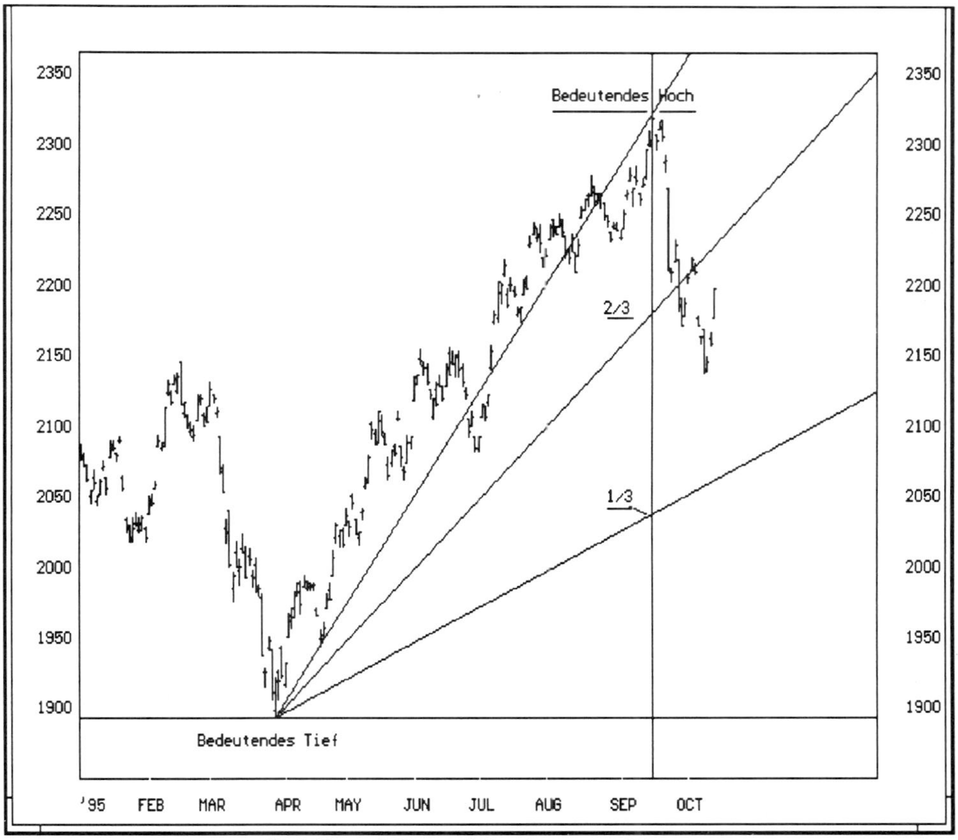

DAX und Speed Resistance Lines

Interpretation

Das Beispiel zeigt den Deutschen Aktienindex DAX und seine Speed Resistance Linien.

Nach einem Kursanstieg von mehr als 20% hat eine technische Reaktion begonnen. Sie hat mehr als 1/3 des Kursfortschritts rückgängig gemacht. Gemäß der Erfahrung, die den Speed Resistance Linien zugrunde liegt, wird der Kurs wahrscheinlich noch bis auf die Linie 1/3 zurückfallen.

Verwandtes Thema

- Fibonnacci Linien

Standardabweichung (Standard Deviation)

Beschreibung

Die Standardabweichnung ist ein statistisches Maß für die Volatilität (Kursbeweglichkeit). Sie ist normalerweise Bestandteil anderer Indikatoren. Beispielsweise wird bei den Bollinger Bands die Standardabweichung des Untersuchungsobjekts zum gleitenden Durchschnitts addiert und subtrahiert, um die Breite des Bands zu bestimmen. Die Standardabweichnung wird nur selten als eigenständiger Indikator benutzt.

Bedeutung

Eine hohe Standardabweichung bedeutet, daß sich der Kurs des Untersuchungsobjekts sehr steil bewegt. Eine niedrige Standardabweichung signalisiert eine ruhige Kursentwicklung.
Die Erfahrung sagt, daß bedeutende Hochs mit hoher Volatilität verbunden sind, eine Bodenbildung jedoch normalerweise bei niedriger Standardabweichung (Volatilität) vonstatten geht.

Berechnung

$$(\sum (C - GDC_x)^2 / X)^{-2}$$

C: Schlußkurs; GDC_x: Gleitender Durchschnitt x Perioden; X: Zahl der Perioden

Einstellwerte für Analyseprogramm

Als Einstellwert wird der Zeitraum gewählt. Standardeinstellung ist häufig 5 Tage. Zum besseren Überblick ist eine etwas längere Einstellung beispielsweise auf 12 Tage eher geeignet.

Anwendungsregel

- Mit Kursgipfeln ist oft eine hohe Standardabweichung (Volatilität) verbunden.
- Mit Bodenbildung ist häufig eine ruhige Kursentwicklung (niedrige Standardabweichung) verbunden..
- Es kehren über längere Zeiträume bestimmte Höchstwerte der Standardabweichung wieder.

Aussagefähigkeit:

Als einzelner Indikator ist die Aussagefähigkeit begrenzt.

Beispiel

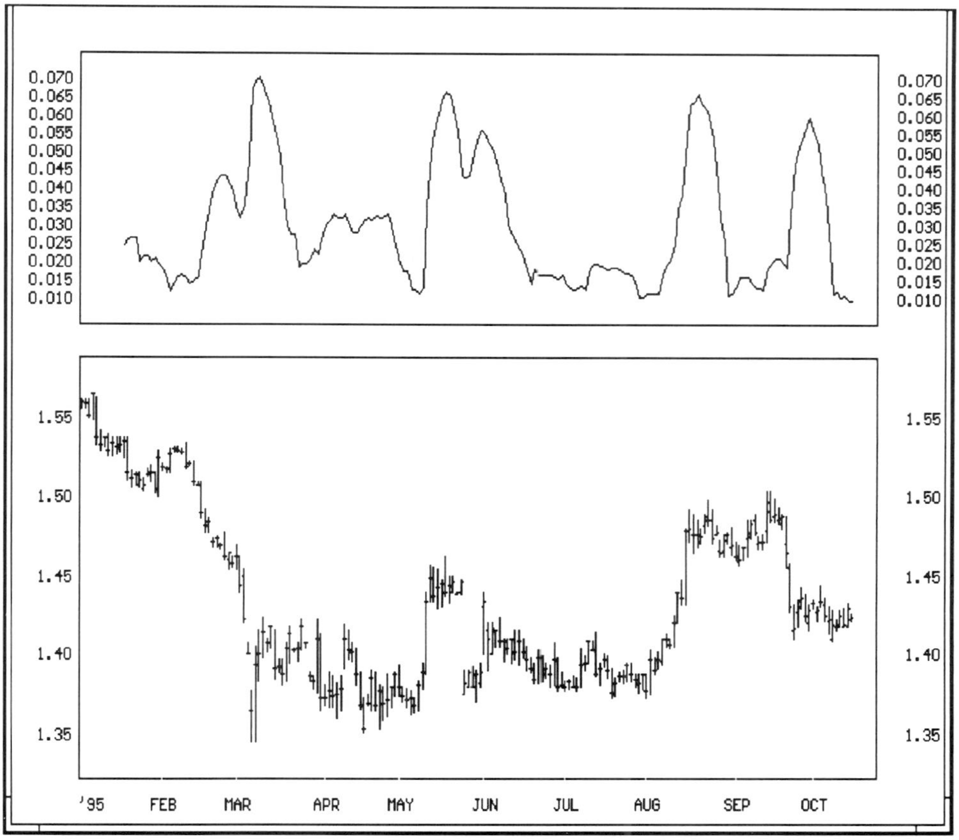

Dollarkurs und Standardabweichung

Interpretation

Das Beispiel zeigt der Dollarkurs gegenüber der D-Mark mit ihrer Standardabweichung über 12 Tage.

Im ersten Teil des Charts herrscht noch ein Baissetrend vor. Dort ist die hohe Standardabweichung (Volatilität) mit dem Kursrückgang verbunden.
Im weiteren Verlauf setzt ein Haussetrend ein. Dort sind die hohen Standardabweichnugen mit den Höchstkursen verbunden.
Es kehrt ein gewisses Höchstmaß der Standardabweichung immer wieder.

Verwandtes Thema

- Volatilität

Stochastics (Lane's Stochastics Oszillator)

Beschreibung

Der Indikator wurde von G.C. Lane entwickelt. Er nutzt die Beobachtung, daß bei Kursrückgängen die Schlußkurse immer mehr zu den Tages Tiefstkursen tendieren, daß umgekehrt bei Kursanstiegen die Schlußkurse immer mehr zu den Tages Höchstkursen tendieren. Er ist auf alle Charts mit Darstellung variabler Kurse anwendbar. Das können Stunden Charts, Tages-, Wochen- oder Monats Charts sein.

Bedeutung

Der Stochastik Indikator vergleicht wo die untersuchte Aktie geschlossen hat bezogen auf die Handelsspanne der betrachteten Periode. Der Entwickler dieses Indikators George C. Lane empfiehlt eine Periode von 5. Das können Tage, Wochen, Monate oder auch Stunden sein. Von nachfolgenden Anwendern wurden auch andere Perioden erfolgreich angewendet. Die Glättung der zweiten Linie (%D) sollte in jedem Fall bei 3 bleiben.

Der Indikator ist speziell für die Entdeckung von Umkehrpunkten bei Seitwärtsbewegungen konzipiert. In Zeiten mit ausgeprägten Trends ist er nicht sinnvoll anzuwenden.

Die Interpretation des Stochastik Indikators ist komplex. Sie erfordert Erfahrung.

Berechnung

Der Indikator besteht aus zwei Linien, %K und %D genannt.

%K wir wie folgt errechnet:

%K = (C - LC) / (HH - LL)

LC: tiefster Schluß der Periode; HH: höchstes Hoch d. Periode

LL: tiefstes Tief d. Periode; C: heutiger Schluß

%D, die zweite Linie ist der 3 Perioden Durchschnitt der Linie %K.

Einstellwerte für Analyseprogramm

Die Periode ist normalerweise 5 Tage (Wochen, Monate, Stunden). Sie kann auch länger gewählt werden. Inzwischen gibt es Versuche auch mit extrem langen Zeiten. Es ist dabei immer zu beachten, daß der Stochastics speziell für die Anwendung in der Seitwärtsbewegung konzipiert ist.

Anwendungsregel

- Grenzbereiche:

Kaufen, wenn der Indikator (%K oder %D) aus dem unteren Grenzbereich heraus über 20 % steigt.

Verkaufen, wenn der Indikator (%K oder %D) nach einem Anstieg aus dem oberen Grenzbereich unter 80 % fällt.

- Schnittpunkte:

Kaufen, wenn die %K Linie über (gestrichelte) die %D Linie steigt.

Verkaufen, wenn die %K Linie unter die %D Linie fällt.

- Divergenzen:

Divergenzen zwischen dem Indikator und dem Untersuchungsobjekt lassen auf kommende Trendänderung schließen.
Aussagefähigkeit:
Der Indikator ist sehr vielseitig einsetzbar. Allerdings erfordert es einige Erfahrung, wenn man ihn erfolgreich anwenden will. Er ist jedoch nicht allein sondern nur in Verbindung mit anderen Indikatoren zu benutzen. Seine Aussage ist eine ausgezeichnete Ergänzung zur Chartanalyse. Dadurch lassen sich Gelegenheiten in Seitwärtsbewegungen ausfindig machen.

Beispiel

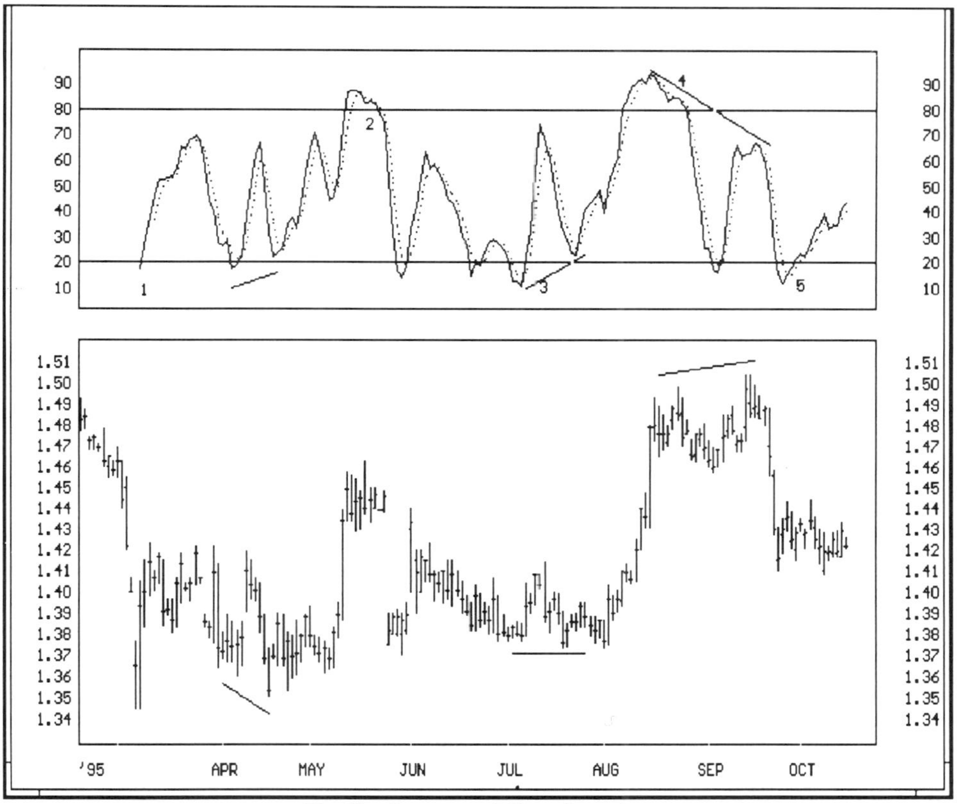

Dollarkurs und Stochastics

Interpretation

Das Beispiel zeigt den Kurs des US-Dollar gegenüber der D-Mark mit dem Stochastics. Die wichtigen Signale im Verlauf des Charts sind fortlaufend numeriert. Sie zeichnen sich dadurch aus, daß zwei Kriterien zusammentreffen. Es wird sowohl ein Schnittpunkt zwischen %K- und %D Linie beobachtet als auch der Grenzbereich verlassen. Die Signale 3 und 4 haben nochmals höheres Gewicht, weil sie im Form einer Divergenz ein drittes Kriterium zeigen. Diese Divergenz wird allerdings erst später sichtbar als die Signale 3 und 4.

Verwandtes Thema

- Williams %R

Swing Index

Beschreibung

Der Swing Index wurde von Welles Wilders entwickelt. Er soll den „echten Preis“ durch Vergleich mit der Vergangenheit ermitteln. Dazu werden Eröffnungs-, Hoch-, Tief- und Schlußkurs aus vergangenen Perioden verwendet.

Bedeutung

Der Indikator ist ein Bestandteil des Accumulation Swing Index ⇨ (Siehe dort), hat im wesentlichen nur als solcher eine Bedeutung Er ist einzeln kaum interpretierbar. Die Entwicklung und Interpretation des Swing Index ist in Welles Wilder´s Veröffentlichung: „New Concepts in Technical Trading“ ausführlich beschrieben.

Berechnung

$$SI = 50 * ((C_{Vortag} - C + 0{,}5 (C_{Vortag} - C) - O_{Vortag} + 0{,}25 (C_{Vortag} - O) / R) * K / L$$

C: Schlußkurs; O: Eröffnungskurs; L: Tiefstkurs; H: Höchstkurs:
K: Höchstwert von: $H_{Vortag} - C$ und $L_{Vortag} - C$;

Feststellen, welches der höchste Wert:
1.: $H - C_{Vortag}$; 2.: $L - C_{Vortag}$; 3.: $H_{Vortag} - L_{Vortag}$;

Wenn 1 der Höchstwert: $R = (L_{Vortag} - C) - 0{,}5 (L_{Vortag} - C) + 0{,}25 (C - O)$
Wenn 2 der Höchstwert: $R = ((L_{Vortag} -C) - 0{,}5 (H_{Vortag} - C) + 0{,}25 (C - O)$
Wenn 2 der Höchstwert: $R = (H_{Vortag} -L_{Vortag}) + 0{,}25 (C - O)$

Einstellwerte für Analyseprogramm

Der Limit Move wird nach der maximal vorkommenden Kursfluktuation des Untersuchungsobjekts im untersuchten Zeitraum eingestellt

Anwendungsregel

Wilders nennt folgende Ergebnisse des Swing Index:
- Er stellt einen numerischen Wert der Kursfluktuation dar.
- Er definiert die Kurzfrist Umkehrpunkte.
- Er beendet die verwirrende Vielfalt von Hoch-, Tief-, Schluß- und Eröffnungskurs, zeigt statt dessen die echte Stärke und Richtung der Kursentwicklung.

Aussagefähigkeit:

Als eigenständiger Indikator kaum brauchbar.

Beispiel

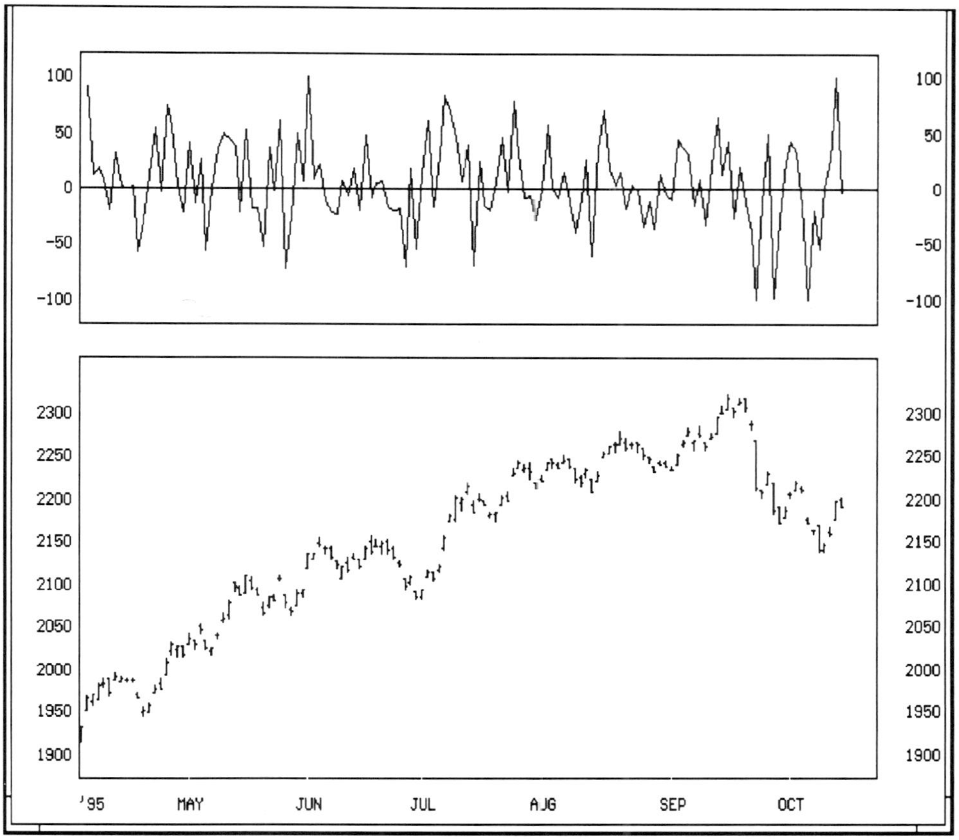

Deutscher Aktienindex DAX und Swing Index

Interpretation

Das Beispiel zeigt den Deutschen Aktienindex DAX und seinen 40 Punkte Swing Index.

Am Beispiel ist ersichtlich, daß der Swing Index allein keine sinnvolle Interpretationsmöglichkeit bietet. Er hat seinen Sinn im wesentlichen als Bestandteil des ⇨ Akkumulierten Swing Index (siehe dort).

Verwandtes Thema

- Accumulation Swing Index

Swing Index, Akkumuliert (Accumulation Swing Index)

Beschreibung

Der Swing Index wurde von Welles Wilders entwickelt. Er soll den „echten Preis“ durch Vergleich mit der Vergangenheit ermitteln. Dazu werden Eröffnungs-, Hoch-, Tief- und Schlußkurs aus vergangenen Perioden verwendet. Der Akkumulierte Swing Index ist seine tägliche Akkumulierung. Damit wird die starke Volatilität des Swing Index zu einem aussagefähigen Indikator.

Bedeutung

Der Indikator ist die Akkumulierung des Swing Index ⇨ (Siehe dort). Seine Entwicklung und Interpretation ist in Welles Wilder's Veröffentlichung: „New Concepts in Technical Trading“ ausführlich beschrieben.

Wilders nennt folgende Ergebnisse des Akkumulierten Swing Index:

- Er stellt einen numerischen Wert der Kursfluktuation dar.
- Er definiert die Kurzfrist Umkehrpunkte.
- Er beendet die verwirrende Vielfalt von Hoch-, Tief-, Schluß- und Eröffnungskurs, zeigt statt dessen die echte Stärke und Richtung der Kursentwicklung.

Berechnung

Der Swing Index wird täglich akkumuliert: Formel für ⇨ Swing Index siehe dort.

Einstellwerte für Analyseprogramm

Keine

Anwendungsregel

- Ein Ausbruch zum Kursanstieg wird signalisiert, wenn der Indikator ein vorheriges Hoch übersteigt.
- Ein Ausbruch zum Kursrückgang wird signalisiert, wenn der Indikator ein vorheriges Tief unterschreitet.
- Der Trend des Indikators soll den des Untersuchungsobjekts bestätigen.
- Der Trend des Indikators kann mit einer Trendlinie gemessen werden. Eine Trendverletzung läßt auf einen nahenden Trendwechsel des Untersuchungsobjekts schließen.

Aussagefähigkeit:

Der Akkumulierte Swing Index ist ein zuverlässiger Trendindikator.

Beispiel

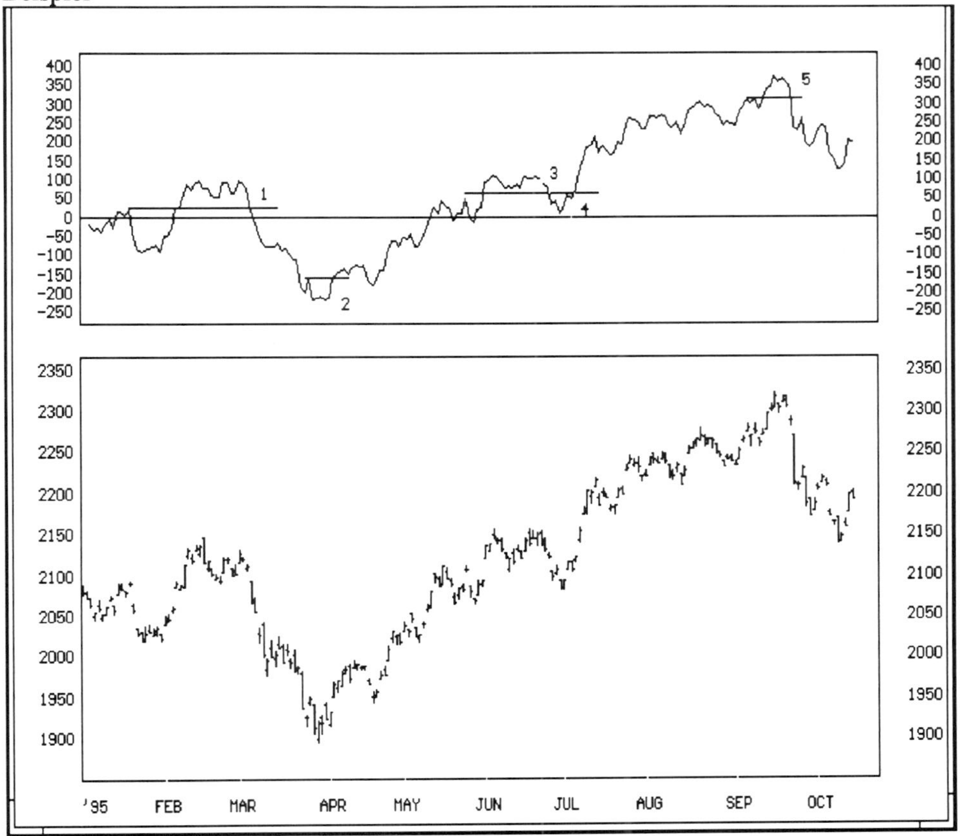

Deutscher Aktienindex DAX und Akkumulierter Swing Index

Interpretation

Das Beispiel zeigt den Deutschen Aktienindex DAX und seinen Akkumulierten Swing Index.

Die Signale des Indikators sind im Verlauf des Charts fortlaufend numeriert. Sie entstanden durch Erreichen eines neuen Tiefs (1, 3, 5) bzw. Eine neuen Hochs (2, 3) im Indikator. Diese Signale sind frühzeitig und präzise.
Sie lassen sich durch Trendlinien an Indikator und Untersuchungsobjekt ergänzen. Die Trendlinienverletzung beim Indikator ist in einigen Fällen früher als die hier gezeigten Signale durch neue Hochs und Tiefs.

Im Beispiel wurden die Trendlinien nicht eingezeichnet, weil sie das Bild unübersichtlich gemacht und von den wesentlichen Signalen abgelenkt hätten.

Verwandtes Thema

- Swing Index

Time Series Forecast, TSF (Endpoint Moving Average, EPMA)

Beschreibung

Der TSF Indikator ist eine Art gleitender Durchschnitt, der durch lineare Regression - ein statistisches Verfahren - berechnet wird. Statt - wie sonst üblich - eine Regressionslinie zu zeichnen, wird täglich der Endpunkt dieser Regressionslinie als aktueller Wert des Indikators verwendet und mit dem entsprechenden Vortagswert verbunden. Die Berechnung eines gleitenden Durchschnitts erfolgt sonst durch lineare Verfahren.

Bedeutung

Der Indikator ist ein besonders aufwendig aber auch besonders trendnahe berechneter gleitender Durchschnitt.
Durch die aufwendige statistische Berechnung, wie sie sinnvoll nur durch einen PC praktiziert werden kann, ist eine vereinfachte Analyse möglich, die wiederum durch einen PC besonders leicht verfolgt werden kann. Dadurch ist es leicht diesen Indikator in ein Handelssystem einzubinden, das vom PC überwacht wird.

Berechnung

Ist hier nicht darstellbar.

Einstellwerte für Analyseprogramm

Die einzustellende Zeitperiode wird entweder grob nach dem Spekulationshorizont entsprechend der Definition bei den gleitenden Durchschnitten gewählt:

sehr kurzfristig: 4 - 9 Tage
kurzfristig: ca. 20 Tage
mittelfristig: 40-80 Tage
langfristig: 200 Tage, in den USA allgemein üblich: 150 Tage

Es ist aber durchaus auch sinnvoll die Zeitperiode entsprechend einem gleitenden Durchschnitt genau an das Untersuchungsobjekt anzupassen. Neben dem Experimentieren können Hilfsmittel wie ⇨ Zyklusfinder und ⇨ Fourieranalyse eingesetzt werden.

Anwendungsregel

Es gibt nur eine einfache Regel:

- Kaufen, wenn der 200 Tage TSF erstmals steigt und der aktuelle Kurs des Untersuchungsobjekts über dem 200 Tage TSF liegt.
- Verkaufen, wenn der 200 Tage TSF erstmals fällt und der aktuelle Kurs des Untersuchungsobjekts unter dem 200 Tage TSF liegt.

Aussagefähigkeit:

Näher am aktuellen Kurs als ein normaler gleitender Durchschnitt. Leicht zu analysieren.

Beispiel

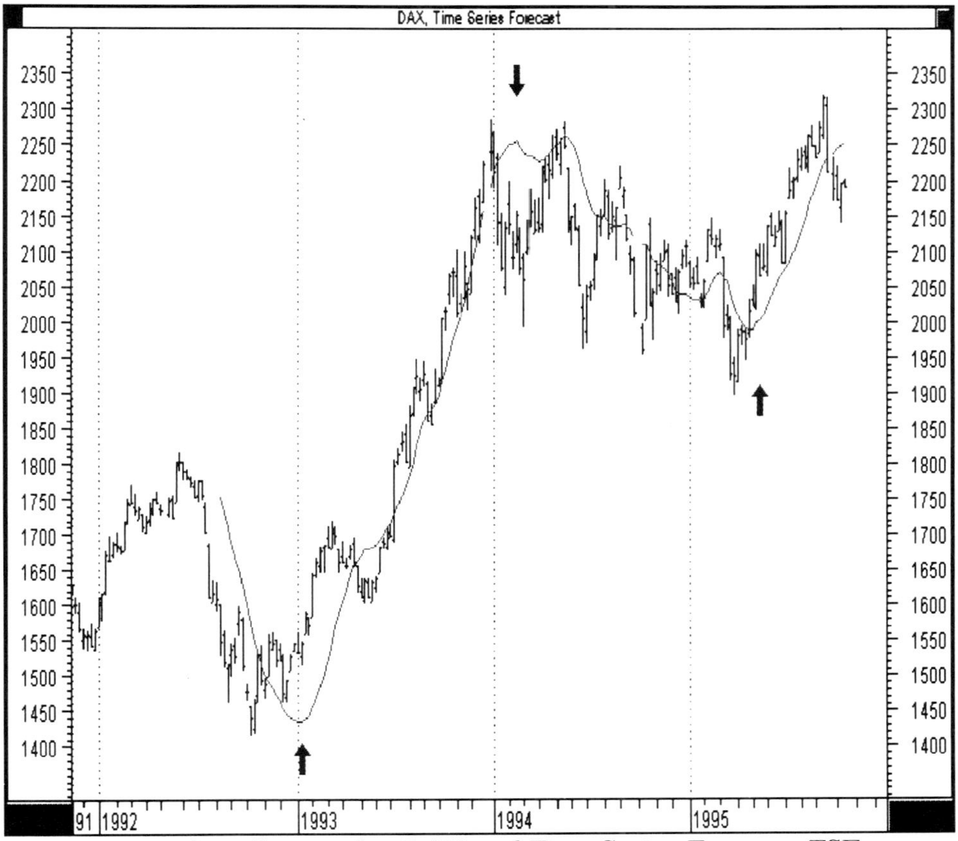

Deutscher Aktienindex DAX und Time Series Forecast TSF

Interpretation

Das Beispiel zeigt den Deutschen Aktienindex DAX als Wochenchart und seinen 40 Wochen TSF (Endpoint Moving Average)

Es ist zu beachten, daß nur die einfache Regel gibt, wie sie auf der vorigen Seite beschrieben ist. Es gibt im Verlauf dieser Darstellung nur drei Signale, die jeweils durch einen Pfeil in Richtung des Signals gekennzeichnet sind.

Beim ersten Signal (Kaufsignal) zu Beginn des Jahres 1993 steigt der Indikator erstmals wieder an während der aktuelle Kurs über dem Indikator liegt. Das zweite Signal (Verkaufsignal) entsteht durch erstmaligen Rückgang des Indikators während der aktueller Wert unterhalb des Indikators liegt. Entsprechend entsteht das dritte Signal wieder als Kaufsignal.

Verwandtes Thema

- Gleitender Durchschnitt.

Trade Volume Index

Beschreibung

Der Trade Volume Index TVI soll anzeigen, ob eine Aktie tendenziell gekauft oder verkauft wird. Dies wird durch den Geldfluß bestimmt, der entweder in eine Aktie hinein- oder aus ihr herausfließt.

Bedeutung

Der Trade Volume Indikator TVI basiert auf der Annahme, daß Volumen bei steigendem Kurs in eine Aktie fließt während Volumen bei fallendem Kurs aus einer Aktien herausgezogen wird. Eine Aktie wird als steigend definiert, wenn ihr Schlußkurs um eine bestimmte Marge, dem „Minimum Tick Value“ (MTV) über ihrem Eröffnungskurs schließt. Die Größe des MTV wird vom Anwender bei der Untersuchung festgelegt. Im Beispielchart auf der folgenden Seite ist es mit 1$ gewählt. Wenn der Schlußkurs um 1$ (dem MTV) oder mehr über dem Eröffnungskurs liegt, wird der Tagesumsatz zum Vortagswert addiert. Ist das nicht der Fall, wird der Tagesumsatz vom Vortagswert subtrahiert.
Es entsteht eine kumulative Linie, deren Tendenz anzeigen soll, ob die Aktie überwiegend nachgefragt oder angeboten wird.
Der Indikator ähnelt dem ⇨ On Balance Volume (OBV). Beim OBV wird der Tagesumsatz aber unabhängig von der Höhe bei jeder Kursänderung addiert oder subtrahiert, ein Grenzwert für die minimale Änderung (MTV) fehlt.

Berechnung

Wenn der Eröffnungskurs um mindestens das MTV über dem Eröffnungskurs liegt:

TVI = TVI + Tagesumsatz;

Wenn der Eröffnungskurs um weniger das MTV über dem Eröffnungskurs oder darunter liegt:

TVI = TVI - Tagesumsatz;

Einstellwerte für Analyseprogramm

Das MTV muß passend zur Volatilität der untersuchten Aktie gewählt werden. Eventuell müssen verschiedene Werte ausprobiert werden.

Anwendungsregel

Der TVI signalisiert, ob eine Aktie überwiegend nachgefragt oder überwiegend angeboten wird. Die Nullinie spielt in einem solchen kumulativen Indikator keine Rolle.

- Wenn der TVI steigt, wird die Aktie überwiegend nachgefragt, wenn er fällt, wird die Aktie angeboten.
- Wenn die Aktie eine trendlose Widerstandszone bildet und der TVI steigt, ist mit eine Ausbruch nach oben zu rechnen. Wenn in dieser Situation der TVI fällt, ist mit einem Ausbruch nach unten zu rechnen.

Beispiel

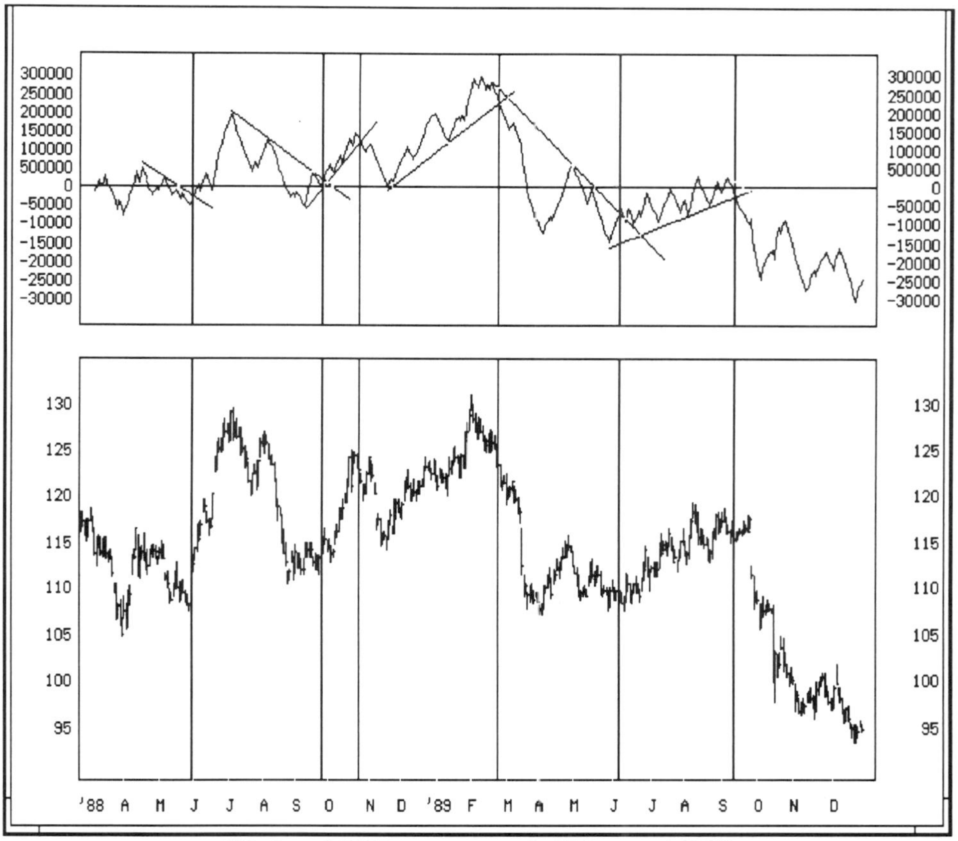

IBM und TVI mit einem MTV von 1 US$

Interpretation

Das Beispiel zeigt die IBM Aktie und ihrem Trade Volume Index TVI. Der Minimum Tick Value (MTV) wurde mit 1$ gewählt.

Die wesentlichen Signale sind eingezeichnet. Sie ereignen sich, wenn der Trend des Indikators wechselt. Die Signale bieten an einigen Punkten ein akzeptables Timing. Es wird aber auch klar, daß dieser Indikator allein kein ausreichendes Instrument ist. Es findet sich beispielsweise kein erkennbares Signal am ersten Gipfel des Charts im Juli 1988.

Der Indikator bietet aber bei passend gewähltem Minimum Tick brauchbare Indikation zusammen mit der Chartanalyse und anderen Indikatoren.

Verwandtes Thema

- On Balance Volume, OBV

Trendbestätigungs Indikator (TBI), Price Oscillator

Beschreibung

Das Verhältnis zweier gleitender Durchschnitte eines Wertes wird dargestellt und als Indikator benutzt. Er wird auch Trendbestätigungsindikator (TBI) genannt.

Bedeutung

Wenn ein kurzfristiger gleitender Durchschnitt einen längerfristigen gleitenden Durchschnitt überschreitet, ist das ein Kaufsignal. Das ist die Analogie zum Überschreiten des gleitenden Durchschnitts durch den aktuellen Kurs.

In der Darstellung dieses Indikators wird das Verhältnis eines kurzfristigen zu einem längerfristigen Durchschnitt gewählt. Das gibt Schwankungen um die Nullinie herum. Je kleiner der kurzfristige GD gewählt wird, desto häufiger wird die Nullinie über- und unterschritten.
Kurzfristiger Durchschnitt über langfristigem Durchschnitt bedeutet: Indikator über Null.

Berechnung

TBI = Gd *kurz* / GD *lang*

Einstellwerte für Analyseprogramm

Die gleitenden Durchschnitte müssen genau an das Untersuchungsobjekt angepaßt werden. Hilfsmittel hierzu kann ⇨ Fourier Analyse und Zyklusfinder sein (siehe dort). Es empfiehlt sich ein Verhältnis des Zeitraums des langfristigen GD zum kurzfristigen GD von 2,5 bis 3. Experimentieren Sie.

Anwendungsregel

- Überschreitet der kurzfristige den langfristigen Durchschnitt (Indikator überschreitet die Nullinie), ist ein Kaufsignal gegeben.

- Unterschreiten des langfristigen Durchschnitts (Indikator unterschreitet die Nullinie) bedeutet ein Verkaufsignal.

- Der bestehende Trend bleibt erhalten, solange der Indikator nicht die Grenze von Null über- oder unterschreitet.

- Eine Trendwende wird angekündigt, sobald der Indikator die Richtung wechselt.

Aussagefähigkeit:

Die Aussagefähigkeit des Indikators entspricht der von gleitenden Durchschnitten. Der Spekulationshorizont richtet sich nach der Wahl der gleitenden Durchschnitte. Kurze Durchschnitte entsprechen kurzfristiger Reichweite.

Beispiel

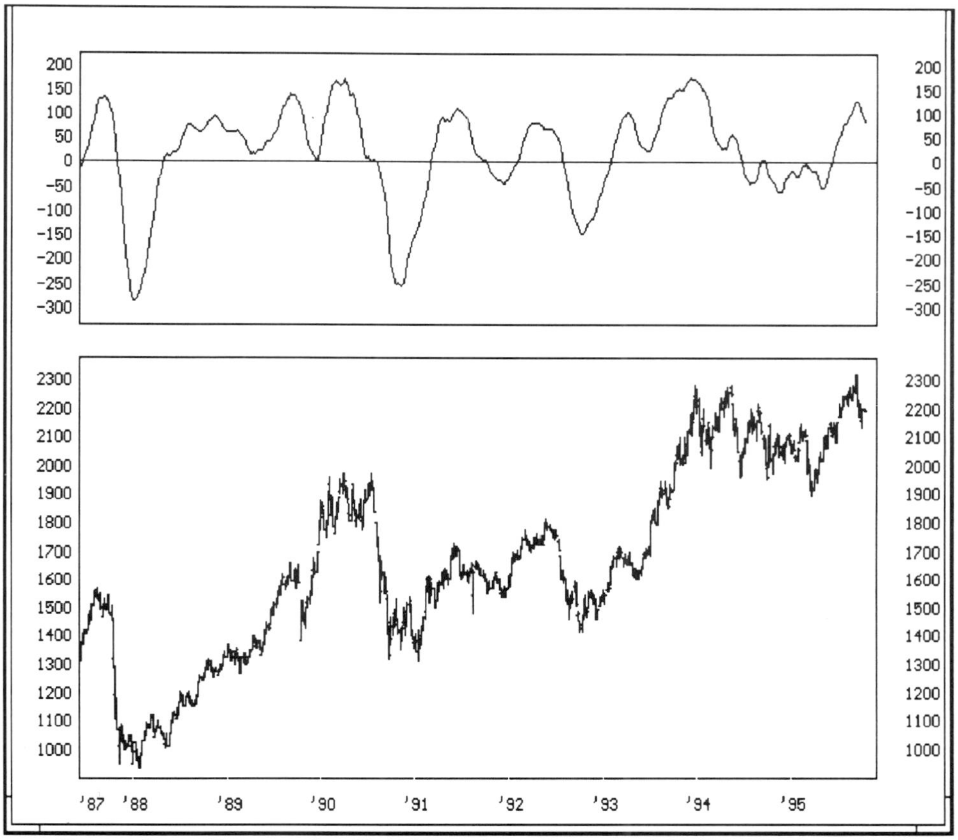

Deutscher Aktienindex DAX Wochenchart und 10/30 Wochen TBI

Interpretation

Das Beispiel zeigt den Deutschen Aktienindex DAX als Wochenchart und seinen 10/30 Wochen TBI. Dabei werden die Extremwerte der Kursbewegung durch Wendepunkte des Indikators deutlich. Der Schnittpunkt mit der Nullinie ist dann ein sehr ergebnisträchtiges Signal, wenn ein starker Trend folgt. Das ist im linken Teil des Charts der Fall. Das Kaufsignal kommt kurz nach der Bodenbildung, es wird durch die scharfe Wende des Indikators angekündigt. Das Verkaufsignal durch Unterschreiten der Nullinie kommt exakt beim Höchstkurs, auch hier natürlich durch die Trendwende angekündigt. In der folgenden, weniger trendstarken Zwischenzeit ist es erfolgreicher sich nach den Wendepunkten zu richten, die Schnittpunkte mit der Nullinie kommen zu spät. Sie können die Trendumkehr lediglich später bestätigen.
Wie bei allen Anwendungen gleitender Durchschnitte sind sie bei starken Trends besonders erfolgreich.

Verwandtes Thema

- Gleitender Durchschnitt.
- Price Oszillator

TRIX (Tripple Exponential Moving Average)

Beschreibung

Der TRIX ist die Veränderungsrate eines dreifach exponentiell geglätteten gleitenden Durchschnitts vom Schlußkurs des Untersuchungsobjekts (beispielsweise einer Aktie).

Bedeutung

Der Indikator zeigt eine Veränderungsrate, deshalb bildet er einen Oszillator um die Nullinie. Er ist dreifach exponentiell geglättet, dadurch werden für den Trend nicht signifikante Kursänderungen unterdrückt.
Bedeutende Trendwechsel werden durch die Trendumkehr des Indikators angezeigt. Deshalb ist es wichtig diese Trendumkehr zu identifizieren. Das geschieht zweckmäßig durch einen gleitenden Durchschnitt des Indikators. Seine Über- oder Unterschreitung signalisiert die Trendumkehr beim Indikator.

Berechnung

Der exponentiell geglättete gleitende Durchschnitt für eine gewählte Zeitspanne (Anzahl von Tagen, Wochen) wird noch zweimal exponentiell geglättet. Vom Ergebnis wird die tägliche prozentuale Veränderung berechnet.

Einstellwerte für Analyseprogramm

ca. 5 - 15 Tage (Wochen)

Anwendungsregel

1. Die Trendumkehr des Indikators gibt das Signal zum Kauf und Verkauf. Sie kann gefunden werden durch:
- Trendlinien am Indikator
- Schnittpunkt mit dem gleitenden 9 Tage Durchschnitt
2. Divergenz zwischen Indikator und Untersuchungsobjekt weist oft frühzeitig auf eine kommende Trendwende beim Untersuchungsobjekt hin.

Aussagefähigkeit:

Der TRIX liefert oft - aber nicht immer - gute Signale für den Trend des Untersuchungsobjekts. Seine Signale können also nicht allein für ein Timing dienen.

Beispiel

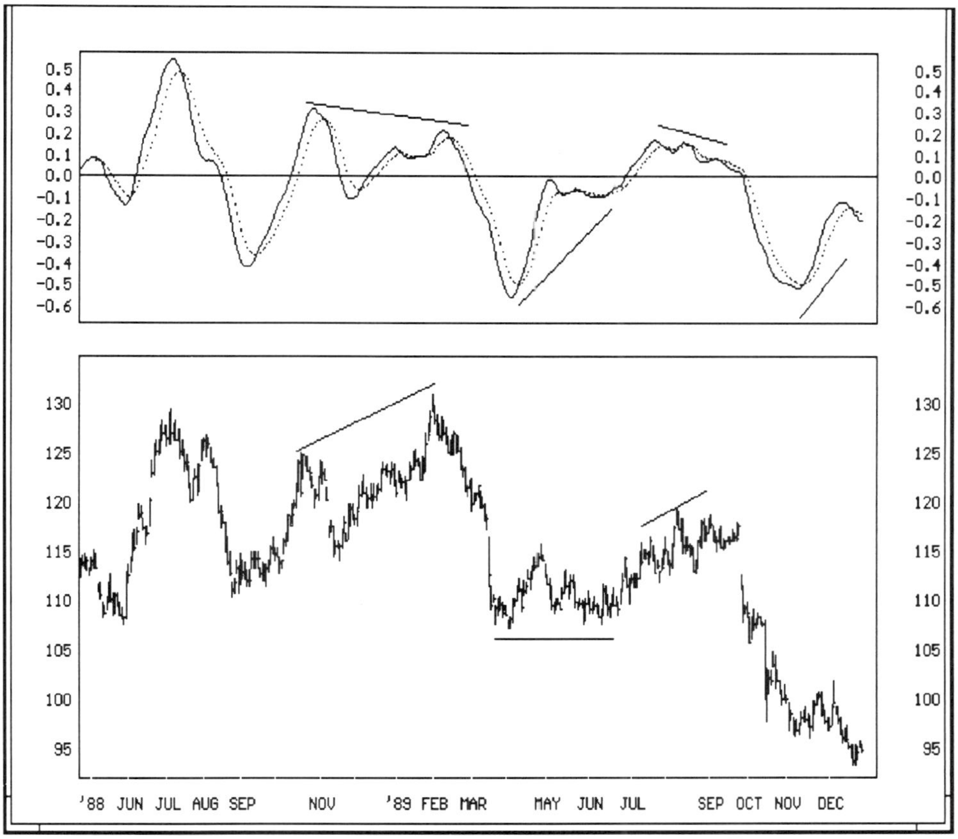

IBM Aktie und 12 Tage TRIX (mit 9 Tage GD)

Interpretation

Das Beispiel zeigt die IBM Aktie mit ihrem 12 Tage TRIX. Der TRIX wurde mit einem gleitenden Durchschnitt 9 Tage versehen.

Die Signale werden im wesentlichen durch den Schnittpunkt des Indikators mit seinem gleitenden Durchschnitt 9 Tage gebildet. Dies dient zur Bestimmung der Trendumkehr beim Indikator, dem eigentlichen Signal. Zur erweiterten Nutzung des Indikators und zur Hilfe in nicht eindeutigen Situationen sind die Divergenzen eingezeichnet.

In der Zeit der ersten Divergenz wäre der Indikator allein mit seinen Wendepunkten kaum geeignet eine Kauf- oder Verkaufsentscheidung zu fällen. Da hilft die Divergenz, die einen größeren Trendwechsel der Aktie ankündigt. Auch bei den nächsten Umkehrpunkten ist die Tatsache von Bedeutung, daß der Indikator vor der Aktie seinen Trend umkehrt, also Divergenzen bildet. Die am Ende des Chart aufkommende Divergenz läßt wieder eine Trendwende erwarten. Sie ist tatsächlich eingetreten.

Verwandtes Thema

- Gleitender Durchschnitt
- MACD

Typischer Kurs

Beschreibung

Der „Typische Kurs“ ist der Mittelwert von Höchst-, Tiefst- und Schlußkurs des Tages.

Bedeutung

Der „Typische Kurs“ ist im eigentlichen Sinne kein Indikator. Er ist vielmehr als Mittelwert von Höchst-, Tiefst- und Schlußkurs des Tages ein Tageskurs ähnlich dem Schlußkurs oder dem Kassakurs. Er wird jedoch von manchen Analysten gegenüber diesen Tageskursen bevorzugt.
Der Typische Kurs ist Bestandteil des ⇨ Money Flow Index (siehe dort) .

Berechnung

Typischer Kurs = (H+ L + C) / 3

H: Höchstkurs;
L: Tiefstkurs;
C: Schlußkurs

Einstellwerte für Analyseprogramm

keine

Anwendungsregel

keine

Beispiel

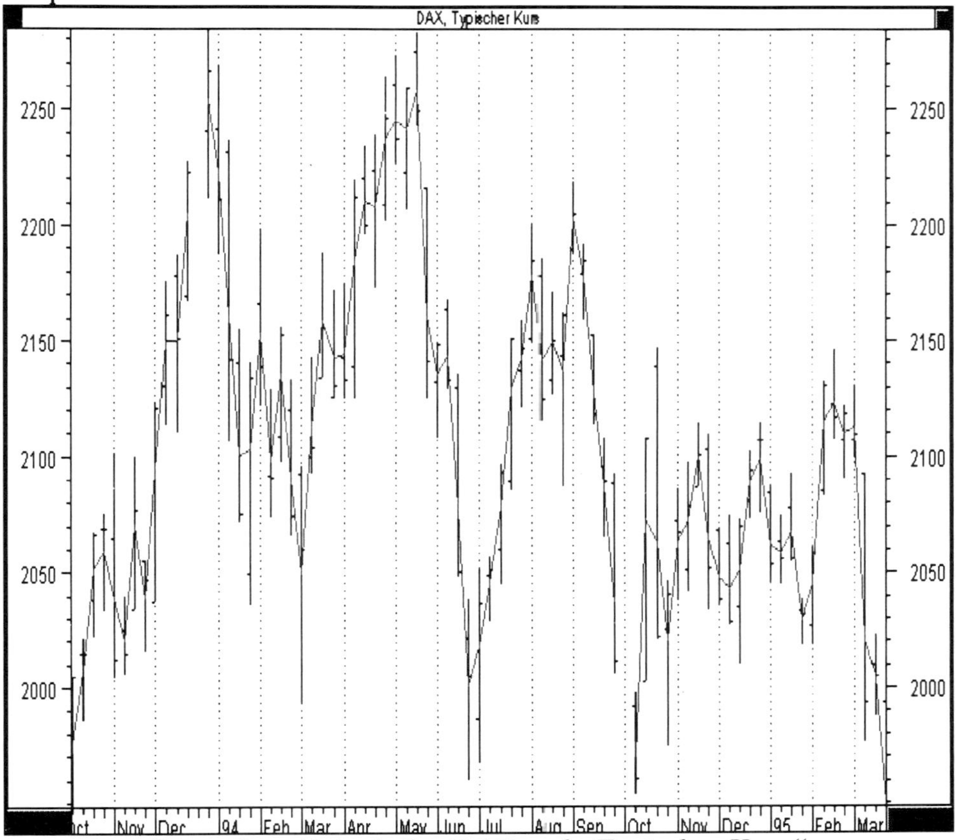

Deutscher Aktienindex DAX und „Typischer Kurs"

Interpretation

Das Beispiel zeigt den Deutschen Aktienindex DAX und seinen Typischen Kurs. Er ist im eigentlichen Sinn kein Indikator. Er ist vielmehr ein Tageskurs ähnlich dem Kassakurs oder einem anderen Kurs des Tages.

Manche Analysten bevorzugen den Typischen Kurs als Basis für ihre Analysen.

Verwandtes Thema

- Gleitender Durchschnitt
- Weighted Close, Gewichteter Schlußkurs

Ultimate Oszillator

Beschreibung

Der Ultimate Oszillator wurde von Larry Williams entwickelt. Er vergleicht den aktuellen Kurs mit drei verschiedenen zurückliegenden Perioden (7, 14, 28 Tage). Diese werden verschieden gewichtet zu einem Oszillator zusammengefaßt.

Bedeutung

Da ein Oszillator erfahrungsgemäß sehr stark von der gewählten Periode abhängt, entwickelte Williams mit dem Ultimate Oszillator einen Indikator, der diesen Nachteil zu vermeiden versucht. Er verwendet im Ultimate Oszillator drei verschiedene Perioden, die unterschiedlich gewichtet werden. Normalerweise sind das 7, 14 und 28 Perioden. Man kann auch andere Perioden wählen, die dann aber im selben Verhältnis zueinander stehen sollten (1:2:4).

Berechnung
Ist zu aufwendig für eine Erläuterung an dieser Stelle.

Einstellwerte für Analyseprogramm

Standardwert: 7, 14, 28 Tage, Er kann in Maßen geändert werden jedoch muß das Verhältnis der Perioden zueinander von 1:2:4 gewahrt bleiben.

Anwendungsregel

Die Anwendungsregel ist sehr genau zu beachten.

- Kaufen, wenn folgende drei Bedingungen erfüllt sind:

1. eine positive Divergenz auftritt, d.h. wenn die Aktie neue Tiefs erreicht, die der Indikator nicht durch neue Tiefs bestätigt,
2. während einer positiven Divergenz der Indikator unter 30 fällt und
3. der Indikator anschließend den höchsten Punkt überschreitet, den er während der positiven Divergenz erreicht hatte.

- Verkaufen, wenn folgende drei Bedingungen erfüllt sind:

4. eine negative Divergenz auftritt, d.h. wenn die Aktie neue Hochs erreicht, die der Indikator nicht durch neue Hochs bestätigt,
5. während einer negativen Divergenz der Indikator über 50 steigt und
6. der Indikator anschließend den tiefsten Punkt unterschreitet, den er während der negativen Divergenz erreicht hatte.

Beispiel

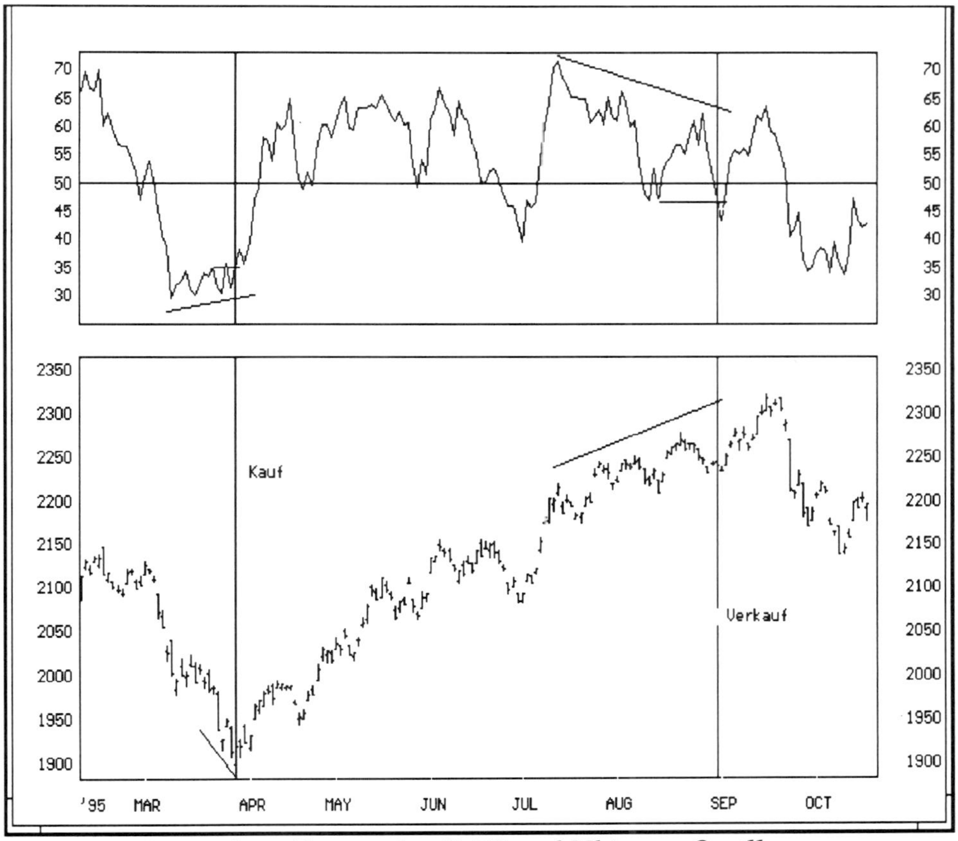

Deutscher Aktienindex DAX und Ultimate Oszillator

Interpretation

Das Beispiel zeigt den Deutschen Aktienindex DAX und seinen Ultimate Oszillator 10, 20, 40 Tage.

Die beiden Signale, die sich im Verlauf des Charts ergeben, sind eingezeichnet.

Das Kaufsignal zu Beginn des Charts ist wie folgt entstanden:

1. Zunächst entwickelte sich eine positive Divergenz, der DAX erreichte noch neue Tiefstkurse während der Indikator schon stieg.
2. Der Indikator hatte den Wert von 30 unterschritten.
3. Die Trendumkehr des Indikators wurde durch ein neues Hoch bestätigt.

Das Verkaufsignal am Ende des Charts ist folgendermaßen entstanden:

1. Der Indikator fiel schon während der DAX noch stieg, also eine negative Divergenz.
2. Der Indikator stieg über 50.
3. Der Indikator signalisiert durch Erreichen eines neue Tiefs seine Trendumkehr.

Verwandtes Thema

- Relative Stärke Index, RSI

Vertical Horizontal Filter

Beschreibung

Der Vertical Horizontal Filter soll bei der Unterscheidung zwischen trendlosem und trendbehaftetem Zustand helfen. Er wurde 1991 von Adam White entwickelt und veröffentlicht.

Bedeutung

Die erste, wichtigste Feststellung für jeden Analysten ist die Unterscheidung, ob das untersuchte Objekt sich in einem Trend befindet oder ob es konsolidiert. Nach dem Ergebnis richtet sich das weitere Verhalten am Markt. Im trendlosen Zustand versucht man zu traden, einem sich bietenden Trend versucht man zu folgen.
Nach dieser Unterscheidung richten sich aber auch die Instrumente für die weiteren Untersuchungen. Einen trendlosen Markt untersucht man mit Indikatoren wie RSI und Stochastics. Für einen Markt mit Trend verwendet man Trendfolgeindikatoren wie Gleitende Durchschnitte, Momentum und MACD.
Bei der Unterscheidung soll der Vertical Horizontal Filter helfen.

Berechnung

HC = Höchster Schlußkurs der gewählten Periode;
LC = Tiefster Schlußkurs der gewählten Periode;
Zähler = (HC - LC), absoluter Wert;
Nenner = $\sum (C_{Vortag} - C)$,
Summe der Differenz zwischen den täglichen Schlußkursen über die gewählte Periode, absoluter Wert.

VHF = (HC - LC), absoluter Wert / $\sum (C_{Vortag} - C)$

Einstellwerte für Analyseprogramm

Standard = 28 Tage
Andere Wert müssen sorgfältig geprüft werden.

Anwendungsregel

- Die absolute Höhe des Indikators macht eine Aussage darüber bis zu welchem Grad das Untersuchungsobjekt einen Trend hat. Je höher der Indikator, desto stärker ist der Trend, desto wichtiger ist es Trendfolgeindikatoren zu verwenden.
- Die Tendenz des Indikators sagt aus ob sich ein Trend oder eine Beruhigung anbahnt. Ein steigender Indikator kündigt einen beginnenden Trend an während ein fallender Indikator eine Beruhigungshase ankündigt.

Beispiel

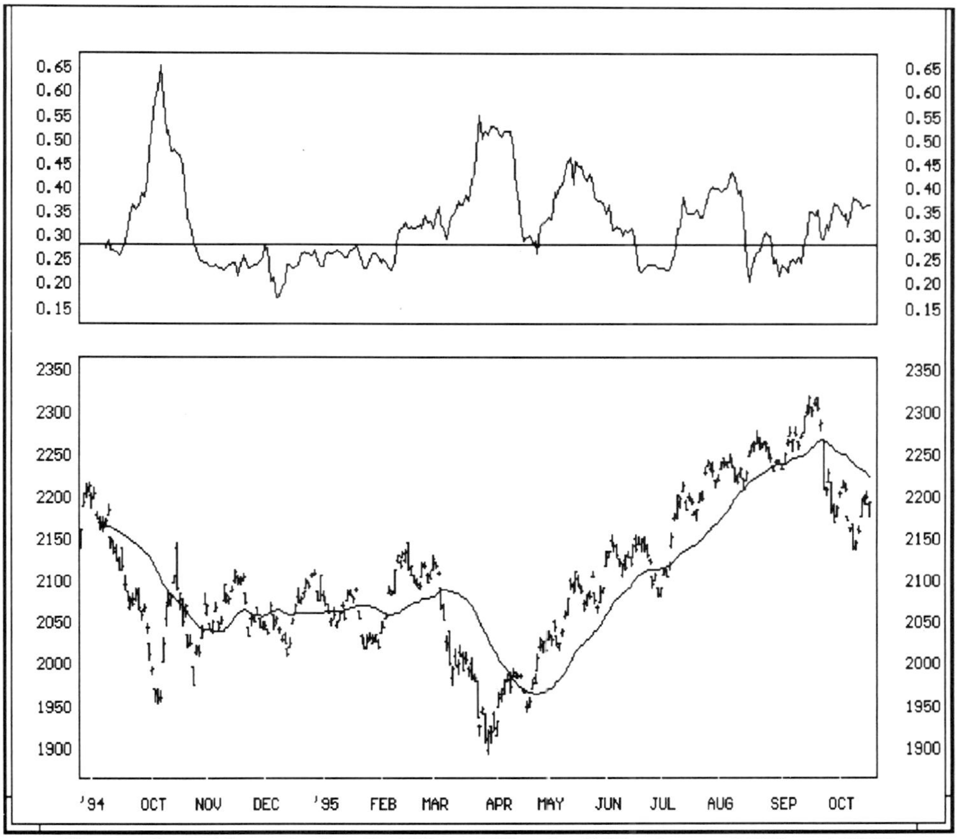

Deutscher Aktienindex DAX und Vertical Horizontal Filter VHF

Interpretation

Das Beispiel zeigt den Deutschen Aktienindex DAX mit seinem Vertical Horizontal Filter VHF über 28 Tage (Standardeinstellung).

Im Beispielchart sind zwei wesentliche Dinge erkennbar:

1. Es gibt offensichtlich einen Schwellwert des Indikators. Sobald er überschritten wird, ereignen sich stärkere Kursbewegungen, sobald er unterschritten wird, beruhigt sich der DAX. Dieser Schwellwert wurde durch eine horizontale Linie verdeutlicht.
2. Wenn der Indikator von einem Höhepunkt zurückgeht, konsolidiert die Kursentwicklung.

Genau das ist die beabsichtigte Aussage des VHF als Indikator.

Verwandtes Thema

- Directional Movement Index, DMI

Volatility, Chaikin's (Volatilität nach Chaikin)

Beschreibung

Chaikin definiert die Volatilität als die Spanne zwischen dem höchsten und dem tiefsten Kurs eines Tages. Auf dieser Basis ist sein Volatilitäts Index berechnet.

Bedeutung

Chaikin verwendet als Volatilitäts Index die Veränderungsrate (ROC) der Tages Kursspanne, die durch einen gleitenden Durchschnitt geglättet wird. In die einzelnen Schritte zerlegt ist das Vorgehen wie folgt:
Es wird die Spanne zwischen Höchst- und Tiefstkurs berechnet. (H - L)
Aus den letzten x Tagen dieser Differenz wird ein gleitender Durchschnitt berechnet.
Von diesem gleitenden Durchschnitt wird die Veränderungsrate der letzten x Tage errechnet. Das ist der Indikator, besser Oszillator, weil er sich um eine Nullinie bewegt. X kann gewählt werden.
Der Index zeigt also nicht die Volatilität selbst an sondern deren (geglättete) Veränderungsrate über einen gewählten Zeitraum.

Berechnung

$$\text{Volat Ind}_{\mathit{Chaikin}} = \text{ROC}_x\,\big(\,\text{Gd}_x\,(\,(\,H - L\,)\,)\big)$$

ROC = Rate of Change ⇨ (siehe dort); GD: Gleitender Durchschnitt;
H: Tageshöchstkurs; L: Tagestiefstkurs; x: wählbar

Einstellwerte für Analyseprogramm

Standard = 10 für GD und ROC.

Es können auch andere Einstellwerte ausprobiert werden. Sie beeinflussen sehr stark das Ergebnis. Beide Einstellungen sollten jedoch denselben Wert haben.

Anwendungsregel

Es gibt durchaus unterschiedliche Ansichten über die Änderung der Volatilität in den verschiedenen Phasen der Börse.

- Die eine Seite behauptet die Volatilität wachse in der Nähe der Gipfelpunkte, weil die Anleger zunehmend nervös werden, sie falle dagegen im Verlauf der Baisse, weil die Anleger entnervt aufgeben und sich zurückzögen.

- Die Gegenseite - dazu gehört Chaikin - sieht das umgekehrt. Sie behauptet: „Die Volatilität wächst gegen Ende einer Baisse stark an. Sie mündet in eine Ausverkaufspanik. Sie bereinigt den Markt. Bei der Gipfelbildung nimmt dagegen die Volatilität ab".

Wer kann das entscheiden? Der Indikator und das Beispiel zeigt die Ansicht des Herrn Chaikin.

Beispiel

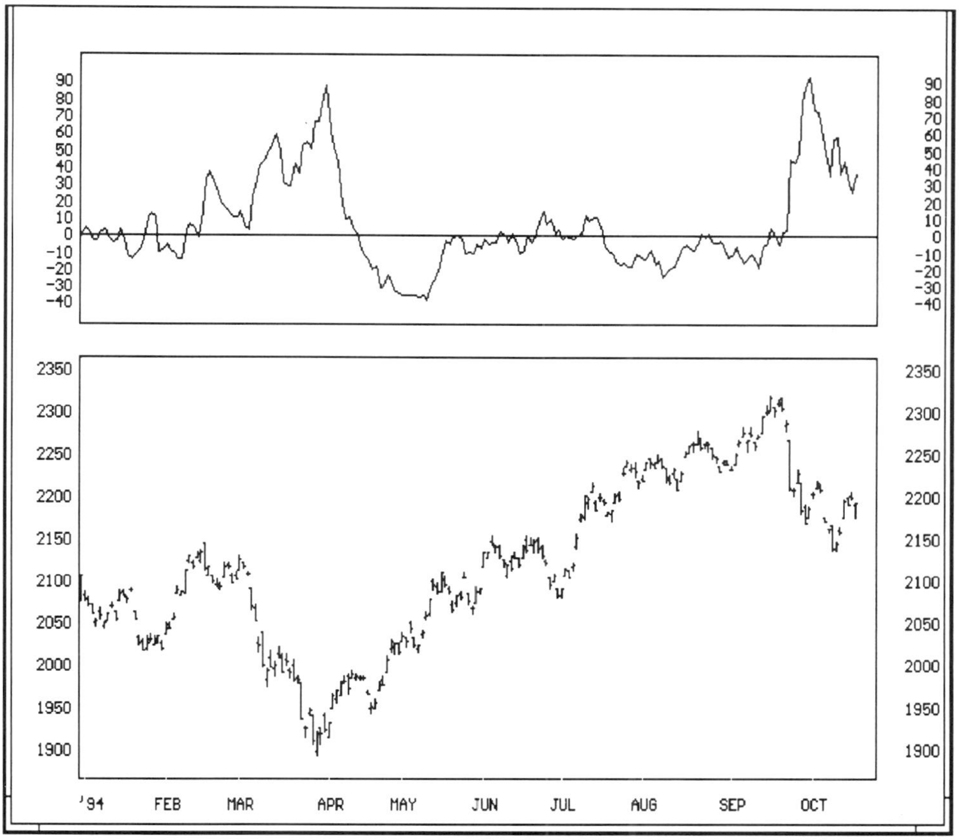

Deutscher Aktienindex DAX und Volatilitäts Index (Chaikin)

Interpretation

Das Beispiel zeigt den Deutschen Aktienindex DAX und seinen Chaikin Volatilitäts Index 20 Tage.

Es ist deutlich zu erkennen, daß in der Baissephase der Volatilitäts Index sehr stark ansteigt und in der Nähe des Tiefs - bei der Ausverkaufspanik - einen Gipfel erreicht. In der folgenden Haussephase nimmt der Volatilitäts Index sehr stark ab.
Die Höchstpunkte sind aber allein sicher nicht für das Timing geeignet. Beispielsweise verzeichnet der Indikator auch vor dem ersten Tief bereits eine Spitze mit nachfolgenden scharfen Rückgang. Das hätte in der „Echtzeit“ sicher zu Irritationen geführt. Das Indexhoch gegen Ende des Charts klingt schon vor dem eigentlichen Tief der Kurse ab.
Der Volatilitäts Index ist allein nicht zum Timing geeignet. Er kann nur ein Hilfsmittel sein im Zusammenhang mit anderen Indikatoren.

Verwandtes Thema

- Volatilität nach Wilders

Volatility, Wilders (Volatilität nach Wilders)

Beschreibung

Wilders definiert die Volatilität als sogenannte „True Range“ (TR = wahre Kursspanne). Das ist - als absoluter Wert - der höchste Wert aus folgendem Spektrum:

- Tageshoch - Tagestief
- Tageshoch - Tagestief *Vortag*
- Tagestief - Schlußkurs *Vortag*

Auf dieser Basis ist sein Volatilitäts Index als gleitender Durchschnitt mit wählbarer Zeitspanne x berechnet.

Bedeutung

Die Volatilität wird von manchen Analysten zu einer wichtigen Größe der Kursentwicklung angesehen. Deshalb gibt es viele Systeme, die Ein Maß der Volatilität mit einbeziehen. Die bedeutenden Handelssysteme benutzen die Volatilität aber nur als einen Indikator unter mehrere anderen, wie das generell bei allen Indikatoren zu empfehlen ist. Die Aussagefähigkeit der Volatilitäts Indikatoren ist umstritten. Sie ist aber in guter Kombination mit anderen Indikatoren sicher wichtig als Signal, daß sich überhaupt eine Änderung anbahnt ohne, daß man in jedem Fall die Richtung der künftigen Bewegung aus diesem Indikator feststellen kann. In dieser Hinsicht ähnelt der Volatilitäts Indikator dem ⇨ Directional Movement Indicator (DMI) Sehen Sie hierzu auch die Bemerkung bei der Anwendungsregel.

Berechnung

Volat Ind $_{Wilders}$ = Gd$_x$ (TR)

TR = True Rande (siehe oben); Gdx = wählbarer Gleitender Durchschnitt;
x = Einstellwert der GD;

Einstellwerte für Analyseprogramm

Standard ist 14 Tage.
Der Einstellwert kann vorsichtig geändert werde, das hat jedoch bedeutenden Einfluß auf das Ergebnis.

Anwendungsregel

Der Wilders Volatilitäts Indikator gibt keine Timing Signale. Er zeigt nur Tendenzen der Volatilität.
Über die Volatilität in den verschiedenen Phasen der Börse gibt es durchaus unterschiedliche Ansichten.

- Die eine Seite behauptet die Volatilität wachse in der Nähe der Gipfelpunkte, weil die Anleger zunehmend nervös werden, sie falle dagegen im Verlauf der Baisse, weil die Anleger entnervt aufgeben und sich zurückzögen.
- Die Gegenseite - dazu gehört Chaikin - sieht das umgekehrt. Sie behauptet: „Die Volatilität wächst gegen Ende einer Baisse stark an. Sie mündet in eine Ausverkaufspanik. Sie bereinigt den Markt. Bei der Gipfelbildung nimmt dagegen die Volatilität ab“.

Sehen Sie hierzu auch ⇨ Volatilität nach Chaikin.

Beispiel

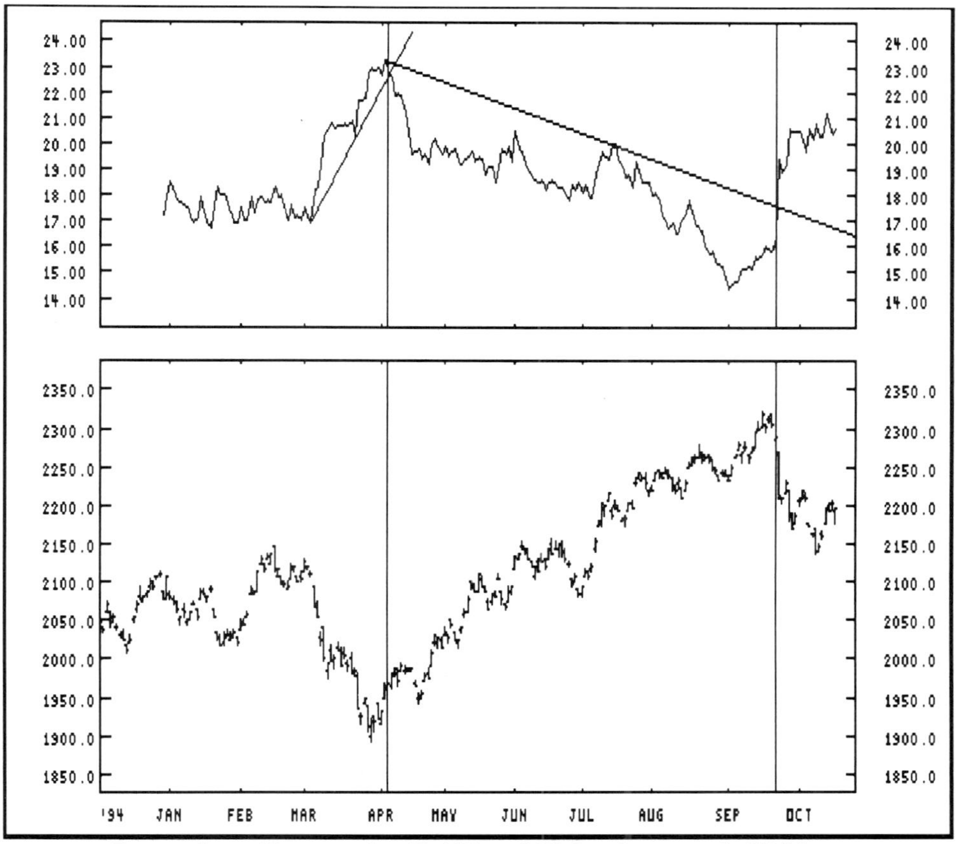

Deutscher Aktienindex DAX und Volatilität nach Wilders

Interpretation

Das Beispiel zeigt den Deutschen Aktienindex DAX und seinen Williams Volatilitäts Index 20 Tage.

Der Beispielchart läßt zwar gesteigerte Volatilität im Bereich des Tiefstpunkts der Baisse erkennen, es fällt aber schon schwer dem Gipfelpunkt die geänderte Volatilität zeitlich zuzuordnen.

Man kann lediglich der Tendenzänderung der Volatilität eine gewisse Signalwirkung zuschreiben.

Verwandtes Thema

- Volatilität nach Chaikin
- Directional Movement Index, DMI

Volumen, Umsatz

Beschreibung

Der Umsatz ist einer der wichtigsten Indikatoren für einzelne Aktien und Commodities oder einen ganzen Markt.

Bedeutung

Für die Analyse aller Handelsobjekte ist der jeweilige Umsatz einer der wichtigsten Indikatoren. Der Umsatz wird als eigenständiger Indikator oder in Zusammenwirken mit anderen Faktoren zur Analyse verwendet. Er fließt als Teil in viele Indikatoren ein, ist wichtiger Bestandteil der Chartanalyse, kurz seine Bedeutung ist kaum zu unterschätzen.

Die Grundaussage der Chartanalyse zum Umsatz ist folgende:
Kurse können ohne Umsatzzunahme fallen (weil die Nachfrage ausbleibt), sie können aber nicht ohne nennenswerte Umsatzzunahme steigen. Das würde nämlich bedeuten, daß bei steigenden Preisen die Nachfrage zurückgeht.
Auf Basis dieser Grundaussage wird der Umsatz auch in vielen Indikatoren verwendet.

Berechnung

Der Umsatz wird je Periode (Tag, Woche, Monat etc.) in Stück oder geldwertem Äquivalent aufgezeichnet.

Einstellwerte für Analyseprogramm
keine

Anwendungsregel

Die Grundaussage der Chartanalyse zum Umsatz ist folgende:

- Kurse können ohne Umsatzzunahme fallen (weil die Nachfrage ausbleibt), sie können aber nicht ohne nennenswerte Umsatzzunahme steigen. Das würde nämlich bedeuten, daß bei steigenden Preisen die Nachfrage zurückgeht.
- Der Tag mit den tiefsten Kursen einer Baisse - der Umkehrtag - ist oft durch extrem hohe Umsätze gekennzeichnet. Das ist die sogenannte Ausverkaufspanik. Die „schwachen Hände“ werfen entnervt ihre letzten Bestände auf den Markt, bereinigen ihn damit.
- In einer Konsolidierung sollte sich die das Volumen zurückbilden.
- Mit dem Ausbruch nach oben muß das Volumen steigen.
- Nachlassende Umsätze bei steigenden Kursen sind ein Schwächezeichen.

Beispiel

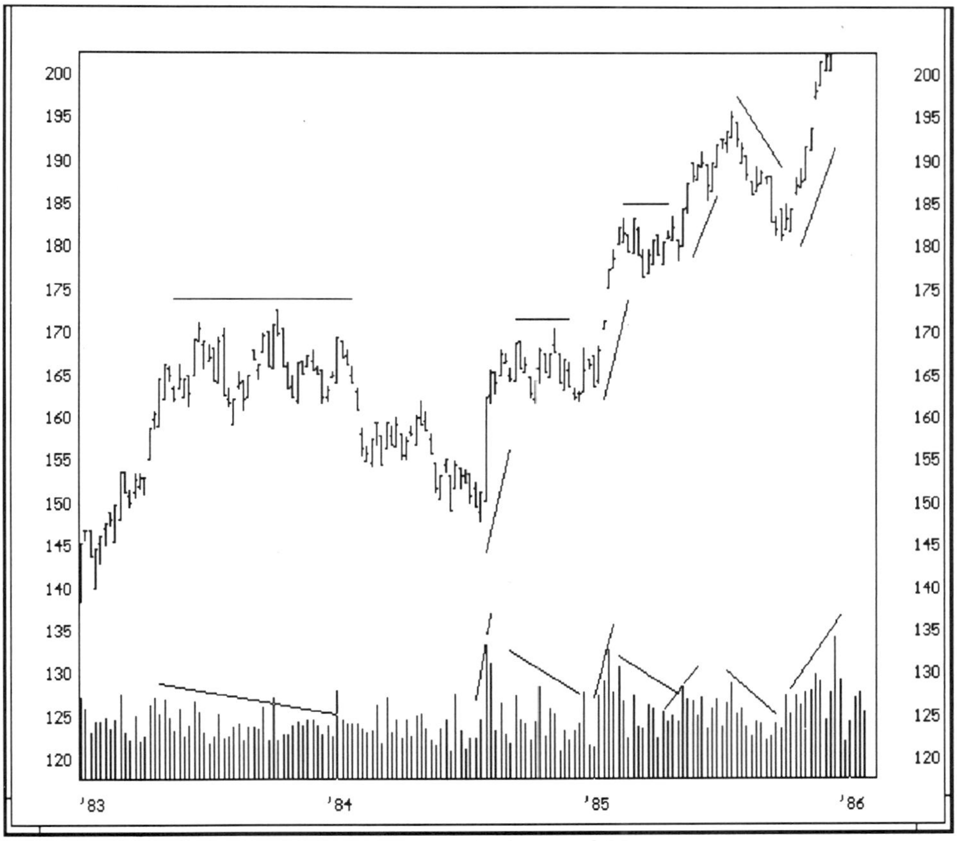

Standpoors 500 Index und Umsatz

Interpretation

Das Beispiel zeigt den US Aktienindex Standpoors 500 mit den zugehörigen Umsätzen.

Im Normalfall beruhigen sich die Umsätze während eine Konsolidierung. Das ist nicht immer zwingend aber normal. Es bestärkt die Aussage, daß sich der Markt beruhigt. Mit einem echten Kursanstieg ist zwingend eine Umsatzzunahme verbunden. Sollten die Umsätze bei steigenden Kursen nachlassen, ist das ein Schwächesignal.

Verwandtes Thema

Volume Oscillator (Umsatz Oszillator)

Beschreibung

Der Volume Oscillator (Umsatz Oszillator) ist die Differenz zwischen zwei gleitenden Durchschnitten des Umsatzes einer Aktie oder eines Index. Der längere GD wird vom kürzeren subtrahiert.

Bedeutung

Man kann aus der Differenz zweier gleitender Durchschnitte des Umsatzes ablesen, ob der Trend des Umsatzes zu- oder abnimmt. Wenn der Volume Oscillator über Null steigt, ist der kürzere GD höher als der lange. Der kurzfristige Trend des Umsatzes ist dann stärker steigend als der langfristige Umsatztrend. Das stützt nach allgemeiner Erfahrung einen steigenden Preistrend. Sehen Sie hierzu auch unter ⇨ Volume.

Die Grundaussage der Chartanalyse zum Umsatz ist folgende:
Kurse können ohne Umsatzzunahme fallen (weil die Nachfrage ausbleibt), sie können aber nicht ohne nennenswerte Umsatzzunahme steigen. Das würde nämlich bedeuten, daß bei steigenden Preisen die Nachfrage zurückgeht.

Berechnung

$VO = GDU_{kurz} - GDU_{lang}$

GDU: Gleitender Durchschnitt Umsatz

Einstellwerte für Analyseprogramm

Die Perioden der gleitenden Umsätze können frei gewählt werden. Das Verhältnis beider GDU sollte etwa 2,5 bis 3,5 sein.

Anwendungsregel

Die grundsätzlichen Zusammenhänge zwischen Preis und Umsatz sind wie folgt:

- Steigende Kurse mit steigenden Umsätzen kennzeichnen einen gesunden Anstieg, die steigenden Preise ziehen zusätzliche Käufer an den Markt.
- Kurse können ohne Umsatzzunahme fallen.
- In einer Konsolidierung sollte sich die das Volumen zurückbilden.
- Mit dem Ausbruch nach oben muß das Volumen steigen.
- Nachlassende Umsätze bei steigenden Kursen sind ein Schwächezeichen.

Beispiel

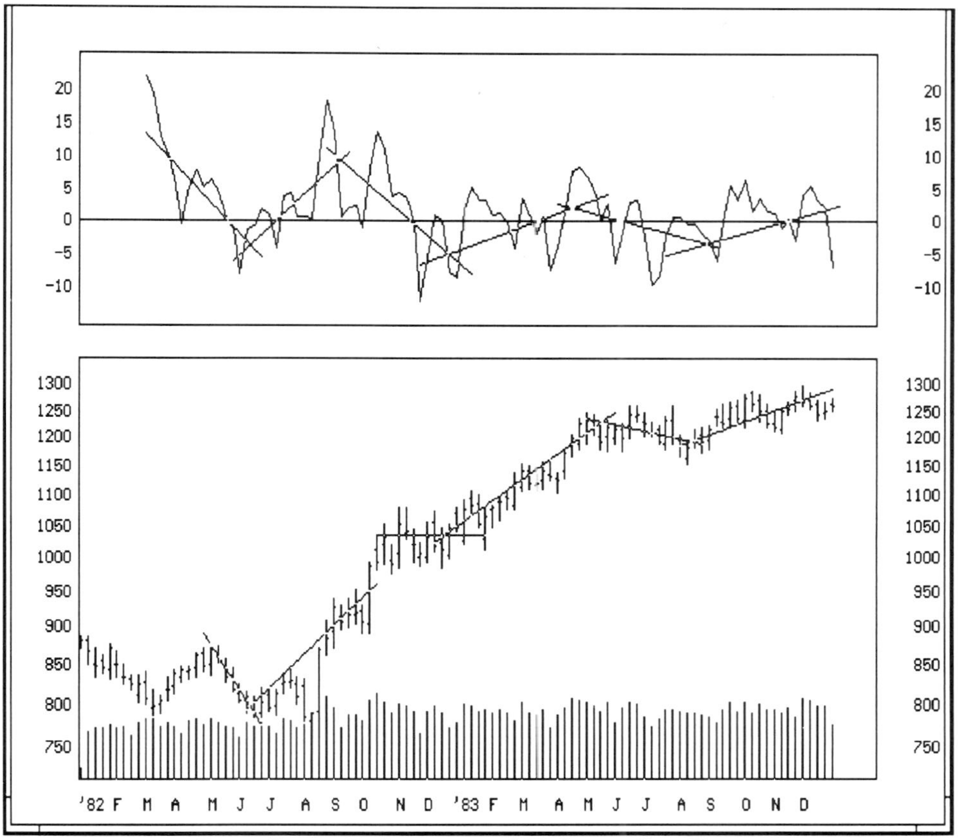

Dow Jones Industrie und Volume Oscillator

Interpretation

Das Beispiel zeigt den Dow Jones Industrie Average Wochenchart mit seinem Volumen Oszillator 3 / 10 Wochen in der wichtigen Phase zu Beginn des säkularen Aufschwungs 1982 und 1983.

Zur Verdeutlichung der wesentlichen Aussagen des Charts wurden die Haupttendenzen beim Umsatz Oszillator und Kurs eingezeichnet. Im Beispiel stützen die Aussagen des Oszillators die Preisbewegung.
Der Oszillator ist besser ablesbar als die - ebenfalls eingezeichneten - Umsätze selbst.

Verwandtes Thema

- Volume
- Trendbestätigungsindikator, TBI

Volume Rate of Change (Umsatz Veränderungsrate)

Beschreibung

Das Momentum (die Schwungkraft der Entwicklung) des Umsatzes kann durch eine Veränderungsrate ⇨ Rate of Change ROC (siehe dort) ausgedrückt werden.

Bedeutung

Die Veränderungsrate (ROC Indikator) zeigt die Differenz zwischen dem aktuellen Umsatz und dem Umsatz x Tage vorher in Prozent oder in Punkten. Der Zeitraum x ist frei wählbar. Dies unterscheidet das ROC vom ⇨ Momentum. Das Momentum zeigt das Verhältnis beider Kurse.

Der Indikator stellt die Stärke der Umsatzschwankungen als Verhältnis dar. Die Veränderungen werden durch den Indikator verdeutlicht. Ein ROC über Null bedeutet eine Umsatzzunahme, ein ROC unter Null eine Umsatzabnahme.
Bei normaler Entwicklung laufen Umsatz- und Kurs Momentum in dieselbe Richtung. Divergenzen deuten auf Trendänderungen bei den Kursen. So zeigen nachlassendes Umsatzmomentum bei steigenden Kursen auf eine Marktschwäche hin.

Berechnung

$ROC = ((V - Vx) / Cx) * 100$

V: Umsatz aktuell; V*x*: Umsatz vor x Perioden.

Einstellwerte für Analyseprogramm

Standardeinstellung ist 12. Einstellwerte zwischen 9 und 20 haben sich bewährt.

Anwendungsregel

- Zu steigenden Kursen gehört eine steigendes Umsatz ROC.
- Divergenz bei steigenden Kursen deutet auf Marktschwäche.
- In Konsolidierungsphasen soll der Indikator zurückgehen.

Aussagefähigkeit:
Die Volume Rate of Change bietet eine nützliche Zusatzinformation zu den Aussagen anderer Indikatoren.

Beispiel

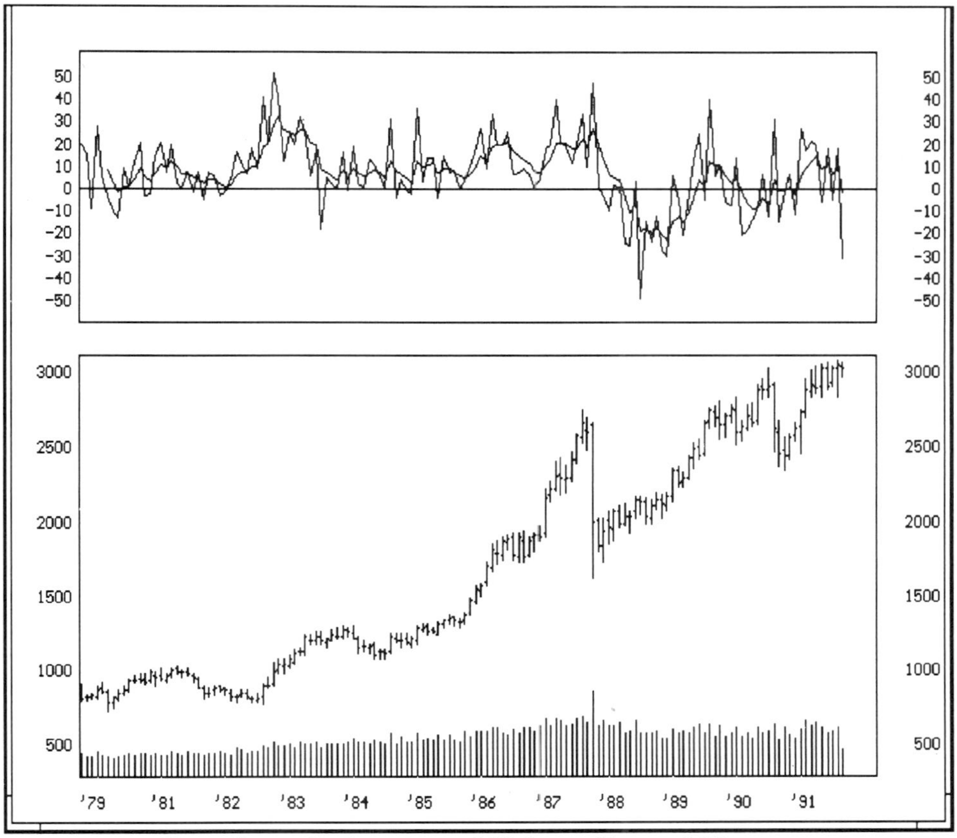

Dow Jones Industrie und Volume Rate of Change

Interpretation

Das Beispiel zeigt den Monatschart des Dow Jones Industrie Average 1979 - 92 mit seiner Volume Rate of Change 9 Monate. Zur Verdeutlichung wurde der gleitende 6 Monate Durchschnitt des Indikators eingezeichnet.

Am Beginn des enormen Aufschwungs 1982 ist der Kursausbruch von stark steigendem Indikator begleitet. Der eben so steile Rückgang des Indikators bis Mitte 1983 deutet schon auf die bevorstehende Konsolidierung hin. In den folgenden zwei Jahren liefert der Indikator keine brauchbaren Aussagen. Erst Mitte 1985 wird durch den steigenden Indikator die zweite Phase des Kursanstiegs angekündigt. Die Baisse 1987 wird vom Indikator lediglich bestätigt, es gibt keinen Vorlauf des Indikator bei dieser sehr langfristigen Betrachtung. Auch der nachfolgende Wiederanstieg wird erst spät bestätigt. Mit einer kürzerfristigen Untersuchung hätte man in dieser Phase bessere Ergebnisse erzielen können.

Verwandtes Thema

- Volume Oscillator

Weighted Close (Gewichteter Schlußkurs)

Beschreibung

Der Weighted Close (Gewichteter Schlußkurs) mißt dem Schlußkurs durch höhere Gewichtung im gesamte Spektrum der Periode besonderes Gewicht bei.

Bedeutung

Der „Weighted Close“ ist im eigentlichen Sinne kein Indikator. Er ist vielmehr ein Rechenwert aus den Tageskursen. Statt wie beim „Typischen Kurs“ Hoch-, Tief- und Schlußkurs einen Mittelwert zu bilden, wird der Schlußkurs doppelt eingerechnet und die Summe durch 4 geteilt.

Das Ergebnis wird behandelt wie jeder Tageskurs, der sonst zur Analyse verwendet wird ähnlich dem Schlußkurs oder dem Kassakurs. Er wird jedoch von manchen Analysten gegenüber diesen Tageskursen bevorzugt.

Berechnung

Weighted Close = ((2*C + H + L) / 4)

Einstellwerte für Analyseprogramm
keine

Anwendungsregel
keine

Beispiel

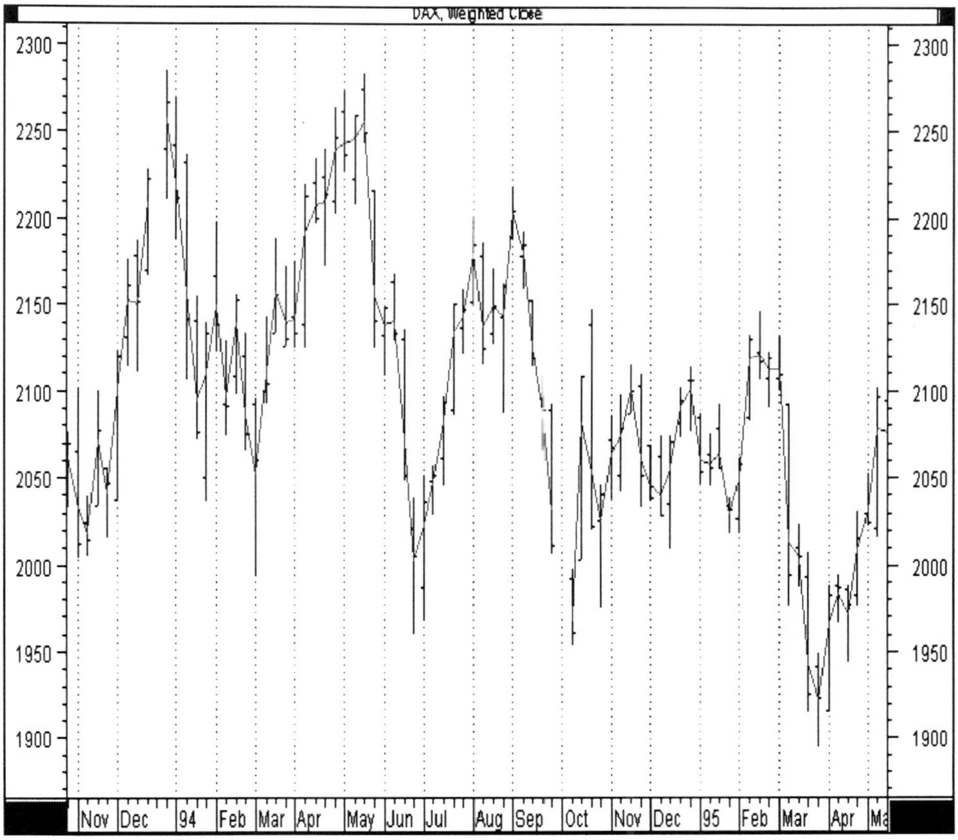

Deutscher Aktienindex DAX mit Weighted Close

Interpretation

Das Beispiel zeigt den Deutschen Aktienindex DAX und seinen gewichteten Schlußkurs (Weighted Close).
Er ist im eigentlichen Sinn kein Indikator. Er ist vielmehr ein Tageskurs ähnlich dem Kassakurs, dem Typischen Kurs oder einem anderen Kurs des Tages.

Manche Analysten bevorzugen den gewichteten Schlußkurs als Basis für ihre Analysen

Verwandtes Thema

- Typischer Kurs

Williams Accumulation / Distribution

Beschreibung

Accumulation / Distribution ist ein Preis Momentum Indikator, der von Larry Williams entwickelt wurde.
Er ist zu unterscheiden vom Accumulation / Distribution Index nach Chaikin, der den Umsatz einbezieht.

Bedeutung

Accumulation (Ansammlung) ist der Ausdruck für eine Phase, in der die Käufe den Markt bestimmen, Distribution (Verteilung) für die Phase, in der Verkäufe den Markt bestimmen.
Der Indikator akkumuliert die Tageswerte, der aktuelle Wert wird also immer zum Vortagswert addiert bzw. von ihm subtrahiert.

Ein ansteigender Indikator zeigt demnach einen Geldstrom in die Aktie an, also einen gesunden Aufwärtstrend. Umgekehrt soll ein fallender Indikator zeigen, daß Geld aus der Aktie abgezogen wird. Divergenz zwischen Basiswert und Indikator deuten danach auf eine bevorstehende Trendänderung.

Berechnung

Zunächst wird die „True Range" (echte Spanne) berechnet:
True Range High TRH = Vortagsschluß oder aktueller Schluß, der höhere von beiden Werten;
True Range Low TRL = Vortagsschluß oder aktuelles Tief, der tiefere von beiden Werten;

Aktueller Schluß höher als Vortagsschluß: Aktueller A/D = heutiger Schluß - TRL
Aktueller Schluß niedriger als Vortagsschluß: Aktueller A/D = heutiger Schluß - TRH
Aktueller Schluß gleich Vortagsschluß: Aktueller A/D = 0

Williams A/D = aktueller A/D + Vortags Williams A/D

Einstellwerte für Analyseprogramm

keine

Anwendungsregel

- Ein ansteigender Indikator zeigt, daß die zugrunde liegende Aktie akkumuliert, also gekauft wird, weil das steigende Volumen mit höheren Kursen verbunden ist.
- Ein fallender Indikator zeigt, daß verteilt (distributed) wird, weil der größere Teil des Volumens mit fallenden Kursen verbunden ist.
- Divergenzen zwischen dem Verlauf von Indikator und Aktie deuten auf einen bevorstehenden Trendwechsel.

Beispiel

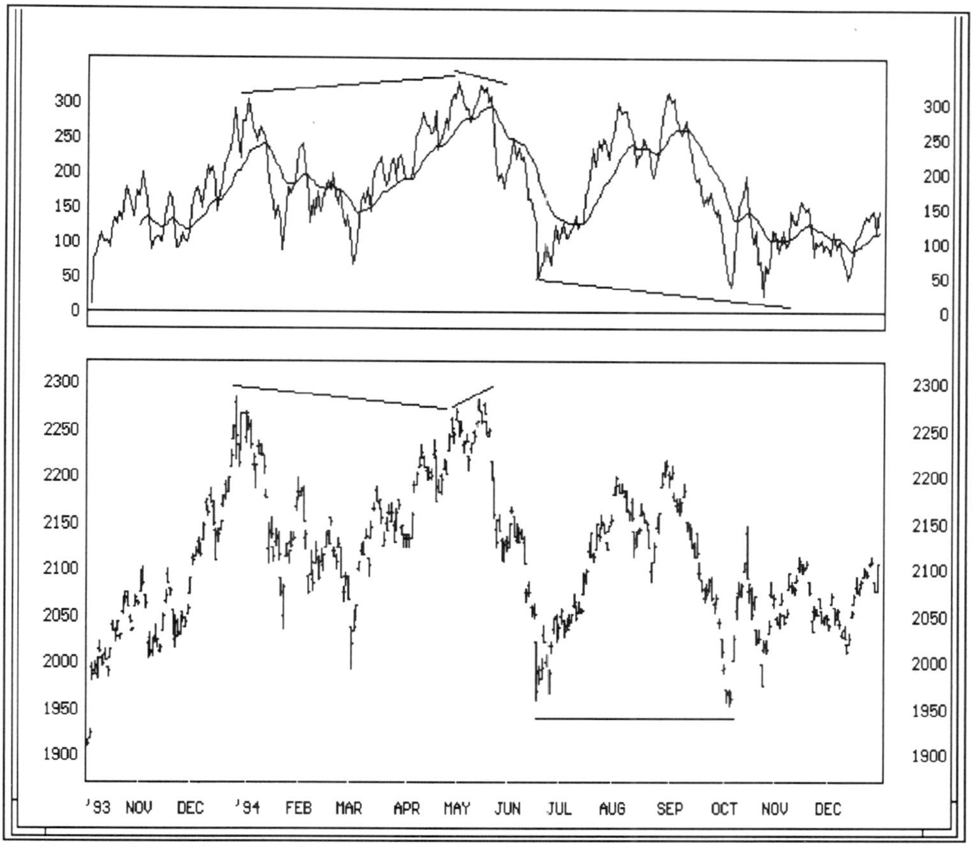

Deutscher Aktienindex DAX und Williams Accumulation/Distribution

Interpretation

Das Beispiel zeigt die Siemens Aktie zusammen mit ihrem Williams Accumulation/Distribution Indikator.

Die großen Divergenzen kündigen jeweils eine langfristige Trendwende beim DAX an, die kurzfristige Divergenz erscheint unmittelbar vor dem langfristigen Trendwechsel. Der gleitende Durchschnitt 20 Tage erleichtert das Erkennen einer Trendumkehr beim Indikator.

Verwandtes Thema

- Accumulation/Distribution
- Williams variable Accumulation/Distribution

Williams Percent Range (%R)

Beschreibung

Williams %R ist ein Momentum Indikator, der überkaufte und überverkaufte Situationen anzeigen soll. Er wurde von Larry Williams entwickelt.

Bedeutung

Der Williams %R soll eine überkaufte / überverkaufte Situation anzeigen. Er ähnelt als Oszillator einem ungeglätteten Stochastics ⇨ (siehe dort).
Der Indikator wird im negativen Bereich mit Werten zwischen 0 und -100 notiert. Die Grenzbereiche geben jeweils die Signale.
Der Williams %R hat die Eigenschaft häufig schon *vor* dem Ende einer überkauften bzw. überverkauften Situation ein Ausbruchsignal zu geben, so daß man frühzeitig ein- und aussteigen kann.
Der Indikator ist speziell für die Entdeckung von Umkehrpunkten bei Seitwärtsbewegungen konzipiert. In Zeiten mit ausgeprägten Trends ist er nicht sinnvoll anzuwenden.
Die Interpretation des Indikators ist komplex. Sie erfordert Erfahrung.

Berechnung

((HH - C) / (HH - LL)) * -100

HH: Höchstes Hoch der gewählten Periode; LL: Tiefstes Tief der gewählten Periode;
C: aktueller Schlußkurs;

Einstellwerte für Analyseprogramm

Standardwert: 14 (Tage oder Wochen).
Es können auch kürzere und wesentlich längere Perioden verwendet werden. Der Indikator ist aber auf jeden Fall für die Analyse einer Seitwärtsbewegung anzuwenden.

Anwendungsregel

Die Anwendungsregel ähnelt der des Stochastic Indikators. Es fehlt allerdings dessen Glättung und gleitender Durchschnitt.

- Grenzbereiche:

Kaufen, wenn der Indikator aus dem unteren Grenzbereich heraus über -80 steigt.
Verkaufen, wenn der Indikator nach einem Anstieg aus dem oberen Grenzbereich unter -20 fällt.

- Divergenzen:

Divergenzen zwischen dem Indikator und dem Untersuchungsobjekt lassen auf kommende Trendänderung schließen.

Beispiel

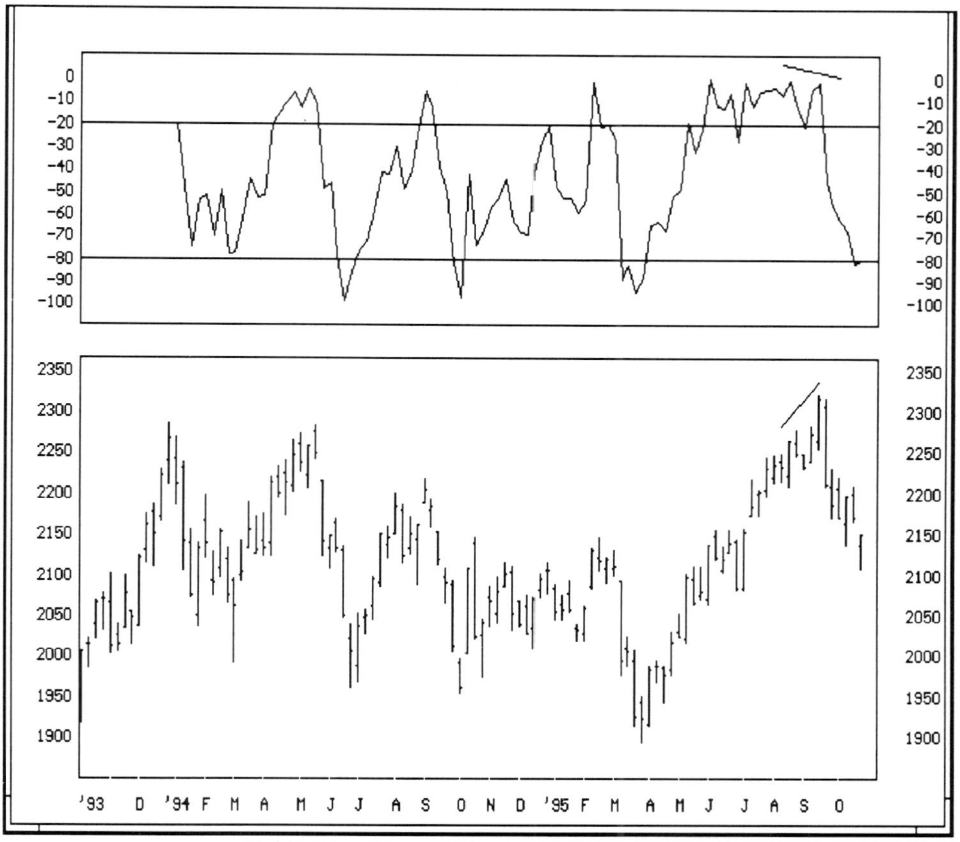

DAX Wochenchart und Williams %R

Interpretation

Das Beispiel zeigt den Deutschen Aktienindex DAX als Wochenchart mit seinem 14 Einheiten Williams %R.

Der Chart stellt eine Seitwärtsbewegung des DAX über mehr als ein Jahr dar. Das ist der ideale Einsatzfall für den Indikator Williams %R. Der Indikator zeigt zuverlässig an, ob die Tradingzone halten wird oder nicht.
Der Rückfall des Indikators aus der überkauften Situation zu Beginn des Charts kommt gleichzeitig mit dem Verlassen der Höchstkurse. Ähnlich früh wird auch das folgende Signal generiert, das die Erholung ankündigt.
Die Genauigkeit der Signale gilt für die gesamte Dauer des Charts. Die Trendwende am Ende des Charts wird zusätzlich durch eine Divergenz zwischen DAX und Indikator angekündigt.

Verwandtes Thema

- Stochastics

Zig Zag Filter

Beschreibung

Der Zig Zag Filter (auch Zig Zag Function genannt) ist im eigentlichen Sinn kein Indikator. Sie stellt die Kursveränderung als Trend dar, wobei eine Trendumkehr nur angezeigt wird, wenn der eingestellte Filterwert (Mindestbetrag einer Veränderung) überschritten wird.

Bedeutung

Am Anfang aller Analysen steht fast immer die Frage welchem Trend das Untersuchungsobjekt aktuell folgt. Die Frage ist nicht immer leicht zu beantworten. Dabei hilft der Zig Zag Filter.

Er stellt eine Trendumkehr nur dann dar, wenn die Kursänderung seit der letzten Umkehr den eingestellten Filterwert überschritten hat. Dieser Filterwert kann als Prozentsatz des aktuellen Kurses oder als Kursdifferenz in Punkten (DM, Dollar) gewählt werden. Auf diese Weise stellt sich ein geklärtes Bild der Trends dar, Wichtiges wird von Unwichtigem getrennt. Was der Anwender für wichtig hält, kann er in seinem Filterwert formulieren und an die Volatilität des Untersuchungsobjekts oder seinen eigenen Spekulationshorizont anpassen.

Dieser Zig Zag Filter stellt die Vergangenheit in schöner Einfachheit dar, insbesondere erkennt man sehr klar die Trend Umkehrpunkte. Dies gilt aber leider nur für die Vergangenheit. Der letzte, aktuelle Umkehrpunkt des Filters hat keinerlei Prognosewirkung, denn solange der aktuelle Kurs um der Filterwert schwankt, wechselt der angezeigte Trend jeweils die Richtung. Die endgültige Trendwende kann man erst im nachhinein feststellen.

Berechnung

Zig Zag = ((C - W) / W) * 100

C: aktueller Schlußkurs; W: Kurs des letzten Wendepunkts

Einstellwerte für Analyseprogramm

Es kann ein prozentualer oder absoluter Wert als Filter eingestellt werden.
Die passende Einstellung der jeweiligen Größe muß durch Versuch gefunden werden. Sie hängt vom Untersuchungsobjekt und den spekulativen Zielen des Analysten ab.

Anwendungsregel

Der Zig Zag Filter dient lediglich zum nachträglichen Verdeutlichen der Haupttrends. Er hat keine Prognosewirkung.

Beispiel

US-$ gegen D-Mark und 5% Zig Zag Filter

Interpretation

Das Beispiel zeigt den Kurs des US-Dollar gegenüber der D-Mark und den zugehörigen 5% Zig Zag Filter.

Der Zig Zag Filter verdeutlicht die jeweiligen Haupttrends erst nach der Trendwende. Er hat keine Prognosewirkung in Bezug auf die Umkehrpunkte.

Verwandtes Thema

Zyklusfinder

Beschreibung

Der Zyklusfinder dient zur Auffindung der prägnanten Zyklen innerhalb eines Kursverlaufs.

Bedeutung

Der Zyklusfinder errechnet mit Hilfe eine modifizierten Fourier Analyse die wichtigen Zyklen im Verlauf der Kursentwicklung.
Mathematisch ist der Kursverlauf eine komplizierte Schwingung, die sich im Prinzip aus verschiedenen Zyklen mit unterschiedlichen Periodendauer und unterschiedlicher Gewichtung zusammensetzen läßt. Im Unterschied zu einem normalen Zyklus hat ein Kursverlauf jedoch oft steigende oder fallende Tendenz. Das ist anders als bei einer reinen Schwingung. Dieser Umstand muß - abweichend von der reinen Fourieranalyse - mathematisch korrigiert werden.

Das Ergebnis des Zyklusfinders ist das jeweilige Gewicht der einzelnen Zyklen, die herausgerechnet werden können. Sie werden in Form von Balken mit unterschiedlicher Höhe beim jeweiligen Zyklus dargestellt. Es gilt nur für den im Chart dargestellten Zeitraum. Das Ergebnis kann für einen anderen Zeitraum desselben Charts stark abweichen.

Die Zyklusdauer ist wichtig

1. für die zeitliche Aufeinanderfolge von Hochs und Tiefs, wobei die unterschiedliche Gewichtung der einzelnen überlagerten Zyklen die Auffindung markanter Punkte schwierig werden läßt.
2. Sie ist gut für das Finden angepaßter gleitender Durchschnitte. Die am stärksten gewichteten Zyklen sind gut angepaßte GDs.

Berechnung

Ist für die Erläuterung hier zu komplex.

Einstellwerte für Analyseprogramm

Keine.

Anwendungsregel

Stark gewichtete Zyklen finden sich als Abstand wichtiger Hochs und Tiefs in den Charts und als gut passende gleitende Durchschnitte.
Das Ergebnis der Untersuchung gilt nur für den im Chart dargestellten Zeitraum. Für einen anderen Zeitraum desselben Charts können die Ergebnisse stark abweichen.

Beispiel

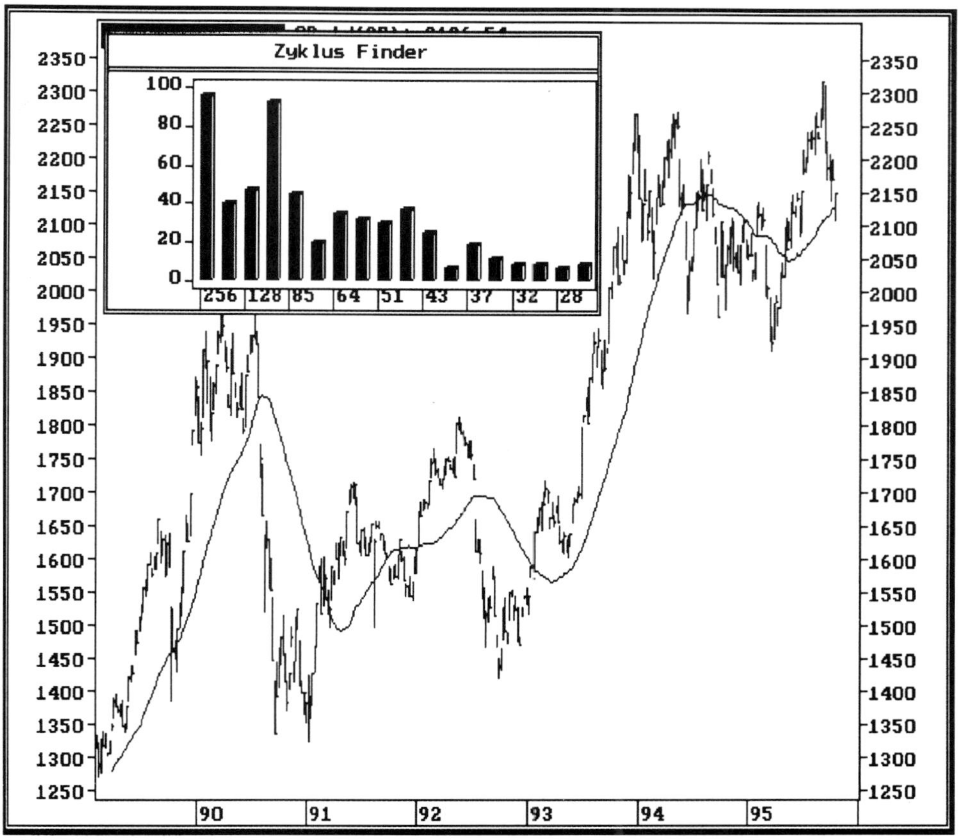

Deutscher Aktienindex DAX und Zyklus-Finder

Interpretation

Das Beispiel zeigt den Wochen Balkenchart des Deutschen Aktienindex DAX und das Ergebnis des Zyklusfinder.

Die Höhe der Balken im Fenster dieses Charts stellen dar wie stark ein bestimmter Zyklus in dem untersuchten Abschnitt (dem dargestellten Zeitraum des Charts) vertreten ist.
Im Beispielchart sind die Zyklen 256 und 128 aus dem langfristigen Bereich und 37 aus dem mittel- bis kurzfristigen Bereich besonders ausgeprägt. Würde man einen kürzeren Zeitraum auswählen, wäre eine weitere Differenzierung der kurzfristigen Zyklen möglich.
Zur Verdeutlichung des Zyklus ist den gleitende Durchschnitt 37 eingezeichnet.

Verwandtes Thema

Literatur

Robert D. Edwards, John Magee: Technical Analysis of Stock Trends
Gerald Appel: The Moving Average Convergence Divergence Method
Richard Arms: Volume Cycles in Stock Markets
Richard Arms: The Arms Index
J. Welles Wilders: New Concepts in Technical Trading Systems
Wilhelm Pastré: Lehrgang Chartanalyse
Wilhelm Pastré: Handbuch der Börsenindikatoren
Wilhelm Pastré: Börsenkalender 1995, 1995, 1996
Wilhelm Pastré: Börsenstrategie mit und ohne Computer
Martin J. Pring: Technical Analysis Explained
Martin J. Pring: Internal Market Momentum
Martin J. Pring: Identifying Trends with the KST Indicator
Martin J. Pring: Rate of Change
Steven B. Achelis: Technical Analysis from A to Z
Tony Plummer: Forecasting Financial Markets
Paul Lerbinger. Point and Figure Charts
Thomas Müller, Harald Nietzer: Das große Buch der Technischen Indikatoren
Robert Colby, Thomas A. Meyers: The Encyclopedia of Technical Market Indicators
Joe Granville: New Strategies of Daily Stock Market Timing for Maximum Profit
R. A. Levy: The Relative Strenght Concept of Common Stock Price Forecasting
Norman Fosback: Stock Market Logic
Frank Barbera: The Real Advance Decline Line
Thom Hartle: Reversal Patterns
Thom Hartle: The Parabolic Trading System
Tushar S. Chandle: Adapting Moving Averages to Market Volatility
Tushar S. Chandle, Stanley Kroll: Stochastics RSI and Dynamic Momentum Index
John Bollinger: Using Bollinger Bands
Arthur A. Merrill: Closing Arms
Arthur A. Merrill: Moving Averages Crossover
Tim Hayes: The Coppock Guide
John Ehlers: Optimum Detrending
Wolfgang Bogen: Mit Fibonnacci optimieren
Donald Dorsey: The Mass Index
George A. Arrington: The Basis of Moving Averages
Brian D. Green: On Trendlines, Money Flow Index and Elliott Wave
Bruce B. Faber: On-Balance Volume Indicator
Bruce B. Faber: The Rate of Change Indicator
Bruce B. Faber: The Relative Strenght Index
Anthony J. Macek: Price Volume Rank
Barbara Star: RSI Variations
Barbara Star: Volume Variations
David Lundgren: Stochastics Indicator and Trading
Stuart Meibuhr: Multiple Lenght Stochastics
Patrick Lafferty: The End Point Moving Average
Ed Downs: Looking at Momentum with TRIX
Jerry Favors: The TRIN-5
Jack Rusin: The Internal Dynamics of TRIN

6 Charttechnische Analyse

Markt- und Konjunkturindikatoren

Technische Indikatoren

Notizen

Notizen

Notizen

Notizen

Notizen

Notizen